कुक्कुडूं-कूं SS

(A मुर्गा THAT CRACKS IAS EXAMS)

J P DWIVEDI

INDIA · SINGAPORE · MALAYSIA

Notion Press

No.8, 3rd Cross Street
CIT Colony, Mylapore
Chennai, Tamil Nadu – 600004

First Published by Notion Press 2021

ISBN 978-1-63832-609-0

माँ जिसने हर झंझावात में अपने आँचल में समेटा और फ़ना होने से बचाया।

पूज्य पिताजी जिन्होंने जीवन में कभी डिगने नहीं दिया।

दो शब्द

प्रिय पाठक,

इस पुस्तक को लिखने का मेरा एक खास उद्देश्य है। दिल्ली निवास के दौरान मेरे क्षेत्र के दर्जनों लड़के समय-समय पर मुझसे मिलने आते रहे। ज्यादातर बच्चे काम की खोज में सिफारिश को लेकर आते थे। में अकसर उन सब को कहता था कि वह लिखित परीक्षा उत्तीर्ण करें और साक्षात्कार का पत्र लेकर आएं। मैंने अपने जीवन में घूस और सिफारिश की सोच को कभी जगह नहीं दी। इसके कुछ उदाहरण आपको इस पुस्तक में मिल जायेंगे।

कक्षा चार तक पढ़े हुए एक किसान का बेटा होने और बार-बार आने वाली कठिनाइयों से संघर्ष करते हुए आगे बढ़ने वाला मैं मेहनत और सिर्फ मेहनत पर विश्वास करने वालों में से रहा हूं। मैं जब बच्चों से लिखित परीक्षा उत्तीर्ण कर आने को कहता था तो मतलब यही जानने का था कि उनमें मेहनत करने की कितनी इच्छा है और कितनी कुव्वत। मुझे आश्चर्य तब होने लगा जब इने-गिने बच्चे ही दोबारा मेरे पास आए। स्वाभाविक था मैं कोई सिफारिश करने वाला नहीं था। में ऐसे बच्चों को साक्षात्कार के लिए अनुभव से प्राप्त कुछ तरीके समझाता था।

आज बताते हुए मुझे खुशी है कि इस तरह के आठ- दस बच्चों में छह-सात ने मुझसे उनके चयन होने के बाद मुलाकात की। एक मामले में जहां मुझे भी साक्षात्कार के बाद मेडिकल परीक्षा में घपले की आहट लगी थी, मैंने संबंधित अधिकारी से बात की। संतोषजनक जवाब न मिलने पर मैंने सूचना का अधिकार (आरटीआई) की बात की और काम हो गया था। धीरे-धीरे मुझे लगने लगा कि बच्चों के अंदर ईमानदारीपूर्वक जी जान से मेहनत करने और शुरुआती सफलता न मिलने पर भी लगे रहने की आग बुझ चुकी है। उनका अध्ययन काल सिर्फ किताबों को थोड़ा बहुत

पढ़ लेने और परीक्षा में नकल कर उच्च प्रतिशत वाले अंक पा लेने तक सीमित होने लगा है। उन्हें नंबर तो बहुत अच्छे मिले होते हैं पर ज्ञान नहीं होता।

यही कारण है कि प्रतियोगिता वाली परीक्षाओं में उनके हाथ-पैर फूलने लगते हैं और बार-बार असफल होकर घूस और सिफारिश की नाकाम कोशिश में जुट जाते हैं। छात्रों की इस दशा के लिए सिर्फ उन्हें दोष देना ठीक नहीं। इसमें उनके अध्यापकों और कुछ हद तक संरक्षकों की भी जिम्मेदारी है। अध्यापक विषय पढ़ाने के अलावा उनमें वह आग पैदा क्यों नहीं कर पाते जो उनके अंदर तब तक जलती रहे जब तक वे अपने लक्ष्य या उसके करीब न पहुंच जाएं।

मैंने 1980 में सिविल सेवा परीक्षा किस हालात में दी, आप इस पुस्तक को पढ़ते समय समझ सकते हैं। मेरी इच्छा शुरू से रही है कि क्षेत्र का हर होशियार बच्चा सिविल सेवा की तीनों परीक्षाओं (प्रिलिमिनरी,मेन और इंटरव्यू) से गुजरे। वह अंततः किसी पद के लिए चयनित हो या न हो या वांछित पद के अलावा किसी और पद के लिए चयनित हो, कोई फर्क नहीं पड़ता। देश की सर्वोच्च परीक्षा के तीनों सोपानों से गुजर जाना अपने में खुद ही एक बड़ी सफलता है। इस प्रक्रिया में अर्जित ज्ञान उसे जीवन के एक सम्मानजनक मुकाम पर तो पहुंचा ही देंगे- इसकी पक्की गारंटी है।

1980 से आज 40 वर्ष हो चुके हैं। गांव व क्षेत्र के किसी भी बच्चे का इन तीनों सोपानों से गुजरने का समाचार मुझे नहीं मिल सका है। यही मेरी बेचैनी है। फिर समाचार मिला कि गांव के कई बच्चे इलाहाबाद में शिक्षा प्राप्त कर रहे हैं। कुछ ढांढ़स बंधा। पर लगता है उनके अंदर की आग कमजोर थी। उसके बुझते ही भटक गए। सुना है कुछ अच्छे अंक वाले इलाहाबाद में शिक्षा प्राप्त कर प्राइमरी स्कूल में अध्यापक हो गए हैं। कौन सा लक्ष्य है ये? मैं इस तरह के छात्रों, उनके अध्यापकों और संरक्षकों से इस विषय में हमेशा कुछ कहना चाहता था। वो हो नहीं पा रहा था। फिर कोरोनाकाल में मन में इस संबंध में कुछ लिख देने का विचार आया। यह पुस्तक इसी विचार की उपज है।

यह पुस्तक उन बच्चों या लोगों के लिए नहीं है:-

- जो मान बैठे हैं कि सिफारिश और घूस के बिना कुछ नहीं होगा।
- जो नकल करके उच्च प्रतिशत वाला अंक तो पा लिए हैं लेकिन उनमें वास्तविक ज्ञान नहीं है।

- जो मेहनत से भागते हैं और सब कुछ जल्दी पा लेना चाहते हैं।
- जिन्होंने सपने देखना बंद कर दिया है।
- जो समुद्र में डूब कर मोती लाने की बजाय, किनारे के घोंघे व छोटी मछलियों को बटोर कर ही संतुष्ट हो जाना चाहते हैं।

यह उन बच्चों के लिए है:-

- जिन्होंने अभी तक अपनी क्षमता को पहचाना नहीं है लेकिन अब पहचानने को तैयार हैं।
- जिनमें ऊंचे सपने देखने और उन्हें पूरा करने की जिद है, चाहे कुछ भी हो जाए।
- जिन्हें आसपास के लोगों/बच्चों से हटकर कुछ अलग कर गुजरने की सनक हो और कठिनाइयों से टकराने और उन्हें पार कर जाने की ललक हो।
- गिर जाने, फिर उठने और फिर उठ कर अपने लक्ष्य के लिए संघर्षरत हो जाने का माद्दा हो और;
- 'लोग क्या कह रहे हैं' जैसी चीजों को हवा में उड़ा देने और अपने काम में जब तक उम्र सीमा हो लगे रहने का संकल्प हो।

यदि आपमें ये चीजें हैं या आपने इन्हें अपने अंदर पैदा करने का जज्बा बना लिया है तो यह पुस्तक आपके लिए ही है। आपको लक्ष्य प्राप्ति से कोई नहीं रोक सकता - कोई नहीं। आगे बढ़िए, सफलता आपके कदम चूमने को तैयार है।

पाठ्यवस्तु रोचक बनी रहे, इसके लिए हल्की-फुल्की भाषा में घटनाओं को मजेदार ढंग से प्रस्तुत करने की कोशिश की गई है। सारी की सारी घटनाएं सत्य हैं और इन्हें मैंने खुद जिया है - कुछ रो कर तो कुछ हंस कर। कुछ नाम बदलकर प्रस्तुत किए गए हैं पर घटनाएं वास्तविक हैं।

आशा है पाठक संघर्ष भरी मेरी जीवन गाथा को पसंद करेंगे और यदि कुछ कहीं पर अच्छा न लगे तो क्षमा करते हुए इस पुस्तक के मूल उद्देश्य पर ध्यान देंगे। पुस्तक पढ़ने के बाद अगर एक भी छात्र के अंदर आत्मविश्वास की चिंगारी भड़की या बुझती आग को दहक मिली तो मैं मान लूंगा कि प्रयास सफल रहा। बस, ईमानदार प्रयास की जरूरत है, कुछ भी हो सकता है- कुछ भी!!

एक टहनी एक दिन पतवार बनती है

एक चिंगारी दहक अंगार बनती है।

जो सदा रौंदी गई बेबस समझकर

एक दिन मिट्टी वही मीनार बनती है।।

– शुभकामनाओं के साथ

जे पी द्विवेदी

राष्ट्रीय राजधानी क्षेत्र,ग्रेटर नोएडा।

कुक्कुड़ूं-कूं ऽऽ

मैं जग्गन, उर्फ जगत प्रसाद और अंततः जे पी द्विवेदी। काशी और प्रयाग के बीच विंध्यक्षेत्र में पड़ने वाला एक छोटा सा गांव-पैड़ापुर। कैमूर पहाड़ियों और मोक्षदायिनी गंगा के बीच के रास्ते पर होने के कारण इसका नाम पैड़ापुर। ठेठ भाषा में रास्ते को पैंड़ा कहते हैं। चाहे गंगा स्नान करना हो, मुर्दा जलाना हो, पित्र-तर्पण करना हो या गंगा के उस पार जाना हो पहाड़ी गांवों के लोग इसी गांव से होकर गुजरते हैं। लगभग बीस परिवारों का गांव- एक पासी, दो गड़ेरिया, चार ठाकुर और बाकी ब्राह्मण। और कोई जाति नहीं। चाहे बाल कटवाना हो, मिट्टी के बर्तन लाना हो, कथा के लिए पंडित बुलाना हो, दाना-चबेना भुनाना हो, कच्ची घानी वाले कोल्हू का तेल लाना हो- सबके लिए बगल के गांव पर आश्रित। जब भी दोनों गांवों में झगड़े हुए, लोगों के बाल नहीं कटे, मिट्टी के बर्तन भांडे नहीं मिले। फिर धीरे-धीरे समझौता और फिर सब कुछ सामान्य। कम से कम अगले झगड़े तक के लिए।

मात्र एक मिडिल स्कूल के अध्यापक के सिवा सभी लोग किसान थे। मास्टर जी स्वाभाविक रूप से सबसे पढ़े-लिखे होशियार व्यक्ति थे और इसीलिए बहुत सम्मानित। सरकारी मिडिल स्कूल लगभग चार से पांच मील दूर गंगा के किनारे एक गांव में था। कहते हैं मास्टर जी और स्कूल के प्रधानाचार्य में नहीं पटी और आए दिन कहासुनी होने लगी। मास्टर जी परेशान होकर गांव के अपने सबसे भरोसे वाले बब्बा परमानंद दुबे की शरण में आए और रोने लगे। बहुत समझाने बुझाने पर भी उन्होंने उस स्कूल में फिर जाने से साफ मना कर दिया। मास्टर जी के पिताजी बैलगाड़ी चलाया करते थे और मास्टर जी को डर था कि अब उत्तराधिकार में जो सेवा उन्हें मिलने वाली थी उसे संभालना शायद उनके बस की बात नहीं। बब्बा ने मास्टर जी की पहले भी मदद की थी और उन्हें अपने घर से राशन, कपड़ा, पैसे आदि देकर चुनार में मास्टरी की ट्रेनिंग कराई थी। सबसे बड़ी बात तो यह थी कि

अगर मास्टर जी को उनके पुश्तैनी व्यवसाय बैलगाड़ी चलाने से कोई छुटकारा दिला सकता था वो बब्बा ही थे। दिन बीतते गए और मास्टर जी की दशा और तकलीफ देख-देख कर बब्बा परेशान होते गए। बब्बा मात्र चौथी कक्षा तक पढ़े थे लेकिन पढ़ाई लिखाई का महत्व बखूबी समझते थे। एक दिन उन्होंने मास्टर जी को बुलाया और कहा कि क्यों न अपने छोटे से गांव में ही स्कूल खोला जाए। उस जमाने में यह एक पहाड़ जैसी सोच थी लेकिन बब्बा तो बब्बा ही थे। लोगों को जुटाया गया और गांव के बाहर जंगली इलाके से बबूल के दो मजबूत पेड़ काटे गए। गन्ने की सूखी और हरी पत्तियां जुटाई गईं। बाँस कांटे गए। इन्हीं कच्चे माल से खंभे और छप्पर बनाए गए। कच्ची और सीलन भरी जमीन को पीट-पाटकर दुरुस्त किया गया। इस तरह गांव का छठी से आठवीं तक का प्रथम स्कूल शुरू किया गया। बब्बा और दंडी स्वामी रामानंद के गुरु स्वामी गोविंदाश्रम के नाम पर स्कूल का नामकरण किया गया - "स्वामी गोविंदाश्रम मिडिल स्कूल, पैड़ापुर"।

बबूल के खंभे और गन्ने की पत्तियां आखिर कब तक शिक्षा के इस भवन को संभालती। जल्दी आभास हो गया कि अतिरिक्त धन की व्यवस्था के बिना काम आगे नहीं बढ़ पाएगा। मास्टर जी में पढ़ाने की लालसा और बब्बा की बच्चों को शिक्षित करने की उत्कृष्ट इच्छा ने उन्हें रुकने नहीं दिया। मास्टर जी ने छप्पर वाला स्कूल संभाला और बब्बा आटा-सत्तू की पोटली बांधकर गांव से बाहर निकल पड़े। उनके इस मिशन में साथ दिया एक दंडी गेरुआ-धारी स्वामी रामानंद महाराज ने। गांव के एक-दो व्यक्ति और मिले और टीम निकल पड़ी बड़े शहरों की ओर। मात्र एक रुपए का चंदा मांगा गया और इससे अधिक देने का प्रस्ताव करने वालों को विनम्रता से समझाकर मना कर दिया गया। दान में मिले धन से कुछ कच्चे-पक्के कमरे बनाए गए और बच्चों की संख्या भी बढ़ाई गई। 60 रुपए प्रति महीने के वेतन पर क्षेत्र के कुछ युवक पढ़ाने की जिम्मेदारी लिए। मास्टर जी ने हेडमास्टर और बब्बा परमानंद जी ने मैनेजर की जिम्मेदारी संभाली। परमानंद जी स्कूल के कामकाज के लिए 10 किलोमीटर दूर मिर्जापुर शहर स्थित शिक्षा कार्यालय रिक्शे से जाते और रिक्शा चलाने वाले को एक सेर (किलो) अनाज घर से दिया जाता। वास्तव में परमानंद जी के खेतों में काम करने वाले मजदूरों में से ही एक खाली समय में रिक्शा चलाता था जब भी जरूरत होती उन्हें जिला मुख्यालय ले जाता। शिक्षा विभाग के कर्मचारी भी उनके इस त्याग और लगन के कायल थे। स्कूल में निरंतर हो रहे परीक्षा परिणामों की सफलता से शीघ्र ही शिक्षा विभाग तथा जिले के अन्य क्षेत्रों में भी स्कूल की तूती

बोलने लगी। दूर-दूर के गांव के माता पिता अपने बच्चों को आस पास के स्कूलों के बजाय स्वामी गोविंदाश्रम स्कूल पैड़ापुर भेजने लगे। मास्टर साहब, बब्बा परमानंद, स्वामी रामानंद और नाममात्र के वेतन पर पढ़ाने को तैयार शिक्षकों की मेहनत रंग ला चुकी थी। स्वामी गोविंदाश्रम मिडिल स्कूल पैड़ापुर, अपनी अगली उड़ान के लिए तैयार था।

थोड़ा पीछे जाते हुए मैं बताना चाहता हूं कि परमानंद दुबे, मास्टर जी सहित पूरे गांव के बब्बा यानी ग्रैंडफादर कैसे हो गए। वास्तव में बब्बा लगभग 50 साल के हो गए थे और उन्हें कोई संतान नहीं हुई थी। उनकी उम्र के लोगों तथा बब्बा के बीच लगभग एक पीढ़ी का अंतर चल रहा था। सही समय से यदि बच्चे हुए होते तो वे आज मास्टर जी की उम्र के होते या उनसे भी बड़े होते। बब्बा और आजी (ग्रैंडमदर) इसे भगवान की मर्जी मानकर शिकवा शिकायत न करके परमार्थ में लगे रहे। गर्मी में जब फसल तैयार हो जाती तो लगभग सारा अनाज बेचकर घर में ताला लगाकर दंपति तीर्थ यात्रा पर निकल जाता और काफी दिनों तक एक तीर्थ स्थल से दूसरे तीर्थ स्थल पर देवी-देवताओं के दर्शन करता फिरता रहता। मिडिल स्कूल में अब कृषि कार्य भी एक विषय के रूप में पढ़ाया जाने लगा था। स्कूल के खेतों में बच्चे फसल उगाते और उसकी बिक्री होती। बैंगन, गोभी और भिंडी के बीज तथा अलसी और सरसों जैसी उपज दूर-दूर के व्यापारियों को बेचे जाते। मास्टर साहब की लगन तथा बब्बा की इमानदारी और दानशीलता को देखकर शिक्षा विभाग मंत्रमुग्ध था। परिणाम यह हुआ कि जल्दी ही स्कूल को मिडिल तक की मान्यता मिल गई।

बब्बा और आजी के जीवन में संतोष तो था लेकिन संतानाभाव के कारण कई लोगों के ताने सुनने को मिलते रहते। विशेषकर गांव कि एक कुटिल और झगडालू औरत उन्हें बांझ-बांझिन कहती रहती। कहते हैं ईश्वर के घर देर है पर अंधेर नहीं। इस बीच एक अजीबोगरीब वाकया हुआ। बब्बा साधु-संतो के लिए एक छोटी सी चौपाल बनवा दिए थे। घने नीम के पेड़ के नीचे होने से चौपाल गर्मी में भी शीतल सुखद थी। एक अच्छा सा तखत, मिट्टी के घड़े में ठंडा पानी और बब्बा का सद्व्यवहार साधु संतों को आकृष्ट करने के लिए काफी था। वैसे तो कई साधु सन्यासी आते रहते और बब्बा का अधिकतर समय उनके साथ सत्संग में ही बीतता था। लेकिन एक साधु इन सबसे अलग निकले। उनका पूरा साल गंगा की परिक्रमा करने में बीतता था। वे हरिद्वार या गंगोत्री में गंगा को पार कर उसके किनारे बसे गांवों में रुकते और आगे बढ़ते। फिर वे गंगासागर में गंगा को फिर पार कर दूसरे किनारे से गंगोत्री की

ओर प्रस्थान करते। इस गंगा परिक्रमा में उन्होंने कुछ इस तरह की योजना बनाई थी कि बरसात ऋतु में वे बब्बा की चौपाल में आते और रुक कर अपना चतुर्मासा पूरा करते। आप जानते ही होंगे, साधु सन्यासी वर्षा ऋतु में भ्रमण न कर किसी एक स्थान पर रुक कर साधना-भजन करते हैं। उनका मानना है कि बारिश होने के बाद नाना प्रकार के कीड़े-मकोड़े पैदा हो जाते हैं और यात्रा के दौरान वे पैरों तले कुचले जाते हैं और सन्यासी पापभागी बनता है।

एक दिन जब आजी थाली में संन्यासी जी के लिए हमेशा की तरह भोजन लाईं तो उन्होंने भोजन को देखा और पिताजी से बोले- 'परमानंद जी! रसोई में चूल्हे का मुंह पश्चिम कर दीजिए'। बब्बा को आश्चर्य तो हुआ क्योंकि चूल्हा चौपाल से काफी दूर मकान के पहले तल्ले पर बने रसोईघर में था। खैर, उन्होंने 'जो इच्छा स्वामी जी' कहा और आजी को ऐसा करने के लिए कह दिया। यही साधु जी फिर अगले वर्ष चातुर्मास में ठहरे। कुछ दिन रहने के बाद एक दिन बब्बा की ओर देखकर बोले- 'परमानंद जी! इतने सालों मुझे आपके यहां आते हो गया लेकिन कभी कोई बच्चा नहीं दिखा।' बब्बा बोले 'स्वामी जी! लगता है प्रभु की इच्छा हमें संतानसुख देने की नहीं है। खैर, जैसी प्रभु की मर्जी।' स्वामी जी मुस्कुराए और बोले- 'ठीक है परमानंद जी, जब अगले साल मैं आऊंगा तो मुझे बच्चा दिखाना'। बब्बा ने संन्यासी की बात को सहजता से लिया और 'क्यों नहीं स्वामी जी' कहकर उनके खाने का प्रबंध करने के लिए बाहर मकान में चले गए। दिन बीते साथ ही बब्बा और आजी की उम्र भी। जिंदगी कब क्या गुल खिला दे कौन जानता है। एक साल बीतते-बीतते घर में एक पुत्र-रत्न की किलकारी गूंजने लगी थी। सब कुछ करिश्मा जैसा लग रहा था। बब्बा और आजी दोनों हम उम्र थे और लगभग 50 साल का जीवन जी चुके थे। बांझ-बांझिन के ताने सुनने के आदी बब्बा और आजी के लिए उम्र की इस दहलीज़ पर पुत्र-रत्न की प्राप्ति 'कारू के खजाने' से भी बढ़कर थी। हितचिंतक जहां एक ओर अत्यधिक प्रसन्न थे, वहीं बब्बा की जायदाद पर अपनी नज़र गड़ाए कुछ परिजन बहुत दुखी और गुस्से में थे। एक बुआ के जरिए परिजनों ने कुछ षड्यंत्र भी किए लेकिन ईश्वर की इच्छा कुछ और थी और सब कुछ सलामत रहा। कुछ लोगों की राय मानते हुए बच्चे को उसके नाना-नानी के गांव भेज दिया गया ताकि वह सुरक्षित रहे। अपनी सुरक्षा के लिए घर छोड़ कर नानी के यहां भागने को मजबूर होने के कारण बच्चे का नाम भग्गन और अंततः शंकर प्रसाद रखा गया। आजी और बब्बा के जीवन में बसंत आ चुका था और नई आशाओं और उम्मीदों की कोपलें फूटने लगी थीं।

शरद ऋतु फिर ग्रीष्म ऋतु और फिर वर्षा ऋतु। और वर्षा ऋतु के साथ ही आया चतुर्मासा। चतुर्मासे के साथ ही गंगा परिक्रमा करने वाले स्वामी जी। बब्बा और आजी पुत्र रत्न की अप्रत्याशित उपलब्धि से उसी की दुनिया में खो से गए थे। उन्हें स्वामी जी की पिछले साल की बात भी नितांत सहज होने के कारण भूल गई थी। बच्चा भी नानी के गांव में था इसलिए स्वामी जी के आ जाने पर भी उधर ध्यान नहीं गया। स्वामी जी आए, अपना पांव धोए और लकड़ी वाले तख्त पर बैठ गए। कुछ देर बातचीत के बाद वह बोले - 'परमानंद जी! क्या बात है, बच्चा नहीं दिखाओगे?' बब्बा को काटो तो खून नहीं। अचानक पिछली सारी बातें याद हो उठीं। उन्होंने स्वामी जी के पैर पकड़ लिए और बोले - 'अरे क्यों नहीं महाराज जी, अभी कल ही उसे नानी के यहां से लाता हूं। आपका आशीर्वाद ही तो उसकी जिंदगी बनेगी।' दूसरे दिन बब्बा बच्चे को लाए और स्वामी जी के चरणों में रख दिए। शंकर प्रसाद एकटक स्वामी जी को निहार रहा था। घर गृहस्थी का त्याग कर स्वामी होने के बावजूद उन्होंने बच्चे को गोद में उठाया। कुछ देर खेलाने के बाद उससे हंसते हुए पूछने लगे -'अकेले ही रहोगे? अरे एक और बुलाओ'। सब हँस पड़े। स्वामी ने चतुर्मास पूरा किया और अपने अगले पड़ाव पर निकल पड़े। फिर वह कभी नहीं आए। बब्बा ने उनका दो चतुर्मास (दो वर्ष) तक इंतजार किया। लेकिन वे नहीं आए। बाद में पता चला कि वे हरिद्वार में गंगा के बीच एक मचान बना कर उसी पर साधना और ध्यान करने लगे थे। शायद उनका गंगा परिक्रमा का संकल्प पूरा हो गया था।

समय बीता, ऋतुएं बदलीं और बब्बा के जीवन की गाड़ी उम्र के साथ आगे बढ़ने लगी। सबकुछ सामान्य सा लगने लगा था। किंतु ईश्वर के चमत्कार बब्बा के लिए लगता है समाप्त नहीं हुए थे। लगभग ढाई साल बाद घर में एक और पुत्र रत्न ने जन्म लिया। जग्गन, यानी जगत प्रसाद। बब्बा की उम्र लगभग 53 वर्ष हो रही थी। घर में खुशियों की बाढ़ सी आ गई थी। माहौल में अब भय नहीं था इसलिए जग्गन को नानी के यहां भेजने की जरूरत नहीं थी। बब्बा की शादी 10 वर्ष की आयु से भी पहले हो गई थी और लगभग 42 साल के बाद दो जनों का परिवार चार का हो चुका था। बगल के गांव से हलवाई बुलाकर सारे गांव में पेड़े बांटे गए।

शंकर भैया और मैं साथ खेलते, झगड़ते, रोते और फिर चुप हो जाते। कभी-कभी मार खाकर जब मैं रोने लगता तो इस डर से कि मेरी आवाज माई या बाबू तक न पहुंच जाए, वह हाथ से मेरा मुंह कस कर दबा देते। अनजाने में उन्हें यह भी नहीं

पता होता था कि मुंह के साथ उनके हाथों ने मेरी नाक भी दबा रखी है और मेरी सांस रुकने के कारण मेरा दम निकल रहा है।

हमारी पढ़ाई शुरू हुई और हम बगल के गांव में छोटी गोल, बड़ी गोल, पहली, दूसरी... कक्षाएं पार करते रहे। मुझे स्कूल जाना बहुत अच्छा लगता था जबकि शंकर भैया ना-नुकुर करते रहे। कुछ दिन बाबूजी ने पहले समझाया और अंततः अरहर के खेत से एक पेड़ उखाड़ा और भाई साहब की पीठ पर अपना पहला हस्ताक्षर इस तरह से किया कि भाई साहब अब आगे-आगे स्कूल जाने लगे। मैं पीछे-पीछे। पढ़ाई लिखाई में तो मैं काफी तेज था और कक्षा एक से ही कक्षा में सबसे अधिक नंबर लाने लगा था। मगर एक दोष मेरे भीतर पूर्णिमा में अमावस्या की तरह घुस चुका था -'बेहद शरारती मन'। समय-समय पर पढ़ाई में तेजी की शाबाशी के साथ-साथ शरारत की कुटाई-पिटाई भी चलने लगी। पिताजी समझाते और मैं समझता भी लेकिन मौका आते ही मैं शरारत कर बैठता और मार खाता।

जहां तक मुझे याद है शरारत का पहला पारितोषिक मुझे दूसरी कक्षा में मिला। हेडमास्टर जी ने अपने कमरे में रखे घड़े में पानी भरने के लिए मुझे और एक और छात्र को भेजा। हम दोनों ने कुएं से बाल्टी में पानी भरा और ले जाकर गुरुजी के घड़े को भर दिया। कुछ देर भरे घड़े को देखने के बाद मुझसे रहा न गया और साथी से नजर बचाकर मैंने एक कंकड़ घड़े पर मार दिया। पानी पूरे कमरे में फैल गया और गुरुजी की गृहस्थी के कई सामान भीग गए। स्कूल में आकर हम पढ़ने लगे। शाम को गुरुजी ने अपनी गृहस्थी की हालत देखी और सुबह आते ही मेरी अच्छी खासी पिटाई कर दी। बाद में पता चला घड़े को फोड़ते समय बगल के घर की एक महिला ने मेरी कारगुजारी देख ली थी और हेडमास्टर साहब को पहले ही बता चुकी थी। शाम को घर पहुंचने के बाद कुछ खा-पी कर मैं दोस्तों के साथ खेलने में जुट गया। थोड़ी देर बाद ही मुझे चक्कर आने लगे जब थोड़ी दूर पर देखा कि हेडमास्टर साहब आए हुए हैं और पिताजी उनके चरण छू रहे हैं। चंद मिनट बाद ही परिणाम सामने था। पिताजी ने दो थप्पड़ों का आशीर्वाद दिया और माँ मुझे अपने आंचल में छुपा कर घर के अंदर ले गई। साफ तो पता नहीं चला लेकिन शायद माँ ने हेडमास्टर जी को कुछ बुदबुदाकर कोसा भी। स्कूल जीवन की मेरी यह पहली पिटाई थी जिसमें दुर्भाग्यवश शिक्षक और पालक दोनों को एक साथ हाथ साफ करने का मौका मिला था।

जैसे-जैसे मैं अपने ग्रामीण जीवन में पलता-बढ़ता गया, दो चीजें बहुत निखर कर सामने आने लगी - एक पढ़ाई में निरंतर अव्वल रहना और दूसरा गप्पें हांकना, कंचेखेलना, दूसरों के खेतों से गन्ने तोड़ना, ककड़ी चुराना जैसी एक्स्ट्राकरिकुलर एक्टिविटीज में प्रगति करते जाना।

शायद मैं चौथी कक्षा में था। उम्र रही होगी लगभग 9 साल। पता नहीं कैसे बैठे-बैठे मन में कुछ ख्याल आया। कहते हैं सपूत के पाँव पालने में ही दिखने लगते हैं। मेरा विचार है कुछ खास किस्म के पूतों के पांव पालने में डालने से भी पहले दिखने लगते हैं। कक्षा दो के हेडमास्टर के घड़ाफोड़ कांड की पिटाई के बाद मैंने निश्चय किया कि अब मन का घोड़ा कितनी भी उल्टी-सीधी बातें करने को सोचे, लगाम कस कर पकड़े रहना है, हुआ भी ऐसा ही। कक्षा दो का बाकी साल बिना किसी वारदात के बीता। कक्षा तीन भी सही सलामत निकल गई। कहते हैं कर्मों के फल आने में कुछ समय तो लगता ही है। कभी-कभी इस जन्म के कर्म अपना फल अगले जन्म में दिखाते हैं। कभी-कभी ये काफी जल्दी भी आ जाते हैं। मैं कक्षा तीन या चार में पढ़ रहा था। एक दिन आस-पड़ोस के कुछ बच्चे मेरे घर आ गए और मेरी माँ से कहने लगे- 'आजी! वह पैसे वाला पेड़ जो आपके आंगन में लगा है, हम लोगों को भी दिखाओ।' माँ कुछ समझ नहीं पाई, इसी बीच पिताजी भी आ गए। और बात खुलने पर काफी डांट पड़ गई। हुआ यह था कि रोज स्कूल जाते समय मुझे घर से एक इकन्नी मिलती थी। रंग जमाने के लिए मैं स्कूल के बच्चों से हांक दिया था कि मेरे आंगन में पैसे का पेड़ है और स्कूल आते समय मैं बोलता हूं कि ऐ पेड़! एक इकन्नी दे और एक इकन्नी जमीन पर गिर जाती थी। बच्चे वही देखने चले आए थे। माँ ने बच्चों को समझाया और गुड़-दही का शरबत पिलाकर वापस भेजा। लेकिन जग्गन तो जग्गन था। कुछ दिन बाद प्राइमरी के मास्टर जी ने किसी संदर्भ में बच्चों को बताया कि समुद्र में ढेर सारी ताजे पानी वाली नदियों के गिरने के बावजूद उसका खारापन कम नहीं होता। बच्चों को बड़ा ताज्जुब हुआ। अब इसका रहस्य सहपाठियों को जग्गन ने समझाया। बानगी देखिए -"मेरे घर में पैसे वाले पेड़ की तरह एक चकरी भी है। मैं नहा धोकर एक मंत्र पढ़कर चकरी से जो भी लेना हो, बोलता हूं। जैसे ऐ चकरी! पूड़ी सब्जी दे,पूड़ीयाँ निकलने लगेंगी; मिठाई दे, मिठाइयां निकलने लगेंगी।' आगे की कहानी यह थी -'एक दिन गंगा के उस पार रहने वाला मेरे फूफा का लड़का मेरे घर आया और कुछ दिन रहा भी। छुप-छुप कर उसने मेरी चकरी का रहस्य और

मंत्र भी चुरा लिया। एक दिन वह चकरी चुराकर गायब हो गया। जाते समय उसे गंगा को नाव से पार करना होता था, गंगा के किनारे की दुकान से उसने मूंगफली खरीदी। नाव पर सवार होने के बाद वह मूंगफली खाने लगा। अचानक उसे लगा कि यदि थोड़ा नमक होता तो मजा आ जाता, इसी बीच उसे चकरी की याद आई। बस फिर क्या था उसने मंत्र पढ़ा और बोला - ऐ चकरी! नमक दे। चकरी से नमक गिरने लगा। उस चोर को चकरी चलाने का मंत्र तो याद था लेकिन बंद करने का नहीं। फिर तो नाव पर नमक भरता गया। अन्य सवार लोग नाव को डूबता देख गंगा में कूदने लगे। नाव डूब गई और उसी के साथ चकरी भी बहते-बहते समुद्र में चली गई और आज भी नमक उसके भीतर गिरा रही है। यही कारण है कि इतने ताजे पानी वाली नदियों के गिरने के बावजूद समुद्र का पानी खारा ही है।'

आप जानते हैं, माँ-पिता के समझाने के बावजूद बच्चे यही मानते रहे कि जग्गन के घर में चकरी भी थी और पैसे का पेड़ भी। आजी और बब्बा उनसे झूठ बोले।

एक बार मैं बगल वाले चाचा के एक बछड़े को ताऊ जी के मक्के के खेत में शाम को बांध आया और फिर खेलने में जुट गया। सुबह रविवार का दिन था और मैं थोड़ी देर से उठा। जैसे ही घर की ड्योढ़ी से बाहर निकला तो लोगों का एक हुजूम देखकर असमंजस में पड़ गया। चाचा और ताऊ के बीच झगड़ा हो रहा था। उससे भी ज्यादा भयंकर लड़ाई चल रही थी चाची, ताई और दोनों परिवार के सदस्यों के बीच। गालियों के बीच रह-रहकर थप्पड़-घूसों की बात भी चल रही थी। कई लोगों के साथ-साथ मुझे भी मजा आ रहा था। गांव के मानिंद लोग इकट्ठे हुए और समझा-बुझाकर दोनों दलों को शांत किया गया। थोड़ी देर बाद मेरी नजर बछड़े की ओर गई जो निर्विकार रूप से मुझे देखे जा रहा था। मक्के की नरम कोपलों को रात भर खाकर उसका पेट दोनों तरफ से फूल कर घड़े की तरह निकल आया था। दिन बीता और सांयकाल हो गया। दिन भर काम करने के बाद शाम को लोग मिल बैठकर गप्पें लगा रहे थे। थोड़ी दूर पर औरतों का एक समूह भी मजे से एक-दूसरे से बातों में लगा था। अचानक मुझे आभास हुआ कि घूंघट डाले हुए एक औरत मेरी ओर हाथ उठा-उठा कर अन्य औरतों से कुछ बातें कर रही थी। आफत आ चुकी थी। घूंघट वाली औरत चाची जी की बहू थी। उसके अनुसार वह सांयकालझुरमुटी अंधेरे में बछड़े को खोलते और कहीं ले जाते हुए मुझे देख ली थी। मेरे लाख झूठ बोलने पर भी 'लल्ला तुमको मैं देखी थी, और अंधेरा भले ही रहा लेकिन वह तुम ही थे, तुम ही थे' की रट लगाए रही जब तक मेरे

पिताजी नहीं आ गए। उनकी एक डपट ने मुझे मुंह लटका कर चुपचाप खड़े रहने को विवश कर दिया। खैर, थोड़ी पीठ-पूजा के बाद निजात मिल गई और अपने स्वभाव अनुसार मैं सब कुछ जल्दी ही भूल गया।

आज से 50 साल पहले के गांव की जीवनचर्या के बारे में अगर आप में से किसी को भी कुछ पता होगा तो आप समझ गए होंगे कि मेरा भी दिन कैसे बीत रहा होगा। सुबह उठकर बैलों को उनके दालान से निकाल कर चरनी के पास खूंटों से बांधना और फिर चारा काटने खेत में निकल जाना, अगर जाड़े का मौसम है तो ठंड से कपकपाते हाथों में रस्सी और हंसिया लेकर ओस से भीगे चारे को काट कर लाना और फिर उसे हाथ के गंडासे से छोटा-छोटा काटकर पशुओं को डालना। बारिश के मौसम में यह प्रक्रिया काफी दुखदायी होती थी क्योंकि तब कीचड़ और पानी से भरे खेत में चारा काटना पड़ता था। इसके बाद कुएं से रस्सी और बाल्टी के सहारे पशुओं तथा खुद के पीने के लिए लगभग पंद्रह से बीस बाल्टी पानी खींचना और चरनी व घर के घड़ों में भरना पड़ता था। आठ से दस बजते-बजते घर में पड़े कंपोस्ट जैसे खाद को फावड़े से टोकरी में भरकर लगभग चौथाई मील दूर जाकर खेतों में एक लाइन में डालना होता था। दस बजते-बजते स्कूल फिर शाम को स्कूल से आने के बाद पानी भरने वाली प्रक्रिया दोबारा। लेकिन इसके बाद से शाम तक का पूरा समय धमाचौकड़ी के लिए मिलता था। छुट्टी के दिन हल चलाने वाले हलवाहे के लिए दाना पानी लेकर करीब 11:00 बजे खेत में जाना होता था। मुझे वास्तव में काफी देर तक बिना कुछ किए शांति ही नहीं मिलती थी। कार्यकलाप चाहे उल्टा-पुल्टा ही क्यों न हो। आखिर जब हलवाहा दाना पानी कर रहा होता था तो मैं खेत में हल चलाने की प्रैक्टिस करने लगता था। इस प्रक्रिया में दो बार बैल के पैर में लोहे का तेज फॉल भी घुस गया और जुताई बीच में कुछ दिनों के लिए रुकी भी रही। हर दुर्घटना होते ही पिताजी का रौद्र रूप सामने आ जाता था। इन दोनों अवसरों पर भी हलवाहे महोदय के सामने रोकर और गिड़गिड़ा कर पिताजी से झूठ बोलने को मनाना पड़ा था। 'बब्बा जब मैं दाना पानी कर रहा था, बैल एकाएक हल लेकर खेत में भागने लगे और फ़ाल एक बैल के पैर में घुस गया। आगे से ध्यान रखूंगा' - कहकर उसने मुझे बचाया था। लेकिन मैं कहां मानता और धीरे-धीरे हल चलाना भी सीख गया। एक समय तो ऐसा आया कि हलवाहा मुझे हल पकड़ाकर खेत की मेड़ पर बैठकर ठाट से बीड़ी पीता और मैं खेत जोतता रहता।

पुरवट चलाकर कुएँ से पानी निकालकर खेत में फसल की सिंचाई करना, बीज की बुवाई, निराई, कटाई, ढुलाई आदि कोई भी कार्यकलाप ऐसा नहीं था जिसमें मैं सक्रिय भाग न लेता। चिलचिलाती धूप में बैलों के पीछे-पीछे लगभग दिन भर

गोल-गोल घूमकर दौंरी चलाना और फिर कई दिन बाद उनमें से अनाज अलग कर पाना -ऐसी कठिन प्रक्रिया थी जिसे याद कर आज भी रोंगटे खड़े हो जाते हैं। दूसरा कठिन और काफी दुखदायी काम था हड्डियों को कंपकंपा देने वाली जाड़े की रातों में खेतों में सिंचाई करना। अगर ग्रामीण जीवन का आपको अनुभव होगा तो आपको पता ही होगा कि गांवों में रात में ही बिजली आती थी और फसलों की सिंचाई भी रात में ही हो पाती थी। ठंड भरी रात में लगातार पानी और कीचड़ में घूमते रहना काफी दुखदायी होता था। रात में खासकर 3:00 बजे के बाद का समय असहनीय हो उठता था। ब्रह्म मुहूर्त की चलने वाली हवा दिसंबर-जनवरी की रातों में हड्डियां कंपा देती थी। आपको जानकर आश्चर्य होगा कि मैं लगभग सात-आठ साल की उम्र से ही इन कार्यों में लग चुका था। गांव के लोग छोटी उम्र में ही मुझे खेती में लगभग सभी तरह के कार्यों को करते देखते और आश्चर्य करते थे।

खैर, पांचवी कक्षा अव्वल दर्जे में पास कर मैं बगल के गांव के प्राइमरी स्कूल से गोविंदाश्रम मिडिल स्कूल में दाखिल हुआ। मेरे भाई साहब दो साल बड़े थे और दो कक्षा आगे थे। जब मैं कक्षा छह मे पढ़ रहा था उसी समय पाँचवीं पास बच्चों के लिए एक स्कॉलरशिप की परीक्षा हुई और मैं उत्तीर्ण हुआ। गाँव में मेरी इज्जत और बढ़ी। छोटी-मोटी शरारतों के अलावा कोई बड़ी शरारत भी इस बीच नहीं हुई। अब मैं गाँव का हीरो था।

विद्यालय के नियमानुसार हर कक्षा में प्रथम स्थान पाने वाले को गुटका 'रामायण', दूसरे स्थान वाले को 'गीता' तथा तीसरे स्थान वाले को गोस्वामी तुलसीदास की 'गीतावली' पारितोषिक स्वरूप दी जाती थी। इसके लिए विद्यालय में एक बड़ा समारोह आयोजित होता था जिसमें विद्यार्थियों के संरक्षक भी शामिल होते थे। छठी का परीक्षा परिणाम निकला और मुझे रामायण देकर सम्मानित किया गया। उस रामायण को मैंने पिताजी के चरणों में अर्पित कर दिया।

गर्मी की छुट्टियों में पिताजी व भाई साहब के साथ मिलकर मैंने घर गृहस्थी और किसानी के सारे काम बड़े उत्साह से किए। सारे कामों में तमाम तकलीफों के बावजूद लगे रहने के पीछे एक बहुत बड़ा कारण था। जब मैं बुजुर्ग पिता को खेती के कामों में तन्मयता से लगे देखता तो मुझसे रहा न जाता। यद्यपि कुछ मजदूर भी साथ काम करते लेकिन पिताजी भी उनके साथ होते और इसे देखकर मैं भी। गर्मी की छुट्टियां बीती और जुलाई की प्रथम बारिश के साथ स्कूल का अगला सत्र प्रारंभ हुआ।

मैं अब सातवीं कक्षा का विद्यार्थी था। स्कूल गांव से बाहर लगभग 2 किलोमीटर दूर था। स्वामी गोविंदाश्रम विद्यालय वास्तव में एक बहुत ही सुहावना आश्रम जैसा ही था। विशाल प्रांगण में फैला विद्यालय चारों तरफ से विभिन्न पेड़ों से घिरा था। फील्ड इतना बड़ा था कि कभी-कभी राजनेताओं के हेलीकॉप्टर भी इसमें उतरते थे। जमीन कंकरीली थी तथा गर्मी में धूल और बारिश में कीचड़ से मुक्त होती थी। मजे की बात यह थी कि विद्यालय में दो बहुत ही सुंदर मृग शावक बाहरी जंगली इलाके से कभी भटक कर यहां आ गए थे। चपरासियों ने उन्हें दूध पिला-पिला कर पाला था। अब वे पूरी तरह पालतू हो गए थे। जब भी हेडमास्टर फील्ड में घूमते दोनों शावक भी उनके पीछे-पीछे चलने लगते। विद्यालय के बच्चे भी उन्हें पकड़ने की कोशिश करते और छलांग लगाकर भागते हुए उन्हें देखने का लुत्फ उठाते। विद्यालय के बगल में ही एक सुंदर तालाब, एक छोटा सा मंदिर और पीपल का पेड़-यह सभी वातावरण को अत्यधिक सुरम्य बना देते।

जुलाई की नई बारिश ने जगह-जगह खेतों में पानी भर दिया था। हम छात्रों का झुंड गाँव से निकलता और पानी व कीचड़ भरे रास्तों से स्कूल पहुंचता। कुछ दिन तो बहुत ही सुकून से बीत गए लेकिन एक दिन फिर गड़बड़ हो गई। विद्यालय जाते समय रास्ते में जगह-जगह पानी भरा था और नई-नई बारिश के कारण ढेर सारे बड़े-बड़े पीले-पीले मेंढक भी खेतों में टर्र-टर्र करने लगे थे। जग्गन के अंदर बैठे शैतानी दिमाग ने फिर अंगड़ाई ली। मैंने और साथियों से नजर बचाकर एक मेंढक पकड़ा और उसे बगल वाले जेब में डाल कर जेब के मुंह को हाथ से दबाए रखा। कक्षा में पहुंचकर मैंने उस मेंढक को ब्लैक बोर्ड के नीचे रखी टेबल की दराज में डालकर चुपके से दराज बंद कर दिया। अध्यापक अभी कक्षा में आए नहीं थे और बच्चे उधम चौकड़ी मचाने में लगे थे। थोड़ी देर बाद एक मास्टर जी आए और बच्चों से बातें करने लगे। नई कक्षा थी, नए मास्टर साहब थे और वातावरण कौतूहल और उत्साह से भरा था। थोड़ी देर बाद मास्टर साहब अपनी कुर्सी से उठे और ब्लैक बोर्ड के पास जाकर कुछ लिखने के लिए टेबल का दराज खोले, दरअसल दराज में ही चॉक और डस्टर रखे होते थे। दराज खुलते ही अंदर बैठे मेंढक ने छलांग लगाई और मास्टर जी की पतलून पर सुसु करके नीचे फर्श पर भागने लगा। मास्टर जी पता नहीं किस तरह उछले और नीचे झुके कि उनका सर टेबल के कोने से टकरा गया। बच्चों के भय मिश्रित ठहाकों से कक्षा गूंज उठी। मास्टर जी पहले भोचक्के और फिर आग-बबूला

हो उठे। 'किसने किया है यह?' सन्नाटा... 'मैंने पूछा किसने किया है यह?' पढ़ाई में तेज़ूखाँ होने के कारण मेरा रौब बच्चों पर था। यही नहीं मैं विद्यालय के प्रबंधक का बेटा भी था। लेकिन जमाना आज जैसा नहीं था। जैसे ही मास्टर साहब ने पूरी कक्षा को खड़ा करके डंडे से मारने का ऐलान किया कुछ बच्चे टूट गए। मेरे मित्रों में से ही एक बोल उठा - 'मास्टर जी मैंने मेंढक रखते तो किसी को नहीं देखा लेकिन स्कूल आते समय रास्ते में जग्गन मेंढक पकड़ रहा था'। मास्टर साहब के लिए इतना काफी था। पीठ और दोनों बाजुओं पर अच्छे खासे डंडे पड़े। और फिर मुझे कक्षा के बाहर धूप में मुर्गा बनने को कहा गया। मुझे कुछ समझ में नहीं आ रहा था। इस बीच मास्टर साहब को एक ऊंची कक्षा का लड़का जाता हुआ दिखाई दे गया। डंडे के इशारे से मास्टर जी ने जैसे ही उसे आदेश दिया वह मेरे हाथों, पैरों और पीठ को तोड़ मरोड़ कर मुर्गा बनाने में लग गया। इस प्रक्रिया में कई बार जमीन पर मुझे गिराने के बाद वह सफल हो गया। जिंदगी में मैं इस अवस्था में पहली बार रखा गया था। दोनों हाथ, दोनों टांगों के बीच से जाकर दोनों कानों के सहारे खोपड़ी को नीचे की ओर खींच रहे थे। मुझे समझ में नहीं आ रहा था कि हो क्या रहा है। थोड़ी देर बाद दो डंडे लगाकर कक्षा में भाग जाने को कहा गया। शाम की घंटी बजी और मैं घर आ गया। कुछ खाने पीने के बाद खेलने चला गया और फिर सामान्य हो गया। शर्मिंदगी जैसी कोई भावना नहीं आई क्योंकि उस समय में शर्मिंदगी क्या होती है इसका कोई खास भान नहीं था। हाँ पैरों में थोड़ा दर्द जरूर था लेकिन उससे ज्यादा तो खेत की मेड़ बांधने के लिए घंटों फावड़ा चलाने या सिंचाई के लिए ठंड में घंटों खेत के कीचड़ में खड़े रहने में भी तो होता था। जल्दी ही सब भूल गया।

सातवीं कक्षा मे दो-तीन महीने हुए होंगे,कंचे को लेकर एक लड़के से क्लासरूम में ही फिर लड़ाई हो गई। लड़ाई के बीच मास्टर जी आ गए और दोनों को दो-दो डंडे मारकर अपनी-अपनी जगह बैठा दिया। कुछ देर बाद मास्टर जी ने बोर्ड पर लिखा - This is a Kid और बोले जो इसका अर्थ जानता हो हाथ उठाए। मैंने सबसे पहले हाथ उठाया क्योंकि यह तो मैंने कक्षा छह में ही पढ़ लिया था। मास्टर जी बोले हां जग्गन बताओ और मैं तपाक से बोल उठा - 'यह बकरे का बच्चा है'। उन्होंने पास बुलाया और मेरा कान एंठते हुए पूछा- 'क्या बोला? फिर से बोलो', मैं फिर बोला कि यह बकरे का बच्चा है। मास्टर जी बोले- 'जब तक मैं और बच्चों से इसका अर्थ पूछता हूं तब तक तुम गेट के बाहर मुर्गा बने रहो'। अब तक मुझे मुर्गा बनने का

काफी अभ्यास हो गया था। मैं मुर्गा तो बन गया लेकिन समझ में नहीं आया कि मेरी गलती क्या थी। कुछ देर बाद जब मैंने देखा कि मास्टर का ध्यान बच्चों में लगा है तो मैं मुर्गा से इंसान बनकर दीवार की आड़ में खड़ा हो गया। इसी बीच एक बच्चा चिल्ला उठा -'अरे मास्टर जी! जग्गन खड़ा हो गया है '। मास्टर ने कमरे के अंदर बुलाया और मुर्गा बनकर दस बार जोर से कुक्कुड़ूं-कूं,कुक्कुड़ूं-कूं बोलने के लिए कहा। पहली बार मुझे बहुत बेइज्जती महसूस हो रही थी। मैं कुक्कुड़ूं-कूं बोलने के बजाय रोने लगा लेकिन जी नहीं छूटा और रोते हुए ही 10 बार बोलना पड़ा। छुट्टी हो गई और मैं घर तो आ गया लेकिन इस कुक्कुड़ूं-कूं ने मेरे अंदर एक हलचल मचा दिया। मुझे मास्टर संसार की सबसे ताकतवर कौम लगने लगी-- जब चाहो कक्षा में आओ या अध्यापक कक्ष में ही गप्पें मारते रहो। जब जिसे चाहा मुर्गा बना दिया और जब चाहा पीट दिया। कहीं शिकायत नहीं कर सकते और अगर घर पर शिकायत करो भी तो 'तुमने ही शैतानी करी होगी' वाला जवाब मिलता। अधिक बोलने पर फिर घर पर पिटाई होने का अंदेशा होता। मास्टर साहब का कहना था कि बकरे का बच्चा नहीं, बकरी का बच्चा होता है। बकरा कैसे बच्चा दे सकता है? गांव में गड़ेरिया के पास बकरा-बकरी दोनों थे पर मेरा वास्ता बकरे से ज्यादा था। मैं कभी-कभी दाढ़ी वाले बकरे को पकड़ लेता और सवारी करने की कोशिश करता। उसकी पीठ पर से गिरने से कई बार मेरे घुटने छिल गए थे, फिर भी जब भी मौका मिलता ऐसा करने में मजा आता।

उस जमाने में आज की तरह फैशनेबुल स्कूल बैग नहीं हुआ करते थे। मेरा भी नहीं था। माँ ने साड़ी के किनारे की चौड़ी पट्टी को काटकर और उन टुकड़ों को सिलाई से जोड़कर हम दोनों भाइयों के लिए झोला बना दिया था जिसमें हम किताबें-कापियां रखकर स्कूल जाया करते थे। 52 साल की उम्र में पैदा होने के कारण माँ का स्नेह मेरे ऊपर कुछ ज्यादा ही था। झोला सिलते समय भी उसने कंजूसी नहीं बरती थी। मैं जब चलता था तो झोले का निचला सिरा मेरे घुटनों के नीचे पैर से टकराते हुए चलता था। माँ ने जरूरत से काफी बड़ा झोला सिल दिया था। मुझे पहले तो काफी दिक्कत हुई लेकिन धीरे-धीरे आदत पड़ गई।

रामदुलारदुबे, लल्लन सिंह और मेरी एक गहरी दोस्ती वाली तिकड़ी थी। तीनों एक ही कक्षा में पढ़ते थे और लगभग हर कारस्तानी में भागीदार भी होते थे। शायद मैंने पहले बताया है कि घर से हम तीनों 9:00 बजे स्कूल के लिए निकलते थे और

दो किलोमीटर की दूरी 10:00 बजे तक तय नहीं कर पाते थे। अकसर 10:00 बजे के बाद ही पहुंचते और प्रधानाचार्य को गेट पर हाथ में डंडा लिए इंतजार करते हुए पाते थे। प्रार्थना हो चुकी होती थी और हम दो-चार डंडे खाने के बाद कक्षा में प्रवेश करते थे। दो किलोमीटर की दूरी एक घंटे में भी तय न कर पाने के कई कारण थे-रास्ते में पड़ने वाले पेड़ों की डालियों पर झूलने लगना, रास्ते में पड़ने वाले तालाब में गमछे से मछलियां पकड़ने लगना, बारिश के मौसम में खेतों में मेंढकों के पीछे भागना और पत्थर के बड़े-बड़े टुकड़ों को पलट कर बिच्छू ढूंढना और मिल जाने पर उसे धागे में बांधकर तालाब में तैराना आदि।

जाहिर था कि ये मनोरंजक क्रियाकलाप पढ़ाई से ज्यादा रुचिकर थे। ऐसे में दस कब बज जाता था, पता ही नहीं चलता था। अचानक हमें 10:00 बजने का अंदाजा होता, हम हड़बड़ी में स्कूल की ओर भागते और गेट पर पहुंचते ही प्रधानाचार्य का दंडात्मक आशीर्वाद पा जाते। ज्ञात रहे कि उस समय घड़ियों की उपलब्धता हम जैसे बच्चों के लिए स्वप्न मात्र ही थी। हमें मार पड़ती पर सुधर नहीं पा रहे थे। यही नहीं अब स्कूल समय में भी कक्षा से भागने की कोशिश होने लगी थी। ऐसे हालात में मां का बड़ा झोला काम आता था। अपनाए जाने वाले तरीके कुछ इस तरह होते थे। मैं मास्टर जी के पास जाता और बोलता कि आज मेरे घर सत्य नारायण भगवान की कथा है और मुझे 12:00 तक घर पहुंचना है। मास्टर जी में सत्य नारायण भगवान से पंगा लेने की हिम्मत नहीं होती थी, वह मुझे परमिशन दे देते।

लल्लन और रामदुलार अपना बैग मेरे बड़े झोले में डाल देते और मैं स्कूल के बाहर निकल कर तालाब पर इंतजार करता। वे दोनों खाली हाथ लघुशंका के लिए स्कूल के पीछे जाते और थोड़ी दूर पर स्थित टेढ़े-मेढ़े नाले में (बारिश के मौसम को छोड़कर) कुछ दूर झुक कर चलते हुए तालाब के पास नाले से बाहर आ जाते। फिर तो तीनों मिलकर 4:00 बजे तक मटरगश्ती करते और 4:15 बजते-बजते घर में हाजिर हो जाते। एक दूसरा बहाना तबीयत खराब होने का होता था। तीनों में से किसी की भी हो सकती थी। वह मेरे झोले में सबका बस्ता डालकर पहले निकलता और आगे चलकर तीनों दोस्त मिल जाते।

पाप के घड़े की तरह पाप के झोले का भी भंडाफोड़ एक न एक दिन होना ही था। किसी बच्चे ने शिकायत कर दी। मेरे पिताजी जो कि प्रबंधक भी थे, से पिछले कुछ महीनों में हुई सत्य नारायण कथा की जानकारी ली गई और झोले के कारण

मुझे मुख्य अभियुक्त मानते हुए कुक्कुड़ूं-कूं वाला मुर्गा बना दिया गया। घर आने पर प्रबंधक महोदय की डांट अलग। इसके बाद फिर मैंने कोई गलत काम न करने का निश्चय लिया और स्कूल में होने वाली प्रार्थना में शामिल होने लगा। पिताजी ने सत्य नारायण कथा के लिए रविवार का दिन निश्चित कर दिया था। आज दोनों दोस्त मेरे बीच नहीं हैं। उनका उल्लेख करते हुए आज सारी यादें ताजा हो उठीं और मन भारी।

अब तक की छोटी जिंदगी में बहुत सी घटनाएं-दुर्घटनाएं आईं और चली गई थीं। नहीं गई तो बस दो चीजें - एक मुर्गा बन कर कुक्कुड़ूं-कूं बोलने की विवशता और दूसरा अध्यापक होने की असीम शक्ति का आभास और उसकी चाहत। दिन-रात की बेचैनी ने मेरे खेलकूद - यहां तक कि शरारत के रोमांच को भी समाप्त कर दिया था। एक दिन विद्यालय के प्रांगण में जाते समय मैंने दो अध्यापकों सहित हेडमास्टर निहालजी को बैठे हुए देखा। अनायास ही मेरे पांव उधर मुड़ गए। पास जाकर और पता नहीं कैसे निडर होकर मैं बोल गया -'मास्टर जी! मुझे मास्टर बनना है।' अध्यापकों सहित मास्टर जी हंस दिए और अनमने भाव से बोले- 'हां-हां! जाओ कक्षा में सबसे ज्यादा नंबर लेकर आओ, बन जाओगे'। मास्टर जी की उस दिन की बात सीधे दिल में उतर गई और गहरे उतरती चली गई। दिन-रात पढ़ाई के सिवा मुझे कुछ नहीं सूझता था। सातवीं की परीक्षा आने वाली थी, पिताजी के बुजुर्ग दोस्त इस बार का रामायण देने को कहते और पिताजी समझाते - 'भाई, इस साल का तो मैंने किसी को वादा कर दिया है, अगले फिर अगले साल के रामायण तुम लोग बारी-बारी से ले लेना '। मैं इन बातों को सुनता, थोड़ा डरता, परेशान होता और फिर पढ़ाई में लग जाता। मेरा मकसद कक्षा में अव्वल आकर केवल रामायण पाना नहीं था बल्कि उसके पार जाकर मास्टर बनना था। परिणाम आया, मैं अव्वल था। पिताजी के पैर छूए और गुटका उनके हाथों में पकड़ा दिया। बस एक साल की देरी और थी और आठवीं पास करते ही मुझे उसी मिडिल स्कूल में मास्टर बन जाना था। लेकिन इसी बीच कुछ ऐसा समाचार आ गया जिसने मेरी आशा पर फिलहाल पानी फेर दिया।

समाचार हेडमास्टर जी, मैनेजर पिताजी और क्षेत्र के सभी लोगों के लिए तो बेहद खुशी का था बस मुझे छोड़कर। हुआ यह था कि चौतरफा हो रही प्रगति और विशेष तौर पर लगातार आ रहे अच्छे परीक्षा परिणामों को देखते हुए स्वामी गोविंदाश्रम मिडिल स्कूल को अब हाई स्कूल की मान्यता दे दी गई थी। समाचार मेरे लिए दुखदायी इसलिए था क्योंकि मुझे लगने लगा था कि अब विद्यालय में मास्टर बनने के लिए मुझे दो वर्ष और मेहनत करनी पड़ेगी। इन कक्षाओं में अव्वल न आया तो..? मास्टर नहीं बना तो..? सामने मेरा सपना बिखरता सा नजर आ रहा था पर क्या करता सब कुछ अपने हाथ में तो नहीं होता न। खैर, आठवीं का परीक्षा परिणाम घोषित हुआ और मैं फिर अव्वल दर्जे में पास हुआ। पिताजी के एक और दोस्त को गुटका रामायण मिल चुका था। गांव और आसपास के इलाकों में मेरी इज्जत में और

इजाफा हो गया था। 'परमानंद जी का छोटा लड़का शैतान तो है लेकिन पढ़ाई में उसका कोई मुकाबला नहीं'- इस तरह की बात इलाके में सुनने को मिलने लगी थी।

मैं 13 साल का हो चुका था। हालात के साथ-साथ मेरे अंदर भी बहुत कुछ बदल रहा था। जैसा मैंने पहले बताया है कि गांव के बाहर विद्यालय के पास एक बहुत ही मनोरम तालाब था। कंकरीली जमीन पर होने के कारण उसमें से पैरों से चलकर इस पार से उस पार निकला जा सकता था पैरों में बिना कीचड़ के। पानी भी हल्के दूधिया रंग का होता था जो संभवतः तलहटी में कीचड़ की जगह कंकड़-पत्थर की अधिकता के कारण था। जिस किसी पूर्वज ने बनवाया था, सुयोजना के साथ बनवाया था। पुरुषों के लिए एक तरफ पक्की सीढ़ियों वाला घाट तो बगल में औरतों के लिए पक्का किंतु ढलान वाला बिना सीढ़ियों के। इन दोनों घाटों से अलग कच्चा घाट था पशुओं और अन्य जानवरों के लिए। चारों तरफ ऊंचे भीटों से घिरा सुंदर मंदिर और पीपल के पेड़ वाला यह तालाब सचमुच बहुत ही सुहावना था। गांव से बाहर होने के कारण यहां अद्भुत शांति थी। मंदिर में साल भर कोई न कोई महात्मा ठहरे रहते थे। सायंकाल आसपास के गांव के लोग महात्मा के दर्शन करते और प्रवचन और सत्संग का आनंद लेते। एक स्वर में जब कीर्तन गाए जाते या आरती की जाती तो सारा वातावरण सजीव हो उठता। सेना से ब्रिगेडियररैंक के रिटायर्ड हुए एक स्वामी जी के प्रवचन तो लोगों पर जादू सा कर देते। मुझे आज भी उनकी कही गई ये पंक्तियां याद हैं:-

एक टहनी एक दिन पतवार बनती है,
एक चिंगारी दहक अंगार बनती है।
जो सदा रौंदी गई बेबस समझ कर,
एक दिन मिट्टी वही मीनार बनती है।।

उन्हीं के अनुसार यदि निर्माण चाहिए तो विनाश का स्वागत करो। पौधा और फिर वृक्ष बनने के लिए बीज को अपना अस्तित्व खोना पड़ता है। बीज और उस से निकला वृक्ष दोनों एक साथ नहीं हो सकते। वृक्ष बनने के लिए बीज को सड़ना पड़ता है, गलना पड़ता है, अपने अस्तित्व को मिटा देना पड़ता है। अपने पूर्ण बलिदान से

ही बीज हजारों-लाखों बीजों वाले वृक्ष को जन्म देता है। विनाश की कोख से ही सृजन जन्म लेता है। मैंने फौजी पोशाक में घोड़े पर बैठे उनकी फोटो देखी थी और उनकी बातों से पूरी तरह अभिभूत था।

इसी तालाब पर मैं अन्य साथियों के साथ नहाने व कपड़े धोने के लिए जाता था। दौड़ कर पानी में कूदना, अंदर ही अंदर बहुत दूर जाकर निकलना और कभी-कभी घंटों तैरते रहना हमारी दिनचर्या बन गई थी। तैरने से याद आया कैसे मैंने जब तैरना नहीं सीखा था तो किनारे पर बैठकर लोगों को हसरत भरी निगाहों से तैरता देखता। फिर एक दिन- मुझसे बड़े और शायद अधिक बदमाश भी- साथी से मुलाकात हो गई। उसने पानी पर दौड़ते हुए एक छोटे काले कीड़े की ओर ध्यान दिलाया और बोला - 'देखो, कितनी तेजी से पानी के ऊपर भाग रहा है? उसकी तरह यदि फर्राटे से तैरना सीखना है तो एक कीड़े को पकड़ कर एक बार खाना पड़ेगा'। उसके अनुसार उसने भी ऐसे ही सीखा था। मुझे याद है कोई और चारा न देख और तैरने की लालसा में मुझे नुस्खा आजमाना पड़ा था। दूसरे ही क्षण उसने मुझे पानी में धकेल दिया और मेरे नाक-मुंह में पानी भर गया। मैं डूबते-डूबते बचा पर तैरना सीख गया। फिर तो मैं गर्मियों में गंगा तैरकर पार करने लगा और गंगा पार अपनी बुआ के गांव आने-जाने लगा।

तालाब पर नहाने के दौरान जो सबसे खास बात नजर आती थी वह थी पुरुष घाट पर नहाने वाले बच्चों और कुछ पुरुषों का भी बीच-बीच में महिला घाटों की ओर देखना। धीरे-धीरे ज्ञात हुआ कि जब भी गांव की खूबसूरत लड़कियां अपनी सखियों के साथ घाट पर नहाने के लिए आतीं तो पुरुष घाट पर भी भीड़ बढ़ने लगती। कुक्कुड़ूं-कूं ने मेरे भीतर जितना डर बैठा दिया था उतना ही टीचर बनने की लालसा ने मेरी सोच को बहुत ही सीमित कर दिया था। अब मैं कंचे नहीं खेलता था, दोस्तों के साथ भी समय नहीं बिताता था। बस चुपचाप पढ़ता और पिताजी के साथ खेती-किसानी व घर के कामों में हाथ बंटाता। साथ के बच्चे तरह-तरह की बातें करते और उनकी बातों से मुझे भी बहुत कुछ पता चलने लगा। सुनयना एक निहायत खूबसूरत और धनी मां-बाप की सभी संतानों में सबसे लाड़ली बेटी थी। आसपास के कई गांवों में उसकी सुंदरता की चर्चा थी। हर कोई उससे बात कर लेने की ताक में रहता था लेकिन शायद कोई बिरला ही रहा होगा जिससे उसने कभी बात की होगी, कम से कम मेरी जानकारी में तो कोई नहीं था। सौंदर्य प्रसाधनों से लेकर अपनी सोच तक में

वह जमाने से काफी आगे थी। महिला घाट की तरफ से आने वाली भीनी सुगंध इस बात की साक्षी होती थी कि सुनयना अपनी सहेलियों के साथ स्नान कर रही है। लोग परेशान होते कि यह सुगंध किस साबुन, तेल या शैंपू की है। वे उसका नाम जानकर दुकानों से खरीदने की कोशिश करते मगर आसपास की दुकानें तो क्या जिला शहर में भी वे न मिलती। जाहिर है उन चीजों का सोर्स हाई-फाई था।

यद्यपि मैं पढ़ाई में इतना मशगूल था कि इस तरह की बातों के लिए न मेरे पास वक्त था और न ही इच्छा। लेकिन रोज-रोज की जाने वाली दोस्तों की बातों से भी बचना मुश्किल था। धीरे-धीरे मेरे भी बालसुलभ मन में सुनयना के प्रति आकर्षण बढ़ने लगा। जमाना आज के जमाने से बिल्कुल ही अलग था। सामान्य सामाजिक भय के अतिरिक्त मेरे अंदर एक अलग किस्म का भय भी था - ठीक से पढ़ाई में मन न लग पाने के कारण अव्वल न आने और मास्टर न बन पाने का भय। आसपास के इलाकों में पढ़ाई में तेज और होशियार वाले सम्मान के खो जाने का भय। इन सब के अलावा अन्य बच्चों की तुलना में मैं इस क्षेत्र में फिसड्डी भी था। सुनयना गांव में रहकर भी मेरे सोच और रहन-सहन की तुलना में काफी ऊंचे पायदान पर खड़ी दिखाई देती थी। पढ़ाई में तेजी और घर-किसानी के कामों में गांव के बच्चों से अधिक दक्षता- यही दो मेरी पूंजी थी जिन्हें मैं किसी भी हालत में खोना नहीं चाहता था। शरारती स्वभाव पर काबू न कर पाने के कारण वैसे भी बीच-बीच में मुर्गा और कुक्कुड़ूं-कूं से दो-चार होना पड़ ही जाता था। सामने बहुत बड़ा चैलेंज था। सुनयना का आकर्षण न चाहते हुए भी मेरे अंदर बढ़ता जा रहा था। अंततः मैंने सिर को एक झटका दिया और इस विचार को ही दिमाग से निकाल देने की कोशिश की। कुछ दिनों बाद एक अत्यंत ही आश्चर्यजनक घटना घटी। तालाब में मैं अपने कुछ साथियों के साथ नहा रहा था कि अचानक एक छोटी सी बच्ची मेरे पास आई और एक बहुत ही सुगंधित सोप पकड़ा गई। 'किसने भेजा?'- पूछने पर महिला घाट की ओर उंगली से इशारा करके भाग गई। सुगंध ने बता दिया था कि इसे किसने भेजा है। आश्चर्यजनक था। लेकिन सबसे आश्चर्यचकित था मैं। मैं समझ नहीं पा रहा था कि यह हुआ कैसे? दोस्तों की तरफ से अनावश्यक कटाक्ष भी आने लगे थे। मुझे बहुत खुशी इसलिए हो रही थी कि जिस लड़की से बात करने को ढेर सारे लड़के दिन-रात कोशिश कर रहे थे और उनकी हिम्मत नहीं पड़ रही थी उसने मेरे साथ ऐसे नजदीकी कैसे दिखाई? खैर, मामला थोड़ा-बहुत आगे भी बढ़ता रहा। मेरे लिए तो उसका गंभीर सौंदर्य ही मुख्य आकर्षण था लेकिन उसने मुझ में क्या देखा पता नहीं। 'तोता मैना की कहानी' और

'सदाबृज सारंगा' जैसी उस समय की बेहद लोकप्रिय किताबें भी सुनयना के जरिए ही मुझे पढ़ने को मिलीं। आज तो शायद ही किसी को इन किताबों के बारे में जानकारी हो। लेकिन अपने समय की महान रोचक और रोमांसपूर्ण कहानियों के लिए प्रसिद्ध इन किताबों को पढ़ना एक बेमिसाल अनुभव था। इसकी वास्तविक अनुभूति उन्हीं को हो सकती है जिन्होंने इसे खुद पढ़ा हो।

नौवीं कक्षा की पढ़ाई चल रही थी। हां एक चीज आपको बताना मैं भूल गया था। पांचवी के बाद मुझे पांच रुपए महीने का वजीफा मिलने लगा था। कक्षा में सबसे अधिक नंबर लाने के कारण मेरी पूरी फीस माफ होती थी। कक्षा आठवीं समाप्त होते ही पांच रुपए महीने वाला वजीफा समाप्त हो गया था। सरकार की तरफ से तीन वर्षों में मुझे कुल 180 रुपए मिल चुके थे। आज से 52-53 वर्ष पहले मिले ये रुपए उस जमाने में कम नहीं थे। फिर ये रुपए मेरी मेहनत की कमाई थे। आठवीं कक्षा समाप्त होते ही यह वजीफा भी बंद हो गया। मुझे काफी दुख हो रहा था। हालांकि यह पहले से ही पता था कि यह तीन सालों के लिए ही था। जल्दी ही ईश्वर ने कृपा की और जिले में आठवीं कक्षा में संस्कृत विषय में सबसे ज्यादा नंबर मिलने के कारण मुझे बीस रुपए प्रति महीने की संस्कृत छात्रवृत्ति मिल गई। जब भी बड़े बाबू अपने ऑफिस में पैसे देकर रजिस्टर में हस्ताक्षर करने को कहते, एक असीम आनंद की अनुभूति होती।

अब मैं बड़ा होने के साथ-साथ समझदार भी हो रहा था। शरारतें न के बराबर हो गईं थीं। पिताजी अब 65 के पार हो रहे थे और घर-खेती के कामों में भागीदारी दोनों भाइयों की बढ़ रही थी। इसी बीच एक घटना - जिसमें मेरी तरफ से शरारत की कोई मंशा बिल्कुल नहीं थी - घट गई। हमारे पड़ोस के एक बुजुर्ग - पिताजी से भी उम्र में बड़े- मेरी चौपाल के ऊपर ठंडी छाया करने वाले नीम के पेड़ के नीचे चारपाई पर सोए हुए थे। अचानक मुझे लगा कुछ गड़बड़ है। उनका मुंह खुला हुआ था, शरीर भी लगभग स्थिर था। मैंने थोड़ी देर उनके पास जाकर फिर झुक कर ध्यान से देखा, मुझे आभास और डर लगने लगा कि वे कहीं मर तो नहीं गए! काफी जद्दोजहद के बाद मैंने नीचे पड़ी हुई नीम की एक सींक उठाई और उनकी नाक में डालकर हालत जानने की कोशिश की। अरे यह क्या? एकदम से वह जगे और सर के पास चारपाई के कोने पर रखी लाठी उठा ली। मैं वहां से भागा। वे जितना लगते थे उससे काफी ज्यादा चुस्त-दुरुस्त निकले। उन्होंने इस तरह डंडे को फटकार कर मारा कि सीधे वह भागते हुए मेरी एड़ी में लगा और मैं बस गिरते-गिरते बचा। घटना को बिना लाग-लपेट के एक भयंकर शरारत माना गया और पिताजी ने दो-तीन थप्पड़ रसीद कर दिए। मैं परेशान था कि मैंने शरारत के इरादे से यह कार्य बिल्कुल नहीं किया था पर लगता है नियति को यही मंजूर था।

नौंवी का परीक्षाफल निकला और मैं अव्वल दर्जे में पास हुआ। पिताजी के लिए रामायण का एक और गुटका। सारे समाज में केवल एक मां ही थी जिसने मुझे कभी शरारती नहीं माना - 'मेरे लाल को बेवजह लोग परेशान करते हैं, कितना पढ़ाई करता है और कितना घर का काम'-कहती और आंचल में छुपा लेती। जिंदगी में मां की डांट मुझे केवल एक बार मिली थी। मां की इच्छा थी कि एक भी रात बिना पढ़ाई के नहीं जानी चाहिए। हम लोग लालटेन जलाकर रात में अकसर पढ़ाई करते थे क्योंकि दिन में समय ही नहीं मिलता था। उस समय गेहूं की दंवाई-मड़ाई चार बैलों को गोला-गोला घुमा कर की जाती थी और इस प्रक्रिया को गांव की भाषा में दौंरी कहा जाता था। फसल से अनाज निकालने की यह प्रक्रिया दो दिन में पूरी होती थी। पहले दिन की रात में उसी पर सोकर अनाज की रखवाली करनी पड़ती थी। एक दिन रखवाली के लिए मैं रात में उसी पर एक चद्दर बिछाकर सोया। सुबह लगभग चार बजे उठकर लालटेन जलाकर मैं पढ़ने लगा। उबड़खाबड़ होने के कारण लालटेन लुढ़क गई और उससे निकले मिट्टी के तेल ने आग पकड़ ली। रात के सुनसान अंधेरे में वहां कोई नहीं था और मैं बुरी तरह घबरा गया। थोड़ी देर में पैर पटक-पटक कर

मैंने किसी तरह फसल में लगी आग बुझाई और डरते हुए ही पूरी रात बिताई। सुबह मां के पूछने पर सारा हाल बता दिया। बिना किसी दया भाव के मां ने कहा- 'लेकिन हमें यह बताओ कि पढ़ाई की या नहीं की? 'मैंने कहा- 'कैसे करता, लालटेन बुझ गई थी'। मां ने थोड़ी दूर पर एक पंपिंगसेट के खंभे में जलते हुए बिजली के बल्ब की ओर इशारा किया और गुस्से में बोली - 'लालटेन बुझ गई थी तो क्या हुआ? खंभे के बल्ब से लालटेन क्यों नहीं जला लिया?' फिर कोसती हुई बोली - 'जाओ जिंदगी में अरहर की रोटी भी नसीब नहीं होगी'। मैं क्या करता, बस सिर धुन के रह गया। इस घटना का छोड़ मां कभी भी मुझसे नाराज नहीं हुई।

अब मैं दसवीं कक्षा में था जिसकी परीक्षा उत्तर प्रदेश शिक्षा बोर्ड से होनी थी। दसवीं का बोर्ड उस जमाने में बहुत ही कठिन माना जाता था। 60 प्रतिशत से ऊपर अंक पा जाने वाला बच्चा मेधावी माना जाता था और मेधावी होना नाकों चने चबाना था। दिन-रात पढ़ाई शुरू हुई। इसी बीच दशहरे का मौसम आया। इस मौसम में गांव की नाटक मंडली कई नाटकों का मंचन किया करती थी। गांव भले ही छोटा था लेकिन दूर-दूर तक इलाके में सबसे अधिक शिक्षित लोगों का गांव माना जाता था। इसका मुख्य कारण स्वामी गोविंदाश्रम विद्यालय ही था जो अब हाईस्कूल बन चुका था। एक दिन नाटक मंडली की तरफ से बच्चों द्वारा चंद्रगुप्त नाटक का मंचन किया गया। मैं चंद्रगुप्त की भूमिका में था। लोगों के अनुसार मैंने बहुत ही जीवंत अभिनय किया। खूब तालियां बजीं और इनाम भी मिले। इसी दौरान सुनयना द्वारा प्रसन्न होकर मेरे अभिनय के लिए पांच रुपए का इनाम मंच से घोषित किया गया। उस समय आप मेरी मनोदशा समझ सकते हैं। मैं सातवें आसमान पर था। अभिनय इलाके में सराहा गया लेकिन यहां भी नियति सब कुछ सामान्य नहीं होने देना चाहती थी।

दूसरे ही दिन सुनयना की चिट्ठी किसी के द्वारा मिली। लिखा था कि उसकी मां ने इनाम देने के कारण उसे बहुत डांटा था लेकिन यह भी लिखा था कि जो भी हो नाटक में आप बहुत अच्छे लगे। मुझे सारा माहौल बसंत सा लगने लगा। लेकिन यह उस जमाने की बात थी। आज की नहीं, जब इस तरह के संबंध 'प्रेम' जैसे संबंधों में परिभाषित किए जाने लगते हैं। हमारा आकर्षण कई परिस्थितियों वश आकर्षण ही बना रहा। एक-दूसरे को देख लेने की ललक जरूर बढ़ती जा रही थी लेकिन हम मिल नहीं सकते थे। कुछ कागज के टुकड़े असहाय भावनाओं को शब्दों में लादकर इधर से उधर जरूर हुए लेकिन उसी मोड़ पर ठहरकर रह गए। शायद मैं पढ़ाई-लिखाई में

इतना तेज न होता और तत्कालीन मान्यताओं के बोझ से हम दोनों दबे न होते तो बात कुछ और होती।

दसवीं की बोर्ड परीक्षा जिला मुख्यालय मिर्जापुर में जाकर देनी थी। मन में डर और खुशी दोनों थे। डर इस बात का कि अव्वल आ पाऊंगा या नहीं और यदि नहीं आया तो मास्टरी हाथ से गई। खुशी इस बात की कि अव्वल आते ही इसी स्कूल में मास्टर। फिर वही मुर्गा, वही कुक्कुड़ूं-कूं!! लेकिन अब मुर्गा मुर्गा नहीं होगा मास्टर बन चुका होगा और जिस बच्चे को चाहे पीट रहा होगा, मुर्गा बना रहा होगा और कुक्कुड़ूं-कूं भी बुलवा रहा होगा। कौन जाने इन बच्चों में, उन अध्यापकों के बच्चे भी हों जिन्होंने मेरे साथ ऐसा किया था।

गर्मी की छुट्टियों के अंत होते-होते दसवीं का परीक्षाफल आ गया। मैं फर्स्ट-डिवीजन-फर्स्ट यानी अव्वल नंबरों में पास हुआ था। कक्षा छह से लेकर कक्षा दस तक लगातार अव्वल। मुझे वह दिन याद आने लगा जब मैंने मुर्गा बनने और कुक्कुड़ूं-कूं बोलने की सजा से तंग आकर सर्वशक्तिमान मास्टर बनने की इच्छा के लिए प्रधानाचार्य जी से पूछा था और उन्होंने अत्यंत अनमने भाव से कह दिया था हां-हां जाओ, कक्षा में सबसे ज्यादा नंबर लेकर आओ, बन जाओगे मास्टर। यही तो सपना था जो मुझे दिन-रात पढ़ाई के सिवा कुछ सोचने नहीं देता था। अनेक बाल सुलभ इच्छाओं की बलि चढ़ चुकी थी। सुनयना को लेकर जन्मा आकर्षण और उसकी तरफ से मिलने वाले सकारात्मक इशारों ने अंदर एक नई हलचल पैदा कर दी थी लेकिन दिन-रात पढ़ाई की ललक इस अंकुरित और कुछ हद तक प्रस्फुटित पौधे को अनचाहे रुखाई की तपिश से झुलसाने लगी थी। मैं चाह कर भी इस ओर आगे नहीं बढ़ पा रहा था। नियति अपनी चालें चल रही थी और मैं बेबस था।

विद्यालय दसवीं कक्षा तक ही था। धीरे-धीरे इस विद्यालय में मास्टर बनने की मेरी चाहत पिघलकर उस समय जमीन पर बिखरने लगी जब मुझे पता चला कि मास्टर बनने के लिए और आगे पढ़ना पड़ेगा। मैंने पिताजी से अपनी इच्छा बताई और उन्होंने मास्टर जी से बात की। पिताजी एक बहुत ही ईमानदार लोकसेवक के साथ-साथ एक भोले-भाले किसान थे। मास्टर जी ने उन्हें समझाते हुए बताया कि 'जग्गन एक होशियार लड़का है, मिर्जापुर शहर के एक इंटरकॉलेज के प्रधानाचार्य से एडमिशन की बात मैंने कर ली है'। मैंने सुन रखा था कि शहर में स्थित जीआईसी (गवर्नमेंट इंटर कॉलेज) सबसे अच्छा कॉलेज था। हाई स्कूल में मेरे नंबर भी काफी

अच्छे थे और आराम से प्रवेश मिल जाता लेकिन मास्टर जी ने पिताजी को सोलह रुपए प्रति माह वजीफे का लालच देकर मेरा प्रवेश उसी कॉलेज में करवा दिया। बाद में पता चला कि मेरे उस कॉलेज में प्रवेश को लेकर दोनों प्रधानाचार्यों के बीच एक बड़ी सौदेबाजी हुई थी। जिस इंटरकॉलेज में 16 रुपए प्रति माह के वजीफे का लालच देकर मेरा प्रवेश कराया गया था उस कॉलेज में पिछले 25 वर्षों से कोई लड़का प्रथम श्रेणी में पास नहीं हुआ था। कॉलेज की प्रतिष्ठा जमीन छू रही थी और सरकार से मिलने वाली वित्तीय सहायता कम होती जा रही थी। उसके प्रधानाचार्य भी अंबिका प्रसाद दुबे थे। मास्टरजी और अंबिका प्रसाद दोनों दुबे बंधुओं ने वास्तव में पिताजी को 16 रुपए महीने का लालच देकर मुझे बलि का बकरा बनाया था। मास्टर जी ने अंबिका प्रसाद दुबे को भरोसा दिलाया था कि यह लड़का जरूर प्रथम श्रेणी लाएगा और आपके कॉलेज की गिरती प्रतिष्ठा संभल जाएंगी।

खैर, मेरी जिंदगी का सबसे संघर्षमय जीवनकाल प्रारंभ हो चुका था। कॉलेज गांव से लगभग 11 किलोमीटर दूर था। पिताजी ने अलसी, सरसों और कुछ गेहूं बेचे और मेरे लिए 250 रुपए की हर्कुलस साइकिल खरीदी। चूंकि विद्यालयों व कॉलेजों का नया सत्र मानसून की शुरुआत के साथ होता है, मेरी कठिन यात्रा शुरू हो चुकी थी। गांव से लगभग दो किलोमीटर चलते ही एक नाला आता था - गड़ैया नाला। वर्षा ऋतु में कैमूर की पहाड़ियों से उतर कर यह तूफानी गति से गंगा की ओर बहता था। पहले दिन से ही कठिन दौर शुरू हो गया। नाले का तेज बहाव देखकर उस में घुसकर पार करने का विचार ही दिल बैठा देने वाला था। पर कोई चारा नहीं था। मैंने साइकिल किनारे खड़ी की, अंडरवियर को छोड़कर सारे कपड़े उतारे, कपड़े और जूते बैग में डाला और अब एक हाथ से साइकिल और बैग तथा दूसरे हाथ से तैरना। भला हो गांव के तालाब का जिसने तैरना सिखा दिया था। बैग भीग न जाए इसलिए बाएं हाथ को जितना हो सके ऊपर खींचे रहना पड़ता था। दाहिने हाथ से तैरना होता था। पानी का बहाव इतना तेज होता था कि उस पार निकलते-निकलते बहाव की दिशा में लगभग 100 मीटर बह जाना पड़ता था। दूसरे किनारे पर पहुंचकर बैग में से कपड़े और जूते निकाल कर पहनना पड़ता और फिर साइकिल से आगे का सफर शुरू होता था। संभवतः आप मेरी शारीरिक और मानसिक मनःस्थिति का अंदाजा लगा ले रहे होंगे। जल-संघर्ष का यह प्रथम चरण था। लगभग 6 किलोमीटर और आगे बढ़ने पर इसका दूसरा चरण भी स्वागत के लिए तैयार था। यह थी एक बड़ी सी नदी - महेवा नदी। नदी की चौड़ाई गड़ैया नाले से लगभग दस गुणा होगी। बस गनीमत यही कह

सकते थे कि इसमें पानी के बहाव में नाले जैसी भयानकता नहीं थी। लेकिन चौड़ाई अधिक होने के कारण थक जाने और डूब जाने की आशंका बहुत ज्यादा थी। खैर, फिर वही कपड़े उतारना, कपड़े और जूते को बैग में रखना और साइकिल सहित बाएं हाथ में उठाकर तैरना शुरू हुआ। थोड़ी दूर जाते ही दोनों हाथ दर्द से फटने लगते थे। लेकिन यही तो संघर्ष था और संघर्ष ही जिंदगी थी।

बैग में भरी किताबों और कपड़ों को बचाने में मुंह और नाक में पानी भर जाता था और शाम को घर लौटने पर कई बार रात में तबीयत भी खराब हो जाती थी। शुरुआत में इस तरह की कठिनाइयों का सामना करना पड़ा और जल्दी ही सब कुछ दिनचर्या सा हो गया। नदी पार करने के बाद हम कपड़े पहनते और फिर साइकिल चलाकर कॉलेज पहुंचते। गीले कपड़ों को कक्षा में पीछे छुपा कर कहीं सूखने को डाल देते। कॉलेज आने से पहले घर पर ढेर सारे काम करने पड़ते थे जैसा मैंने पहले बताया है। इन सभी कार्यों को करने के बाद हम कुछ खा-पीकर साइकिल से कॉलेज जाने की कठिन राह पर निकलते थे। दोपहर के लिए लंच ले जाने का चलन नहीं था। मां कच्चे चने देती थी और लंच के समय कॉलेज से थोड़ी दूर पर एक भड़भूजे के यहां जाकर उस चने को भुना लेता था। भुनाई के मेहनताने के रूप में भड़भुजा थोड़ा सा चना ही भूनने से पहले ले लेता था। घंटाघर के प्रांगण में स्थित एक कुएं के पत्थरों पर छाया में बैठकर चने खाता और पानी पीकर कक्षा में वापस पढ़ने आ जाता। कठिनाइयों और पैसों की तंगी के कारण बहुत कम बच्चे हाई स्कूल के बाद पढ़ाई के लिए शहर जाते थे। स्वामी गोविंदाश्रम हाई स्कूल उस पूरे क्षेत्र के लिए वरदान सिद्ध हो रहा था। क्षेत्र के लगभग सारे बच्चे और बच्चियां दसवीं तक की पढ़ाई तो कर ही लेते थे।

धीरे-धीरे शहर के इंटरकॉलेज का रंग सामने आने लगा। जल्दी ही पता चल गया कि पिछले 25 वर्षों में कोई लड़का प्रथम श्रेणी में पास क्यों नहीं हो सका था। जैसा लोगों ने बताया कि 25 वर्ष पहले कोई छात्र जेल में रहकर बारहवीं की परीक्षा दिया था और प्रथम श्रेणी में पास हुआ था। मिर्जापुर शहर के पश्चिम में अपराधी प्रवृत्ति के कई गांव थे जिनमें पुश्तैनी दुश्मनी चलती रहती थी और आए दिन मारपीट व कत्ल होते रहते थे। छात्र इसी तरह के किसी झगड़े में परिवार के अन्य सदस्यों के साथ जेल में बंद था और वहीं से परीक्षा दिया था। कॉलेज की पढ़ाई और अध्यापकों का रवैया देख कर मेरा दिल डूबने लगा। बदकिस्मती से मैंने आर्ट्स विषयों के साथ मैथमेटिक्स ले रखा था। ऐसा क्यों किया था मुझे कुछ याद नहीं आ रहा है।

में संस्कृत, भूगोल, हिंदी और अंग्रेजी तो आर्ट्ससाइड के बच्चों के साथ पढ़ता किंतु गणित पढ़ने के लिए विज्ञान साइड वाले बच्चों के साथ अकेले बैठता।

इन बच्चों का कंबीनेशन भौतिकी, रसायन और गणित होता था। क्योंकि मैं आर्ट्सआइड का अकेला छात्र उनके साथ बैठता था, वे अकसर हंसते और पूछते–'अबे गणित क्यों ले लिया तूने? तुझसे नहीं संभलेगा'। वे गलत भी नहीं थे। गणित मुझसे नहीं संभल रही थी। मेहनत ही मेरी पूंजी थी, जो पिताजी से संस्कार रूप में मिली थी और अब तक मेरा साथ भी दी थी लेकिन जल्दी ही समझ में आने लगा कि आगे बढ़ने और सफल होने के लिए कुछ और चाहिए। इसी बीच एक टेस्ट हुआ और मुझे बीस में से तीन अंक गणित में मिले। गणित के टीचर एक पांडे जी थे। उन्होंने शहर में ही अपने मकान में बड़ा सा कमरा बना रखा था जिसमें एक बड़े ब्लैक बोर्ड के अलावा कई कुर्सियां लगीं थीं जिसमें वह बच्चों को ट्यूशन देते थे। शिक्षा को समझने का उनका नजरिया विशुद्ध व्यावसायिक था। मिर्जापुर शहर पीतल और कांसे के बर्तन बनाने के लिए आज भी मशहूर है और उस समय यह कारोबार और बड़े पैमाने पर था। कॉलेज में अधिकतर बच्चे अग्रवाल, केसरवानी और अन्य बनिया समुदाय से ही थे। व्यावसायिक समुदाय होने के कारण इन्हें पैसे की बिल्कुल भी कमी नहीं थी। गणित की क्लास के दो-तीन बच्चों को छोड़कर लगभग सारे बच्चे पांडे जी से ट्यूशन लेते थे। कक्षा में पढ़ाते समय पांडे जी उस चैप्टर को छोड़ देते जिसे ट्यूशन क्लास में पढ़ाए होते थे। मेरे जैसे छात्रों के बहुत कहने पर चैप्टर के केवल दो-तीन सवाल बताकर आगे बढ़ जाते थे। कभी-कभी तो प्रश्न का हल मौखिक ही समझा देते और उनके पूछने पर ट्यूशन लेने वाले बच्चे 'हां गुरुजी, समझ में आ गया' कह देते।

मैं गांव से आता था और रोज आने से पहले घर के सारे काम निपटाने होते थे। ट्यूशन जैसी चीज हमें पता नहीं थी - क्या होता है ट्यूशन? गांव में हाई स्कूल था और परीक्षा परिणाम के लिए जिले में सबसे अच्छा विद्यालय माना जाता था लेकिन ट्यूशन जैसी कोई चीज वहां भी नहीं थी। इन हालातों में शहर में कॉलेज समय के बाद रुक कर ट्यूशन कराने का सवाल ही नहीं था। ट्यूशन जैसी चीज के लिए पैसे के बारे में सोचना अकल्पनीय था। तीन अंकों वाली उत्तर पुस्तिका को पांडे जी ने एक हाथ में लिया और दूसरे हाथ से मेरी कलाई पकड़ी। वे सीधे प्रधानाचार्य के कमरे में घुसे और उनसे बोले - 'यह लीजिए सर! निहालजी ने बड़ी बड़ाई मारी थी इसकी और बोला था कि यह लड़का जरूर प्रथम श्रेणी लाएगा। यह लीजिए प्रथम श्रेणी' कहकर उत्तरपुस्तिका उनके सामने रख दी। मैं कमरे में घुसने से पहले ही रोने लगा था।

प्रिंसिपल ने मेरी तरफ देखा और मैं फफक कर रो पड़ा। 'तुम पांडे जी से ट्यूशन क्यों नहीं ले लेते? 16 रुपए महीने वजीफा भी तो पाते हो' -प्रिंसिपल साहब बोले। मैं क्या बोलता,मेरे जैसे छात्रों की दशा और हालात प्रिंसिपल और पांडे जी जैसे लोग क्या समझते। मैं घर आकर तीन दिन कॉलेज नहीं गया। गणित को छोड़कर बाकी चार विषयों में मेरे बहुत अच्छे नंबर आते थे। गणित में दशा सुधरने की कोई गुंजाइश भी नजर नहीं आ रही थी। ट्यूशन हो नहीं सकता था और गांव ऐसा कि एक भी प्रश्न बताने वाला कोई नहीं पूरे गांव में। इसी बीच प्रधानाचार्य ने गणित की क्लास का निरीक्षण किया। पांडे जी ने उंगली के इशारे से एक-एक करके 4 बच्चों को खड़ा किया और प्रधानाचार्य से बोले - 'सर! ये चार बच्चे निःसंदेह प्रथम श्रेणी लाएंगे और इस बार कॉलेज का परिणाम कुछ और ही होगा'। प्रधानाचार्य ने उड़ती निगाह से मेरी तरफ देखा और फिर खड़े हुए बच्चों को 'शाबाश! कीप इट अप!' कहा, और चले गए।

क्षेत्र में पढ़ाई में सबसे होशियार वाला मेरा विश्वास आग की तपिश में मोम जैसा पिघलने लगा था। मुझे लगता था कि सभी चार विषयों में सर्वाधिक नंबर पाकर भी मैं फेल हो जाऊंगा। कॉलेज में संस्कृत के टीचर पाठक जी बहुत ही अच्छे व्यक्ति थे। उनका गांव कॉलेज के रास्ते में पड़ता था। कभी-कभी वह भी साइकिल से कॉलेज जाते हुए रास्ते में मिल जाते। मुझसे बहुत ही अच्छी तरह से बेटा-बेटा कहकर बातें करते। धीरे-धीरे मैंने उनको अपनी परेशानी बताई। मेरी हालात को ध्यान रखकर उन्होंने गणित के लिए मेडइजी यानी कुंजी खरीदने की राय दी। मैंने वैसा ही किया।

घर में सबसे छोटा बच्चा मैं ही था इसीलिए सुबह-सुबह बाजरे की फसल की चिड़ियों से रखवाली का जिम्मा भी मेरा था। कुंजी आने के बाद मैं सुबह-सुबह चारा आदि काटकर एक बोरा लेता और बाजरे की रखवाली के लिए खेत के लिए निकल जाता। खेत का एक-दो चक्कर लगाने के बाद और चिड़ियों को भगाने वाली सदियों से चली आ रही शब्दमाला को कई बार चिल्लाकर बोलने के बाद खेत में एक जगह बोरा बिछाता और गणित की कुंजी निकालकर प्रश्नों के उत्तर समझने की कोशिश करता। एक-डेढ़ घंटे बिताने के बाद घर आता, कुएं से पानी भरता, नहाता और कुछ खा-पीकर कॉलेज के लिए निकल जाता। गर्मी और जाड़े का मौसम काफी ठीक लगता था लेकिन सबसे ज्यादा परेशानी होती थी बारिश वाले मौसम में। गड़ैया नाला और महेवा नदी के विषय में मैं ऊपर बता ही चुका हूं। बारिश में एक और थका देने वाली और कई बार रुला देने वाली परेशानी थी - साइकिल के मडगार्ड और पहिए के बीच फंस जाने वाला कंकड़ युक्त कीचड़। इस हालत में पहिया जाम हो जाता था और साइकिल का

आगे बढ़ना असंभव हो जाता था। एक बार तो मैं गड़ैया नाले के पास ऐसा बुरा फंसा कि रात के सात बजने लगे थे, चारों तरफ अंधेरा छाया हुआ था, रुक-रुक कर बारिश हो रही थी और मैं जाम हो गई साइकिल को गिराकर हैंडल से पकड़कर घसीटते हुए घर ले जाने में लगा था। धीरे-धीरे अंधेरा बढ़ने लगा और आसपास सियार और भेड़ियों के बोलने की आवाजें आने लगीं। मैं बेहद डर गया और अंत में साइकिल को वहीं छोड़कर डरता-भागता घर पहुंचा। रोकर पिताजी से सारी बातें बताईं। दूसरे दिन लगभग पांच बजे सुबह पिताजी के साथ जाकर साइकिल ले आया।

वर्षाकाल बीत चुका था। सितंबर-अक्तूबर का सुहाना काल चल रहा था। कॉलेज से संबंधित दिक्कतों को पिताजी के दार्शनिक विचारों और सत्संग में प्राप्त उपदेशों ने काफी हद तक कम कर दिया था। जब पिताजी नौ वर्ष के थे तभी दादा जी का देहांत हो गया था। सारी गृहस्थी पिताजी, दादी की निगरानी में संभालने लगे थे। दादी ने हालात को देखकर उनकी 12-13 वर्ष की उम्र में ही शादी करवा दी थी। वे कक्षा चार तक पढ़ पाए थे लेकिन भ्रमण और सत्संग ने उनके अंदर इतना अनुभव और ज्ञान भर दिया था कि हम दोनों भाई उनके जीवन पर्यंत इसका लाभ उठाते रहे। गीता, रामचरितमानस, कवितावली, दोहावली, चाणक्य नीति, विदुर नीति और विश्राम सागर जैसे अनेक धर्म ग्रंथों एवं नीति ग्रंथों के अधिकांश भाग उन्हें कंठस्थ थे। जहां जैसी जरूरत पड़ती, वे उन्हें उद्धृत करते और हम दोनों का जीवन के प्रति विश्वास डगमगाने से रोक लेते। गीता के मूल उपदेश को वे अपनी भाषा में बताते। जब मैं कॉलेज की दिक्कतों के बारे में बताता तो वह बड़े बेबाकी से 'कर्मण्येवाधिकारस्ते मा फलेषु कदाचन' का मूल समझाते। 'मैं प्रथम श्रेणी पाऊंगा या नहीं, पास आऊंगा या फेल हो जाऊंगा - इसके विषय में सोच कर परेशान होने की जरूरत नहीं है। कर्म करो और परिणाम ईश्वर पर छोड़ दो। हर कर्म का फल निश्चित है पर उस फल पर तुम अपना अधिकार नहीं जमा सकते। लल्लू हलवाहा (मेरे यहां हल चलाने वाला) को देखो! दिन भर काम करने के बाद उसे एक किलो अनाज जरूर मिलेगा क्योंकि उसने कर्म किया है, लेकिन अगर वह हठ करे कि मैं एक किलो चना ही लूंगा या बाजरा नहीं लूंगा या सरसों या अलसी ही लूंगा तो यह उसके अधिकार में नहीं है।' पिताजी द्वारा सीधी-सादी भाषा में दिए गए उदाहरण सीधे दिल में उतरते और असर करते थे। उनके द्वारा सिखाई गई बातें और उदाहरण लिखकर हम दोनों भाई इंटरमीडिएट तक निबंध जैसे विषय में उच्च अंक पाते रहे थे। उनकी बातें सुनने के बाद डगमगाता विश्वास रुकावटों का सामना करने और उन पर विजय पाने को उठ खड़ा होता।

ऊपर मैंने अक्तूबर के सुहाने मौसम का जिक्र किया है। प्राकृतिक सुहावनेपन के अलावा हमारे गांव के लिए या कहिए पूरे क्षेत्र के लिए इस महीने का एक अलग आनंद था। दशहरा और रामलीला का वातावरण मेरे गांव की नाटक मंडली को क्रियाशील कर देता था। नाटक मंडली बहुत ही प्रोफेशनल तरीके से काम करती थी। मंडली के डायरेक्टर एक ठाकुर साहब गाने और हारमोनियम बजाने के मंझे हुए कलाकार थे। मंडली में शामिल होने के लिए एक अघोषित योग्यता थी - दसवीं पास होना। हमारा गांव पूरे इलाके में शिक्षितों के गांव के रूप में जाना जाता था। हो भी क्यों न,गांव में बुजुर्ग किसानों के अलावा या तो शिक्षक थे या फिर विद्यार्थी। इसलिए यहां के नाटक को देखने के लिए दूर-दूर से लोग आते थे। इस साल के नाटक में महाभारत के कुछ दृश्य अभिनीत होने थे। पहले दिन के नाटक में मुझे बाल कर्ण का रोल दिया गया था। मैं परशुराम जी के पास विद्या एवं शस्त्र अध्ययन के लिए जाता हूं। परशुराम जी केवल ब्राह्मणों को शिक्षा देते थे क्षत्रियों से उन्हें वैर था। मैं धोखे से ब्राह्मण बनकर उनके आश्रम शिक्षा ग्रहण करने लगता हूं। एक दिन मेरे गुरुजी मेरी जांघों पर सिर रखकर आराम करते-करते सो गए। इस बीच एक कीड़ा मेरे पैरों में काटने लगा। काटते-काटते मेरे पैर में घाव करके अंदर घुसने लगा। गुरुजी के विश्राम में कोई खलल न हो इसलिए मैं पीड़ा सहन करता रहा और पैर को हिलाया-डुलाया नहीं। धीरे-धीरे रक्त की बहती धारा गुरु जी की पीठ के नीचे पहुंच गई और उनकी निद्रा भंग हो गई। वे उठ बैठे और सब कुछ देखकर पहले अचंभित और बाद में क्रोधित हो उठे - 'तू ब्राह्मण कुमार कभी नहीं हो सकता, निःसंदेह तू क्षत्रिय बालक है। इतनी सहनशीलता क्षत्रिय कुमार में ही हो सकती है। तूने मेरे साथ छल किया और इसका परिणाम इसी जीवन में तुम्हें भुगतना पड़ेगा। तुमने अद्भुत गुरु भक्ति तो दिखाई लेकिन छल में डूबी हुई गुरु भक्ति। तुम अभी इस आश्रम से निकल जाओ क्योंकि मेरे साथ छल करने वाला मेरी भक्ति और शिक्षा का अधिकारी नहीं हो सकता'। मुझे आश्रम छोड़कर जाना पड़ता है। दृश्य और डायलॉग जितने सशक्त थे उतने ही मार्मिक ढंग से उनका प्रस्तुतीकरण किया गया था। माहौल तालियों की गड़गड़ाहट से गूंज उठा।

दूसरे दिन महाभारत के मत्स्य-वेध नाटक का मंचन था। अर्जुन को एक मछली की आंख को तीर से भेदना था और वह भी नीचे पड़े कड़ाहे में तेल में मछली के प्रतिबिंब को देखकर। मछली और तेल के बीच एक चक्र चल रहा था। दृश्यों को सशक्त अभिनय से जीवंत कर देना यही तो पैड़ापुर नाटक मंडली की विशेषता थी।

रिहर्सल के समय दृश्यों में मौलिकता लाने के लिए सारे तकनीकी उपाय बड़े ध्यान और परिश्रम से किए जाते। मौलिकता लाने के लिए गत्ते की एक बड़ी सी मछली बनाई गई और उसकी बड़ी सी आंख। आंख के अंदर एक तीर को इस तरह स्प्रिंग के सहारे छिपाया गया कि यदि मछली को हल्के से भी हिलाया गया तो तीर स्प्रिंग के झटके से आँख में से होकर बाहर आधा निकल कर रुक जाता। चक्र के लिए साइकिल के पहिया का रिम निकालकर उसके हब को एक मजबूत डोरी से बांधा गया। डोर का दूसरा सिरा पर्दे के ऊपर ले जाकर पीछे की ओर रखा गया और उसे गांव में रस्सी बनाने के लिए ऐंठने वाले एक औजार से जोड़ दिया गया। रिम को रंग-बिरंगे चमकीले कागजों से सजाया गया। एक दिन पहले रिहर्सल हुआ। पर्दे के पीछे से एक आदमी डोरी को ऐंठन दे रहा था और उस ऐंठन से रिम का चक्र तेजी से घूम रहा था। सब कुछ ठीक था। उस दिन मेरा कोई रोल नहीं था इसलिए मुझे प्रॉम्पटिंग करनी थी।

नाटक अभिनीत हुआ। अर्जुन ने नीचे कड़ाहे के तेल में मछली के प्रतिबिंब को देखकर ऊपर की ओर तीर चलाया। तीर ऊपर दूर अंधेरे में निकल गया और योजनानुसार मछली के पेट में स्प्रिंग में फंसा तीर आंख से बाहर आधा निकल कर फंस कर रुक गया। सब कुछ इतनी साफगोई से हुआ कि दर्शकों के लिए एक करिश्मा बन गया। कई गांव से एकत्रित भारी जनसमूह आश्चर्य और हर्षोल्लास से चिल्ला उठा। वातावरण शोर और तालियों से गूँज उठा। एक रुपए, दो रुपए, पांच रुपए और दस रुपए के ढेर सारे इनाम जनता की तरफ से स्टेज पर आने लगे। डायरेक्टर साहब बहुत ही खुश थे और कलाकारों को शाबाशियां दे रहे थे।

एक दिन की रिहर्सल के बाद द्रौपदी चीर हरण का मंचन था। पूरी मंडली रिहर्सल में जुटी थी। मौलिकता लाने का भरसक प्रयास चल रहा था। पिछले मंचन में मिली प्रशंसा ने उससे भी अच्छा करने की एक बड़ी जिम्मेदारी मंडली पर डाल दी थी। सारे पात्रों का चयन किया जा चुका था। सब को उनके पाठ बांटे जा चुके थे लेकिन द्रौपदी और दुःशासनके पात्रों को लेकर बात नहीं बन पा रही थी। उस दिन के नाटक में कृष्ण भगवान के अतिरिक्त यही दो प्रमुख पात्र थे। द्रौपदी के लिए डायरेक्टर साहब की कोशिश थी कि कोई लड़की या महिला इस पात्र को निभाए, लेकिन आप समझ ही रहे होंगे कि किस जमाने की बात हो रही है। अंततः मेरे साथ पढ़ने वाले एक अत्यंत गोरे और भोले भाले चेहरे वाले लड़के को ही चुनना पड़ा। जहाँ तक दुःशासन की बात थी, गांव में एक ही आदमी उपयुक्त कद काठी और उग्र प्रवृत्ति का मिल रहा था लेकिन समस्या यह थी कि वह दसवीं पास नहीं कर

पाया था। नियम के हिसाब से वह भाग लेने के लिए अनफिट था। बड़ी माथापच्ची के बाद नियम में छूट देते हुए यह सोचकर कि दृश्य में उसे बहुत कुछ बोलने की जरूरत नहीं, उसे चयनित कर लिया गया। लंबे डायलॉग होते तो पात्र का बंटाधार कर देना निश्चित था। खैर, पात्र चुन लेने के बाद द्रौपदी की साड़ी को लेकर बात शुरु हुई। जिस तरह मत्स्यवेध में मछली, उसकी आँख और चक्र की मौलिकता ने दर्शकों को चकित किया था वैसे ही साड़ी को लेकर कुछ सोचा गया। अंत में निर्णय हुआ कि गांव की औरतों से कई रंग-बिरंगी साड़ियां लेकर उन्हें पिनअप किया जाए और एक के बाद एक कई साड़ियों को निकलता दिखाकर मौलिकता लाने की कोशिश की जाए। किया भी यही गया।

योजनानुसार चीर हरण के समय द्रौपदी को विलाप करना था और दुःशासन को चीर हरण यानी साड़ी खींचना । दुःशासन महोदय के मंदबुद्धि किंतु उग्र स्वभाव को देखते हुए उन्हें योजना अच्छी तरह और कई बार समझाई गई। प्लान इस प्रकार था - दुःशासन साड़ी खींचते समय हर हाथ को मन में गिनता जाएगा... एक, दो, तीन...। चूंकि दुःशासनके लिए कोई डायलॉग नहीं था, इसलिए काम कोई मुश्किल नहीं था। गिनते-गिनते 40 आते ही रुक जाना था क्योंकि इस बीच कृष्ण भगवान को प्रकट होकर स्टेज पर आ जाना था। इस दिन भी मैं प्रॉम्पटिंग पर था। चूंकि द्रौपदी बना लड़का बहुत होशियार था और उसे अपना डायलॉग बहुत अच्छी तरह याद था, मुझे प्रॉम्पटिंग करने की जरूरत ही नहीं थी। एक दिन पहले रिहर्सल हुआ और सब कुछ बहुत ही अच्छे ढंग से हो गया। अगले दिन रात को मंचन शुरू हुआ। आज दर्शकों की भीड़ चरम पर थी। पिछले नाटकों का उन्होंने भरपूर आनंद लिया था। चीरहरण प्रारंभ हुआ। द्रौपदी ने विलाप शुरू किया। दुःशासन बेहद गुस्से में साड़ियां खींच रहा था। द्रौपदी का हाथ जोड़कर विलाप करते हुए गोल-गोल घूमते जाना और एक रंग की साड़ी के बाद दूसरे फिर तीसरे रंग की साड़ी आते जाना दर्शकों को मंत्रमुग्ध किए हुए था। कोई काम नहीं होने के कारण पर्दे के कोने से मैं भी मन ही मन दुःशासन के हाथों को गिनता जा रहा था। धीरे-धीरे द्रौपदी की साड़ी शरीर के ऊपरी भाग से हटती गई। दुःशासन की साड़ी खींचने की गति और उसके चेहरे के भाव से संदेह होने लगा कि वह गिनती कर भी रहा है या नहीं। सहसा माइक में आवाज आने लगी "चालीस हो गया, चालीस हो गया"। अरे यह आवाज तो द्रौपदी की थी। द्रौपदी ने अपने पेट के पास दोनों हाथों से साड़ी को कसकर पकड़ लिया था और जोर-जोर से चिल्लाए जा रही थी "चालीस हो गया, चालीस हो गया"।

दुःशासन मतवाले हाथी की तरह झूम-झूम कर साड़ी खींचने में लगा था। अचानक दुःशासन ने आव देखा न ताव और खर्र से साड़ी खींचकर स्टेज के एक कोने पर खड़ा हो गया। द्रौपदी लंगोट पहने स्टेज पर खड़ी। वह गांव की लंगोट जिसकी थोड़ी सी पूँछ लटकती रहती है। सारा माहौल ठहाकों से भर चुका था। जल्दी-जल्दी में पास के पंपिंगसेट से लिया गया बिजली का तार काटा गया, लेकिन जो होना था वो हो चुका था। दरअसल रिहर्सल के समय कई साड़ियां पहनने के कारण द्रौपदी बहुत मोटी लगने लगती थी इसी लिए अंदर उसे कम से कम कपड़े पहनाए गए थे। जो भी हो, मनोरंजन के लिए आई जनता का भरपूर मनोरंजन हो चुका था।

गयारहवीं की परीक्षा निकट आने लगी थी। दिन में घर पर पढ़ने का कोई मौका ही नहीं था। प्रातःकाल चार-पांच बजे लालटेन जलाकर पढ़ाई होती थी। लालटेन से निकलने वाला जहरीला धुआं धीरे-धीरे श्वास में भरता रहता। सुबह जब हम नाक साफ करते तो काला जमा हुआ म्यूकस निकलता। खतरा मुझे भी पता था और मां-पिताजी को भी लेकिन कोई चारा नहीं था। बिजली नहीं होने से सारे बच्चे लालटेन या ढिबरी की रोशनी में ही पढ़ते थे। परीक्षाएं अकसर मार्च-अप्रैल में होती थी और यही समय खेती में रबी की फसल की कटाई-मड़ाई का होता है। घर और खेती का काम और दिन में 20 किलोमीटर साइकिल चलाने के बाद भी पढ़ाई कर पाने के पीछे एक ही ताकत थी - पिताजी द्वारा कठिनाइयों में भी अडिग रहने की प्रेरणा देने वाली तरह-तरह की कहानियां और दंत कथाएं। ईश्वर में उनका बहुत ही गहरा विश्वास था। सबकुछ ईश्वर पर छोड़कर फल की चिंता करने और विचलित होने की बजाय पूरी शक्ति से जो भी कार्य मिला हो उसे करते जाना। वे गीता का एक श्लोक बार-बार सुनाते -

सर्व धर्मानपरित्यज्य मामेकंशरणम् व्रज।

अहम्त्वाम्सर्वपापेभ्यो मोक्षयिष्यामि मा शुचः।।

गीता में यह कथन भगवान कृष्ण ने अर्जुन से 'बिना विचलित हुए कार्य करते जाने' के लिए कहा है।

ग्यारहवीं की पढ़ाई के दौरान मैं अकसर देखता था कि अध्यापक कक्षा में आने के बजाय टीचर्स रूम में गप्पें मारते और ठहाके लगाते। धीरे-धीरे उनका जीवन मुझे बहुत मजेदार लगने लगा। फिर एक दिन मेरे मन में आया कि अगर मास्टर ही बनना है तो पैड़ापुर में क्यों, यहां क्यों नहीं? यहां तो मज़े ही मज़े हैं। फिर पैड़ापुर के मास्टर जी की बात याद आई - "हाँ हाँ जाओ, कक्षा में सबसे ज्यादा नंबर ले आओ, मास्टर बन जाओगे।" फिर तो असंभव से लगने वाले कॉलेज के माहौल में भी मैंने चांद छूने का संकल्प ले ही लिया। दिन-रात की मेहनत ने जहां एक ओर मेरा विश्वास बढ़ाया वहीं कॉलेज में होने वाले टेस्ट्स में भी मेरी प्रगति बेहतर रही। फिर भी यह स्पष्ट हो गया था कि नैय्या कॉलेज की पढ़ाई के बूते पार होने वाली नहीं थी। जो भी करना था खुद ही, ईश्वर और कुछ हद तक पिताजी के भरोसे ही करना था।

परीक्षा हुई और कुछ दिनों बाद परिणाम आया। कई चौंकाने वाली बातें सामने थीं। मेरे अंक प्रथम श्रेणी (60%) से कम थे। कई विषयों में डिस्टिंक्शन (75% से अधिक) होते हुए भी मैथ के अंक बस पास होने लायक थे और इसीलिए संपूर्ण अंक प्रथम श्रेणी से कम थे। चौंकाने वाली बात एक और थी कि आर्ट्स और साइंस दोनों वर्गों में मेरे अंक सबसे ज्यादा थे। मैं कक्षा में फर्स्ट तो था लेकिन फर्स्ट- क्लास -फर्स्ट नहीं था। ऐसे हालात मुझे मास्टर बनाने वाले नहीं दिख रहे थे। मुझे फर्स्ट- क्लास- फर्स्ट होना चाहिए था। यद्यपि पैड़ापुर वाले मास्टरजी ने मास्टर बनने के लिए कक्षा में सबसे ज्यादा अंक लाने के लिए कहा था लेकिन पैड़ापुर के **विद्यालय** की कक्षा और मिर्जापुर के **कॉलेज** की कक्षा में जमीन-आसमान का फर्क था - जहां विद्यालय में बच्चों को पढ़ाने में अध्यापक जी-जान लगा देते थे वहीं कॉलेज में अध्यापकों की प्राथमिकता अध्यापन नहीं, अध्यापक कक्ष में बैठकर गप्पें मारने और ठहाके लगाने की थी। **विद्यालय** में जहां मास्टरजी जैसा जमीन से जुड़ा, मेहनतकश और विद्यालय को जिले में सर्वश्रेष्ठ बनाने का निरंतर सपना देखने वाला प्रधानाचार्य था, वहीं **कॉलेज** में संस्था को संभालने एवं दिशा देने में असमर्थ नाममात्र का एक अभिभावक था। हर अध्यापक मनमाने ढंग से आचरण करता था। बड़ा बाबू जब भी मुझे मेरे वजीफा का पैसा देने के लिए बुलाता, हमेशा कुछ राशि काट कर ही देता था। **विद्यालय** के बाबू ने ऐसा कभी नहीं किया था। **विद्यालय** की कक्षा में कड़ी स्पर्धा थी और कक्षा में सबसे ज्यादा अंक लाने का मतलब था, कम से कम 70% से ऊपर अंक प्राप्त करना। **कॉलेज** में 60% से भी कम अंक प्राप्त कर मैं कक्षा में

सबसे ज्यादा अंक प्राप्त करने वाला तो बन गया था पर फर्स्ट क्लास नहीं। **विद्यालय** में कक्षा में फर्स्ट आने का मतलब - फर्स्ट क्लास फर्स्ट की गारंटी।

जमाना आज से बहुत अलग था। फर्स्ट क्लास अंक प्राप्त करना लगभग लोहे के चने चबाने जैसा था। कभी-कभी तो सत्तर प्रतिशत वाला विद्यार्थी पूरे उत्तर प्रदेश में टॉपर हो जाया करता था।

खैर, गयारहवीं का परीक्षा परिणाम बहुत ही अजीबोगरीब रहा। चारों विज्ञान वर्ग के छात्र जिन्हें गणित अध्यापक पांडे जी ने प्रधानाचार्य से प्रथम श्रेणी में आने की गारंटी दे रखी थी, सभी मुझ से कम अंक प्राप्त किए थे। इधर मैं भी उन्हीं की तरह सेकंड डिवीजन में पास हो गया था, लेकिन इस घटना से मेरे लिए एक नया संदेश था। पांडे जी की बातों से डरने की जरूरत नहीं और लक्ष्य को वेध पाना असंभव भी नहीं। अध्यापकों और विद्यार्थियों का मुझे देखने का नजरिया बदल चुका था और मुझे इसका साफ अनुभव भी हो रहा था।

घर पर पिताजी बहुत खुश थे यद्यपि अब उन्हें गुटका रामायण मिलने की कोई संभावना नहीं थी। जिंदगी थोड़ी सहज और थोड़ी लापरवाह भी हुई। सुनयना के प्रति पैदा हुआ आकर्षण और शरारती कीड़े दोनों ही पढ़ाई-लिखाई की व्यस्तता के कारण दब से गए थे पर जल्दी ही पता लग गया कि खत्म नहीं हुए थे बल्कि अवसर की तलाश में चुपचाप पड़े थे। हालात ने एक को तो जल्दी ही मौका दे दिया।

ग्यारहवीं पास होने के कारण पिताजी ने घर पर सत्यनारायण कथा का आयोजन किया। इसमें कथा सुनने वाले को दिन भर व्रत रखना पड़ता है। कथा इसके पहले भी होती थी, लेकिन इसे पिताजी मां के साथ बैठ कर सुनते थे। अब उन्हें लगा कि मैं दिन भर व्रत रखने लायक हो चुका हूं। अतः कथा में मुझे बैठना था। रिवाज के अनुसार गांव के सभी घरों को एक दिन पहले कथा सुनने के लिए आमंत्रित किया गया। पड़ोस के गांव के तिवारी जी हमारे उपरोहित और हम उनके यजमान थे। निश्चित दिन कथा शुरू हो गई। गांव के तमाम परिवार के लोग एक-एक कर आने लगे और बिछाई हुई दरी पर बैठने लगे। इसमें पुरुष थे, महिलाएं थीं, लड़कियां थी और बच्चे थे। मैं पूजा पर बैठा था और पंडित के निर्देशों का एक-एक कर पालन कर रहा था। जब भी कोई कमरे में प्रवेश करता, मैं नजरें उठा कर देख लेता और फिर पूजा में लग जाता। दरअसल मुझे किसी का बेसब्री से इंतजार था। मन में एक उहापोह चल रहा था कि देखो वह आती है या नहीं।

समय बीता और बेसब्री खत्म हुई। औरों से नजरें बचाकर हमने एक-दूसरे को देखा और हल्की की मुस्कुराहट के साथ पूजा कार्य में लग गए। बीच-बीच में नजरें मिलती और हर नजर हम दोनों के मन पर बेबसी की एक चादर डाल देती। मैं खुश भी होता था और साथ ही गमगीन भी। शायद उधर भी ऐसा ही था। हम अच्छी तरह जानते थे कि नदी के दो किनारे की तरह हम एक-दूसरे को देख तो सकते हैं पर मिल नहीं सकते। समाज और संस्कार की बेड़ियां तोड़कर आगे बढ़ पाना असंभव था। वास्तव में हमारी हालत नदी के किनारों जैसी भी नहीं थी क्योंकि हम जब भी चाहें एक-दूसरे को देख भी नहीं सकते थे। काफी अंतराल के बाद नसीब हुआ परस्पर अवलोकन राख बन रही आग को हवा का एक झोंका दे गया। चिंगारियां फिर चमक उठने और बुझ कर राख बन जाने को तैयार थीं।

जहां तक दबे शरारती कीड़े का सवाल है, मैंने कोई भी ऐसा अवसर नहीं दिया जहां वह अपना सर उठा सके। अब मैं सोलह साल का हो चुका था और कोई भी ऐसा काम नहीं करना चाहता था जो मेरी छवि को खराब करे, पर कहते हैं न कि **'मैनप्रपोजेज, गॉडडिस्पोजेज'।** कभी-कभी मुझे लगता है शरारत करते समय सारा दोष मुझे ही नहीं दिया जाना चाहिए था। आखिर इस तरह का माहौल या परिस्थितियां पैदा करने वालों को भी तो कुछ हद तक दोषी माना जाना चाहिए। अब उस दिन को ही ले लीजिए। रविवार की छुट्टी थी और मैं गांव के एक डॉक्टर के क्लिनिक में बैठा था। डॉक्टर साहब कोई पेशे से डॉक्टर नहीं थे। थे तो वे सिंचाई विभाग में एक कर्मचारी लेकिन उन्हें एलोपैथी, होम्योपैथी तथा कुछ हद तक आयुर्वेद का भी ज्ञान था जो स्वतः अर्जित था। गांव वालों के लिए उनका होना एक बड़ा सुकून था। हाँ तो रविवार होने के कारण उनका ड्राइंग रूम-कम-क्लिनिक बंद था। बरामदे में, मैं और एक छोटा सहयोगी दोनों बैठे थे। दोपहर का समय था और गर्मी होने के कारण ज्यादातर लोग घरों में बंद थे। इसी बीच हवा तेज बहने लगी और देखते ही देखते धूल भरी आंधी आ गई। ढेर सारी धूल उस बरामदे में भी भर गई। कुछ भी दिखाई नहीं दे रहा था। इसी बीच पता नहीं किधर से दो बकरियां भागती हुईं बरामदे में घुस आईं और एक कोने में खड़ी होकर शायद आंधी के गुजर जाने का इंतजार करने लगीं। अंधड़ काफी देर तक रहा और हम लोगों की आंखों में ढेर सारी धूल भर गई। अगर मैं घर में होता तो बहुत संभव है कि टोकरी लेकर अन्य कई लोगों के साथ आमों के बाग की ओर भागता और आम बटोर कर लाता। खैर, धीरे-धीरे आँधी समाप्त हुई और हम अपने-अपने घरों को जाने लगे। सहसा मुझे कुछ दिखा

और साथ ही उस सहयोगी का ध्यान आया। मैं बोला - 'सुन! बकरी का दूध पीएगा?' वह बोला 'हां पिलाओ।' मैंने एक बकरी का कान पकड़ा और उसे दूध पीने को बोल दिया। पता नहीं, लगता है वह काफी भूखा था और अच्छी खासी मात्रा में पी गया। हम बाहर निकले और अपने घर चले गए।

शाम को रोज की तरह मैंने अपना गमछा निकाला, उसमें एक किनारे पर गांठ लगाकर थैले जैसा बनाया, उसमें अपनी पसंद का आइटम लाई चना भरा और खाते हुए गांव में निकल पड़ा। उधर से रोज की तरह मेरा खास दोस्त - पग्गलपासी भी अपना झोला लेकर निकला। आदत के मुताबिक हम एक-दूसरे का झोला धीरे-धीरे साफ कर दिए और रोज की तरह पैसे खेलने गांव के बाहर चल दिए। यहां आपको बता दूं कि दसवीं पास कर लेने के बाद मैंने अपने सबसे पसंदीदा खेल को भी अपग्रेड कर दिया था। अब कंचों की जगह सिक्कों ने ले ली थी, हाँ खेल का हमसफर नहीं बदला था - पग्गलपासी और न ही बदला था पिताजी का काम। पहले वे एक डंडा लेकर कंचे खेलते हुए मुझे ढूंढा करते थे, अब पैसे खेलते हुए। कभी-कभी खेलते हुए पकड़े जाने पर वे खुद तकलीफ न उठाकर, भाई साहब से मुझे मारने को कहते लेकिन दो साल का मुझसे बड़ा भाई कितना मारता। दो-चार घूंसे पीठ पर मारने के बाद उनके हाथ में दर्द होने लगता। वास्तव में, मैं जब भी पिताजी को डंडा लिए हुए मुझे खोजते देखता, मैं भागकर भाई साहब को खोजने लगता। डंडे की मार से घूंसों की मार मुझे काफी सुकून देती थी।

शाम के लगभग आठ बजे होंगे। गांव धीरे-धीरे अंधेरों में समाने लगा था। सहसा एक काली छाया धीरे-धीरे मेरे द्वार की ओर बढ़ रही थी। देखते-देखते वह उस चारपाई के पास आ खड़ी हुई, जिस पर मैं, भाई साहब और पिताजी के साथ बैठकर, माँ के शाम के खाने के लिए बुलाने का इंतजार कर रहे थे। 'पांव लागी मालिक' कहते हुए साया सुक्खू गड़ेरिया के रूप में बदल गया। 'खुश रहो बेटा, कैसे आए हो' पिताजी ने पूछा। 'मालिक! आज मेरी बकरी का सारा दूध कोई पी गया। अब दूध निकालने बैठ रहा हूं तो वह लात मार रही है।' - सुक्खु बोला। पिताजी - 'ये तो बहुत खराब बात है, किसने निकाल लिया बकरी का दूध?''मालिक निकाला नहीं,मुँह लगा के पी गया' - सुक्खु। किस लड़के ने किया ऐसा? पिताजी के पूछते ही सुक्खू तपाक से बोल उठा - 'आप के छोटकू ने'।

वास्तव में सुक्खू ने छोटकू कहने की जहमत व्यर्थ में उठाई। उसका 'आपके बेटे ने' कह देना ही काफी था क्योंकि पिताजी का बड़ा बेटा पूर्णतया विरोधी गुणों वाला

बच्चा था। शरारतें और दुनिया भर की शैतानियां नहीं करता था तो हमेशा अव्वल भी नहीं आता था। पिताजी उसे 'भइया' कह कर बुलाते और कभी डांटे तक नहीं। जाड़े की रात में बैल खेतों में भाग जाए, खेत की सिंचाई या फसल की कटाई हो, या रात में हलवाहे को बुलाने कुत्तों से बचते हुए उसके गांव जाना हो, मैं ही उनकी पहली प्राथमिकता था। इसमें कोई अन्य कारण नहीं था।

दरअसल जन्म से ही मैं कुत्ते की नींद सोया करता हूं। आज भी कितनी भी गहरी नींद में क्यों ना होऊं, यदि आपने अपना पैर फर्श पर भी धीरे से घसीट दिया तो मैं उठ जाता हूँ। भाई साहब उठने में समय लिया करते थे। यही कारण था कि आपातकाल पड़ जाने पर पिताजी के मुख से 'जग्गन' ही निकलता था। खैर, सुक्खू के अंतिम शब्दों का परिणाम सामने आया, मैं चारपाई से कूद कर अंधेरे का फायदा उठाते हुए गायब हो गया।

बाद में पता चला कि पिताजी ने सुक्खू को कुछ अनाज देकर विदा किया। ये और बात है कि सुक्खू अनाज लेते समय भी कहता रहा - 'अरे मालिक, कोई बात नहीं, अपने बच्चे ने ही तो दूध पिया है।' वास्तव में दूध किसने पिया, यह रहस्य आज भी तारीख में दफन है।

पिताजी को ईश्वर और भाग्य पर अटल विश्वास था। उनके अनुसार भाग्यशाली ही कर्मोन्मुख होता है। जिसके भाग्य में चीज़ें नहीं है, उसकी बुद्धि और विचार विपरीत दिशाओं में सोचने लगते हैं और इसी सोच को वे उचित मानने लगते हैं। वे रामचरितमानस को उद्धृत करते--

'जाकोप्रभु दारुण दुख दीना।

ताकर मति पहले हर लीना।।'

जिसे दुःख मिलना होता है उसके लिए ईश्वर सीधे रूप से कुछ नहीं करते बल्कि उसकी सोच ही उलटी दिशा में प्रेरित हो जाती है। समाज की दृष्टि में बुरा कार्य उसे गलत नहीं लगता। भाग्य भी कर्मफल के सिद्धांत से अलग होकर नहीं चल सकता। दुर्भाग्य के लिए बुरे कर्म होंगे और फल के रूप में दुख मिलेंगे। सौभाग्य का दर्शन ठीक इसके विपरीत है। इसमें सद्विचार होंगे और सुकर्म कराते हुए वे सुख देने वाले

फल को जन्म देंगे। उनके अनुसार जीवन में कुछ चीजें अटल है और उनको बदल पाने का सामर्थ्य किसी मानव में संभव नहीं। उदाहरण देते हुए वे कहते -

'असंभवम् हेम मृगस्यजन्मः

तथापि रामोलुलुभे मृगाय।'

एक साधारण व्यक्ति भी जानता है कि सोने का हिरण नहीं हो सकता, लेकिन भगवान राम भगवान होते हुए भी उसके पीछे दौड़ पड़े। इस स्थिति को वही बदल सकता है या रोक सकता है जिसे आगे होने वाली घटनाओं का कम से कम आभास हो। घटनाओं का पूर्व पूर्ण ज्ञान तो असंभव है क्योंकि ऐसा हो जाना परमात्मा की शक्ति में सीधी दखलअंदाजी हो जाएगी। मैं जब भी रात में किसी समय जाग जाता या सुबह चार बजे के करीब पढ़ने के लिए उठता तो पिताजी को पद्मासन में बैठे हुए ही पाता। अंधेरे में स्पष्ट तो नहीं होता था लेकिन लगता है आँखें भी बंद रहती थी। मुझे अब समझ में आता है कि ईश्वर के निकट जाने के लिए आपको ढेर सारी भौतिक जीवन की चीजों से दूर जाना होता है।

पिताजी एक सामान्य किसान थे और जीवन से पूर्णतया संतुष्ट। दीर्घ काल तक की गई सत्संगति ने उनको भक्ति, ज्ञान, कर्म, संतुष्टि और सेवा का भंडार बना दिया था। सरलता की तो हद ही थी। लोगों से सुनकर एक बार मैंने पिताजी से पूछा - 'पिताजी क्या यह सच है कि आप आईना नहीं देखते?' उन्होंने हंसकर कहा -'किसने कहा तुमसे' और फिर बोले,'मेरी याददाश्त में तो नहीं है कि मैंने कभी शीशा (आईना) देखा है। हां, कभी-कभार मिर्जापुर शहर में रोड पर पैदल चलते समय पान की दुकान पर रखे बड़े शीशे में दूर से झलक दिख गई हो सकती है।' मेरे पूछने पर कि ऐसा क्यों, उन्होंने बड़ी सरलता से जवाब दिया - 'बेटा! ईश्वर की बनाई हुई चीज को क्या देखना। ठीक ही बनाई होगी।' जाहिर है उनके जीवन में कोई कॉम्प्लेक्सिटी नहीं थी। मन साफ था। ऐसे व्यक्तित्व में कुछ घटित होने वाली चीजों का हल्का फुल्का आभास होना अचरज की बात नहीं। आईना या जल जितना ही निर्मल होगा उसमें पड़ने वाला प्रतिबिंब उतना ही साफ होगा। इनमें मलिनता मिलाते जाइए, प्रतिबिंब धुंधलाता जाएगा और एक सीमा के बाद कुछ भी दिखाई नहीं देगा।

बात उस समय की है जब मैं शायद पांचवी में और भाई साहब सातवीं कक्षा में थे। गांव के स्त्री-पुरुषों का एक झुंड प्रयाग में कुंभ स्नान के लिए गया था। पिताजी सुबह गंगा स्नान के बाद अकसर लकड़ी के तखत पर ध्यान मुद्रा में बैठ जाते। मैं कंचा खेलने में और भाई साहब किसी बेहतर कार्य या खेलकूद में समय बिताते। दोपहर होते-होते सब मिलकर खाना बनाते। पिताजी आलू, टमाटर और बैंगन का भुर्ता और उपली की आग में बट्टी बनाते। सब मिलकर खाते और आराम करते। जिंदगी में आज तक वह स्वाद नहीं मिल पाया। कारण एक ही समझ में आता है कि सब कुछ अपने हाथों का था - सब्जियां अपने खेत की, उपली अपनी गाय के गोबर की और स्नेह अपने पिता के हाथों का। एक दिन हम दोनों भाइयों ने खाना बनाने का निर्णय लिया। मां की देखादेखी हमें खिचड़ी बनाना आ गया था। मिट्टी की बोरसी (कहीं कहीं गोरसी) में उपले सुलगाए जाते और जब आग निर्धूम हो जाती, उस पर दाल, चावल, नमक और हल्दी पानी में मिलाकर पकने को रख दी जाती। हमने भी ऐसा ही किया। खिचड़ी पक गई और भाई साहब ने मुझे पिताजी को खाने पर बुलाने के लिए चौपाल में भेजा। मैंने देखा पिताजी आंखें बंद किए ध्यान मुद्रा में बैठे थे। थोड़ी देर ठहरने के बाद मैंने उनसे चलने के लिए कहा। उन्होंने आँखें खोली और बोले -'जाओ तुम लोग खा लो, मैं बाद में देखता हूं।' हमें पिताजी के बिना खाना अच्छा नहीं लगा और हम भी रुके रहे। मैं बीच-बीच में जाकर चौपाल में झांकता और पिताजी को ध्यानावस्थ ही पाता। धीरे-धीरे बारह से तीन बज गए। भूख रोक नहीं पाने के कारण हम दोनों ने पड़े हुए भुने हुए चने निकाले और थोड़ा-थोड़ा खा लिया। कुछ समय और बीता और पिता जी आ गए। बोले - 'हां चलो अब खाते हैं। सब ठीक हो गया।' हम लोग कुछ समझ नहीं पाए। बार-बार पूछने पर उन्होंने बताया कि माँ कुम्भ मेले में अपने साथियों से बिछड़ गई थी और एक पेड़ के नीचे बैठ कर रो रही थी लेकिन अब चिंता की बात नहीं है, सब ठीक हो गया है। हम डर गए थे और आगे कुछ पिता जी से पूछे भी नहीं। खाना खाया गया और सब अपने-अपने कामों में लग गए। बात आज से लगभग बचपन 55 वर्ष पुरानी है। संचार के नाम पर पैदल चलना ही मुख्य साधन था। कुछ अच्छे खाते-पीते लोगों के पास साइकिल थी। पांच-छह दिनों के बाद झुंड के गांव की तरफ आने का समाचार मिला। हम दोनों भाई तेजी से दौड़ते हुए गाँव के बाहर तालाब तक पहुंच रहे लोगों के बीच माँ को ढूंढकर लिपट गए। माँ भी फूट-फूट कर रोने लगी। घर आने पर सारी बातें सामने

आईं। कुम्भ में पहुंचकर सारे लोग स्नान-पूजा करने के बाद भीड़ में खरीदारी कर रहे थे। माँ और गांव की ही एक और महिला एक दुकान पर रुकीं। महिला अपने पोते के लिए एक रबर की गेंद खरीदने लगी। झुंड के लोग आगे बढ़ गए। थोड़ी दूर चलने के बाद महिला ने गेंद को दबाया और पाया कि गेंद फूटी हुई थी। उसे दबाने पर दरार दिख रही थी। फिर क्या था उन्होंने माँ को साथ लिया और खरीदारी वाली दुकान को ढूंढने लगी। भयंकर भीड़ में ये दोनों भी एक-दूसरे से बिछुड़ गईं। महिला तो किसी तरह भटकते-भटकते झुंड में मिल गई लेकिन माँ खो गई। बहुत देर तक रोती रही और गांव के लोगों को खोजती रही। अंत में निराश होकर एक पेड़ के नीचे बैठकर रोने लगी। काफी समय के बाद एक भले आदमी ने उन्हें उस जगह पहुंचाया जहां से गुमशुदा लोगों के लिए माइक से घोषणा की जा रही थी। मां का नाम भी गाँव व क्षेत्र के साथ घोषित किया गया।

प्रयाग के बगल में ही नैनी एक तहसील थी और वहां के एक सज्जन की मेरे गांव में रिश्तेदारी थी। महोदय टेलीफोन विभाग में कर्मचारी थे और उनकी ड्यूटी मेले में लगी हुई थी। मजे की बात तो यह थी कि झुंड दिन भर मेला घूमने के बाद रात में उन्हीं की दुकान में रुकता था और बनाता-खाता था। वे आए और माँ को ले गए। परम आश्चर्य की बात तो यह थी कि पिताजी द्वारा माँ के पेड़ के नीचे बैठकर रोने और पिताजी द्वारा हम लोगों को ऐसा बताने का समय एक (लगभग साढ़े तीन बजे दोपहर) ही था। बाद में पिताजी से बार-बार पूछने पर कि आपको कैसे पता चला, वे मुस्कराए और बस इतना ही बोले कि मुझे ऐसा आभास हुआ।

अगर इंसान के अंदर का दर्पण निर्मल और पूर्णतया खाली हो तो आने वाली घटनाएं अपने बिंबों का अहसास उसमें करा सकती है क्या? शायद हां। बस दर्पण को मलिनता और सांसारिक चीजों से बचाकर खाली रख पाना ही चुनौती है। पिताजी ने शायद ऐसा कर लिया था।

एक छोटी सी घटना इसी संदर्भ में और बताना चाहता हूं। मैं कक्षा सात में था। पिताजी और भाई साहब मिर्जापुर शहर गए थे। कृषि विषय लेने वाले हर बच्चे को एक-एक क्यारी दी जाती थी और उसे उसकी देखभाल करनी होती थी। परीक्षा के समय क्यारी की तैयारी को देखकर कुछ नंबर दिए जाते थे जो पूर्णांक में जोड़े जाते थे। अपनी-अपनी क्यारियों को अच्छे-अच्छे फूलों से सजाने की स्पर्धा रहती थी। लगभग तीन बजे मैं अपनी क्यारी की देखभाल कर रहा था। इसी बीच मेरी ही

कक्षा का एक विद्‌यार्थी मेरे पास आया और मुझे बताया कि करैल (गांव से दूर खेतों वाला क्षेत्र जहां गाय रोज चरने जाया करती थी) में तुम्हारी गाय ने बछड़ा दिया है। शायद उसे गाँव लौटते हुए किसी चरवाहे ने बताया था। मैंने अपना बस्ता (किताबों का बैग) उठाया और करैल की ओर दौड़ पड़ा। काफी दूर जाने के बाद मैंने अपनी गाय और पास ही पड़े बछड़े को देखा। वह उसे चाट रही थी। बाकी गायें शाम होते देख उसे छोड़कर गांव की ओर आने लगी थीं। जैसे ही मैं बड़ी मुश्किल से बछड़े को उठाता, बस्ता संभालते हुए जैसे ही थोड़ी दूर आगे बढ़ता, गाय मेरे पीछे दौड़ पड़ती। मैं डरकर बछड़े को जमीन पर पटक कर दूर भागता। ये सिलसिला काफी देर तक चलता रहा। धीरे-धीरे शाम होने लगी और अंधेरा बढ़ने लगा। लोमड़ी और सियारों से भरा इलाका था। कभी-कभी लकड़बग्घे (भेड़िया) भी उधर आ जाते। जैसे-जैसे अंधेरा बढ़ रहा था, इन जानवरों की आवाज तेज होती जा रही थीं। दो-तीन बार तो एक गीदड़ ने मेरे आसपास चक्कर भी लगाया। मुझे उस समय तो पता नहीं था लेकिन बाद में बताया गया कि वह गीदड़ नवजात बछड़े के चक्कर में घूम रहा था। मैं डर गया और रोने लगा। अब मैं घर लौटने में भी डर रहा था। अंधेरा बढ़ने के साथ ही मेरी रुलाई भी तेज होती गई। सहसा अंधेरे में कोई मेरी ओर आता दिखाई दिया। धीर-धीरे दो लोग दिखने लगे। मैं बुरी तरह डर रहा था कि अचानक दोनों लोग पास आ गए। ये पिताजी और भाई साहब थे। उन्होंने लाठियां ले रखी थी। पिताजी ने बछड़े को गोद में उठाया और चल दिए। पीछे-पीछे गाय भी आती रही। जब हम घर पहुंचे तो काफी अंधेरा हो गया था। बाद में बातचीत में पता चला कि पिताजी ने लगभग चार बजे भाई साहब से कहा था -'भइया, अब बाकी का काम छोड़ते हैं। लग रहा है कि करैले में गाय ने बच्चा दे दिया है और जग्गन बहुत परेशान हो रहा है।' बिना देर किए दोनों गांव की ओर चल दिए। उन दिनों सवारियां नहीं होती थी और लोग पैदल ही शहर आया-जाया करते थे। गांव पहुंचने से पहले ही एक बस्ती में किसी से उन्होंने लाठी ली और सीधे करैले की ओर चल दिए। मेरे रोने की आवाज ने अंधेरे में मुझ तक पहुंचने में उनकी मदद की। अब की बार पूछने पर फिर वही जवाब दिया- 'पता नहीं क्यों मुझे ऐसा लगा।'

बारहवीं कक्षा की पढ़ाई शुरू हो चुकी थी। अध्यापकों के रवैये में कोई बदलाव नहीं लग रहा था। गांव के विद्यालय में जैसे-जैसे परीक्षा नजदीक आती जाती थी, अध्यापक और छात्र दोनों की मेहनत बढ़ती जाती थी। अध्यापक परीक्षा से पहले सारा कोर्स (सिलेबस) पूरा करने में दिन-रात एक कर देते। एक्स्ट्राक्लासेस चलने लगते। संस्कृत के एक पंडित जी तो परीक्षा से पहले पूरा कोर्स दो बार करा देते थे। शहर के कॉलेज में ऐसा कुछ नहीं दिख रहा था। वही अध्यापक-कक्ष की गप्पेंबाजी और बीच-बीच में उठने वाले ठहाके। गणित विषय ने मेरी नींद उड़ा रखी थी। इक्का दुक्का छोड़, सभी छात्र ट्यूशन कराने में लग गए थे। कुछ बच्चे थे तो दूर गांव के, लेकिन परीक्षा तक के समय के लिए वे भी शहर में किराए पर मकान लेकर रहने लगे थे। शहर में रहने से उन्हें ट्यूशन पढ़ने में भी सहूलियत होती थी। हम ऐसा नहीं कर सकते थे।

मैथ के अध्यापक पांडे जी बुरी तरह चिढ़े हुए थे। उनके सौतेले व्यवहार ने न मेरा भला किया था और न उन चारों छात्रों का जिनके फर्स्ट क्लास आने की उन्होंने प्रधानाचार्य को गारंटी दे रखी थी। गणित विषय में मुझे बहुत पहले से लगाव था। हाईस्कूल तक 95% अंक मैं पाता रहा था। यही कारण था कि कॉलेज में आर्ट्स वर्ग में होते हुए भी मैंने गणित एक मुख्य विषय के रूप में लिया था मगर पांडे जी की बेरुखी ने न केवल गणित विषय में मेरी रुचि खत्म कर दी बल्कि एक अजीब सा डर मेरे अंदर पैदा कर दिया था ।अब कुंजी का ही सहारा था जिसने मुझे ग्यारहवीं में गणित में फेल होने से बचाया था।

बारहवीं की परीक्षा यूपी बोर्ड की परीक्षा थी। यूपी में एक छात्र के करियर में दसवीं और बारहवीं में प्राप्त अंक ही निर्णायक होते थे। धीरे-धीरे परीक्षा की तारीख की घोषणा हो गई। लगभग ढाई महीने का समय बचा था। मुझे अच्छी तरह लगने लगा कि कॉलेज के भरोसे नैय्या पार होने वाली नहीं थी। मैंने कॉलेज जाना ही बंद कर दिया। केवल प्रवेश-पत्र लेने या फिर फीस जमा करने जैसे अवसरों को छोड़कर मैं कॉलेज नहीं गया। पिछले महीनों में लगातार उपस्थिति रहने के कारण वांछित उपस्थिति में कमी नहीं थी। मैं घर पर पढ़ता और जब मन ऊबने लगता तो आम के बगीचे में चला जाता और पढ़ाई करने लगता। अपना चिर परिचित बोरा साथ होता। बगीचे में जब पेड़ के नीचे तेज लू चलने लगती या कभी तेज आंधी आने लगती तो फिर बोरिया-बर्दाना उठाकर घर की ओर भागता। ऐसे समय में तरह-तरह की शंकाओं, पिताजी के आश्वासन और जमीनी सच्चाई के बीच मैं एक अजीब ऊहापोह में फँसा रहता। पिताजी का कहना था-

"जो इच्छा करिहौं मनमाही । हरि प्रसाद कछु दुर्लभ नाही।"

वे कहते - "बेटा मेरी नजर में तुम मास्टर बन चुके हो। हमने जीवन में कुछ भी ऐसा नहीं किया कि सफलता न मिले।" पिताजी मेरे बाप थे और एक बाप तो बेटे के लिए इस तरह की बातें करेगा ही। मैं पिताजी की बातों को संदेह से ही देखता था। वह तो ऐसा कहेंगे ही। उन्हें क्या पता कॉलेज कैसा है, गणित वाले अध्यापक का मेरे प्रति रवैया कैसा है और परीक्षा में सफलता को लेकर मेरी मनोदशा कैसी है। फिर मन पिताजी की बातों पर संदेह करने की हिम्मत भी नहीं कर पाता था। याद है न कुम्भ मेले वाली बात और फिर गाय और बछड़े वाली बात? और, अंत में उनकी अकसर कही जाने वाली बात - 'कर्मण्येवाधिकारस्ते' को मूल मंत्र मानकर आगे सोचना बंद कर देता था। परीक्षा नजदीक आता देख, मेरा खेत में काम करने जाना रोक दिया गया था। काम मजदूरों की सहायता से पिता जी और भाई साहब (जो अब ग्रेजुएशन कर रहे थे) कर रहे थे।

चूंकि परीक्षा काल में घर से साइकिल से 20 किलोमीटर आना-जाना संभव नहीं था क्योंकि रास्ते में साइकिल के बिगड़ जाने या किसी दूसरे व्यवधान के आ जाने का अंदेशा था, मेरा इंतजाम शहर के एक हिस्से में रहने वाले किसी रिश्तेदार के घर कर दिया गया। मैंने ईश्वर का नाम लिया और मेहनत से परीक्षा दी। मां के निर्देशानुसार, मैं हर परीक्षा वाले दिन दही-चीनी खाकर ही घर से निकलता था। अब मेरा लक्ष्य किसी कॉलेज में अध्यापक बनना था और इसके लिए मुझे फर्स्ट -क्लास-फर्स्ट आना था।

परीक्षा देकर मैं अपने घर आ गया। घर के आवश्यक कार्य करने के बाद दिन भर खेलता। गर्मी की छुट्टियों में गांव में खेती का कोई खास काम नहीं होता। रबी की फसलें कट चुकी होती हैं और बढ़ती गर्मी के कारण लोग घरों के अंदर रहना पसंद करते हैं। बाहर चिलचिलाती धूप, लू, मारीचिका, अंधड़ और तपती गर्मी का साम्राज्य होता है। छोटे-छोटे धूल के गुबार गोले-गोले घूमते हुए एक गांव से दूसरे गांव की ओर उड़ते हुए से दिखते थे। कहते हैं गुबारों में चुड़ैलें चलती हैं। कोई-कोई गुबार आम के बगीचे में किसी पेड़ के पास आकर समाप्त हो जाता तो माना जाता कि चुड़ैल उस पेड़ पर रहने लगी है और कोई भी उस पेड़ के पास जाने की हिम्मत न करता। रात में उस पेड़ की डाली हिलती और चीखने की अजीबोगरीब आवाजें आतीं। सुबह उस

पेड़ के नीचे ढेर सारे आम गिरे होते। बगीचे में ज्यादातर प्रेत वे होते जो आम तोड़ने की लालच में चोरी से पेड़ पर चढ़ने और गिर कर मर जाने वालों से बने होते। मरने वाले की अतृप्त इच्छाएं ही इन्हें प्रेत या चुड़ैल बनाती। चुड़ैल के सर पर आगे की ओर लंबे बाल होते थे और पीछे से वह गंजी होती। अगर किसी ने हिम्मत न हारते हुए सामने से उसके बाल पकड़ लिए और एक बाल अपनी जेब में डाल लिया तो चुड़ैल पकड़ने वाले के वश में हो जाती थी। मगर अगर वह पकड़ में नहीं आई तो आपका मरना और प्रेत बन जाना निश्चित था। चुड़ैल के पांव जमीन पर नहीं पड़ते, वह धूल के गुबार में हवा बनकर उड़ती हुई बहती रहती है। ये सारी बातें मुझे मुसई भइया बताया करते थे जो रात को बगीचे में आम की रखवाली का कार्य करते थे। मुसई भइया मेरे चचेरे भाई थे और मुझसे उम्र में काफी बड़े थे। पिताजी की संतानें काफी देर से पैदा हुईं थीं लेकिन उनसे छोटे मेरे चाचा जी की संतानें समय से हो गई थीं। वास्तव में हमारे सबसे बड़े चचेरे भाई मुझसे लगभग पंद्रह से अठारह वर्ष बड़े रहे होंगे। मुसई भइया मेरा बचपन से ही बड़ा ख्याल रखते थे। मुझे याद है छोटेपन में जब मैं उनके साथ आसपास के गांवों में निमंत्रण की पूड़ी खाने जाता तो मुझे अपने बगल में बैठने को कहते। सब को खाने की पंक्ति में जमीन पर बैठता देख मैं भी बैठ जाता। वे गुस्से में आकर मुझे डांट कर खड़ा कर देते और मेरा नाड़ा ढीला या कभी-कभी खोल कर छोड़ देते और फिर बैठने को कहते। मैं तब समझ नहीं पाता था ऐसा वे क्यों करते थे। जब मैं निमंत्रण खाकर उठता तो मेरे नाड़े को कस देते। मेरा पेट कुम्हार के मटके की तरह बाहर की ओर निकल आता। 'अब देखो ठीक से खाए हो न। इसी लिए कहते हैं एकदम से मत बैठ जाया करो।' आज सोचकर और बात को समझ कर मैं उनका ऋणी महसूस करता हूं कि उनकी कृपा से शरीर को जरूर बेहतर पोषण मिला होगा।

'हूम गॉडलव्स डाई यंग।' मुसई भइया जैसे लोगों की आवश्यकता ईश्वर को अधिक थी। कम उम्र में ही उन्हें ईश्वर ने अपने पास बुला लिया था। आज उनका जिक्र करते हुए बहुत दुखी हूँ। लगता है यहीं आसपास कहीं हैं। भगवान उनकी आत्मा को शांति दें।

छुट्टियों के कारण शहर और कॉलेज से संपर्क बिल्कुल टूट गया था। गांव का कोई भी ऐसा व्यक्ति नहीं था तो रोज शहर जाता-आता हो। बीच-बीच में जिसको जैसा काम पड़ता, उसी के हिसाब से लोग जाते-आते रहते थे। धीरे-धीरे पता चला कि जून में किसी समय परीक्षा परिणाम आने वाला है लेकिन निश्चित तिथि का पता नहीं था।

लगभग आधा जून बीत गया था। अचानक एक दिन किसी ने बताया कि बारहवीं का परिणाम तो दो दिन पहले ही निकल चुका है। मैं, भाई साहब और पिताजी तरह-तरह से पता लगाने की कोशिश किए लेकिन कुछ स्पष्ट नहीं हुआ। इसी बीच पता चला कि पास के गांव के एक यादव जी रोज दूध बेचने शहर जाते और शाम को घर आते थे। पिताजी के बुलावा भेजने पर रात को उनसे मुलाकात हुई। तय हुआ कि कल शहर से आते समय वे उस दिन का अखबार ले आएंगे। हम लोग दूसरे दिन, दिन भर उनका इंतजार किए और वे लगभग आठ बजे शाम को शहर से लौटे। साइकिल के दोनों तरफ दूध के बाल्टे लटक रहे थे। उन्होंने साइकिल के पीछे कैरियर की स्प्रिंग से बुरी तरह दबे हुए अखबार को खींचा और पिताजी को पकड़ा दिया। वैसे तो एक लालटेन जल रही थी लेकिन तुड़े-मुड़े अखबार से कुछ भी देख पाना संभव नहीं था। यादव जी चले गए और हम तीनों लोग परिणाम देखने के लिए लालटेन की लौ और बढ़ाकर उसके प्रकाश में अखबार को एक बड़े से पत्थर पर फैलाए। उस समय परीक्षा परिणाम अखबारों में एक खास पैटर्न पर निकलते थे। पहले कॉलेज का पूरा नाम, उसके नीचे प्रथम श्रेणी और सामने वे रोलनंबर्स जिन्हें प्रथम श्रेणी मिली हो। इसके नीचे द्वितीय श्रेणी और सामने द्वितीय श्रेणी में पास होने वाले रोलनंबर्स और अंत में नीचे तृतीय श्रेणी और सामने वे अनुक्रमांक जो तृतीय श्रेणी में उत्तीर्ण हुए हों। जो अनुक्रमांक इन तीनों श्रेणियों में नहीं होते, वे फेल माने जाते।

हम दोनों भाई लालटेन की बढ़ी हुई रोशनी में ध्यान से मिर्जापुर जिले के अंतर्गत आने वाले कॉलेज देखने लगे। मेरे दिल की धड़कन बढ़ती जा रही थी। थोड़ी देर में भाई साहब बोल उठे - 'अरे! ये तो है माताप्रसाद माताभीख़ इंटरकॉलेज मिर्जापुर।' अब हम दोनों भाई बड़े ध्यान से कॉलेज के नाम के नीचे श्रेणियां और अनुक्रमांक देखने लगे। द्वितीय श्रेणी फलाँ फलाँ...अनुक्रमांक, मेरा अनुक्रमांक गायब था। तृतीय श्रेणी... और मेरा अनुक्रमांक यहां भी नहीं। पिताजी भाई साहब को लगभग डांटते हुए बोले - 'ध्यान से देखो ऐसा कैसे हो सकता है?'लालटेन की रोशनी भले ही मद्धिम थी, हमारी लगभग जवान होती आंखें सब अच्छी तरह देख रहीं थीं। भाई साहब - 'अरे और नीचे देखा जाए, कभी-कभी सप्लीमेंट्री लिस्ट भी निकलती है।' हमने देखा, कुछ भी नहीं था। नीचे जिले के ही एक अन्य कॉलेज का नाम था और साथ में उनके विद्यार्थियों का परीक्षा फल।

दो बातें स्पष्ट हो चुकी थीं - कोई प्रथम श्रेणी में पास नहीं हुआ था और मैं फेल हो गया था। मैंने रोना शुरु किया और पिताजी ने समझाना। काफी रात बीत चुकी

थी। कहने को तो सब सोने चले गए थे लेकिन दरअसल सोया कोई भी नहीं था। मैं पहले भी लिख चुका हूं कि पिताजी का सोना न सोना कभी मेरी समझ में आया ही नहीं। जब भी मेरी नींद खुलती, तखत पर पद्मासन या सुखासन में बैठी एक छाया अंधेरे में दिखती। आज भी मैंने उन्हें कई बार इसी मुद्रा में देखा। मेरे फेल हो जाने का विश्वास माँ, पिताजी और भाई साहब किसी को भी नहीं हो रहा था। गणित का प्रश्नपत्र कठिन जरूर था लेकिन इतना भी नहीं कि मैं पास नहीं हो पाऊँ। फिर मन में आता कि जिन सवालों के उत्तर मैं सही समझ रहा हूं, कहीं वे गलत तो नहीं। और किसी विषय की कोई चिंता थी ही नहीं। खैर, जैसे-तैसे रात बीती और मैं फिर उस अखबार को लेकर दिन के उजाले में देखने के लिए बड़े वाले पत्थर पर पहुंच गया। भाई साहब भी आ गए। कॉलेज के नाम के सामने हमने टिक मार्क लगा दिया था, इसलिए अखबार में हम सीधे उसी स्थान पहुंच जाते। द्वितीय श्रेणी... नहीं। तृतीय श्रेणी... नहीं। सप्लीमेंट्री... नहीं। फिर रोना-धोना।

माँ आई और आंचल से मेरा आंसुओं भरा चेहरा पोंछती बोली - 'कोई बात नहीं बेटा। कहीं गलती हो गई होगी। तुम फिर पढ़ना। स्कूल ही खराब था। तुमने तो बहुत मेहनत की थी, अब चुप हो जाओ।' अखबार हटा दिया गया। मैं बेहद दुखी था। कहीं बाहर नहीं गया और घर में ही बैठा या सोता रहा। दिन बीत गया और रात आई। पिताजी के तखत के बगल में ही मेरी चारपाई थी। आपको शायद पहले नहीं बताया कि रात में सोने से पहले मैं पिताजी के हाथ-पांव दबाया करता था। ऐसा कोई दिन नहीं जब पिता-पुत्र घर पर रहे हों और मैंने अपना यह काम नहीं किया हो। उस दिन भी मैं पैर दबाने पहुंचा। पिताजी ने समझाना शुरू किया - 'देखो! तुमने अपना काम मेहनत और ईमानदारी से किया। पास-फेल होना एक बात है लेकिन ज्ञान अर्जन करना अलग। तुमने जो ज्ञान प्राप्त किया है, विभिन्न विषयों को सीखा है, जीवन की नई कठिनाइयों और उन पर विजय पाना सीखा है - यही सब तुम्हारी उपलब्धि है और चाहे पास नहीं भी हो, ये सारी चीजें तुम्हारे आने वाले जीवन में काम देंगी। सबसे बड़ी चीज जो तुमने इस दौरान सीखी है, वह है संघर्ष करना। पास नहीं होना एक दुर्घटना हो सकती है, तुम्हारा मूल चरित्र नहीं। तुम कक्षा एक से ग्यारहवीं तक अव्वल रहे हो। कक्षा छह से लगातार वजीफा पा रहे हो। बेटा, कोई और इस तरह का नाम बता सकते हो। मुझे आज भी आभास हो रहा है कि तुम मास्टर बन रहे हो।' पिताजी की इन बातों से बहुत सांत्वना मिली। आकाश से छंट रहे बादलों की तरह मन से विषाद हटने लगा। प्रक्रिया के अंतिम चरण में मैंने पिताजी की उंगलियों

को चटकाया और सोने चला गया। अच्छी नींद आई और जब सुबह उठा तो काफी ताजगी का अनुभव किया।

सुबह के दस बजे होंगे। मेरे एक चचेरे भाई थे। लगभग चार साल बड़े थे लेकिन बहुत हिले मिले थे। कंचे खेलने से लेकर दूसरे के खेत से गन्ना तोड़कर चूसने में साथ देते थे। चलिए एक बार का वाकया बता ही देता हूं। शायद मैं ग्यारह-बारह वर्ष का रहा होऊंगा। तो हम दोनों कंचे के दीवाने थे। ढेर सारे कंचे जीतने और इकट्ठा करने की लालसा दिन-रात लगी रहती थी। शीशे के जार में भरे रंग-बिरंगे कंचे कारु का खजाना लगते। कंचे खरीदने के लिए घर से पैसे मिलने का सवाल ही नहीं था। अपितु पिताजी डंडा लेकर मेरी खोज में निकले रहते कि मैं कहां छिपकर पग्गलपासी के साथ कंचे खेल रहा हूं। उनके विचार से या यूं कहिए तत्कालीन समाज के विचार से कंचे खेलने का मतलब था - पढ़ाई का सत्यानाश। पैसे जुटाने के लिए नए-नए तरीके अपनाने पड़ते। इसी क्रम में, मैं इसी चचेरे भाई साहब के साथ गांव से थोड़ी दूर खलिहान में पहुंचा। खलिहान का मतलब वह जगह जहां गांव के किसान अपनी फसलें काट कर इकट्ठा रखते जाते थे और कटाई का काम पूरा हो जाने के बाद दँवाई (बैलों को घुमा कर मड़ाई) करके अनाज निकालते। हम दोनों ने खलिहान में काटकर रखी हुई चने की फसल में से थोड़ा हिस्सा अलग लेकर उसे पैरों और हाथों से मसल कर चने के दाने अलग किए और पास वाले गांव में एक दुकान में कंचे खरीदने चले गए। दुकानदार की एक आंख खराब होने के कारण लोगों ने उनका नाम कन्ने या कन्ने गुरु रख छोड़ा था। पहले मैंने अपने चने तौलने के लिए दिए। उन्होंने कुछ बटखरे रखे और जो भी पैसा बना उसके कंचे दे दिए। कन्नेगुरू जटने (चीटिंग करने) के लिए बदनाम थे। 400 ग्राम को 300 ग्राम बताकर पैसे या सामान देते थे। खैर, मेरे बाद भाई साहब ने अपना चना दिया। कन्नेगुरू चने को तराजू के एक पलड़े में डालकर अंदर कोई सामान लेने गए। इसी बीच भाई ने आधा किलो का बाट लेकर पलड़े में रखे चने में छुपा दिया। कन्नेगुरू आए और चना तौलने के लिए बाट ढूंढ़ने लगे। भाई साहब के दुर्भाग्य से कन्ने गुरु ने अनाज का अंदाजा लगाया और आधा किलो का बाट ही ढूंढने लगे। काफी देर ढूंढने के बाद भी बाट नहीं मिला तो वे छोटे-छोटे कई बाट रखने लगे। काम नहीं बन रहा था। थोड़ी देर में उन्हें पता नहीं क्या सूझा और उन्होंने हाथ से अनाज को चला दिया। अनाज के नीचे बाट!! फिर तो गुरू ने पलड़े में रखे चने को भाई के मुंह पर मारा और दंडी को पकड़कर भाई की बेरहम पिटाई करनी शुरू कर दी। मैं पीछे की ओर भागा। भाई भी किसी

तरह जान बचाकर भागे। कन्नेगुरू चुन-चुन कर गालियां दे रहे थे। थोड़ी दूर हम भागे होंगे कि मेरे पैर में ठोकर लगी और मैं मुंह के बल गिर गया। कंचे मेरे हाथ से छूट गए और बिखर गए। मुंह और आंखों में धूल भर गई थी। दोनों सर पर पैर रखकर भागते रहे जब तक उस गांव के बाहर नहीं निकल गए। कन्ने की दुकान पर फिर जाने की हिम्मत नहीं पड़ी।

हां तो यही भाई साहब थे, जो मेरे पास बैठकर फेल हो जाने की चिंता छोड़कर दोबारा तैयारी करने की सलाह दे रहे थे। जैसे बंदरिया अपने मरे हुए और लुंज पुंज पड़े हुए बच्चे को कई-कई दिनों तक अपनी छाती से चिपकाए रहती है वही हाल मेरा इस अखबार को लेकर था। यह तीसरा दिन था जब मैं उस मृतप्राय कागज को लिए बैठा था। जैसे ही मैंने भाई साहब को आते देखा उसे मैंने अपनी पल्थियों में छुपा लिया था। चूंकि उसका एक हिस्सा पीछे की ओर बाहर निकला था, भाई साहब ने देख लिया और खींचते हुए बोले - 'ये क्या है? इसे लेकर अब भी घूम रहे हो।' अखबार को खोलते हुए फिर उसी पन्ने पर पहुंचे जहां टिक मार्क लगाया था। थोड़ी देर उसे घूरने के बाद एकाएक वे चिल्ला पड़े - 'अरे ह्येत बा!!' खड़ी बोली में इसका अर्थ है - 'अरे ये तो है!!' ऐसा कहते हुए उन्होंने उस पेज को जमीन पर फैलाते हुए अपनी अंगुली एक जगह रख दी और मुझसे फिर बोले - 'ह्येत बा!!' मैंने ध्यान से देखा। मेरा अनुक्रमांक वहां था और अनुक्रमांक के ठीक पहले लिखा था प्रथम श्रेणी। मेरी क्या हालत हुई होगी, मैं लिख नहीं सकता। आप खुद अंदाजा लगा सकते हैं। गड़बड़ी कहां हुई थी, उसकी एक बानगी अखबार की छपाई की नकल कर के नीचे देने की कोशिश कर रहा हूं, शायद आप समझ जाएं -

माताप्रसादमाताभीखइंटरकॉलेजमिर्जापुरप्रथमश्रेणी6921

द्वितीय श्रेणी - 564... 7895... 543...7825...1457...,

तृतीय श्रेणी - 2345, 6980, 205..., 8260.., 35702,

कम्पार्टमेंट - 45, 70, 43...,

हिंदी अखबारों की छपाई आज भी माशा अल्लाह होती है। 1972 में, यानी 48 साल पीछे इनकी क्या हालत रही होगी, समझा जा सकता है।

मैं अखबार उठा कर भागा और पिताजी के पास चिल्लाते हुए पहुंच गया। संयोग से गांव के स्कूल के प्रधानाचार्य भी वहां थे। शायद विद्यालय से संबंधित किसी

काम की चर्चा कर रहे थे। सब ने देखा और मां तथा भाई साहब को सूचना दी गई। पिताजी ने एक रहस्यपूर्ण नजर मुझ पर डाली और बोले - 'अब तो खुश हो?' मैंने हां में सर हिलाया और पिताजी के मुस्कराते हुए चेहरे की ओर कुछ समय तक अपलक देखता रहा। अनहोनी घट चुकी थी। मैं फिर एक बार अव्वल आ गया था ----फर्स्ट- क्लास -फर्स्ट।

इधर गांव के स्वामी गोविन्दाश्रम हाई स्कूल में कुछ उल्लेखनीय परिवर्तन हो चुके थे। मेरे भाई साहब को प्रधानाध्यापक ने लाइब्रेरियन बनने की पेशकश पिताजी से की। भाई साहब ग्रैजुएशन पूरा कर लिए थे। पिताजी ने उनकी बात मान ली लेकिन जिस दिन नए लाइब्रेरियन ने पदभार संभाला, ठीक उसी दिन पिताजी ने प्रबंधक का पद त्याग दिया। उनका मानना था कि जिस विद्यालय में उनका पुत्र किसी पद पर कार्यरत हो, उसमें प्रबंधक बने रहना उचित नहीं होगा। प्रधानाचार्य के लाख समझाने पर भी पिताजी तैयार नहीं हुए।

इधर काफी दिनों से मेरे ग्रह अनुकूल चल रहे थे। पढ़ाई की प्रगति इससे अच्छी हो नहीं सकती थी। सुनयना के मामले में ठहराव सा आ गया था ।शरारतों के अवसर कम होते जा रहे थे क्योंकि अब मैं बड़ा और समझदार बन गया था। पर जल्दी ही पता चल गया कि ऐसा मानना सिर्फ मेरा था। अब गांव के लड़कों के ग्रुप में मैं लीडर हुआ करता था। उन सब में सबसे ज्यादा होशियार। गांव से थोड़ी दूर पर विद्यालय था और विद्यालय से भी पीछे की ओर लगभग चार-पांच किलोमीटर पर रेलवे लाइन थी। मिर्जापुर से चुनार होते हुए रेलवे लाइन मुगलसराय जाती थी और यह हम लोगों के खेतों से ही गुजरती थी। बचपन से ही गायों को चराते हुए हम इस रेलवे लाइन पर घूमते और गाड़ियों को अपने पास से गुजरते देखते। छुक-छुक करते काले इंजन और उनसे निकलने वाला गहरा काला धुआं हम बच्चों के लिए एक आकर्षण बन चुके था। हम अकसर गायों को लेकर आते और रेल की पटरी पर बैठे रहते। पटरी के दोनों ओर हरे-भरे खेत होते थे। मुझे याद है कि एक बार बच्चों के साथ मैंने एक योजना बनाई। बगल के खेत से खूब हरे और फलों से लदे कुछ चने के पेड़ों को उखाड़ा। उन्हें एक बंडल की तरह बांधकर लाठी में फँसा कर रख लिया। साथ के बच्चों के पूछने पर तीस मार खाँ की अंदाज में बोला - 'अरे देखते रहो, मैं क्या करामात दिखाता हूं'। कुछ देर बाद दूर एक गाड़ी आती दिखी। दूर से काली बिंदी सा दिखने वाला इंजन का धीरे-धीरे नजदीक आते जाना और अचानक

आवाज करते बिल्कुल सामने से निकल जाना - एक अलग ही रोमांच पैदा करता। धीरे-धीरे ट्रेन काफी नजदीक आ गई। बच्चे परेशान थे कि उस्ताद क्या करना चाह रहा है। तभी मैंने लाठी से बंधे हरे चने को लेकर पटरी के बिल्कुल नजदीक खड़ा हो गया और लाठी को उठा दिया। बच्चे पटरी से काफी दूर खड़े होकर नजारा देख रहे थे। यह क्या? ट्रेन सरसराती हुई आई और आगे निकल गई। सबसे बड़ा ताज्जुब था कि मेरे डंडे में से हरे चने का गुच्छा गायब था। सबकी निगाहें मेरे डंडे पर थीं। कहां गया गुच्छा? मैंने अपना सीना फुलाते हुए बताया था कि चने का गुच्छा इंजन का ड्राइवर ले गया और सब के साथ पटरी पर कुछ दूर गाड़ी जाने की दिशा में चलने के बाद इसका प्रमाण उन्हें दिखा दिया। ये प्रमाण थी थोड़ी-थोड़ी दूर पर बिखरी दो सूखी पूड़ियां। ये पूड़ियां ड्राइवर ने चने के बदले में मुझे लौटाईं थी। फिर क्या था। पूड़ियां टुकड़ों में तोड़ी गई थीं और सत्यनारायण भगवान के प्रसाद की तरह सब में बांटी गईं। इसके बाद तो यह एक खेल बन गया था लेकिन खेल तभी खेला जाता जब उस्ताद झुंड के साथ होते। चने के बदले में कभी बिस्किट, कभी पूड़ी तो कभी-कभी माचिस और बीड़ी भी मिल जाती थी। जिंदगी में बीड़ी पी लेने का एक बार किया गया अपराध इसी समय घटित हुआ था। इसके बाद उसकी तीव्र कड़वाहट और गले को चोक कर देने वाले असर ने हमेशा के लिए हिम्मत तोड़ दी थी।

तब मैं बच्चा था और सातवीं या आठवीं में पढ़ता था। आज मैं बारहवीं पास हूं और काफी समझदार हो चुका हूं। कंचे अब भी खेलता हूं लेकिन अब उसके साथ-साथ पैसे भी खेलता हूं जो निस्संदेह सयानेपन का लक्षण था। यह बात और है कि पग्गलपासी भी अब पैसे खेलने लगा था। न उसने बारहवीं पास किया था और न मेरे जैसी कोई समझदारी दिखाई थी। रेल की पटरी के पास खड़ा होकर जब मैं पुरानी शरारत को याद कर रहा था तभी एक आइडिया मन में आ गया। साथ में जो लोग थे उनमें से ज्यादातर ने आठवीं और दसवीं के बाद पढ़ाई छोड़ दी थी या उससे पहले ही फेल हो गए थे और दोबारा कोशिश करने की जहमत नहीं उठाई थी। खैर, अब उन्हें थोड़ा हाई लेवल का तमाशा दिखाने का मन कर रहा था। मैंने सब को काम बाँट दिया। दो लोगों को पटरी पर पड़े पत्थरों से पटरी के लोहे में खट-खट मारते रहना था। दो को थोड़ी दूर पर पटरी के बीच हाथ उठ कर खड़े रहना था। मैंने गायों को हांकने वाली परिचित लाठी उठाई और उसमें एक साथी के लाल गमछे को झंडे की तरह बांध दिया। सबको अपना-अपना रोल समझा दिया गया। थीम यह था कि आने वाली गाड़ी को सचेत करते हुए कि पटरी पर काम हो रहा है और आगे जाने पर

खतरा है, उसे रोकना है। लाल झंडी तभी तो लहराई जा रही थी। जल्दी ही एक ट्रेन के दर्शन होने लगे। मैं काफी आगे था और पटरी रिपेयर का काम करने वाले काफी दूर पीछे। लाल झंडी से गाड़ी को खतरे से काफी पहले सचेत करना था। गाड़ी मेरी ओर बढ़ रही थी और मैं लाल झंडी लहराए जा रहा था। गाड़ी की चाल काफी धीमी होती जा रही थी और ड्राइवर निरंतर सीटी बजाए जा रहा था। गाड़ी काफी पास आते-आते लगभग मेरे सामने रुक गई। मैं अचानक डर गया और झंडी फेंक कर बाहर की तरफ भागा। रेलवे लाइन काफी ऊंचाई पर थी और मैं ढलान की ओर तेजी से भागा। अगल-बगल पटरी रिपेयर करने वाला एक भी मजदूर दिख नहीं रहा था। पता नहीं सब कहां गायब हो गए थे। मैं ढाल पर नीचे की ओर भाग ही रहा था कि अचानक जलते हुए कोयले की एक खेप मेरी तरफ आई। यह ड्राइवर ने गुस्से में इंजन में कोयला झोंकने वाले फावड़े से फेंका था। कोयले का एक गर्म टुकड़ा मेरी एड़ी के पीछे कैनवस शूज़ पर लगा था और अंदर पैर को बुरी तरह जलने का एहसास करा रहा था। ढलान पर ढेर सारी कांटेदार झाड़ियां भी थीं। खैर ईश्वर मेहरबान था और केवल जूता जला और मैं बच गया था। कोई सहयोगी नजर नहीं आ रहा था। मैं बैठकर पैर सहला रहा था और ट्रेन जा चुकी थी। काफी देर बाद थोड़ी दूर पर बनी पटरी के नीचे की एक पुलिया से किसी को बाहर झांकते मैं देख गया। लंगड़ाते हुए उनके पास पहुंचा और लगभग रोता हुआ घर वापस चलने को बोलने लगा। सारे बुरी तरह डरे हुए थे। आप समझ रहे होंगे मैं ट्रेन के डर से रो रहा था, नहीं जनाब! मैं जूता जल जाने से मिलने वाली पिताजी की डांट या मार के डर से रो रहा था। वास्तव में मैंने कभी सोचा ही नहीं था कि ट्रेन बिल्कुल रुक जाएगी। इरादा केवल उसको धीमा और साथियों को अपनी होशियारी दिखा कर मजा लेने का था। परंतु मैनप्रपोजेज गॉडडिस्पोजेज। घर आकर पिताजी से पैर में मोच आने का बहाना बनाया और जूते को छिपा दिया। लगभग पंद्रहदिनों तक घर-गृहस्थी का काम करने में काफी तकलीफ हुई। मैं बारहवीं पास कर चुका था और काफी मैच्योर हो गया था।

जून का महीना बीतने वाला था। भयंकर गर्मी, लू, मरीचिका और धूल के उड़ते गुबार अब धीरे-धीरे उमड़ते-घुमड़ते बादलों और कभी-कभी पड़ने वाले हल्की फुहारों में बदलने लगे थे। अब आगे की पढ़ाई के बारे में सोच-विचार चल रहा था। ज्यादातर बच्चे दसवीं की पढ़ाई के बाद घर-गृहस्थी और किसानी के काम में लग जाते थे। ग्यारहवीं और बारहवीं की पढ़ाई के लिए नाले और नदियों को पार कर शहर जाने और अनेक कठिनाइयों के बारे में मैंने आपको बता ही दिया है। इक्का-दुक्का लोगों ने अगर हिम्मत की तो शहर के एकमात्र डिग्री कॉलेज कन्हैयालाल बसंत लाल डिग्री कॉलेज(केबीडीसी) में प्रवेश लिया। दसवीं के बाद कुछ महत्वाकांक्षी मिर्जापुरशहर में बारहवीं और ग्रेजुएशन में पढ़ने का चैलेंज स्वीकार करते थे और अगर कोई अति महत्वाकांक्षी निकला तो बनारस के बारे में सोच सकता था। यद्यपि मेरे गांव के इतिहास में कोई भी बनारस जाकर किसी डिग्री कॉलेज या बनारस हिंदू यूनिवर्सिटी (बीएचयू) में कभी नहीं पढ़ा था। मैंने आपको पहले ही बता दिया है कि गांव में खेती करना और बैलगाड़ी हांकना प्रमुख व्यवसाय थे। ऐसे हालात में गांव से बाहर जाकर अगर किसी ने कोई शैक्षणिक योग्यता प्राप्त की थी तो वह एक ही व्यक्ति थे निहालजी दुबे यानी गांव के मास्टरजी और स्वामी गोविंदाश्रम स्कूल के भावी प्रधानाचार्य। उनके बब्बा (यानी मेरे पिताजी) ने उन्हें चुनार भेजकर संभवतः आज के पीडीएनडीकॉलेज में बीटीसी (बेसिक टीचर कोर्स) के लिए भेजा था और सारा खर्च वहन किया था। मास्टरजी भी पिताजी के सुकृत्य के लिए सदैव आभारी रहे। इन्हीं दोनों महानुभावों ने आगे चलकर स्वामीगोविंदाश्रम स्कूल की नींव रखी जो शुरू में मिडिल स्कूल और मेरे आठवीं उत्तीर्ण होने से थोड़ा पहले ही हाईस्कूल की मान्यता प्राप्त कर "स्वामी गोविंदाश्रम हाईस्कूल पैड़ापुर" बना। गांव में दो चौबे परिवार थे और उनमें से एक परिवार शिक्षा के क्षेत्र में काफी सजग था। इसी परिवार के एक व्यक्ति गांव से बाहर गंगा के उस पार जाकर ज्ञानपुर में स्नातक की पढ़ाई किए। मैं कक्षा एक से लेकर बारहवीं तक अव्वल दर्जे वाला छात्र था और क्षेत्र में गांव के लिए गर्व का कारण। मिर्जापुर के केबीडीसी या ज्ञानपुर डिग्री कॉलेज मेरे लिए उपयुक्त नहीं समझे गए। नदी-नालों को पार करने की त्रासदी अब मैं नहीं झेलना चाहता था लेकिन घर-परिवार की हालत मुझे अपने मन की बात पिता जी कहने में बेचैन कर रही थी। आखिरकार एक दिन हिम्मत करके मैंने पिताजी, मां और भाई साहब के सामने अपना बम फोड़ ही दिया, "मैं इलाहाबाद यूनिवर्सिटी में पढ़ूंगा"। थोड़ी देर के लिए तो कोई कुछ बोला ही नहीं। मैंने जो कहा था वह उनकी सोच के परे था। बनारस

तक जाने की बात तो शायद समझी जा सकती थी क्योंकि मिर्जापुर के बाद बनारस ही हमारे पास का शहर था और क्षेत्र के लोगों के लिए एक परिचित शहर, लेकिन इलाहाबाद..? किसी भी हालत में नहीं। पिताजी समझाते हुए बोले - 'बेटा! इलाहाबाद में इस गांव का क्या इस क्षेत्र का कोई लड़का नहीं है और न ही कोई परिचित वहां रहता है। कैसे तुम रहोगे वहां, कहां जाओगे? दो दिन बीत गए। मैं चुप रहता लेकिन मेरे आँसू पिताजी से छिप नहीं पाते थे। मन में इलाहाबाद जाने के बारे में भी आपको थोड़ा बता दूं। मिर्जापुर के कॉलेज में बारहवीं में पढ़ते समय मैं उन चार लड़कों की बातें सुनता जिन्हें गणित के टीचर पांडे जी ने प्रथम श्रेणी में पास कराने का वादा किया था। वे आपस में बातें करते कि प्रथम श्रेणी में पास होने के बाद इलाहाबाद यूनिवर्सिटी में जाएंगे क्योंकि वह विश्व की सबसे बढ़िया यूनिवर्सिटी है। इलाहाबाद शब्द ने अच्छी पढ़ाई को लेकर मेरे मन में कौतूहल तो जरूर पैदा किया था पर मां के कुम्भ मेले में खो जाने की याद को भी ताजा कर गया था। शुरू में न इस यूनिवर्सिटी के बारे में मुझे कोई ज्ञान था और न ही जानने की उत्सुकता, लेकिन अब बात बदल चुकी थी। प्रथम श्रेणी लाने वाले चारों पता नहीं किस श्रेणी में पास हुए थे जबकि मैं प्रथम श्रेणी में। कहीं मन के कोने में इस तरह की यूनिवर्सिटी में पढ़ाई करने का हक सा लगने लगा था। खैर, अंततः मैं जीता और पैरेंट्स हारे। ऐसे जिद वाले मामले में बेचारे पैरेंट्स हारते ही हैं। पैसे कहां से आएंगे, वहां रहने का इंतजाम कैसे होगा, आदि के बारे में मैंने कुछ नहीं सोचा। भाई साहब नए-नए लाइब्रेरियन बने थे लेकिन जिस विद्यालय में अध्यापकों का वेतन साठ रुपए महीने से शुरू हुआ था वहां अच्छे वेतन की गुंजाइश ही कितनी थी। लड़का इलाहाबाद यूनिवर्सिटी में जा रहा है तो उसके ठीक ठाक कपड़े होने चाहिए, जूते होने चाहिए आदि पर विचार हुआ। अंत में मेरे पड़ोसी जो गांव की हाई स्कूल में अध्यापक थे, को जिम्मेदारी दी गई। मैं उनकी साइकिल पर बैठकर मिर्जापुर शहर गया और कपड़े की दुकान से उनकी पसंद के शर्ट और पैंट के कपड़े लिए और दर्जी को सिलने के लिए दे दिए। दो-चार दिन बाद सिल कर आ गए और मुझे पहनाया गया। पैंट बिल्कुल लाल रंग की थी प्लेन और शर्ट भी लाल पर चेक लिए हुए। जब भी उसे घर में पहनता, सब मुस्कराते। मां बोली -'देखो, बेटा उगता सूरज सा लग रहा है।' तभी एक दूसरे गांव के लड़के की इलाहाबाद पढ़ने जाने की खबर मिली। बाद में पता चला कि स्वामी गोविंदाश्रम हाई स्कूल में अंग्रेजी पढ़ाने वाले अध्यापक का वह भाई था। मैं भी बड़ा खुश था क्योंकि अब इलाहाबाद जाने का रास्ता खुलता दिख रहा था। मास्टर साहब,

उनका भाई और मैं तीनों लोग अंततः इलाहाबाद गए और पास के शहर नैनी में उनके एक परिचित के यहां रुके और वहीं से यूनिवर्सिटी में जा-जाकर प्रवेश की कार्यवाइयां करते रहे। जिंदगी की यह पहली लंबी रेल यात्रा थी। इसके पहले मैं एक बार अपने स्थानीय रेलवे स्टेशन से मिर्जापुर होते हुए तीसरे स्टेशन विंध्याचल देवी के दर्शन के लिए माँ और गाँव की महिलाओं के साथ गया था। मेरा टिकट नहीं लिया गया था। यात्रा कुछ खास ढंग से हुई थी इसीलिए अभी तक याद है। डिब्बे में टीटी के आने की खबर आते ही अफरातफरी मच गई थी। माँ और दूसरी औरतों ने मिलकर मुझे बर्थ से नीचे उतार दिया और खिड़की के नीचे फर्श पर बिठाकर मेरे ऊपर दो रजाईयां डाल दी थीं। टीटी टिकट चेक करता रहा और थोड़ी-थोड़ी देर बाद रजाई के बारे में पूछता रहा था। इस प्रक्रिया में वह कुछ ज्यादा ही देर तक वहां रुक गया था। अंदर मेरी सांसे रुक रहीं थीं और गर्मी के कारण पसीने हो रहे थे। उसके जाने के बाद मुझे बाहर निकाला गया। दम घुटने से मेरा बुरा हाल था। औरतों ने रोना शुरू करने से पहले ही मेरे हाथ में घर का बना एक लड्डू पकड़ा दिया था और मैं चुपचाप खाने लगा था। जाहिर है टिकट का दाम लड्डू की कीमत से ज्यादा ही रहा होगा।

युनिवर्सिटी में प्रवेश लेकर तथा युनिवर्सिटी रोड पर ही एक किराए का कमरा लेकर हम घर लौट आए। कमरा नया-नया बना था, कोई आठ X बारह फीट का। फर्श पर नंगी ईटें बिछी थीं और छत पर खपरैल। दीवारें ताजा सीमेंट के कारण गीली थीं। खैर, हमने किराया दिया और ताला लगाकर कमरे को कुछ दिनों के लिए सूखने के लिए छोड़कर वापस आ गए।

शायद मैंने आपको अभी तक नहीं बताया कि बच्चों को मुर्गा बनाने और कुक्कुडूं-कूं बुलवाकर सर्वशक्तिमान का एहसास कराने वाले मास्टर बनने के लिए मैंने कुछ संकल्प कर रखे थे। उनमें से एक था कि जब तक बारहवीं कक्षा तक फर्स्ट क्लास फर्स्ट नहीं पा लेंगे, सिनेमा नहीं देखेंगे। गांव के हाई स्कूल में पढ़ने तक तो यह संकल्प बिना खास परेशानी के पूर्ण हो गया था क्योंकि सिनेमा देखने के लिए शहर जाना पड़ता और मैं जब भी शहर गया या तो पिताजी के साथ या भाई साहब के साथ। वैसे भी पिताजी द्वारा दिए गए संस्कारों में झूठ बोलकर या धोखा देकर कोई कार्य करना था भी नहीं। मैं अपने सारे संकल्प दृढ़ इच्छाशक्ति से निभा रहा था। पिताजी की कही गई एक बात मेरे मन में गहरे उतर चुकी थी - "कोई भी कार्य या तो करो ही नहीं और यदि करो तो पूरा जी जान लगा दो। अधकचरे प्रयत्न निराशा के सिवा कुछ नहीं देते।" इस संबंध में उत्तम, मध्यम और निम्न तीन तरह के व्यक्तियों के गुणों/अवगुणों को बताने वाले एक नीति - श्लोक को उद्धृत करते -

"प्रारभ्यते न खलु विघ्नभयेन नीचैः,
प्रारभ्यविघ्नविहता विरमन्ति मध्याः।।
विघ्नैः पुनः पुनरपिप्रतिहन्यमाना,
प्रारभ्यचोत्तमजना न परित्यजन्ति।।

तात्पर्य है कि निम्न श्रेणी के लोग विघ्न के डर से कार्य आरंभ ही नहीं करते। मध्यम पुरुष कार्य आरंभ तो कर देते हैं परंतु विघ्न आते ही उसे छोड़ देते हैं। विघ्नों द्वारा बार-बार रुकावट आने के बावजूद जो उत्तम श्रेणी के पुरुष होते हैं वे कार्य को पूरा करके ही दम लेते हैं।

यद्यपि दो वर्षों तक मैं मिर्जापुर शहर पढ़ने जाता रहा, गांव का उस कॉलेज में पढ़ने वाला एकमात्र विद्यार्थी था और बीच-बीच में वजीफे के पैसे भी पाता था लेकिन मैंने संकल्प टूटने नहीं दिया। गांव से शहर जाते और शाम को साइकिल से लौटते तमाम बच्चे दिन में देखी हुई या आने वाले दिनों में देखी जाने वाली फिल्मों के बारे में चटखारे ले लेकर बातें करते। पिताजी द्वारा मेहनत से कमाए गए पैसों से इन सब चीजों के करने का समय अभी नहीं था। कक्षा छह से बारहवीं कक्षा तक पाए जाने

वाले वजीफे की पूरी राशि मैं घर पर दे देता और जब जैसी जरूरत पड़ती, माँ से मांग लेता। मैं अब बारहवीं पास कर चुका था और ग्रेजुएशन के लिए इलाहाबाद यूनिवर्सिटी में प्रवेश भी मिल गया था तो एक फिल्म देख लेना तो बनता ही था। पिताजी से बात चली तो सहर्ष मान गए और मुझे तीन टिकट के पैसे से भी ज्यादा राशि देकर शहर जाने की इजाजत दे दिए। अकेले जाकर फिल्म देखने की हिम्मत नहीं थी और मुझे कम से कम एक साथी की जरूरत थी। लगभग एक-डेढ़ घंटे बाद ही दो दोस्त तैयार हो गए। इनमें से एक गांव के स्कूल का चपरासी था। लंबा-तगड़ा और अकसर मेरे जैसे लोगों के सर के ऊपर से वह जंप कर निकल जाता। लॉन्गजंप, दौड़ और हाई जंप में आसपास के गांव का चैंपियन। दूसरे दिन हम तीनों मिर्जापुर शहर गए और एक सिनेमा हाल में टिकट लेने के बाद घुसे। फिल्म थी 'दुश्मन'। सारा माहौल एकदम अजनबी था। अंधेरे में टटोलते हुए मैं उन दोनों के पीछे-पीछे चलता हुआ एक सीट पर बैठ गया। सामने पर्दे पर तरह-तरह की आकृतियां उभरतीं और गायब हो जाती। 1972 की बात है और दूरदर्शन जैसी चीजों का नामोनिशान नहीं था। सारा अनुभव अत्यंत रोमांचक लग रहा था। मेरे बगल वाले साथी ने बताया कि अभी एड (प्रचार) चल रहा है और फिल्म बाद में आएगी। अभी मैं दृश्यों को आत्मसात कर ही रहा था कि अचानक सामने से मजबूत डील-डौल वाले ढेर सारे घोड़े निकले और तेजी से हमारी तरफ बढ़े। मैं घबराकर अपनी सीट से उठ खड़ा हुआ। पीछे से कुछ लोगों के चिल्लाने की आवाज आई। मेरे साथी ने मेरा हाथ पकड़ा और नीचे की ओर खींचते हुए मुझे सीट में धम्म से गिरा दिया। सामने बढ़ते घोड़े बिजली की तरह ऊपर जाते हुए गायब हो गए। पता चला कि यह भी प्रचार ही था। कुछ देर बाद फिल्म शुरू हुई । दोस्तों ने परिचय कराया कि फिल्म का हीरो राजेशखन्ना और हिरोइन मुमताज है। कुछ खेतीबाड़ी और गांव से संबंधित कहानी थी। अच्छा लग रहा था। थोड़ी देर बाद दोस्तों में से एक उठा, मुझसे कुछ पैसा लिया और बाहर चला गया। बताया गया कि इंटरवल है और फिल्म आधी बीत चुकी है। बाहर गया दोस्त हाथ में मूंगफली का पैकेट लेकर आया और हम सब ने मिलकर खाया। खाते-खाते दोस्त बोला - 'बब्बा ने जो पैसे दिए हैं उनमें अभी बच रहा है। फिल्म के बाद हम लोग जलेबी खाकर घर चलेंगे।' मैं भी एक नए जीवन का आनंद ले रहा था और खुश था। कहानी आगे बढ़ी। हीरो ने अपने ट्रक से किसी का खून कर दिया था। न्यायालय ने सजा के रूप में उसे घटना में मारे गए व्यक्ति के परिवार के साथ रहने और खेतीबाड़ी करके उनका पालन-पोषण करने की जिम्मेदारी दे दी थी। धीरे-धीरे गांव के एक साहूकार

से हीरो का गहरा वैमनस्य हो गया। साहूकार गांववालों का शोषण करता था जिसे हीरो होने नहीं दे रहा था। फसलों से भरे और लहराते खेत देखकर मुझे अपने खेतों की याद आ जाती। फसलें पक चुकी थीं। हीरो की मेहनत रंग लाई थी। दुर्घटना में मृत का परिवार भी धीरे-धीरे हीरो से प्यार करने लगा। दुख पीछे छूट चुके थे और परिवार में खुशहाली ही खुशहाली थी मगर साहुकार बेचैन था और बदला लेने के लिए उसने हीरो की लहलहाती और पककर तैयार खड़ी फसल में आग लगवा दी। अचानक सारा पर्दा आग की लपटों से भर गया। कुर्सी के दोनों हत्थों पर रखे मेरे हाथ का ऊपरी हिस्सा तेजी से जलने लगा। मैं हड़बड़ाकर फिर खड़ा हो गया। बगल वाला दोस्त बोला - 'क्या हुआ?''अरे भागो जल्दी, मेरा हाथ जल रहा है।' - मैंने कहा। पीछे से लोग फिर चिल्लाने लगे - 'अरे यार कौन है ये? कहां से पकड़ लाए हो इसे? बार-बार खड़ा होकर फिल्म नहीं देखने दे रहा है कायदे से। बाहर निकालो।' इस बार चपरासी दोस्त ने कसकर घुड़का और फिर खड़े नहीं होने की हिदायत दी। पिताजी अब उसके स्कूल के मैनेजर नहीं रह गए थे। बाकी फिल्म मैंने चुपचाप देखी। एक चीज लेकिन मैं कसम खाकर बताता हूं कि आग की तपिश से होने वाली मेरे हाथ की जलन वास्तविक थी और उसका अनुभव आज भी है।

जुलाई का महीना शुरू हो गया था। जैसे-जैसे इलाहाबाद जाने का दिन नजदीक आ रहा था, मेरे हाथ-पांव फूलने लगे थे। सब कुछ एकाएक छोड़कर नए और एक बड़े शहर में जाने में काफी हिचकिचाहट हो रही थी। मन में आता था कि पिताजी की बात मानकर बनारस चला जाता तो शायद अच्छा होता, लेकिन अब इस तरह की बातों का कोई मतलब नहीं था। समय आ गया था। पिताजी ने कुछ बोरे अनाज बेचे और भाई साहब को मिलने वाले वेतन की सहायता से मेरे जाने की तैयारी हो गई। चूंकि मैं अपनी साइकिल ले जाना चाहता था, बस से यात्रा करने का निर्णय लिया गया। जुलाई महीने की बारिश के कारण चिर परिचित गड़ैया नाला जीवंत हो उठा था। भाई साहब ने स्थानीय बस स्टैंड पर मुझे बस पकड़ाई, साइकिल बस के ऊपर लाद दी गई और मैं एक नए सफर पर निकल पड़ा।

दिन भर चलने के बाद बस शाम होते-होते इलाहाबाद से पहले नैनी पहुंची और वहीं पर बीमार हो गई। ऐलान कर दिया गया कि अब वह आगे नहीं जाएगी। सारे यात्री उतर गए और अपने-अपने गंतव्य की ओर जाने के लिए साधन खोजने लगे। मैं साइकिल और एक मोटा गद्दा (जिसके अंदर कुछ और सामान बांध दिए गए थे) लिए काफी देर तक उहापोह में पड़ा रहा। आखिर मैंने गद्दे को साइकिल के पीछे कैरियर पर कस कर बांधा और इलाहाबाद जाने के बारे में लोगों से जानकारी लेने लगा। एक दुकानदार ने बताया कि इलाहाबाद अब बिल्कुल दूर नहीं है, यमुना का पुल पार करो, बस पहुंच गए। मैं साइकिल से ही निकल पड़ा। जैसे-जैसे मैं यमुना पुल के पास पहुंचता गया, रोड की ऊंचाई बढ़ती जा रही थी। थोड़ी देर बाद मैं एक काफी ऊँची रोड पर साइकिल चला रहा था और दोनों ओर पानी से भरे खेत अंधेरे में चमक रहे थे। दुकानदार के कथनानुसार पुल अब आ जाना चाहिए था लेकिन ऐसा हो नहीं रहा था। धीरे-धीरे अंधेरा बढ़ता जा रहा था और आकाश से बूंदाबांदी भी शुरु हो गई थी। सड़क पर मैं अपने अंदाज से बाईं तरफ होकर चल रहा था। कुछ दूर जाने के बाद आशा की किरण के रूप में पुल की चमकती हुई प्रकाशमाला दिखी और मैं और जोश से साइकिल चलाने लगा। नजर मेरी पुल की प्रकाशमाला पर थी कि अचानक कोई चीज मेरी साइकिल से बाहर की ओर निकले हुए गद्दे से तेजी से टकराई। 'अरे बाप रे' के साथ किसी चीज के खड़खड़ाकर गिरने की आवाज आई। अंधेरे में कुछ भी दिखाई नहीं दिया। मैंने अपनी लड़खड़ाती साइकिल को संभालना चाहा लेकिन कुछ भी न दिखाई देने के कारण हैंडल बाईं ओर मुड़ गया और साइकिल ढलान पर चल निकली। थोड़ी दूर चलने के बाद मैं रुका और वापस सड़क पर चढ़ने की कोशिश

करने लगा। दिखाई तो कुछ खास पड़ नहीं रहा था पर इतना तो निश्चित हो गया कि मेरे कपड़े, गद्दे और साइकिल कीचड़ से सन चुके थे। मैंने सड़क पर आकर इधर-उधर गिरने वाले को देखने की कोशिश की परंतु कुछ पता नहीं चला। आवाज से तो यही लगा कि कोई साइकिल वाला ही गिरा है। लड़ाई-झगड़े का कोई चांस नहीं था। कौन किससे लड़े जब दुश्मन दिखाई ही नहीं दे रहे हों। गनीमत यही थी कि मैं पुल पर पहुंच रहा था जहां रोशनी की अच्छी जगमगाहट थी। पुल पर गाड़ियों की काफी चहल-पहल थी। पुल पार करके कई लोगों से पूछते-पाछते मैं यूनिवर्सिटी रोड पर प्रयाग लाज पहुंचा। रास्ते में तेज बारिश होने लगी थी। गद्दा एवं उसमें रखे समान के भीग जाने के कारण उसका वजन बढ़ गया था और इसे खींचते-खींचते मैं बुरी तरह थक चुका था। घर-गृहस्थी और खेती में कठिन परिश्रम तथा 20 किलोमीटर रोज साइकिल चलाने की आदत ने ऐसे आपातकाल में साथ दिया था। लाज के गेट पर पहुंचने में लगभग ग्यारह बज गए थे। लाज के अंदर का सारा पानी तेज बहाव के साथ लोहे के बड़े गेट के नीचे से बहता हुआ सड़क पर आ रहा था। गेट से लाज में रह रहे लोगों के कमरे लगभग 100 मीटर दूर थे। गेट में अंदर से ताला लग चुका था और इतनी रात को मेरी आवाज सुनने वाला कोई नहीं था। मैंने साइकिल पर बैठकर एक पांव पायदान पर और दूसरा बगल की दीवार से उभरे हुए एक हिस्से पर रखकर सुस्ताने की कोशिश की। नीचे जमीन पर लगभग आधा फुट मोटी पानी की धार बह रही थी। अधिक थके होने के कारण मुझे रह-रह कर झपकी आने लगती और फिर दूसरे ही क्षण गिर जाने के डर से मैं अचकचाकर संभल कर बैठ जाता। अचानक मेरे नथुने में कोयले का धुआँ भरने लगा और मेरी नींद खुल गई। मैंने देखा भोर हो गई थी और गेट के बगल में एक आदमी कोयला सुलगाने के लिए हवा कर रहा था। धुआँ चारों तरफ फैला हुआ था और इसी धुंधलके में, मैंने वहां छह-सात साइकिलें खड़ी देखीं। धीरे-धीरे पता चला कि वह आदमी दिन में वहीं चाय की छोटी सी दुकान चलाता था और साइकिलें किराए पर देता था। मैं इंतजार में था कि कोई अंदर से आए और लाज का गेट खोले। उस आदमी ने मुझे पहले अचरज भरी निगाह से देखा और जब मैंने उसे रात का किस्सा बताया तो बोला - "अरे राम राम! बेटा घबड़ा मत, अभी दूध लेने वाले अइहैं और गेट खोलिहैं।" गेट खुला और मैं कीचड़ से लथपथ देखने वालों की उत्सुकता का कारण बनता हुआ धीरे-धीरे अपने कमरे में पहुँचा। सूखने के लिए छोड़ा हुआ कमरा बारिश के कारण और गीला व सीलन भरा हो गया था। वास्तव में इस कमरे को अच्छी तरह सूखने के लिए हमें पूरी बारिश

और शीत ऋतु के बीत जाने का इंतजार करना पड़ा। शुरू में तो घर-गांव की यादें परेशान करती रहीं, खासकर चलते समय बूढ़ी माँ के रोते चेहरे को याद करके लेकिन धीरे-धीरे हालात सामान्य होने लगे। उस लाज में कई कमरे थे और सभी में छात्र ही रह रहे थे। धीरे-धीरे अन्य कमरों में रहने वाले छात्रों से मेल मिलाप हुआ। उन्हीं के परामर्श से गृहस्थी का सामान - लकड़ी का कोयला, कोयला जलाने के लिए मिट्टी का तेल, सिगड़ी, कुछ बर्तन, चौका, बेलन और जूठे बर्तन माँजने के लिए आवश्यक जूना आदि पास के मुहल्ले कर्नलगंज की एक दुकान से खरीदा गया। माँ द्वारा दिए गए गाय का घी, अचार, दाल आदि भीग जरूर गए थे लेकिन खराब नहीं हुए थे। कुछ दिन बाद बगल वाले गांव के साथी भी आ गए और हम दोनों रूम पार्टनर बन अपनी यात्रा प्रारंभ किए। विश्वविद्यालय कैम्पस एक बहुत ही शानदार और मनोरम दृश्यों वाला क्षेत्र था। पूरा का पूरा क्षेत्र गहन हरियाली से ढका था। युनिवर्सिटी रोड पर ही रहने के कारण छात्रों और छात्राओं को रंग-बिरंगे परिधान में आते-जाते देखना एक बेहद सुखद अनुभव था। लाज के गेट पर चाय बनाने वाले और किराए पर साइकिल देने वाले चाचा से दोस्ती हो जाने के कारण मैं कभी-कभी उनकी दुकान पर बैठ कर जलते हुए कोयले की सोंधी महक और रात भर गेट खुलने के इंतजार में बैठे रहने वाले समय को याद करता।

कला स्नातक (बीए) के लिए विषयों का चुनाव चल रहा था। मैं संस्कृत, अंग्रेजी और मैथ लेना चाह रहा था। आपको लग रहा होगा कि कॉलेज में मैथ विषय में इतनी रूलाई-पिटाई के बाद भी मैथ और फिर वही आर्ट्स विषयों के साथ! मेरी सोच खुद मुझे भी कुत्ते की पूंछ लग रही थी। मैं बार-बार अपने को कुछ दिन समझाता भी रहा लेकिन जैसे पूँछ आज तक सीधी नहीं हो पाई, उसी तरह मेरी सोच भी अंततः टेढ़ी ही रह गई। मैंने फॉर्म में तीनों विषय भर दिए। दूसरे दिन ही मुझे बताया गया कि मैथ के साथ दो साहित्य नहीं लिए जा सकते। विषय बदलने का एक मौका मिला और मैंने विषय बदल भी दिया - संस्कृत, भूगोल और मैथ!! जो भी एकाध दोस्त अब तक बन पाए थे, वे पहले आपस में हँसे और फिर बोले - 'छोड़ यार, इसका कुछ नहीं हो सकता'। पता नहीं मैथ अपने बालरूप'अंकगणित' के समय से ही मेरे अंतर्मन में अपनी जड़ जमा चुका था। मुझे पढ़ाई में यह विषय बेहद पसंद भी था। सौ में अट्ठानवे नंबर तक कॉलेज से पहले की पढ़ाई में मैंने प्राप्त भी किए। मेरा अत्यंत रोचक विषय माता प्रसाद माता भीख इंटरकॉलेज जैसी संस्था में आकर गणित अध्यापक की कृपा और ट्यूशन जैसी कुप्रथा के कारण एक डरावना विषय बन गया था। कॉलेज में कुंजी

की कृपा से मैथ में अंक तो प्रथम श्रेणी वाले मैं पा गया था लेकिन अन्य विषयों की तुलना में काफी कम थे। विषय चयन को लेकर जो असमंजस मन में बना हुआ था उस पर सहसा एक गाज और गिरी जब पता चला कि भूगोल और संस्कृत कक्षा अटेंड करने के बाद मैथ की कक्षा में पहुंचने के लिए लगभग तीन किलोमीटर की दूरी बाजार से होकर तय करनी थी। दरअसल अगर आप इलाहाबाद विश्वविद्यालय की भौगोलिक स्थिति से परिचित होंगे तो जानते होंगे कि कला संकाय और विज्ञान संकाय दो अलग-अलग इलाकों में स्थित हैं। इनके बीच तीन किलोमीटर की दूरी है और दुर्भाग्य से मैथ की पढ़ाई विज्ञान संकाय में विज्ञान के छात्रों के साथ होती थी। जहाँ तक मैथ का सवाल है मेरे लिए हालात काफी कुछ कॉलेज जैसे ही थे। दिक्कत यह थी कि मेरी उल्टी सोच का जब तक भान होता था तब तक सब कुछ घट चुका होता था। वही जैसा कि मैंने पहले कहा है।

"जाको प्रभु दारुण दुःख देही।

ताकर मति पहिले हर लेही।।"

मैंने रजिस्ट्रार कार्यालय में मैथ की जगह अंग्रेजी साहित्य लेने की कोशिश की लेकिन अब देर हो चुकी थी। ऐसे समय में पिताजी द्वारा बार-बार दोहराई जाने वाली रामचरितमानस की चौपाई - ***'होइहि सोइ जो राम रचि राखा । को करि तरक बढ़ावहि साखा।।'*** को मन ही मन याद किया और सब कुछ नियति पर छोड़ दिया। राह कठिन थी। मैं जब तक संस्कृत और भूगोल की कक्षा समाप्त कर मैथ के लिए साइंसफैकल्टी पहुंचता, लगभग 15 मिनट लेट हो जाता। भूगोल की कक्षा के तुरंत बाद मैथ क्लास का पड़ जाना सीधा-सीधा नीम पर करेले का चढ़ जाना था। पंद्रह मिनट बाद हांफते हुए कक्षा में दाखिल होना और रोज होना, कुछ छात्रों के लिए मसला बन गया था। कई मुंडियों का मुझे देखने के लिए पीछे की ओर एक साथ मुड़ जाना कई औरों को भी असहज कर जाता था। साइंसफैकल्टी जिसे शायद अंग्रेजों के समय में 'मेयोकॉलेज' कहा जाता था, पत्थरों की गुम्बजनुमाइमारतों से भरा हुआ था। फिजिक्स, केमिस्ट्री, बायोलॉजी, जूलॉजी जैसे विज्ञान विषयों के साथ मैथ की कक्षा भी इन्हीं इमारतों में चलती थीं। मेरे लिए एक सिरदर्द और भी था। कक्षा हॉल में आवाजें बुरी तरह से गूंजती थीं। सबसे अंत में आने और सबसे पीछे बैठने के

कारण मुझे कुछ भी साफ सुनाई नहीं देता था। केवल ब्लैक बोर्ड पर जो लिखा जाता था वही मैं चुपचाप उतार लेता था और घर जाकर समझने की कोशिश करता। मुझे ताज्जुब इस बात की थी कि एक भी छात्र ऐसा नहीं था जो टीचर की आवाज गूंजने और चीजों के समझ में नहीं आने की बात करता। सारे जैसे बिल्कुल सहज ढंग से टीचरकी हर बात स्पष्ट सुन रहे हों और सारा का सारा समझ भी रहे हों। मुझे लगा बस मैं ही खेतों से निकल कर आया था बाकी सब शहरी थे। शायद!!

कहते हैं कि 'टाइम इज़ बेस्ट लेवेलर एंड हीलर' । धीरे-धीरे समय ने मेरी भी विषमताओं और जटिलताओं का सरलीकरण करना शुरू कर दिया था। सब कुछ एक क्रिया बद्ध तरीके से चलने लगा। सुबह उठना, नल पर जाकर अन्य सहयोगियों के साथ बर्तन धोना, नाश्ता बनाना और नहा-धोकर खा-पीकर यूनिवर्सिटी चले जाना। दिन भर पढ़ना और शाम को फिर खाना बनाना, खाना, थोड़ा पढ़ना और सो जाना।

जब भी पैसों की जरूरत होती मैं पिताजी को पत्र लिखता। वे चना, अलसी, सरसों, धान या किसी और अनाज का एक बोरा बेचते और पैसे लेकर या तो खुद या भाई साहब को भेज देते। चिट्ठी लिखने के अलावा उस समय कोई सूचना माध्यम नहीं था। पिताजी या भाई साहब के आने पर मैं खुश होता और बड़े मन से लकड़ी के कोयले वाले चूल्हे पर रोटी और सब्जी बनाता। आलू, परवल और टमाटर की सब्जी में नींबू और घर का देसी घी डालता और दहकते कोयले की आंच पर करारी और सोंधी सिकी हुई गरम रोटियां बनाता। पिताजी और भाई साहब दोनों कहते कि घर पर कभी भी तीन रोटियों से ज्यादा नहीं खाते लेकिन यहां तो सात-आठ रोटियां तक खा जाते हैं। मैं भी अभी तक के जीवन में वह स्वाद नहीं पा सका। कभी-कभी शुद्ध देसी घी के उपलब्ध हो जाने पर उसी तरह की सब्जी बनाकर खाने का मन किया भी तो 'घी के साथ नींबू खाना हानिकारक है' के तथाकथित स्वास्थ्य ज्ञान ने रोक दिया। अथक परिश्रम से उगाए गए अनाज को बेचकर मुझे पैसे मिलते हैं - इसका मुझे अच्छी तरह ज्ञान होने के कारण मैं भी पैसा व्यर्थ खर्च नहीं करता था। फीस, कापी-किताबें तथा खाने के खर्च के अतिरिक्त मेरे पैसे कभी-कभी कुछ ऐसी जगह फँस जाते जिस पर मेरा वश नहीं चल पाता था। मकान मालिक वकील ही नहीं, राज्य के सरकारी वकील भी थे। उनका दूसरे नंबर का पुत्र कभी-कभी मुझसे पैसे उधार मांग कर लेता और महीनों लटकाए रहता। मकान मालिक का लड़का होने के कारण मैं उसे मना भी नहीं कर पाता था।

काफी समय बाद अगर पैसा लौटाता भी था तो बड़े ही नायाब तरीके से। मुझे धन्यवाद देता और लाज के गेट के बगल में चल रही चाय की दुकान पर ले जाता। वहां पर बन्द मक्खन, बिस्किट और चाय खुद और मुझे खिलाने पिलाने के बाद मेरे उधार के पैसे में से खर्च कटवाकर शेष पैसे मुझे दे देता। इस तरह से हमेशा मुझे उधार में दिए गए पैसे एक तो महीनों में मिलते और कम होकर मिलते। मन में गुस्सा तो बहुत आता था पर कोई रास्ता नहीं था। इसी बीच ईश्वर की कृपा हुई और पिछली कक्षाओं में मिले अच्छे अंकों के कारण मुझे यूनिवर्सिटी की तरफ से साठ रुपए महीने की वर्सरी (स्कॉलरशिप) मिल गई। उस जमाने में साठ रुपए काफी अच्छी रकम हुआ करती थी। बस दिक्कत यही थी कि रकम हर महीने नहीं मिलती थी और इस तरह से पिताजी पर पड़ने वाले मासिक अर्थ-भार में सहायक नहीं हो पाती थी। कक्षा छह से प्रारंभ हुई पांच रुपए प्रति माह की स्कॉलरशिप नवीं-दसवीं में बीस रुपए और ग्यारहवीं-बारहवीं में सोलह रुपए होती हुई आज स्नातक कक्षा के लिए साठ रूपए पर पहुंच गई थी। कक्षाओं में अव्वल रहने के कारण मेरी पूरी फीस माफ रहा करती थी और वजीफे अतिरिक्त आमदनी जैसे लगते थे। दिन बेहतर हो रहे थे और मैं खुश था। बस खटक एक ही थी जो नई नहीं थी। मेरी पढ़ाई का लगभग नब्बे प्रतिशत समय मैथ की पढ़ाई में ही जाता। भूगोल और संस्कृत के अध्ययन में बहुत कम समय दे पाता।

जग्गन एक ऐसे मेंढक की तरह था जो कुएं से निकलकर सीधे समुद्र में आ गिरा था। यहां बड़े विशालकाय कछुए से लेकर मगर, डॉल्फिन और व्हेल सदृश जीव छात्र रूप में कक्षा और कैंपस में विचरण करते थे। धीरे-धीरे जब सहपाठियों से मिलना-जुलना बढ़ा तो अपनी औकात भी सामने आने लगी। किसी के पिताजी जज थे, किसी के कलक्टर तो किसी के एसडीएम। किसी के ऐसे रजिस्ट्रार जो जमीन की हर रजिस्ट्री में लाखों रुपए ले रहे थे और इसलिए जज और कलक्टर से किसी माने में कम नहीं थे। पूरे संपर्क समूह में एक ईमानदार छात्र भी मिला जिसने ईमानदारी से बताया कि वह सहारनपुर के एक इंटरकॉलेज के प्रिंसिपल का लड़का है। मैं क्या बताता! कुछ दिन पहले तक पिताजी एक स्कूल के मैनेजर थे लेकिन अब नहीं। खैर, पिताजी द्वारा दिए गए संस्कार इतने मजबूत और गहरी जड़ों वाले थे कि मैं कोई झूठी बात नहीं बोल पाया। गनीमत यह भी थी कि किसी ने खुलकर पूछा भी नहीं। मन में मात्र एक किसान का बेटा होने का कोई मलाल भी नहीं था। आखिर बड़ी-बड़ी मीनारों का स्वरूप ले लेने वाली ईंटें मिट्टी से ही तो बनी होती है। और मैं!, मैं तो मिट्टी के वीभत्स स्वरूप से लेकर उसके सुनहरे और सोना उगलने वाले स्वरूपतक से वाकिफ था। गांव में सारे मकानों की तरह मेरा मकान भी मिट्टी का होता था। इन मिट्टी के मकानों की दीवारों को हर वर्ष बारिश की तेज बौछारें काट दिया करती थीं। तेज हवा इन बौछारों को और धार दे देती और कुछ मकान दीवारों के पूरी तरह कट जाने से धराशायी भी हो जाया करते थे। इन हालात से बचने के लिए हर वर्ष मई-जून के महीने में बारिश आने से पहले हमें एक सालाना अभियान छेड़ना पड़ता था। हर गांव में एक किनारे पर एक बड़ा गड्ढा होता था जो पानी से साल भर भरा रहता था। एक ही स्थान पर खोदकर निकाली गई मिट्टी से गांव के कच्चे मकान बनाए जाते थे और यही गड्ढा गांव में 'गड़ही' के नाम से जन्म लेता था। मेरे गांव में भी एक गड़ही थी इसमें बारिश के पानी के अलावा हर घरों से निकलने वाला गंदा पानी भी छोटी-छोटी नलिकाओं से टेढ़ा-मेढ़ा बहता हुआ गिरता रहता था। बारिश में गड़ही लबालब भर जाती और गर्मी आते-आते सूखने लगती लेकिन घरों से निकलने वाला गंदा पानी इसे मरने नहीं देता था। कम पानी होते जाने से गर्मी के महीनों में इसमें और असहनीय दुर्गंध आने लगती। हमारा सालाना अभियान मिट्टी के इस वीभत्स स्वरूप में इस प्रकार होता था। हम एक छोटी बाल्टी लेते और पानी में घुसकर डुबकी लगाते। साँस रोकते हुए बाल्टी को तलहटी पर घसीटते हुए कीचड़ से उसे भरते और पानी के ऊपर निकालते। फिर उस सड़े गले कीचड़ को गड़ही के किनारे पलट देते।

फिर बाल्टी उठाते और पानी में डुबकी लगाकर और निकालते। लगभग 2 घंटे में उस दिन का यह कार्य पूरा होता। कीचड़ रात भर पड़ा रहता। दूसरे दिन हम टोकरों में भूसा ले जाते और कीचड़ पर डाल पैरों से कुचलते। खूब अच्छी तरह भूसा और कीचड़ मिल जाने के बाद हम उसे टोकरों में भरते और अपने घरों तक लाते। इस मिक्सचर या लेप को फिर घर की दीवारों पर लगा लगाकर पिछली बारिश में हुए कटाव के कारण पड़ गए गड्ढों को भरकर दीवार को आने वाली बारिश का सामना करने को तैयार करते। मिट्टी का यह स्वरूप वीभत्स तो था लेकिन हमारी जिंदगी का रक्षक भी तो था। जब तक मैं गांव में रहा, मिट्टी के इस स्वरूप से शिद्दत से जुड़ा रहा।

मिट्टी का सुहावना और स्वर्णिम रूप वो होता था जब रबी की फसल बोने के लिए खेत की तैयारी की जाती। बहुत थोड़े-थोड़े अंतराल पर खेत की मिट्टी की सिंचाई की जाती और फिर हल से उसकी जुताई। यह प्रक्रिया तब तक चलती रहती जब तक मिट्टी भुरभुरी और मक्खन की तरह शीतल नहीं हो जाती। इस तरह की मिट्टी वाले खेतों में लोटने का अपना अलग ही आनंद था। कोमल और शीतल। लोटते समय आभास होता कि हम धरती माँ की कोमल और शीतल हथेलियों पर लेटे हैं और करवट बदल रहे हैं। देखा आपने, मिट्टी के दोनों स्वरूप हमारे जीवन रक्षण के लिए ही तो हैं। यही मिट्टी मेरे में भी रच बस गई थी और मैं चाहे पैड़ापुर में रहा, मिर्जापुर शहर में रहा या इलाहाबाद जैसे महानगर में रहा - कभी अपने को किसी के सामने कमतर होने का अनुभव नहीं होने दिया।

बी ए पार्ट-। (तेरहवीं कक्षा) की परीक्षा के लिए फॉर्म भरा जाने वाला था। फीस एवं परीक्षा शुल्क के लिए पैसों की जरूरत थी जिसके लिए मैंने पिताजी को पत्र लिखा था। कुछ ही दिनों में उनके आने की संभावना थी। मैं भी परीक्षा की तैयारी में लगा था। आखिर एक दिन मैं दोपहर का खाना बना रहा था कि अचानक पिताजी को आते देखा। कुछ आगे बढ़ कर उन्हें साथ ले आया। तेज धूप में आने के कारण उनका पूरा चेहरा पसीने की बूंदों से भरा था। वे चारपाई पर बैठे और अपने गमछे से हवा करने लगे। गांव घर की बात होने के बाद हमने खाना खाया और फोल्डिंग चारपाई पर बैठे। थोड़ी देर बाद पिताजी बोले - 'बेटा! आज तो गड़बड़ हो गई, स्टेशन से तुम्हारी तरफ आते समय किसी ने जेब काट ली और सारे रुपए निकाल लिए।' थोड़ी देर के लिए तो मैं सन्न रह गया। परीक्षा फॉर्म परीक्षा शुल्क के साथ भरकर जमा करने में मात्र दो दिन रह गए थे। कहाँ से होगा इंतजाम! पिताजी आधी बांहों वाला सफेद कुर्ता और सफेद धोती पहनते थे। सफेद जटा और लंबी दाढ़ी रखते थे।

गले में रुद्राक्ष की माला। देखने से ही पता चल जाता था कि कोई असाधारण गृहस्थ अब वानप्रस्थ की अवस्था में जी रहा है। पिताजी रुपयों का पतला रोल बनाकर कुर्ते की सामने वाली अंदर की जेब में रखकर घर से चले थे। इलाहाबाद जंक्शन में उतर कर और टटोलकर उन्होंने सुनिश्चित कर लिया था कि पैसे उनके अंदर के जेब में है। लेकिन जब मेरे यहां पहुंचे तो रुपए गायब। ध्यान से देखने पर सीने पर बाईं ओर एक छोटा सा कट साफ दिख रहा था। जेब कतरे ने बड़ी सफाई से एक छोटा सा चीरा लगाकर रुपयों के रोल को एक सिरे से खींच लिया था। पिताजी के अनुसार स्टेशन से कटरा आने के लिए एक साइकिलरिक्शा किया था। बीच रास्ते में एक आदमी रिक्शे में बैठ गया। धूप एवं थकावट के कारण पिताजी को रास्ते में कहीं झपकी आ गई और लगता है कि इसी बीच साथ वाली सवारी ने अपना काम कर दिया था। जब पिताजी को पता चला कि दो दिन के अंदर ही शुल्क जमा करना है तो वह परेशान हो उठे। थोड़ी देर बाद उन्होंने कहा कि चलो हम लोग नैनी चलते हैं और वहां नौकरी कर रहे एक दूर के संबंधी से पैसा उधार ले लेते हैं। आपको शायद याद हो, ये वही सज्जन थे जिन्होंने कई वर्ष पहले प्रयाग के कुंभ मेले में अपने झुंड से बिछुड़ गई मेरी मां को खोजने में मदद की थी। पता नहीं क्यों पिताजी का किसी के यहां जाकर मेरे लिए पैसे उधार मांगना मुझे ठीक नहीं लग रहा था। मैंने पिताजी की राय मानने में आनाकानी की। अंततः निर्णय लिया गया कि हम शाम को चलने वाली इलाहाबाद-चुनार पैसेंजर ट्रेन से घर चले और पैसे का इंतजाम कर दूसरे दिन मैं फिर उसी पैसेंजर से वापस इलाहाबाद आऊँ और शुल्क जमा करूँ। देश में पैसेंजर ट्रेन का मतलब ही होता है कि उसका कंट्रोल पैसेन्जर्स यानी यात्रियों के हाथ में होता है न कि ड्राइवर के हाथ में। जहां भी जिसका गांव या क्षेत्र आया, चेन पुलिंग कर गाड़ी खड़ी कर दी जाती है। यही नहीं कई बार मिर्जापुर आते समय बिना स्टेशन के गाड़ी खड़ी हो जाने का कारण पूछने पर पता चलता है कि बगल में ही अमरूद के बाग हैं और लोग वहीं तोड़ने गए हैं। संभावना यह भी जताई जाती थी कि ड्राइवर और ट्रेन का गार्ड इन बातों से अनभिज्ञ नहीं होता था। तीन घंटे का सफर पांच-छह घंटे में पूरा होता था। हम लोगों को अपने लोकल रेलवे स्टेशन झिंगुरा से घर पहुंचते-पहुंचते काफी रात हो गई थी। पूरे गांव में सन्नाटा था। हम लोगों को देखकर गांव के कुत्ते जोर-जोर से भौंकने लगे थे। मुझे लगता है ग्यारह-बारह बजे रात का समय रहा होगा। मां ने खिचड़ी चूल्हे पर चढ़ाई और मुझसे बातें करने लगी। लालटेन की मद्धिम रोशनी में जलते हुए चूल्हे के पास कच्ची जमीन पर बिल्कुल पास बैठे मां-बेटे

एक लंबे समय के बाद मिले थे। मैं इलाहाबाद जाने के बाद एक बार नाग पंचमी के समय घर आया था और वह भी साइकिल चलाकर लगभग 110 किलोमीटर। लंबे अंतराल के बाद मिले मां-बेटा बातचीत में इतना मशगूल थे कि उन्हें पता ही नहीं चला कि रात के दो बज गए थे। पिताजी इस बीच न जाने कहां गायब थे। लगभग ढाई बजे वे कहीं से आए और मां से बोले- 'चलो पैसे का इंतजाम हो गया।' हमने खिचड़ी खाई और मेरे इलाहाबाद जाने की तैयारी होने लगी। दो-तीन घंटे के अंदर ही चुनार से आने वाली पैसेंजर मेरे लोकल स्टेशन पर आने वाली थी। जल्दी-जल्दी मेरी गठरी तैयार की गई और भाई साहब ने साइकिल से मुझे स्टेशन छोड़ा। मैंने उनके पांव छूए और आशीर्वाद लिया। मैंने यूनिवर्सिटी में परीक्षा फॉर्म भरा और शुल्क जमा की। बाद में पता चला कि पिताजी मुझे घर छोड़कर पैसे के इंतजाम के लिए आधी रात को लगभग दो-तीन किलोमीटर दूर एक दूसरे गांव गए और अपने एक दोस्त को जगा कर उनसे पैसे उधार ले आए। दोस्त की उस गांव में एक कपड़े की दुकान थी जो क्षेत्र में एकमात्र दुकान थी। वहीं से हमारे कपड़े आते और हम दर्जी से सिलवा कर पहनते। लगभग बारह वर्ष की उम्र तक दोनों भाई एक ही कपड़े के दो टुकड़ों से बनी शर्ट और पजामा पहनते। देखने से ही लग जाता था कि एक ही मां-बाप के बच्चे हैं, जग्गन और भग्गन ।

इलाहाबाद आकर मैंने परीक्षा फीस जमा की और परीक्षा की तैयारी करने लगा। एक दिन मेरे सहयोगी का एक दोस्त हमारे कमरे पर आया। खपरैल की छत और खुली हुई ईंटों वाले फर्श को देख कर कुछ अजीब ढंग से मेरी ओर देखा और मुस्कुराया। मेरे सहयोगी के बड़े भाई स्वामी गोविंदाश्रम हाई स्कूल में अंग्रेजी के टीचर थे और यह बात उसके दोस्त को पता भी थी।

उन दोनों में एक तो वैसे ही हाई-फाई परिवार से था और दूसरा भी इंग्लिश के टीचर का भाई था। बातचीत करते समय दोनों अंग्रेजी के शब्दों और कभी-कभी पूरे वाक्यों का प्रयोग करते। अंग्रेजी बोलना तो दूर मुझे समझने में भी काफी मेहनत करनी पड़ती। भूगोल और मैथ दोनों की पढ़ाई अंग्रेजी माध्यम से थी और इसके लिए मुझे काफी मेहनत करनी पड़ रही थी - समझने में नहीं, व्यक्त करने में। मैंने अंग्रेजी साहित्य एक विषय के रूप में लेने की कोशिश की थी लेकिन मैथ के साथ दो साहित्य नहीं मिल सकते थे। फिर मेरे ही जैसे मिलते-जुलते एक छात्र ने सलाह दी कि सामान्य अंग्रेजी (जनरल इंग्लिश) एक अतिरिक्त विषय के रूप में ली जा सकती है। इसमें पास होने के लिए कुछ मिनिमम अंक निर्धारित थे और पास कर

लेने पर वर्ष के पूर्णांक में कुछ अंक जुड़ जाते थे। मेरे लिए प्रस्ताव का आकर्षण कुछ अतिरिक्त अंक पाने से ज्यादा इस बात का था कि क्लास में अंग्रेजी पढ़ते बच्चों के साथ रहते-रहते मैं भी अंग्रेजी बोलने लगता। अंग्रेजी साहित्य एक विषय के रूप में न पा पाने का मलाल भी कुछ कम हो जाता। सामान्य अंग्रेजी पढ़ने के लिए मुझे अंग्रेजी विभाग में जाना पड़ता। सभी विभागों से अलग और शानदार। अंग्रेजी में गिटपिट करते छात्र-छात्राएं और अंग्रेजी में ही गंभीर चर्चा करते अध्यापक। एक दिन मैं सामान्य अंग्रेजी की क्लास समाप्त करके विभाग में इधर-उधर घूम रहा था और अध्यापकों के अलग-अलग कमरों के गेट पर लगी उनकी नेमप्लेट पढ़ता जा रहा था कि अचानक टोपी लगाए एक चपरासी आया और मुझे डांटने लगा। उसके एक साथी द्वारा पूछे जाने पर कि क्या बात है, वह बोला - 'अरे देखो! यह फिराक साहब के कमरे में झांक रहा था।''फिराक साहब के कमरे में! भगाओ जल्दी' - दूसरा बोला। यद्यपि मैं नेम प्लेट पढ़ रहा था और झांकने जैसी कोई बात नहीं थी लेकिन वहां से आगे बढ़ जाने के सिवा मैं करता भी क्या। यूनिवर्सिटी के अध्यापक और वो भी इलाहाबाद यूनिवर्सिटी! इसके बाद न जाने मुझे क्या हुआ, मैं हर अध्यापक को बड़े ध्यान से देखता। चाहे वे संस्कृत विभाग के रहे हों या मैथ के। सारे अध्यापक एक सुपर आभा और व्यक्तित्व के धनी लगते। मिडिल, हाईस्कूल और इंटरकॉलेज के अध्यापकों से बिल्कुल अलग।

आर्ट्सफैकेल्टी में हिंदी विभाग और संस्कृत विभाग के बीच में एक पुराना सा कुंआ था। यह कुआं छात्र यूनियन के नेताओं का प्रमुख केंद्र था। एक बार मैं इसी के पास से गुजर रहा था तो कुछ लोगों की भीड़ देखकर रुक गया। किसी नेता के भाषणबाजी जैसी स्थिति नहीं लग रही थी। मैंने पास जाकर देखा एक प्रौढ़ व्यक्ति को घेरकर छात्र खड़े थे और लगभग सन्नाटा था। महाशय की पैंट आगे से गीली थी। शर्ट के दो-तीन बटन ऊपर से खुले थे। बाल भी बिखरे-बिखरे से थे। मुझे लगा कि इस व्यक्ति का छात्रों से झगड़ा हो गया होगा और छात्रों ने इनकी यह हालत बना दी होगी या दो गुटों में झगड़ा हो गया हो। मैं थोड़ी देर खड़ा रहा और फिर कमरे पर लौट आया। दूसरे दिन पता चला कि वे फिलॉसफी के बहुत बड़े प्रोफेसर थे। आईएएस के लिए पेपर बनाया करते थे। कई किताबें लिखी थीं। हुआ ये था कि कुंए के बगल वाले बाथरूम में वह पेशाब करने गए थे। उन्होंने शर्ट के तीन बटन खोले और पेशाब कर दिए थे। लोग उनके दार्शनिक दिमाग की महानता पर चर्चा कर रहे थे। मुझे बड़ा ताज्जुब हो रहा था। अगर इसी हालात में स्कूल या कॉलेज का अध्यापक

मिला होता तो..? धीरे-धीरे मुझे अध्यापक और रीडर-प्रोफेसर के बीच का महान अंतर स्पष्ट दिखने लगा था - भले ही मूलतः दोनों शिक्षक ही थे। यूनिवर्सिटी - जहां रघुपति सहाय फिराक जैसे शिक्षक अध्यापक नहीं, प्रोफेसर थे और जहां उनके कमरे में झांकने मात्र के लिए बहुत हिम्मत चाहिए - मुझे एक अलग ही दुनिया सी लगी। जग्गन अगर यहां मास्टर बन जाए तो...? खयाली पुलाव जितनी जल्दी मन में आया था, उससे दो गुने तेजी से गायब भी हो गया। गांव के मास्टर जी की बात - 'क्लास में सबसे ज्यादा नंबर ले आओ, बन जाओगे' एक बार फिर दिमाग में घूमने लगी। पर यहां तेरहवीं जैसी कोई क्लास नहीं थी जिसमें अव्वल आने की कोशिश की जाए। यूनिवर्सिटी में लगभग एक वर्ष पूरा हो चुका था और इसी बीच एक नई योग्यता के बारे में पता चला - 'फोर- फर्स्ट- क्लास।' बड़ी चर्चा थी इस योग्यता की। उस जमाने में इस योग्यता को प्राप्त करना किसी चमत्कार से कम नहीं था। फोर-फर्स्ट -क्लास का मतलब था हाई स्कूल,इंटर,बीए और एमए - इन चारों में फर्स्ट क्लास अंकों की प्राप्ति। मैं कक्षा एक से बारहवीं तक अव्वल और फर्स्ट क्लास वाला छात्र तो था लेकिन बीए और एमए में भी ऐसा होगा - क्या गारंटी थी। फिर एकाएक पिता जी का गीता ज्ञान दिमाग में आया - कर्म करो और न तो फल के बारे में सोचो और न ही उस पर अधिकार जमाओ। फल के बारे में सफलता और असफलता की सोच पूरी तन्मयता से कर्म करने से रोकती है और अधिकार? अधिकार तो सिर्फ ईश्वर का होता है कर्मफल पर।

उस जमाने में फोर-फर्स्ट-क्लास का मतलब था स्नातक व स्नातकोत्तर छात्रों को पढ़ाने के लिए मास्टर बन जाने की गारंटी। और ये मास्टर, मास्टर न होकर रीडर और प्रोफेसर कहे जाते थे। मैंने निश्चय कर लिया कि आगामी परीक्षा में मुझे फर्स्ट क्लास अंक लाना ही है।

जिओग्राफी और संस्कृत में मुझे कोई दिक्कत नहीं थी। ज्यादातर समय मेरा मैथ पढ़ने में ही बीतता। कॉलेज की तुलना में हालात बेहतर थे क्योंकि लाज में विज्ञान के साथ मैथ पढ़ने वाले कई छात्र और थे और उनसे सलाह मशविरा करके कई समस्याओं का समाधान हो जाता था। बस बाजार से सामान लाना,कपड़े और बर्तन धोना, खाना बनाना आदि कामों के कारण यूनिवर्सिटी से आने के बाद बहुत कम समय पढ़ने के लिए मिल पाता था। जैसे-जैसे परीक्षा नजदीक आती जा रही थी समय की कमी खटकती जा रही थी। लाज में रहने वाले कुछ धनी परिवार के लड़के खाना बनाने व कपड़े धोने के लिए कुछ औरतों को माहवारी भुगतान पर रख

लिए थे पर मेरे लिए यह संभव न था। बस मेहनत और विश्वास के दम पर मैं यहां तक पहुंचा था और इन्हीं के सहारे आगे बढ़ते जाने का दृढ़ संकल्प था। मैं परीक्षा देकर घर आ गया और खेती के कामों में पिताजी का हाथ बटाने लगा। अमूमन यह समय गेहूं, चना, अरहर आदि रबी फसलों की कटाई व मड़ाई का होता है। थोड़े समय में ही सारा काम निपट गया और मैं पैसे और ताश खेलने के लिए फ्री हो गया। दिन भर में बड़े कामों में केवल पानी भरना होता था, घर के लिए और पशुओं के लिए। यह काम दोनों भाई मिलकर आराम से कर लेते थे। हां महकती गड़ही से कीचड़ निकालकर घर की मरम्मत वाला काम अब भी होता था और उसका यही समय होता था - बारिश आने से ठीक पहले। संभवतः इसी समय पिताजी ने ईंट बनाने वालों को बुलाकर अपने खेत में एक लाख ईंटे बनवाईं और उन्हें कोयले की आग वाले भट्टे में पकाकर दो कमरे बनवाए गए और घर का कच्चा हिस्सा काफी कम हो गया। खेती के लिए कम से कम दो बैलों की जरूरत पड़ती है। मुझे याद है गर्मी में एक बैल मर गया। आपको पता नहीं विश्वास होगा कि नहीं उस समय एक बैल के मर जाने का दुख घर के एक सदस्य के चले जाने से कम नहीं होता था। घर में कई दिनों तक मातम जैसा माहौल रहा। अब एक बैल को किसी और के बैल के साथ मिलाकर खेत की जुताई शुरू हुई। एक दिन मेरे खेत में फिर एक दिन दूसरे बैल वाले के खेत में। काम संभल नहीं पा रहा था। तेजी से खेती करने के आदी पिताजी काफी परेशान थे। गांव में फसल काटकर दंवाई-मड़ाई कर अनाज को सबसे पहले घर ला देने का गांव में पिताजी का रिकॉर्ड हुआ करता था। अनाज भी कम नहीं। गांव में केवल एक किसान थे जो हमसे ज्यादा उपज पैदा करते थे। बारिश जल्दी ही शुरू होगी और धान तथा खरीफ की फसलों की बुवाई के लिए साझे बैलों से काम नहीं होना था। पिताजी ने पैसों का इंतजाम किया और एक हृष्ट-पुष्ट बैल ढाई सौ रुपए में खरीदा। मानसून आने और खेती की जुताई शुरू होने में एक-डेढ़ महीने का समय था और इतना ही समय मेरे इलाहाबाद वापस जाने में था। हम दोनों भाई गर्मी में गांव के बाहर जाते और घास छीलकर लाते। उस घास को गांव की गड़ही में धोते और फिर कभी काट-काट कर और कभी साबुत ही उस बैल को खिलाते। हम सब खुश थे कि अब हमारे पास दो बैल थे और आने वाली खेती पहले की ही तरह सुचारु रूप से होगी। दिन भर हम बैलों को घास के अलावा खली और चूनी आदि खिलाते रहते। परिणाम यह हुआ कि दोनों ही बैल खास कर नया वाला खूब मोटा-तगड़ा हो गया। आसपास के लोग जिक्र किए बिना न रहते और कुछ

एक बिना ईर्ष्या किए। मानसून की बारिश शुरू हो चुकी थी साल भर पहले भूसे में सुरक्षित रखे गए बोए जाने वाले अनाज निकाले जाने लगे। अचानक मैं गौशाला में नए वाले बैल को देखने गया। उसको कुछ अलग ढंग से लेटे देखकर मैं परेशान हो गया। पिताजी तथा भाई साहब को बुलाया। गांव के और एक-दो लोग आ गए। सब ने बैल को देखा उसे हिलाया-डुलाया और मरा घोषित कर दिया। यह कैसे हो सकता है? दो में से एक की मौत और वह भी ऐसे मौके पर। पिताजी की आंखों में आंसू थे और हम लोगों के भी। जानवर उठाने वाले आए और ले गए। हमें गहरा सदमा लगा था। मैं तो जैसे उसे भूल ही नहीं पा रहा था। मैं समय आने पर इलाहाबाद आ गया। बाद में पता चला कि खेती फिर साझे में की गई। आज तक न मैं उस बैल को भूल पाता हूं और न उन हालात को।

बीए पार्ट- वन का परिणाम आ चुका था। मैं 500 में ठीक 300 अंक पाया था यानी बस फर्स्ट डिवीजन, न कम न ज्यादा। एक ओर जहां थोड़ी खुशी थी कि चलो द्वितीय श्रेणी में नहीं गिरा वहीं ढेर सारा डर कि अगर अगले साल एक नंबर भी कम हुआ तो समझो बंटाधार। भरसक मेहनत के बावजूद मैं अपने लक्ष्य से बस गिरते-गिरते बचा था। एक बात तो तय थी कि खाना पकाते, बर्तन धोते और कोयला ढोते पढ़ाई करके प्रथम श्रेणी में बने रहना मुश्किल था। जो लड़का मेरे साथी के यहां आया-जाया करता था वह बगल में स्थित हॉस्टल से ही आया करता था। उसकी बातों से साफ लगता था कि हॉस्टल में जहां पढ़ने को पर्याप्त समय मिलता है वही व्यक्तित्व विकास की भी संभावनाएं बेहतर थीं। हॉस्टल कुछ मामलों में जरूर अच्छे होते होंगे पर आवारागर्दी के केंद्र भी हैं ऐसा मेरा विचार था। फिर हॉस्टल धनी मां-बाप के बेटों और बेटियों के लिए होते हैं न कि हम जैसे लोगों के लिए। फिर भी अगर पढ़ाई-लिखाई के लिए अधिक समय मिल सके तो मेरा उद्देश्य पूरा हो रहा था। आवारागर्दी से मुझे क्या लेना-देना। अब समस्या पैसों की थी। अभी तक खाने-पीने की आधारभूत चीजें घर से ही आया करती थीं पर यहां तो मेसचार्ज के लिए पैसे देने पड़ेंगे। इसके अतिरिक्त कुछ और शुल्क और खर्चे थे वैसे भी हॉस्टल में प्रवेश की अंतिम तिथि बीत चुकी थी और अब प्रवेश का कोई मतलब नहीं था। ग्रेजुएशन के दूसरे साल में प्रवेश और भी कठिन था फिर भी पिता जी का आशीर्वाद - ***जो इच्छा करिहहुं मन माही, हरि प्रसाद कछु दुर्लभ नाहीं-*** मन के किसी कोने में किसी चमत्कार की आशा जगाए हुआ था और चमत्कार हो गया। एक नहीं दो-दो। सर प्रमदा चरण बनर्जी (पीसीबी) छात्रावास में रहने वाले एक उपाध्याय जी एक दिन टकरा गए। बातों

ही बातों में उन्होने छात्रावास में आने की बात की। उनका कहना था कि मेरे अंक बहुत अच्छे हैं और अगर मैं बीएपार्ट- वन में ही आवेदन किया होता तो निश्चित प्रवेश मिल जाता। क्योंकि मेरे कॉलेज के अंक छात्रावास में प्रवेश के कटऑफ से काफी ऊपर थे। उन्होंने छात्रावास के वार्डन से मेरे लिए बात करने का आश्वासन दिया और चले गए। इसी बीच दूसरी घटना जो मेरी स्मृति-पटल से लगभग गायब हो चुकी थी चमत्कार सी मेरे सामने आ गई। मुझे रजिस्ट्रार कार्यालय में बुलाया गया और मुझे साल भर का वजीफा 720 रुपए दिया गया। मैंने इतने पैसे अपने हाथ में पहले कभी नहीं देखे थे। मैं कमरे पर आया। मेरे रूम पार्टनर महोदय अपने घर गए हुए थे। मैंने दिन में और फिर रात में कई बार उन रुपयों को देखा और गिना। दूसरे दिन सुबह मैं आर्ट्सफैकेल्टी में यूनियन कार्यालय के पास स्थित स्टेट बैंक ऑफ इंडिया की शाखा में गया और क्लर्क से अनुनय-विनय कर एक-एक रुपए वाली 7 नई गड्डियां ले आया। इन रुपयों की खुशी जिंदगी में फिर मिली किसी भी राशि से हमेशा अधिक रही। बहरहाल शाम होते-होते विचार आया कि पता नहीं आगे इतने रुपए मिले न मिले कौन जाने। मैंने कमरे को अंदर से बंद किया, टेबललैंप जलाया, फोल्डिंग चारपाई पर चादर बिछाया और सारे एकरुपए के नोट गड्डियों से निकालकर फैला दिए। पूरा बिस्तर नए नोटों की चमक से भर गया। पता नहीं जिंदगी में नोटों पर सोने का मौका मिले न मिले और मैं लेट गया। थोड़ी देर के बाद मैं कोई बुक पढ़ने लगा और किसी ख्वाब में खो गया। अचानक किसी को दरवाजे पर बाहर की ओर लटकती सांकल को जोर-जोर से बजाते सुना और हड़बड़ा कर उठा। अंदर की सांकल हटाकर द्वार खोल दिया। सामने मेरे एक सहयोगी छात्र मिश्रा जी हाथ में एक कलछुल लिए खड़े थे। 'क्या हो गया, आज बर्तन मांजने नहीं आना है क्या? कितनी देर हो गई और तुम्हारा दरवाजा ही नहीं खुल रहा है। मैंने तो लगभग अपने सारे बर्तन धो दिए।'-हाथ में कलछुल लहराते हुए मिश्रा जी बोले। सहसा उनकी नजर मेरे पैर के पास फर्श पर बिखरे एक रुपए के नए नोटों पर पड़ी। पहले तो वे घबड़ाकर थोड़ा पीछे हटे किंतु अगले ही क्षण अंदर कमरे में आ गए। फर्श की नंगी ईंटों पर नए चमकते हुए नोट पड़े थे। बिस्तर मुड़े-तुड़े नोटों से भरा था। कमरे में भी नोट बिखरे पड़े थे। मिश्रा जी की आंखें फटी पड़ी थीं। पर उनसे भी ज्यादा हैरान था मैं। शाम को नोट चारपाई पर बिछाकर मैं कुछ देर के लिए उस पर लेट कर आत्म संतुष्टि चाहता था। प्लान के अनुसार थोड़ी देर बाद सारे नोट समेटकर बैग में रखने थे लेकिन किताब पढ़ते-पढ़ते कब आंख लग गई मुझे पता ही नहीं चला। आंख तो

तब खुली जब दरवाजे पर सांकल पटकने की आवाज आई। मैं और मिश्रा जी दोनों ने मिलकर नोटों को उठाया और बैग में रखा। कुछ हम दोनों ने चाय पानी में खर्च किया और बाकी में से शुल्क जमा की। अभी मेरे पास पैसे बचे थे। उपाध्याय जी का मुझे प्रवेश दिलाने में अपना स्वार्थ था। वह छात्रावास में अध्यक्ष पद का चुनाव लड़ने वाले थे और मुझसे वे अपना एक वोट पक्का कर रहे थे। मैंने इस बारे में उनसे कोई बात नहीं की। अब मैं पैसे के हिसाब से छात्रावास जाने को तैयार था। लगभग एक सप्ताह हो गया था और उपाध्याय जी कहीं दिखाई नहीं दे रहे थे। फिर एक दिन वह मेरे पास आए और बोले कि योग्यता के हिसाब से तुम्हारा केस तो काफी मजबूत है लेकिन अंतिम तारीख निकल चुकी है। चलो कुछ करता हूं। इसके बाद उन्होंने एक नया सुझाव दिया। वे अपने साथ कुछ कपड़े और एक लाठी लाए थे। मुझे देते हुए बोले कि कल 8:00 बजे सुबह कटरा में स्थित लक्ष्मी सिनेमा हॉल के सामने मंदिर वाले मैदान में यह सामग्री लेकर आ जाना, मैं वहीं मिलूंगा। मैं समझ नहीं पा रहा था कि हो क्या रहा है। खैर, बिना किसी हॉस्टल गए और बेहतर पढ़ाई के मुझे फर्स्ट क्लास लाने की संभावना दिखाई नहीं दे रही थी। मैं दूसरे दिन सुबह उस मैदान को ढूंढते हुए पहुंचा। काफी लोग एकत्रित थे तथा दो तीन व्यक्ति तो लगभग 40 वर्ष के ऊपर के लग रहे थे। उन्होंने सफेद शर्ट और खाकी हाफपैंट पहन रखा था। गले में नीले रंग का पतला फीता लपेटा हुआ था। एक लड़का मेरी तरफ आया और मुझे शर्ट और खाकी हाफ पैंट पहनने को बोला। मैं भी सभी लोगों की तरह तैयार हो चुका था और अब मेरे हाथ में एक लाठी भी थी। थोड़ी देर में उपाध्याय जी भी आ गए। उन्होंने आगे की सारी बातें मुझे समझा दी। कुछ ही मिनटों बाद मैं आरएसएस की एक शाखा में लाठी भांज रहा था और कई तरह की एक्सरसाइज कर रहा था। गायत्री मंत्र भी मैंने पढ़ा जो मुझे पहले ही याद था। शाखा समाप्त होने के बाद उपाध्याय जी मुझे प्रौढ़ व्यक्तियों में से एक के पास ले गए और मेरा परिचय देते हुए उन्हें बताया कि सर! यह लड़का जगत प्रसाद, आर एस एस का महान सपोर्टर है और अपने जिले मिर्जापुर में कई सालों से शाखा में भाग लेता रहा है। बहुत ही अच्छा लड़का है और हमेशा से क्लास में अव्वल आता रहा है। भारतीय संस्कृति के विकास के लिए इस तरह के संस्कार वाले बच्चों की सख्त जरूरत है। इसके बाद उपाध्याय जी ने सर का पैर छूकर आशीर्वाद लेने को कहा। मैंने वैसा ही किया। बाद में सभी अपने-अपने घर चले गए और मैं भी कमरे पर आ गया। कुछ ही दिनों बाद पीसीबी हॉस्टल में एक वैकेंसी हुई और मेरा एडमिशन हो गया। लाज के लोगों से मैंने विदाई

ली और हॉस्टल में रहने चला गया। थोड़े पैसे वकील के पुत्र के ऊपर अभी उधार थे उसे छोड़ देना पड़ा।

जिस समय मैं हॉस्टल में गया हॉस्टल लगभग खाली था। समर वैकेशन पर गए लड़के अभी तक आए नहीं थे। इक्के-दुक्के लोग दिखाई पड़ते थे और उनमें से ज्यादातर रजिस्टर्ड छात्रों के गेस्ट थे। सभी किसी न किसी प्रतियोगिता की तैयारी में लगे थे और परीक्षा नजदीक होने के कारण घर न जाकर तैयारी कर रहे थे। मेस भी बंद थी और खाने के लिए बाहर कटरा लोकेलिटी में चल रहे रेस्टोरेंट या छोटी मोटी खाने-पीने की दुकानों पर निर्भर रहना पड़ रहा था। सबको अपने आप से मतलब था और आपस में बातचीत बहुत कम होती थी। प्रयाग लाज हॉस्टल से लगभग 1 किलोमीटर दूर था और कभी-कभी मैं मन बहलाने उधर भी चला जाया करता था। मैंने आवश्यक किताबें खरीदीं और बीए फाइनल की पढ़ाई आरंभ कर दी। कमरे से बाहर निकलकर बरामदे में कभी-कभी मैं बनियान और तौलिए में ही कुर्सी पर बैठकर और पैरों को बरामदे के खंभों पर टिका कर बड़े मजे से पढ़ाई करता रहता था। हर ब्लॉक के लिए एक ब्लॉकसर्वेंट था और कुछ बख्शीश दे देने पर काफी काम कर देता था। नाम आज भी याद है- सुखदेव। सभी लोग मुझे भी किसी प्रतियोगिता की तैयारी करने वाला ही समझते थे। सब कुछ बड़े मजे में चल रहा था। हॉस्टल से शॉर्टकट रास्ते से जब भी कटरा बाजार जाता रास्ते में ही सर्वेंटक्वार्टर पड़ते थे। उनके सामने ढेर सारे मुर्गे, मुर्गियां और चूजे घूमते रहते थे। एक बड़े और कलंगीदार मुर्गे को जब भी मैं देखता मुझे पैड़ापुर स्कूल में घूमता हुआ जग्गन याद आता, वही जग्गन जिस पर पंडित जी लोग खुलकर डंडे आजमाया करते थे और मुर्गा बनाकर कुक्कुड़ूं-कूं बुलवाया करते थे। मुर्गा बनने तक की हिम्मत तो धीरे-धीरे मैंने जुटा ली थी और अधिक पिटाई से बचने के लिए मैं तुरंत मुर्गा बन भी जाता था लेकिन कुक्कुड़ूं-कूं बोलने में लगता था मेरा सब कुछ आंसुओं में घुलकर निकलता जा रहा है और क्लास में अव्वल आने और घर गृहस्थी में काम करने जैसे गुण मुझ पर हंस रहे हों। कुक्कुड़ूं-कूं बोलते ही लड़के हंस पड़ते और आसपास जाते हुए लोग अपनी जगह पर रुक कर इस नायाब तरीके से की जा रही बेइज्जती की तरफ देखने लगते। मास्टर पद के प्रति मेरे मन में जहां एक ओर गुस्सा और नफरत ने जन्म लिया वही कुछ न कर पाने की हताशा भी। पर स्वभाव की दृढ़ता ने जहां एक ओर जन्म ले रही कुंठा को पनपने से रोका वहीं उसी पद को जीवन का लक्ष्य बना लेने की एक

प्रतिशोधात्मक भावना को जन्म दे दिया। अभी तक की यात्रा उसी लक्ष्य की दिशा में बढ़ते, गिरते, उठते और फिर चलते जाने की थी।

धीरे-धीरे हॉस्टल का वातावरण लगातार छात्रों के आते जाने से जीवंत होने लगा। हॉस्टल के दो तरफ दूसरे हॉस्टल सरसुंदरलाल हॉस्टल और जीएनझा हॉस्टल होने से सारा इलाका छात्रों से भरा रहता था। मेस खुल गया था और 60 रुपए महीने में सारा खाना-पीना हो जाता था। 60 रुपए महीने मिलने वाली वर्सरी समझ लीजिए राशन का भार उठा ले रही थी। धीरे-धीरे माहौल में रैगिंग की सुगबुगाहट आने लगी। मेरी व्यक्तिगत सोच में यह प्रथा बिल्कुल वाहियात थी और सिर्फ नए छात्रों को परेशान करने और सीनियर्स के इगो को संतुष्ट करने के लिए बनाई गई थी। खैर, मेरे इस विचार से रैगिंग रुकने वाली तो थी नहीं।

इसी बीच मेरे कमरे में एक रूम पार्टनर आ गया। वह नया नहीं था लेकिन पिछले साल जिस छात्र के साथ था उससे पटी नहीं और चेंज के लिए प्रार्थना पत्र देकर मेरे साथ आ गया था। मध्य प्रदेश के किसी वैश्य परिवार से था। सीधा साधा लेकिन बिल्कुल गुमसुम। कभी-कभी क्या अक्सर हम दोनों में दिन-दिन भर बात नहीं होती थी। एकसाल का सीनियर होने के कारण मैं अपनी तरफ से रिस्पेक्ट देता था लेकिन बेहद ठंडे रिस्पांस को देख मुझे लगता था कि वह मुझे पसंद नहीं करता था। हो सकता है उसके और मेरे पारिवारिक रहन-सहन में अंतर रहा हो। पता नहीं परंतु यह जरूर था कि जहां मैं हमाम, रेक्सोना और कियोकार्पिन से ऊपर नहीं उठ पाया था वहीं उसकी टेबल का लगभग आधा हिस्सा तरह-तरह के मेकअप के सामानों से भरा पड़ा था। उसे क्या पता कि हमाम, कियोकार्पिन का लेवेल मैंने कितने संघर्षों के बाद पाया था। जिंदगी में इन चीजों का प्रथम एहसास अगर हुआ भी था तो सुनयना की कृपा से जो आज खुद एक एहसास बनकर रह गई थी। कभी-कभी पार्टनर के नहा कर आने के बाद मैं तिरछी नजरों से उसे देखता। पहले कोई लोशन पूरे शरीर में, फिर पाउडर, फिर कोई लिक्विड चीज, फिर कोई क्रीम और लास्ट में फिर दूसरा पाउडर। आज के डियोस्प्रे का लगता है उस समय तक आविष्कार अपने देश में नहीं हुआ था क्योंकि कोई स्प्रे की जाने वाली चीज मैंने उसे प्रयोग करते नहीं देखा। जो भी हो थोड़े समय के लिए अप्रत्यक्ष रूप से मुझे भी इसका फायदा कमरे में फैली सुगंध की अनुभूति के रूप में मिल जाता था। समय आगे बढ़ा और रैगिंग के नाम पर फ्रेशर की पहचान शुरू हुई। मेरे बारे में थोड़ा कन्फ्यूजन हो गया था। पांचसाल

की सीनियारिटी वाला कुर्ता-पजामा और इसके ऊपर वाला लुंगी लगा सकता था, तौलिया-बनियान तो रूल में कहीं था ही नहीं। दरअसल जब मैं लाज में था तो गर्मी के कारण ज्यादातर समय यही कपड़े पहनता था। छात्रावास में दाखिला भी गर्मी में ही हुआ था और मैं अपना सबसे आरामदायक ड्रेस पहनता रहा। न तो उस समय किसी ने टोका और न ही मुझे इस तरह के किसी ड्रेसकोड की जानकारी थी। दोनों गुटों में बहस होती 'अरे यार यह साला जूनियर छोकरा तौलिया-बनियान पहन के रह गया छात्रावास में। रैगिंग तो इसकी होकर रहेगी।' - पूरब गुट के एक सीनियरमोस्ट बोलते। "किसी ने ड्रेस के बारे में उसे बताया ही नहीं तो उसका क्या दोष! और जब फ्रेशर है ही नहीं तो रैगिंग कैसी? - पश्चिम गुटका जवाब।

मैं अजीब से हालात में फंसा था। सबसे बड़ी विडंबना यह थी कि मैं खुद मिर्जापुर जिले का था जो इलाहाबाद के पूर्व में था लेकिन पूरब वाले गुट के निशाने पर था। दरअसल मुख्य मुद्दा मैं नहीं था। पूरब-पश्चिम का चक्कर छात्रावास में कई सालों से चल रहा था। मैं तो एक बहाना था। इसी समय रंगमंच पर एक पांडे जी का उदय हुआ। वह प्रतापगढ़ के थे और उपाध्याय जी के परिचित थे। छात्रावास के सदस्य नहीं थे लेकिन ज्यादातर समय कैंपस में ही दिखते थे। मुझे अधिक पता तो नहीं लेकिन सुना था कि वे यूनिवर्सिटी के एक लगभग बदनाम छात्रावास हिंदू हॉस्टल के सदस्य थे। उस हॉस्टल में कुछ दबंग किस्म के लोग गाय तक अपने कमरे के साथ पाल रखे थे। वार्डन से लेकर हॉस्टल के अन्य कर्मचारी इन लोगों से डरे-डरे रहते थे। इसी बीच छात्रावास में पुलिस की रेड पड़ी। शायद कई छात्रावासों में एक साथ रेड पड़ी थी। प्रशासन को शक था कि छात्रावासों में आपराधिक तत्व आया-जाया करते हैं। कुछ तो छात्रावास के सदस्य छात्र हैं तो कुछ बाहरी तत्व। पांडे जी और उपाध्याय जी दोनों हड़बड़ाहट में आए और मेरी अलमारी जो अकसर खुली रहती थी उसमें कुछ रखकर चले गए। उपाध्याय जी ने कहा अभी आकर बताते हैं। मेरा पार्टनर दो-तीन दिनों से बाहर था, शायद मध्यप्रदेश गया था। उन दोनों के जाने के बाद मैंने अलमारी में कपड़ों के नीचे देखा कि एक स्टील और पीतल धातु से बनी काफी वजनी रिवाल्वर थी। मैं डर गया। छात्रावास में पड़ रहे पुलिस के छापों के बारे में मैं सुन रखा था। मैंने पता नहीं क्यों उस रिवाल्वर को वहां से हटाकर जमीन पर पड़े किताबों से भरे एक लोहे के बड़े से बक्से के पीछे दीवार से सटाकर छिपा दिया। थोड़ी देर में दो पुलिस वाले बगल के कमरे की तलाशी लेने के बाद मेरे कमरे में आ गए। आते ही एक ने अलमारी ढूंढनी शुरू कर दी। इसी बीच वार्डन सर एक पुलिस अधिकारी के

साथ गेट के सामने बरामदे में आ गए। वार्डन ने मुझे देखा और ऑफिसर से बोले 'श्रीवास्तव जी! यह पढ़ने लिखने वाले बच्चों का कमरा है। यहां कुछ नहीं मिलेगा' पुलिस ऑफिसर ने कमरे के अंदर वाले पुलिस को 'चलो भाई आगे चलो' कहा और आगे बढ़ गए। ठीक वही हुआ था जैसा पांडे और उपाध्याय ने सोचा था। उनके हिसाब से मुझ जैसे छात्रों के कमरों की तलाशी संभवतः नहीं होगी। संयोग हीं था कि मैंने हथियार को अलमारी से हटा दिया था। चूंकि पुलिस वाला अलमारी की तलाशी ले ही चुका था। पांडे और उपाध्याय जी दोनों को भनक लग चुकी थी कि मेरे कमरे की तलाशी हुई थी। लगभग आठ बजे शाम को दोनों आए और अलमारी से सामान निकालना चाहा जो कि वहां नहीं था। बाद में मैंने उसे निकाल कर वापस कर दिया। जब पांडे महोदय को रैगिंग संबंधी मेरी परेशानी का पता लगा तो उन्होंने समस्या के हल के लिए एक तरीका समझाया। एक दिन रात के लगभग नौ बजे वे छात्रावास के बीचोबीच लान में आए और जोर-जोर से चिल्लाने लगे - 'जगत! बता कौन-कौन तुमसे रैगिंग की बात कर रहा है और कौन इसके लिए तुम्हें कमरे में बुला रहा है? मैं साले को चीर के रख दूंगा। मैं जा रहा हूं जो भी आए उसका नाम या कमरा नंबर नोट कर के रख लेना। आकर साले का हिसाब चुकता कर दूंगा। हद हो गई, जब लड़का फ्रेशर है ही नहीं तो रैगिंग कैसी?'- पांडे जी के जोर-जोर से चिल्ला कर लोगों को धमकी देते समय हॉस्टल के दोनों फ्लोर पर लोग बरामदे में निकल कर रेलिंग के सहारे खड़े हो गए थे और सारा तमाशा उन्होंने देखा था। इसके बाद तो कई दिनों तक मेरी रैगिंग को लेकर सन्नाटा रहा जबकि अन्य फ्रेशर्स की रैगिंग जोरों पर थी। दूसरे गुट ने बात वार्डन तक पहुंचाई। मुझे वार्डन ने बुलाया और समझाया। मैं क्या करता, मैं तो रैगिंग के लिए तैयार भी था पर माहौल एक बुरा मोड़ ले चुका था। अंत में अंदर ही अंदर ही तय हुआ कि मैं अपने ही गुट के कुछ सीनियर्स के कमरों में जाकर रैगिंग करा लूं। यदि दूसरे गुट का कोई सीनियर रैंगिंग के लिए बुलाए तो कह दिया जाए कि मुझे तो पहले ही अमुक कमरे में आने को कहा गया है। हुआ भी यही। केवल एक बार हॉस्टल के बरामदे में जाते समय दूसरे गुट के कुछ सीनियर्स मुझे रोक लिए और इधर-उधर का सवाल पूछने के बाद बाउंड्री के बाहर की रोड पर जाती दो लड़कियों के पास दौड़कर जाने और 25 पैसे मांग कर लाने को कहा गया। यह सड़क मेरे छात्रावास और जीएनझा छात्रावास के बीच होकर विश्वविद्यालय को जाती थी। मेरा खयाल है कि लड़कियों ने हॉस्टल के अंदर देख लिया था और वह मेरे पैसे मांगने का कारण समझ गई थीं। एक ने पर्स खोला और 25 पैसे का सिक्का

मुझे दे दिया। मेरी रैगिंग हो गई थी और किसी दुर्घटना से मैं बच भी गया था। रैगिंग की एक घटना थोड़ी खास सी थी। दस-बारह फ्रैशर्स के साथ केवल अंडरवियर पहनकर लान का चक्कर लगाना था। सामुहिक कार्यकलाप होने के कारण मजा ही आया, तकलीफ नहीं। धीरे-धीरे रैगिंग का मौसम निकल गया और सब लोग पढ़ाई-लिखाई में लग गए। अब मैं शर्ट-पैंट पहनता था।

बीए पहले साल में बिल्कुल 60% अंक पाने के कारण मैं थोड़ा चिंतित पर चौकन्ना था। शुरू से ही पढ़ाई पर ध्यान दे रहा था। मेस में खाना-पीना हो जाने के कारण आराम और समय दोनों मिल रहा था। कुछ मित्र भी बन गए थे पर बेचैन करने वाली एक बात थी माता-पिता का स्टेटस। आपके फादर क्या है? जैसे सवाल पूछा जाता था और उसके जवाब के स्तर को देखते हुए आपसी व्यवहार होता था। जो बात मिर्जापुर के कॉलेज में तंग करती थी वही बात यहां भी। बस फर्क उनके कार्यों की प्रकृति को लेकर था। मेरे साथ अब एक नया रूम पार्टनर आ गया था। बीएससी-द्वितीय वर्ष। पश्चिमी उत्तर प्रदेश के किसी जिले का। एक बहुत ही अच्छा पार्टनर और मुझे पार्टनर कहकर संबोधित भी करता था। साइंस पक्ष का होने के कारण मैथ हम दोनों मिलकर पढ़ते। मेडइजी अब मुख्य पुस्तक से भी ज्यादा महत्वपूर्ण हो गई थी। लगभग सब विषयों की मेडइजी (कुंजी) अब उपलब्ध थी।

संस्कृत विषय मुझे शुरू से ही बहुत पसंद था, कक्षा 6 से ही। मुझे हमेशा से इस विषय में अंक भी सबसे ज्यादा मिले थे, कभी-कभी मैथ को छोड़कर। यद्यपि हाई स्कूल के बाद मैथ के नंबर कम होने लगे थे लेकिन संस्कृत ने मेरा साथ कभी नहीं छोड़ा। प्रथम श्रेणी लाते रहने में उसकी भूमिका हमेशा सर्वाधिक रही थी। ग्रेजुएशन में मुद्राराक्षसम् व मेघदूतम् जैसे अत्यंत रोचक काव्य थे। विशाखदत्त रचित मुद्राराक्षसम् जहां कौटिल्य,चंद्रगुप्त और नंद वंशी राजाओं के बीच चलने वाली राजनीति का रोचक वर्णन था वहीं मेघदूतम् एक श्रापित और निर्वासित यक्ष और उसकी प्रेयसी के बीच वियोग एवं प्रणय वेदना से भरा बेहद खूबसूरत महाकवि कालिदास द्वारा रचित श्रृंगाररस वाला महाकाव्य था। महाकाव्य के हर श्लोक का हिंदी अर्थ भी नीचे दिया गया होता था, पर बच्चों की जिद यही होती थी कि उन्हें हिंदी में भी समझ में नहीं आ रहा है। उनका सीधा-सीधा कहना होता था कि जब तक मैडम श्लोक का अर्थ अपने शब्दों में नहीं बताएंगी, समझ में नहीं आएगा। दरअसल वे सभी मैडम की सुंदरता के इतने कायल थे कि शृंगाररस से ओतप्रोत श्लोकों की व्याख्या उन्हीं के मुंह से सुनना चाहते थे। कुछ श्लोकों का विवरण बेहद शृंगारिक एवं संवेदना पूर्ण

था और मैडम उन्हें बच्चों को हिंदी भाषा में दी गई व्याख्या खुद पढ़ लेने को बोल कर आगे बढ़ जाती थीं। कुछ विद्यार्थियों के विचित्र और अनगिनत बहाने थे–'मैडम, अगर श्लोक छोड़ देंगे तो हम कैसे कहेंगे कि कोर्स पूरा हो गया है? अगर परीक्षा में आ गया तो हम ठीक से व्याख्या कैसे कर पाएंगे? और फिर तो फेल ही हो जाएंगे'... आदि आदि। मैडम को कहना पड़ा कि वह वचन देती है कि यह श्लोक परीक्षा में नहीं आएंगे। काफी बच्चों को निराशा हुई और शायद मुझे भी। मैडम जब तक रहीं, बच्चे उन्हें यक्ष की प्रेयसी ही मानते रहे। क्या किया जाए आखिर बच्चे ही तो थे!!

मिर्जापुर के कॉलेज में बच्चे ज्यादातर बिजनेसमैन के थे। किसी की कांस्य -पीतल की बड़ी फैक्ट्री थी, किसी के यहां कालीन या गलीचे के आयात निर्यात का काम होता था तो किसी के ग्रैंडफादर के नाम का स्कूल या कॉलेज चलता था। किसी की स्टेशनरी की जिला प्रसिद्ध दुकान थी तो किसी की मिष्ठान भंडार की चेन। इक्के-दुक्के किसान भी थे तो वे बोरे के बोरे टमाटर, गोभी, मूली और प्याज के बीज बेचने वाले बड़े किसान थे। मिर्जापुर की सब्जी मंडी उनके खेतों की ऊपज से भरी रहती थी। पर यहां श्रेष्ठता का आधार अधिकतर प्रशासनिक शक्तियों से जुड़ा था। किसी की मां कॉलेज में प्राचार्य थी तो पिता प्रोफेसर; कोई जज का पुत्र था तो कोई आईपीएस बाप का। आईएएस, आईएफएस, डॉक्टर और इंजीनियर के बच्चे आलू-बैंगन की तरह कैंपस में बिखरे पड़े थे। इन्हीं बातों को लेकर उनमें अस्वस्थ स्पर्धा भी थी। इन सब से मुझे कोई ज्यादा परेशानी नहीं थी। पिताजी अगर डॉक्टर या इंजीनियर नहीं थे तो मेरे लिए कोई बात नहीं थी क्योंकि वे एक महान पिता थे। जिसके जीवन की अभिलाषा ही मिडिल स्कूल में मास्टर बनना रहा हो और आज वह इन बड़े-बड़े पिताओं के पुत्रों के साथ एक ही राह पर चल रहा हो - कैसी चिंता और कैसी कुंठा? एक मजे की बात और थी जो मुझे मेरी गरिमा का एहसास कराती थी। वह थी बीए- प्रथम वर्ष में मेरी उपलब्धि। जितने भी मेरे बीए- द्वितीय वर्ष के साथी थे उन सब के अंक बीए प्रथम वर्ष में मुझसे कम थे। लगभग सभी कॉन्वेंट एजुकेटेड थे या हाई-फाई कॉलेजों से होकर आए थे। अच्छी अंग्रेजी बोलते थे और अकसर हिंदी शब्दों को न समझने का बहाना बनाकर उन्हें अंग्रेजी पर्याय वाले शब्दों में बोलने को कहते थे।

मुझे इस बात का ज्ञान था कि मेरे पास एक ही उपलब्धि है-पढ़ाई। मैंने इसी को हथियार बनाकर सामाजिक स्पर्धा से भी लड़ने की तैयारी की। बीच-बीच में होने वाले टेस्ट और परीक्षाओं में मैं उन्हें बढ़ने न देता। फिज़ा बदलने लगी थी। मेरे

बनाए हुए नोट्स की डिमांड बढ़ गई थी। दोस्ती के समीकरण बदलने लगे थे। नाश्ता, लंच,डिनर करने के लिए लोग मेरे कमरे में आते और सब मिलकर साथ में मेस को जाते। मैं भी उनके साथ अब अधिक खुलने लगा था। अंग्रेजी बोलने वाले दोस्तों ने मुझे सेल्फ-मेड-मैन बताना शुरू कर दिया था।

भूगोल भी मेरा एक पसंदीदा विषय था। कक्षा छह से ही मैंने इस विषय को पढ़ना शुरू कर दिया था। इलाहाबाद विश्वविद्यालय में आने के बाद ग्रेजुएशन में केवल तीन ही विषय लेने की बाध्यता थी। मुझे संस्कृत, मैथ के साथ अंग्रेजी भी अच्छी लगती थी। हाईस्कूल और इंटरकॉलेज में मैंने अंग्रेजी भी एक मुख्य विषय के रूप में पढ़ा था। यही कारण था कि मैंने ग्रेजुएशन के लिए संस्कृत और अंग्रेजी विषय के लिए आवेदन किया था। मैथ के साथ दो साहित्य लेने की मनाही के कारण मुझे अंग्रेजी छोड़कर भूगोल लेना पड़ा। गजब का विषय है भूगोल। इसके अंतर्तम में पिघली और बहती चट्टानों, समुद्र की गहराइयों में छिपे पहाड़ और घाटियां, पृथ्वी की सतह पर फैले अद्भुत संसार से लेकर वायुमंडल तथा अंतरिक्ष तक का ज्ञान कराता है। अक्षांश देशांतर के जाल में झूलता ग्लोब, वलयाकार कक्षाओं में भ्रमण करते ग्रह और उपग्रह, सूरज और उसका सौर मंडल तथा आकाशगंगा और ब्लैक होल तक सभी इसकी जद में आते हैं। विभाग का माहौल भी काफी रोचक था। धीरे-धीरे पता चला कि अन्य कई विभागों की तरह इस विभाग में भी दो गुट थे - द्विवेदी गुट और सिंह गुट। लेकिन दोनों की संरचना काफी प्रजातांत्रिक थी। उदाहरण के लिए द्विवेदी गुट में कई सिंह थे और सिंह के लीडर तिवारी थे। द्विवेदी जी विभागाध्यक्ष थे लेकिन तिवारी जी के अनुसार यह पद उन्हें मिलना चाहिए था। जो भी हो, विभाग के छात्रों के लिए यह भी एक मनोरंजन का विषय था।

जैसा मैंने पहले लिखा है मैथ डिपार्टमेंट साइंसफैकल्टी में था जहां मैं विज्ञान के छात्रों के साथ मैथ पढ़ने जाता था। बीए -पार्ट वन का लगभग पूरा सत्र ही मेरे लिए बेकार गया था क्योंकि ऊंची-ऊंची इमारतों में गूंजने वाली आवाजों के बीच मुझे लेक्चर समझ में ही नहीं आया था। छात्रावास में चले जाने और मेडइजी तथा अन्य दोस्तों के साथ मिलकर पढ़ाई करने के कारण गणित विभाग के विषय में कहने के लिए मेरे पास कुछ खास नहीं है। जहां तक पूरी साइंसफैकल्टी की बात है, इतना जरूर याद है कि डॉ. मुरली मनोहर जोशी, प्रोफेसर खरे, प्रोफेसर सिन्हा और प्रोफेसर एडी पंत जैसे कुछ खास लोकप्रिय प्रोफेसर्स का समय था और पूरी फैकल्टी आरएसएस से प्रभावित लगती थी। मेरे छात्रावास के वार्डन भी आरएसएस के समर्थक थे। मुझे

पहले तो नहीं लेकिन अब आरएसएस की सोच, उनकी भारतीय संस्कृति की रक्षा के लिए किए जा रहे प्रयास तथा राष्ट्रीयता की भावना अच्छी लगने लगी थी और मैं उसका समर्थक हो गया था। मैंने उसी मैदान में शाखा के कई सेशन्स अटेंड किए थे।

खेतीबाड़ी से मैं दूर हो चुका था। लेकिन जुताई, बुवाई, सिंचाई, कटाई और मड़ाई जो खेती की मुख्य क्रियाएं हैं और एक के बाद एक आती हैं, इनसे मैं भलीभांति परिचित था। मैं अच्छी तरह जानता था कि इन क्रियाओं में से वह कौन सी क्रिया है जो एक सामान्य और वयोवृद्ध हो रहे किसान के लिए सबसे मुश्किल थी। वह क्रिया थी सिंचाई। खासकर जाड़े की सिंचाई जिसका जिक्र मैंने पहले भी किया है। मड़ाई की प्रक्रिया जो पहले बैलों को कटी और सुखी फसलों पर गोल-गोल घुमा कर कई दिन में पूरी की जाती थी अब थ्रेशर मशीन से भी की जाने लगी थी। यह बात अलग थी कि कई गांवों के बीच एक ही मशीन थी और लोगों को अपनी बारी के लिए लंबा इंतजार करना पड़ता था। फिर भी मजदूरों की सहायता से काम करना आसान हो गया था। सिंचाई की प्रक्रिया में दिक्कत यह थी कि वह रात में ही हो पाती थी - जाड़े की कड़ाके वाली सर्दी की रात में। पिताजी भी मजदूरों के साथ लगे रहने वाले इंसान थे। जब मैं रहता था तो दोनों खूब बातें करते और सिंचाई का काम भी। कभी-कभी ठंड से बचने के लिए मैं बगल के खेत में से गन्ना तोड़ लेता और उसे चूसते हुए सर्द रात के बीतने का इंतजार करता। मैंने निश्चय कर लिया था कि जब तक संभव होगा मैं जनवरी में 15 -20 दिन गांव जाकर पिताजी की मदद करूंगा। मुझे बहुत खुशी और संतोष मिलता है कि मैंने कई बार ऐसा किया। बाद में पूरी खेती और घर गृहस्थी भाई साहब के मालिकाने में आ गई और जुताई बुवाई इत्यादि आधे साझे पर दे दी गई। अब हमें यह सब करने की जरूरत नहीं। सारी खेती कोई और करता और फसल होने पर आधा अनाज मिल जाता। चार व्यक्तियों के परिवार के लिए अनाज काफी हो जाता था। भाई साहब को मिलने वाला वेतन अलग से था। मैंने शायद कहीं पहले जिक्र किया है कि भाई साहब की शादी काफी पहले बाल्यावस्था में ही हो गई थी। शायद दस वर्ष की उम्र में। परंपरानुसार शादी के सात वर्ष बाद उनका गौना हुआ था यानी शादी के सात वर्ष बाद भाभी दुल्हन बन कर हमारे परिवार में आईं थीं। चलिए इस संबंध में एक घटना और बता देता हूं। उनकी शादी के समय मैं सात-आठ साल का था। शादी क्या होती है न भाई साहब को पता था न भाभी को और मुझे पता होने का तो सवाल ही नहीं था। पिताजी के बताए अनुसार जब भाई साहब की शादी मंडप में हो रही थी तो मैं जनवासे में ही सो गया था। इसलिए मुझे कुछ लोगों की निगरानी में वहीं छोड़ दिया गया था। सुबह उठकर पिता जी से पूछा कि मेरी शादी भी हो गई? एक बाराती ने उत्तर दिया जब मंडप में गए ही नहीं तो शादी कहां से हो जाएगी? मैं रोने लगा। अंत में मेरे पिताजी, फूफा जी और भाभी जी के पिताजी

ने समझाया कि जब मैं सो रहा था तभी मेरी भी शादी हो गई थी। मैं खुश हो गया और चुप हो गया। शादी में शुरू रुलाई सात साल बाद गौने में भाभी के आ जाने पर फिर शुरू हो गई। बात यह थी कि भाभी जी एक बच्ची ही थी। घर आने के बाद शाम को रोने लगी। भाई साहब चुप कराने लगे। मैं वहीं खड़ा हो कर देख रहा था। भाभी जी चुप नहीं हो रही थी और अपनी मां के यहां जाने की जिद कर रही थी। उनको चुप न होता देख थोड़ी देर में भाई साहब भी रोने लगे और बस दो-चार मिनट ही बीते होंगे कि मैं भी। यह बच्चों की रूलाई थी जिसमें काफी शोर-शराबा था। एकाएक पिताजी आ गए और तीनों को रोता देख गुस्सा हुए और हमें डांट लगा कर वहां से बाहर भगा दिया। धीरे-धीरे चीजें संभली और उनकी दांपत्य जिंदगी आगे बढ़ी।

मां के बारे में क्या लिखूं? पिताजी की तरह उनकी युवावस्था भी हमने नहीं देखी थी। मां भी पिताजी की उम्र की ही थी और जब तक मैं समझने लायक हुआ होगा वह 55-56 की प्रौढ़ावस्था में चल रही होंगी। हर औरत की तरह उन्हें भी संतान की इच्छा थी। संतान हीनता के तानों से वे भी तंग रही होंगी। पिताजी के साथ महीनों वे तीर्थों की खाक छानती रही। जब से मैंने समझा उन्हें एक नितांत सरल, स्नेह और ममता से पूर्ण माँ के रूप में पाया। हम उन्हें 'माई' कहा करते थे। मेरे पिताजी आम पिता की ही तरह कठोर थे और माई मां की तरह कोमल। इलाहाबाद के कुंभ मेले में उनका खो जाना और फिर मिल जाना आपको बता चुके हैं। उनका आंचल मेरा सबसे बड़ा संबल था। शरारतों के कारण जब भी पिताजी की मार पड़ती मैं रोता हुआ सीधा मां के पास भागता और मां मुझे अपनी गोद में लेकर आंचल से मेरे आंसू पोंछती और ढांढ़स बंधाती।

मां के आंचल में जादू था। मैं थोड़ी ही देर में पिताजी की पिटाई का दर्द भूल जाता और अगली शैतानी के लिए स्वस्थ अनुभव करता। मां के आंचल का स्पर्श जैसे मेरे अंतर्तम को स्वस्थ कर देता था वैसे ही उसका असर बाह्य चीजों पर भी कमाल का था। लड़कपन की घटना का एक उदाहरण काफी होगा। मकर संक्रांति के अवसर पर घरों में लेड़ुवा (बेसन लड्डू), ढूढ़ी (गेहूं के आटे का मीठा लड्डू), तिलवा (तिल के लड्डू) और ढूंढा (ज्वार या बाजरे के पॉपकॉर्न से बने लड्डू) बनाने का रिवाज होता था। बच्चे बड़े बेसब्री से इस पर्व का तथा इन व्यंजनों का इंतजार करते थे। ऐसे ही मौके पर मैं भी एक ज्वार का बड़ा सा ढूंढा खा रहा था। खाते-खाते मैं घर के सामने दौड़-दौड़ कर खेल भी रहा था। अचानक झबरीकुकूरिया (एक कुत्तिया) आई और मेरे हाथ से ढूंढा छीनकर भागने लगी। मैंने मां की गुहार लगाई। 52 वर्ष से अधिक उम्र

वाली माँ ने दौड़कर उसका पीछा किया। झबरी दो घरों के बीच संकरी जगह (कोली) में घुस गई। मेरी नजर से दोनों ओझल हो चुके थे। थोड़ी देर बाद मां अपने हाथ में ढूंढा के साथ दिखी। मुस्कुराते हुए मेरे पास आई और अपने आंचल से पोंछकर ढूंढा मुझे दे दी। मैंने चाव से खाया। मां कसम, कुछ भी नहीं हुआ।

बीए -फाइनल (चौदहवीं कक्षा) की परीक्षा प्रारंभ होने वाली थी। छात्रावासों की एक अलग लाइफ होती है। ब्रहम मुहूर्त यानी प्रातः 4 बजे उठकर लालटेन में पढ़ने वाला मैं अब औरों की तरह तीन बजे रात तक पढ़ा करता था। दिन में दोपहर होते-होते छात्रावास वीरान हो जाता था। यह समय लोगों के सोने का होता था। रात भर पढ़ना और दिन में सोना। मैंने भी काफी मेहनत की और परीक्षा दिया। परीक्षा देने के बाद गर्मियों की छुट्टियां शुरु हो गई। मेस बंद हो गए। लोग अपने-अपने घरों की ओर कूच कर गए। मैं भी पैड़ापुर आ गया।

गांव बदलने लगा था। कच्चे मकानों की जगह ईंट और पत्थर के मकान लेने लगे थे। कुछ कच्चे और कुछ पक्के। दरअसल सारे के सारे मकान आधे कच्चे थे और आधे पक्के। मेरे मकान में भी पिताजी द्वारा भट्ठे में पकाई गई ईंटों से दो कमरे पक्के बनाए गए थे शेष कमरे उसी पुरानी दीवारों से बने थे जिसका सालाना मरम्मत हम कीचड़ और भूसे मिलाकर किया करते थे। अब कोई गंदे पानी में जाना नहीं चाहता था। मरम्मत बंद हो गई थी और कच्ची दीवारें साल दर साल वर्षा के पानी से कटती जा रही थीं। सही बात कहूं तो पूरा गांव एक बेतरतीब खंडहर जैसा दिखता था। जब सारे मकान कच्चे थे तो पूरा गांव मई-जून की मरम्मत के बाद तरोताजा और भूरे रंग की साड़ी पहने एक दुल्हन सा लगता था। हर मकान के सामने साफ-सुथरी आयताकार खुली जगह होती थी जिसे दुआर कहा जाता था। आमने-सामने के दुआर आपस में मिलकर एक बड़े मैदान जैसा दिखते थे जिसमें बड़े-बुजुर्ग चारपाईयां लगा कर बैठते थे और बच्चे दौड़-दौड़ कर खेला करते थे। अब ऐसा कुछ नहीं था। नंगी ईंटों वाले एक-दो कमरे और अगल-बगल झांकती हुई खंडहर बनी कच्ची दीवारें। पिताजी के समय कच्ची दीवारों वाला चौपाल अब पक्की ईंटों का बन चुका था। लेकिन न तो उसमें ठंडे पानी वाला घड़ा था, न चौकी और न कोई साधु संन्यासी। भीषण लू वाली गर्मी में भी मगज को ठंडक और सुकून पहुंचाने वाले नीम की छाया भी गायब थी क्योंकि पेड़ काटा जा चुका था। चारों तरफ गर्मी और लू का साम्राज्य बढ़ता जा रहा था। ज्यादातर लोग खेतीबाड़ी को आधेसाझे पर देकर घरों में आराम फरमाने लगे थे। इक्के-दुक्के परिवार ही पहले की तरह खेतीबाड़ी में लगे थे। कुछ

नौजवानों को गोविंदाश्रम स्कूल में नौकरी भी मिल गई थी। दरअसल गांव बाहर से तो विकसित दिखने की कोशिश कर रहा था पर अंदर से काफी कमजोर दिखने लगा था। सामाजिक ताना-बाना लचर हो रहा था। अब शाम को कहीं आठ-दस लोग बैठ कर गप्पे मारते और ठहाके लगाते नहीं दिख रहे थे। होली जैसे त्यौहार जिसमें कभी पूरा गांव एक स्थान पर इकट्ठा होकर भांग मिला शरबत पीता था, ढोल मजीरा बजा कर फाग गाता था और अंत में शाम को नहा-धोकर होली मिलन में सम्मिलित होता था, अब अपने-अपने घरों में कैद होकर रहने लगा था। लगातार बढ़ती गर्मी ने मिलना-जुलना और कम कर दिया था। गर्मी का मौसम गांव में शादी-ब्याह का मौसम होता था। दो ही मुख्य कारण थे – फसल कट जाने और अनाज घर पहुंच जाने के बाद किसान का फुर्सत में होना और फसल बेचकर आर्थिक रूप से शादी-ब्याह में खर्च करने में सक्षम हो जाना। शादी ब्याह और व्रतबंध (जनेऊ संस्कार) से संबंधित निमंत्रण में पिताजी मुझे भेज देते। उनका कहना था कि इसी तरह से गांव समाज में मेरा परिचय दूसरों से होता। उनकी बातें काफी हद तक सच भी थी। गांव वालों के साथ एक बार मैं एक गांव में न्यौता (निमंत्रण) खाने गया। लोगों की एक पंक्ति खाना खा रही थी। जमीन पर एक कतार में टाट पट्टी या खाली जमीन पर बैठकर भोजन करना होता था। चूंकि एक पंक्ति खाना शुरू कर चुकी थी, हम सभी लोग बिछी हुई चारपाइयों पर बैठ कर इंतजार करने लगे। इसी बीच एक बुजुर्ग हमारे पास आए और बोले –'बच्चा लोग, मैं देख रहा हूं कि सब लोग तो आए हैं लेकिन परमानंद दुबे जी के यहां से कोई नहीं दिख रहा है।' मुझे तुरंत चारपाई से खड़ा कर दिया गया और मेरे गांव के दूसरे बुजुर्ग ने मेरी ओर इशारा करते हुए कहा-'अरे चाचा, यही तो है परमानंद जी का छोटा लड़का जो इलाहाबाद में पढ़ता है। आजकल आया हुआ है।' पिताजी की समाज में गहरी पैठ थी। वह किसान थे, अंग्रेजों के जमाने में लंबरदार थे, और एक हाई स्कूल के मैनेजर रहे थे। लोग उनकी इज्जत इन पदों के लिए कम, उनकी उदारता, ईमानदारी और भलमनसाहत के लिए अधिक करते थे। वे बुजुर्ग यह सुनते ही कि मैं परमानंद जी का छोटा बेटा हूं मुझे अपने साथ घर के अंदर ले गए। आंगन में समारोह से संबंधित पूजा-पाठ औरतों द्वारा किया जा रहा था। अपनी पत्नी और शायद बहू से मेरा परिचय कराया और एक अलग कमरे में बैठा कर खाना खिलाया। इस बीच वे मेरे पास बैठे रहे और घर-गांव से लेकर इलाहाबाद तक की बातें करते रहे। घर के बाहर मैदान में गांव के लोग खाना खा रहे थे। खाना-पीना समाप्त होने के बाद उन्होंने बड़े ही इज्जत से गाँव वालों को और मुझे विदा किया।

ऐसे माहौल में मुझे मुसई भैया की बहुत याद आई थी जो निमंत्रण खाने के लिए बैठने से पहले मेरा नाड़ा ढीला कर दिया करते थे ताकि मैं अधिक खा सकूं। पर वे अब इस दुनिया में नहीं थे। बाद में पता चला कि निमंत्रण में ज्यादा से ज्यादा खाने के लिए लोगों ने कई अन्य तरीके ढूंढ लिए थे। मसलन निमंत्रण का पता चलते ही सब कुछ खाना बंद कर देना। दोपहर होने से पहले एक-दो बार भांग खा लेना जिससे खाने का समय आते-आते असहनीय भूख लग जाए और अधिक से अधिक पूड़ी सब्जी खाई जाए। अधिक खाने और अधिक न खाने देने के लिए अलग-अलग कई फार्मूले उन दिनों प्रचलन में थे। जैसे शादी के समय बाराती अधिक से अधिक खाने के चक्कर में रहते थे। इसके लिए एक दिन पहले से ही उपवास या भांग का सहारा लेते थे दूसरी ओर घराती या लड़की वाले बारातियों को अधिक न खाने देने या कम से कम में ही निपटाने की फिराक में रहते थे। इनमें से एक तरीके का सामना मैंने भी किया था। एक बारात में जब हम लोग खाने बैठे तो प्रकाश इतना मद्धम करके जलाया गया था कि पत्तल पर पूरी खाद्य सामग्री साफ-साफ दिख ही नहीं रही थी। यह तो अच्छा है कि ईश्वर ने इस तरह हमें बनाया है कि खूब अंधेरे में भी हाथ मुंह को ढूंढ ही लेता है। कुछ देर तक तो सब कुछ ठीक-ठाक चला। इसके बाद पूरी सब्जी परोसने वाले घराती गायब से हो गए। बाराती बैठे-बैठे उनका इंतजार करते रहे लेकिन कोई आया नहीं। लोग 'पूड़ी लाओ भाई, सब्जी लाओ भाई' चिल्लाने लगे। तभी एक बुजुर्ग घराती की तरफ से प्रकट हुए और थोड़ी देर रुकने का आग्रह किया क्योंकि ताजी पूरियां हलवाई की कढ़ाई से निकलने वाली थी। थोड़ी देर बाद अचानक तीन-चार कुत्ते बहुत तेजी से दौड़ते हुए आए और खाने वालों की पंक्तियों में घुस गए। कुत्तों के पीछे-पीछे चार-पांच आदमी हाथ में लाठियां लेकर उन्हें खदेड़ रहे थे। कुत्ते दूसरी तरफ से निकलने वाले थे अचानक तीन आदमी उस तरफ से लाठी लेकर आ गए और कुत्तों को मारने लगे। सारे कुत्ते दोनों तरफ से घिर जाने के कारण खाने बैठे बारातियों के ऊपर और पत्तलों पर दौड़ने लगे। सारा माहौल हंगामे से भर गया। लोग उठ कर भागने लगे और भागते-भागते जनवासे (जहां बारात ठहराई गई थी) में पहुंच गए। थोड़ी देर में शांति हुई और लड़की के भाई और पिता ने दुर्घटना के लिए खेद व्यक्त किया। सुबह विदाई हो गई। लड़की के ससुराल आ जाने के बाद पता चला कि सब कुछ नियोजित था। ज्यादा न खाने देने की कुछ तरीकों में से एक इस तरीके को अपनाया गया था। दूसरा तरीका था कि सब्जियों और दालों में इतना अधिक मिर्च या नमक डाल दिया जाए कि बाराती की आंख और नाक से

पानी निकलने लगे और अधिक खाने के चक्कर में आया बाराती केवल अपनी नाक और आंख पोंछता रह जाए।

अपने मिर्जापुर के कुछ इलाकों में घरातियों द्वारा एक और बेहद पसंद किया जाने वाला तरीका बहुत ही हिट था। उसमें कचौड़ियां कुछ इस तरह से बनाई जाती थी कि वे हाथ से क्या दांतों से भी नहीं टूटती थीं। कचोड़ी के एक टुकड़े करने में 15-15 मिनट लग जाने पर भी सफलता नहीं मिल पाती थी। लोगों के अंगूठे दर्द करने लगते थे। अगर आप पहलवान किस्म के हैं और अपनी कचौड़ी तोड़ने में सफल हो भी जाते थे तो बगल में बैठा आपका बच्चा आपको अपनी कचौड़ी तोड़ने में लगा देता था। एक बार परोसने के बाद घराती अंदर जाकर ठाठ से आराम करता था क्योंकि बाहर से कोई डिमांड ही नहीं आती थी। धीरे-धीरे जब कभी इस जानबूझकर की जाने वाली बदमाशी का पर्दाफाश हुआ भी तो बारातियों ने इन्हीं कचौड़ियों को मिसाइल की तरह प्रयोग कर घरातियों के सर फोड़ने की कोशिश की थी। थोड़ी बहुत मार पिटाई के बाद दोनों तरफ के बुजुर्ग मिलते और समझा-बुझाकर शांति स्थापित करते थे। दोनों पक्ष समझ भी जाते थे क्योंकि जैसे हर बहू कभी न कभी सास बनती है वैसे ही हर बाराती को कभी न कभी घराती का रोल भी तो करना होता था। कहते हैं इन फार्मूलों को इजाद करने वाले वही बुजुर्ग ही होते थे जो बाद में सुलह करवाते थे।

गर्मी की दुपहरी थी। मेरी दोपहर में सोने की आदत नहीं थी। मैं और सोमेश्वर एक घर के बरामदे में बैठे गप्पें मार रहे थे। सोमेश्वर नौवीं पास था और दसवीं में कई साल से पास होने की कोशिश कर रहा था। मैं बीए अंतिम वर्ष की परीक्षा देकर आया था और हम दोनों की उम्र में भी मजे सा अंतर था। फिर भी कोई ऐसी एक डोर थी जो हम दोनों की दोस्ती को बांधे हुए थी। दरअसल, पग्गलपासी के बाद सोमेश्वर ही एक ऐसा दोस्त था जिसने हर हालात में पहले कंचे और फिर बाद में पैसे खेलने में मेरा साथ दिया था। सोमेश्वर दसवीं कक्षा को पार करने के लिए कई जोर लगा चुका था और अभी भी उसने हार नहीं मानी थी। चौकीनुमा एक बड़े पत्थर पर बैठकर हम बातें कर रहे थे। अचानक मेरी नजर जमीन पर पड़े एक कागज की पुड़िया पर पड़ी। मैं नीचे उतरा और पुड़िया उठा लिया। उसे खोलने पर पता चला कि निमंत्रण के लिए भेजी गई कोई पुरानी चिट्ठी थी। मैंने पढ़ना शुरू किया।

'आयसुमागा पैडापुर के भाइयों को मेरे पुत्र के व्रतबंध संस्कार में निमंत्रण भेजा जा रहा है'...। इसके नीचे गांव के परिवारों के मुखिया का नाम था। निमंत्रण देने वाले कोई अपने क्षेत्र के ही सज्जन थे। चिट्ठी महीनों पुरानी थी और कोई उसे फेंक दिया था। इस तरह के निमंत्रण वाली चिट्ठियों की लिखावट का एक खास पैटर्न होता था। निमंत्रण का कारण और तिथि बताने के बाद सबसे पहले गांव के मानिंद का नाम लिखा जाता था और उसके नीचे एक-एक कर दूसरे परिवार के मुखियाओं का नाम। अगर किसी परिवार के सभी सदस्यों को बुलाना होता था तो उस मुखिया के नाम के सामने 'वगैरह' लिखा होता था नहीं तो नाम के सामने 'एक'। एक वाला अपने घर से एक ही सदस्य को निमंत्रण खाने भेज सकता था। पत्र को पढ़ने के बाद कुछ अजीब सी उत्सुकता मन में जगने लगी। मैंने सोमेश्वर से कहा चलो गाँव वालों को निमंत्रण की एक चिट्ठी लिख देते हैं। पहले तो वह अचकचा गया और फिर मान गया। अब मैं केवल कंचे और पैसे खेलने वाला उसका साथी भर नहीं रह गया था। अब मैं पढ़ते-पढ़ते इलाहाबाद विश्वविद्यालय पहुंच गया था जो उस क्षेत्र के लिए एक बड़ी बात थी। ऐसी हालत में सोमेश्वर मेरी बात टालता भी तो कैसे? वह गया और एक पन्ना कागज और कलम ले आया। पन्ने को मोड़ कर मैंने उसे लंबाई में एक पतली पट्टी के रूप में आधा फाड़ा। निमंत्रण इसी तरह के कागज पर लिखा जाता था। कागज-कलम तैयार हो जाने के बाद अब विचार होने लगा कि किस गांव से अपने गांववालों को निमंत्रण भिजवाया जाए। मैंने सोमेश्वर से हाल ही में किसी गांव में किसी के यहां पूजा, जनेऊ संस्कार, शादी आदि बताने को कहा जो वह नहीं बता सका। फिर मैंने

किसी की हाल ही में हुई मौत के बारे में पूछा। क्योंकि ऐसी हालत में मौत के तेरहवें दिन पड़ने वाले ब्राह्मण भोज से काम बन सकता था। सोमेश्वर ने फिर नहीं में सिर हिला दिया। अचानक उसने अपने मौसा की तबीयत खराब होने की बात कही और मौसा जी का गांव मेरे गांव से सात-आठ किलोमीटर दूर रहा होगा। जग्गन को मसाला मिल चुका था और बहुत दिन से अंदर सोए शैतान ने अंगड़ाई ले ली थी। मैंने कहा आओ लिख देते हैं कि तेरे मौसा का देहांत हो गया है और आज ब्राह्मण भोज है। पुरानी चिट्ठी की नकल मारकर उसी भाषा का प्रयोग करते हुए मैंने एक सुंदर सी चिट्ठी लिख डाली। सबसे ऊपर ग्राम के प्रधान जी का नाम था, इसके बाद मेरे पिताजी का नाम। चूंकि मरने वाले सज्जन सोमेश्वर के रिश्तेदार थे इसलिए सोमेश्वर के पिता और चाचा के नाम के आगे 'वगैरह' लिखना भी मैं न भूला। लगभग दोपहर के 12 बज रहे होंगे। मैंने सोमेश्वर को चिट्ठी ले जाकर प्रधान जी के घर दे आने को बोला। अब सोमेश्वर डरने लगा था और बहुत कहने पर भी तैयार नहीं हुआ। फिर मैं ही चिट्ठी लेकर प्रधान जी के घर गया। आंगन में कोई दिखा नहीं तो मैं अंदर सीढ़ियों से चढ़कर ऊपर चला गया। प्रधान जी की पोती चूल्हे के पास रोटियां सेक रही थी। मैंने बताया कि अमुक गांव से पूड़ी खाने का निमंत्रण आया है और यह चिट्ठी है। मैं चिट्ठी देने के लिए हाथ बढ़ाया ही था कि उसका जवाब आया - 'मेरे हाथ में आटा लगा है आप चिट्ठी वहीं रख जाइए। जब बाबा आएंगे तो दे दूंगी।' मैं रख कर बाहर आ गया। मैं और सोमेश्वर इस बात को लगभग भूल गए और दूसरे कामों में लग गए। लंबे अंतराल के बाद हुई सोमेश्वर की मुलाकात ने पुरानी यादें ताजा कर दी थी और हम दोनों गांव के बाहर एक बगीचे में पैसा खेलने चले गए थे। अगर आपको कभी कंचे या पैसे खेलने की लत लगी होगी तो आप अच्छी तरह जानते होंगे कि इस खेल में डेढ़-दो घंटे कैसे निकल जाते हैं पता ही नहीं चलता। बगीचे में हमें काफी समय हो गया था। गर्मी के कारण प्यास भी लगने लगी थी। हम दोनों घर की ओर चल पड़े। जैसे ही मेरी नजर गांव की ओर पड़ी मैं दंग रह गया। किसी अप्रत्याशित आशंका से मैं घबरा गया। सफेद धोती-कुर्ता पहने और हाथ में लोटा लिए ढेर सारे लोग गांव से बाहर आ गए थे और एक आम के पेड़ के नीचे लगता है किसी का इंतजार कर रहे थे। हम लोग थोड़ा और आगे बढ़े। अब तो साफ ही हो गया था कि लोग नए कपड़े पहन और हाथ में लोटा लिए निमंत्रण में पूड़ी-सब्जी खाने निकल पड़े थे। अब समझ में आ रहा था कि कोई बड़ी गलती हो गई है। गांव वाले पेड़ के नीचे हमारा ही इंतजार कर रहे थे। जैसे ही हम वहां पहुंचे सोमेश्वर के बड़े भाई - जो

स्वामी गोविंदाश्रम स्कूल में टीचर थे - ने उससे पूछा कि निमंत्रण की चिट्ठी किसने लिखी है? सोमेश्वर ने अनभिज्ञता जाहिर की। मेरे बड़े भाई साहब को बुलाया गया और मेरी लिखावट पहचानने को कहा गया। मैं पकड़ा जा चुका था। हुआ यह था कि मेरे चिट्ठी प्रधान के घर देने के कुछ ही देर बाद प्रधान जी खेतों से आ गए थे। चिट्ठी के बारे में बताने पर उन्होंने उसे देखा। निमंत्रण के समय के हिसाब से काफी देर हो रही थी। उन्होंने सोमेश्वर के भाई को बुलाया और यह कहते हुए थे काफी देर हो चुकी है, पूरे गांव में जाकर सबको जल्दी से जल्दी तैयार होने को कह दिया था। सारे लोग तैयार होकर जब गांव से बाहर निकले तब मंत्रणा शुरू हुई। सबको आश्चर्य था कि गांव के एक व्यक्ति के रिश्तेदार की मौत 13 दिन पहले हो चुकी थी और किसी को पता नहीं? सोमेश्वर के पिताजी - जिनके मृतक साढ़ू भाई थे - से पूछा गया। उन्होंने उनके बीमार होने की बात तो बताई पर मरने की कोई खबर उन्हें नहीं थी। मुझे खतरे में डालने वाली इस बार भी एक औरत ही निकली। मैं और सोमेश्वर जब चिट्ठी लिख रहे थे उसी समय बरामदे के बाहर कुएं पर एक औरत स्नान कर रही थी। सब लोगों को चिट्ठी के बारे में शुरुआती शंका हुई तो उस औरत ने लोगों को बताया कि उसे साफ-साफ तो पता नहीं लेकिन जग्गन और सोमेश्वर बरामदे में न्योता- न्योता कुछ कह रहे थे। इसे सुनने के बाद ही झुंड गांव के बाहर आम के पेड़ के नीचे रुक गया था और हम दोनों को खोज रहा था। सोमेश्वर की तो पहुंचते ही पिटाई शुरू हो गई। उसके बड़े भाई जिन्होंने घर-घर जाकर अपने मौसा के मरने और ब्राह्मण भोज में जाकर खाने की सूचना दिए थे, आपे से बाहर हो गए थे। कुछ लोग अपने स्वभावानुसार भांग खा लिए थे और भूख से तड़प रहे थे। वगैरहवालों के घर तो चूल्हे भी नहीं जले थे। सोमेश्वर के भाई का बुरा हाल था। वे जोर-जोर से उसे मार रहे थे और चिल्ला रहे थे–'ससुर के नाती! चिट्ठी मैंने घुमाई है, सबको निमंत्रण मैंने घर पर जा कर दिया है, अब कहां से खाना खिलाऊं इन सब को?' मामला गंभीर जरूर था लेकिन लोगों की हालत देख कर मुझे अंदर ही अंदर बहुत तेज हंसी आ रही थी। कुछ घरों से तो दो-दो, तीन-तीन सदस्य नया कुर्ता झाड़कर चले आए थे जबकि उनको निमंत्रण एक के लिए दिया गया था। कई लोग मुझे ही खा जाने वाली नजरों से देख रहे थे। पिताजी की इज्जत और सम्मान के कारण कोई मुझे कुछ कह नहीं रहा था। भाई साहब भी नए कपड़े पहने मुझ पर गुस्सा हो रहे थे। तभी पिताजी आ गए। सारा मामला सुनकर भाई साहब के कान में कुछ कहा। भाई साहब आगे बढ़े और दो-तीन घूंसे मेरी पीठ पर जड़ दिए। उधर सोमेश्वर के भाई साहब की गुस्से से

भरी आवाज आ रही थी -'ससुरे, वो तो अपने मां-बाप के लाडले हैं, हर कक्षा में फर्स्ट आते हैं और तू तो 2 साल से दसवीं में फेल हो रहा है।' इसके बाद फिर रह-रहकर सोमेश्वर की पिटाई। पिताजी के कहने पर भाई साहब ने मेरी पीठ पर दूसरा राउंड लगाया। पीठ पर तो मेरे घूंसे गिर रहे थे लेकिन मैं मुंह नीचे किए मुस्करा रहा था। भाई साहब दो ही साल तो बड़े थे। पूरी ताकत से घूंसा मारने पर भी मुझे कोई खास चोट नहीं लग रही थी। इतनी तक तो गनीमत थी लेकिन जब पिताजी ने मुझे पेड़ से बांधने के लिए भाई साहब से रस्सी लाने की बात कही तो मैं बुरी तरह घबरा गया। ऐसे कठिन हालात में ईश्वर के अलावा जो शक्ति मुझे बचा सकती थी वही आ गई - मेरी मां। उसने मुझे पकड़ा और हल्के-हल्के मारते हुए भेड़ियों के बीच से बाहर ले गई। सोमेश्वर भी पता नहीं कहां गायब हो चुका था। भांग खाए लोग जमीन पर लोटा पटक-पटक कर मुझे कोस रहे थे –'देवता जैसे बब्बा के घर पता नहीं कहां से यह शैतान निकल गया।'

इसी बीच कुछ लोग साइकिल से पहले ही अपनी क्षुधा शांत करने के चक्कर में गांव छोड़ चुके थे। जैसे ही यह लोग मृतक मौसा जी के घर के पास पहुंचे, चारपाई पर बैठे मौसा जी स्वागत करते हुए बोले - 'आओ आओ! आज पैड़ापुरवालों की कृपा इस घर पर कैसे?' साइकिल सवार साइकिल से उतरने को तैयार नहीं थे। मौसाजी के भूत को चारपाई पर बैठा देख बुरी तरह घबरा गए थे और जब उस भूत ने स्वागत किया तब तो उनके प्राण ही सूखने लगे। तभी मौसा जी के छोटे बेटे पधारे और उन्होंने भी वही पूछा जो मौसा जी ने पूछा था। तभी एक थोड़े होशियार सज्जन ने हालात को संभाला–'हम लोग शहर जा रहे थे, सोचा आप के दर्शन करते चलें'। मौसा जी ने जलपान के लिए पूछा लेकिन लोग तो जल्दी से जल्दी घर भागना चाह रहे थे। सुबह 4:30 बजे भाई साहब ने जगा दिया। मैं अभी पूछ भी नहीं पाया था कि क्या बात है वे बोल पड़े -'जाओ मुंह हाथ धो लो। छह बजे वाली (चुनार-इलाहाबाद) पैसेंजर ट्रेन पकड़नी है।' सामने ही साइकिल और साइकिल के पीछे कैरियर पर बंधी गठरी को देखकर मैं चुपचाप उठा, हाथ-मुंह धोया, पिताजी का पैर छुआ और मां को ढूंढने लगा। हल्का अंधेरा था और मां दिख नहीं रही थी। परेशान होकर मैं घर से बाहर निकला जहां मां पहले से ही खड़ी थी। मैंने पैर छुआ और मां ने अपनी आंखें पोंछी। दिख तो नहीं रहा था पर मुझे ऐसा लगा कि पिताजी का गला रुंध सा गया था। मैं भी कुछ बोल पाने की हालत में नहीं था। भाई साहब ने स्टेशन छोड़ा और मैं इलाहाबाद आ गया।

अभी गर्मी की छुट्टियां खत्म नहीं हुई थीं। मेस बंद थी। सारा छात्रावास गर्मी और लू में झुलस रहा था। इक्के-दुक्के लोग ही दिख रहे थे। काफी संभावना है कि ये प्रतियोगिता परीक्षाओं के लिए छात्रावास में रुके होंगे। थोड़ा फुर्सत में होने के बाद मैंने गांव में घटी दुर्घटना के बारे में सोचना शुरू किया। मैं बार-बार सोच कर परेशान हो रहा था कि ऐसा क्यों हो जाता है? ऐसे विचार ही दिमाग में क्यों आते हैं? मैं एक स्नातक होने के अंतिम पड़ाव पर था और इस तरह की घटनाएं किसी भी तरह से मेरे लिए सहायक नहीं थी। शरारतों के समय पिताजी से थप्पड़ और डंडे खाने पर भी मैं कभी उन पर गुस्सा नहीं हुआ था और न ही मुझे कभी अधिक दुख होता था। लेकिन इस बार! इस बार पिताजी ने न प्रत्यक्ष क्रोध दिखाया था और न ही मेरी पिटाई की थी और इसी बात से मैं बहुत परेशान था। आपको सही बताऊं जिस समय मैं और सोमेश्वर निमंत्रण की चिट्ठी लिख रहे थे उस समय इतना बवाल हो जाएगा हमने सोचा ही नहीं था। चिट्ठी प्रधान के घर देने के बाद हम दोनों बगीचे में चले गए थे यह सोच कर कि थोड़ी देर में ही हम दोनों बगीचे से वापस आकर गांव वालों को बता देंगे कि निमंत्रण हकीकत नहीं एक मजाक था। पैसे खेलने और पुरानी यादों में हम इतना मशगूल हो गए कि जब तक गांव की ओर रुख किए भैंस पानी में जा चुकी थी और गांव वाले नए-नए कपड़े पहन हाथ में लोटा लिए मौसा जी के यहां ब्राह्मण भोज के लिए निकल चुके थे। मैंने कमरे में रखी एक छोटी सी मूर्ति के सामने बैठकर भगवान से प्रार्थना की कि पिताजी की नाराजगी शीघ्र दूर हो जाए। कौन जिम्मेदार है इस तरह की घटनाओं के लिए? शायद गांव में पैदा होना।

छात्रावास में करने के लिए कुछ था ही नहीं। मेस बंद होने के कारण चाय, ब्रेकफास्ट, लंच और डिनर सभी के लिए बाजार में जाना पड़ता था। फिर विचार आया क्यों न खाने पीने का हल्का-फुल्का इंतजाम कमरे पर ही किया जाए। मेस चालू होने में अभी समय था और 1 कप चाय के लिए 3 किलोमीटर आना जाना मुश्किल हो रहा था। फिर रोज-रोज बाहर की चाय और खाना महंगा भी पड़ रहा था। कटरा बाजार से चाय बनाने और खिचड़ी बनाने का बर्तन व अन्य सामान ले आया। बिजली का क्वायल वाला एक हीटर भी लिया। कमरे में हीटर जलाना या खाना और चाय बनाना मना था लेकिन उस समय कोई चारा भी तो नहीं था। चार-पांच दिन तक मैं कभी खिचड़ी बनाता तो कभी चावल और दही से काम चलाता। बस चाय बनाने में दिक्कत नहीं थी और दिन में तीन-चार कप चाय पी लेता था। दिन में भी ज्यादातर समय में सोया रहता था। धीरे-धीरे खाना बनाने में दिक्कत इसलिए शुरू हो गई क्योंकि

वहां बर्तन धोने का कोई इंतजाम नहीं था। दो-चार दिन चोरी-छिपे कॉमनबाथरूम में बर्तन धो लिए थे लेकिन अब संभव नहीं दिख रहा था। अंततः सारे बर्तन भांडे कमरे की अलमारी में डालकर चाय पानी व खाने के लिए बाहर की दुकानों का ही सहारा लेना पड़ा। अचानक बिल्ली के भाग्य से छींका टूटा। प्रयाग लाज में रहते समय एक शुक्ला से दोस्ती हो गई थी। शुक्ला इलाहाबाद के मेजा तहसील के एक गांव का था और प्रयाग लाज में ही किराए पर रहता था। हम दोनों में खूब पटने लगी थी। उसके पिताजी इंटरकॉलेज में प्रिंसिपल थे और गांव में खेतीबाड़ी भी थी। सहसा एक दिन बाजार में मुलाकात हो गई।

प्रयाग लाज से छात्रावास चले जाने की कुछ महीनों बाद वह भी कहीं और चला गया था। हमने एक चाय की दुकान पर चाय पी। एक और बात मैं आपको बताना चाहता हूं कि जिंदगी में पहली चाय भी मैंने इलाहाबाद आने पर ही पी थी। पहले तो जीभ बुरी तरह जल जाती थी और घंटों परेशानी रहती थी लेकिन फिर मैं चाय को प्लेट में डालकर पीने लगा था। शुक्ला से बातचीत में पता चला कि वह अब कटरा मोहल्ले में ही एक पंडित जी के मकान में किराए पर रह रहा था। यह मकान मेरे छात्रावास से कटरा जाने वाली गली में ही पड़ता था और मुश्किल से 10 मिनट की दूरी पर था। शुक्ला ने अकेले हॉस्टल में रहने की बजाय अपने यहां रहने को कहा। शुक्ला घर से ही अनाज-पानी लाता था और कमरे पर खाना बनाने का पूरा इंतजाम था। मैं एक चादर और तकिया लेकर आ गया और मजे से रहने लगा। जब चाहते बाजार घूमने चले जाते, आते, खाना खाते और आराम करते। कभी-कभी दिन में दोनों छात्रावास आ जाते और कमरे में गप्पें मारते। कई बार शाम का खाना उसके कमरे पर खाने के बाद दोनों सोने के लिए मेरे कमरे में आ जाते। मेरी सारी समस्या ही दूर हो गई थी। हम दोनों मॉर्निंगवॉक के लिए जाते और तरह-तरह के व्यायाम कर बॉडी ठीक करने में ध्यान देते। मैं अब तक के जीवन में शुद्ध शाकाहारी रहा था। शुक्ला के अनुसार मस्त बॉडी के लिए उत्तम कोटि की प्रोटीन की जरूरत होती है और वह या तो मांस में थी या अंडे में। मैं दोनों ही नहीं खा सकता था। वेज-नॉनवेज को लेकर हम दोनों में बहस होती। मेरा तर्क होता कि शक्ति मापने की सर्वोत्तम इकाई हॉर्स पावर है न कि लायन पावर और हॉर्स पूरी तरह वेज वाला प्राणी है। इसलिए यह कहना कि ताकत के लिए मांस खाना जरूरी है बिल्कुल सही नहीं है। मांस के लिए हत्या करनी पड़ती है और पाप करना सो अलग। मेरे तर्क के बाद वह मांस से अंडे पर आ गया था। अंडा खाने में कोई पाप नहीं है। पाप वहीं है जहां ब्लड सेडिंग है यानी खून

बहता हो। अंडे में खून नहीं होता अतः वह वेज ही है। मैं क्या करता, उससे लड़ाई करके उसे नाराज करना संभव नहीं था। मजे से समय गुजर रहा था उसे क्यों डिस्टर्ब करें? फिर दोस्त भी थे। अंत में तय हुआ कि एक उबला अंडा दूध के साथ हम लोग खाएंगे। जब तक कक्षाएं शुरू नहीं हो रही हैं बॉडी बनाने का समय तभी तक है। पहले तो मुझे बहुत ही परेशानी हुई। बाद में उसे दो फांक कर नमक काली मिर्च डालकर खाने की राय शुक्ला ने दी थी। धीरे-धीरे शरीर में ताकत लाने की लालच में मैं खाने लगा। फिर एक दिन शुक्ला ने एक पेपर कटिंग दिखाया जिसमें राय दी गई थी कि अंडे का पूरा लाभ पाना हो तो उसे कच्चा ही खाना चाहिए। शुक्ला ने दूसरे दिन से शुरू भी कर दिया था। मेरे वश का नहीं था और मैं उबला ही खाता रहा। कुछ दिन बाद एक दिन शुक्ला ने कच्चा अंडा खाने को ट्राई करने को कहा। मैं संकोच में मान तो गया मगर इस शर्त के साथ कि यदि अच्छा नहीं लगा तो बाद में नहीं खाऊंगा। शुक्ला ने तरीका समझाया। अंडे को हाथ में लेना था और उस पर चम्मच से हल्का चोट करना था जैसे ही अंडे में दरार दिखे उसे दोनों हाथों की सहायता से मुंह के ऊपर लाकर फोड़ देना था। मसाला गटक जाने के बाद एक गिलास दूध पीना था। पंडित जी का मकान तीन मंजिला था और शुक्ला बीच वाले मंजिल पर एक कमरे में रहता था। दोनों बालकनी में अंडा और चम्मच लेकर आ गए। शुक्ला ने चम्मच से अपना अंडा फोड़ा और अंदर का माल गटक गया। आगे दूसरा अंडा मेरे हाथों में दे दिया और चम्मच से उसे तोड़ने को कहा। मैं चम्मच से कुछ करता कि अंडे वाला हाथ मेरा कांप गया और अंडा हाथ से छूट गया। बालकनी में नीचे ग्राउंडफ्लोर पर नल के नीचे पंडित जी (मकान मालिक) स्नान कर रहे थे। अंडा सीधे उनकी पीठ पर गिरा और फूट गया। पंडित जी ने हाथ लगाकर देखा और बड़े ही गुस्से से गाली देते हुए ऊपर की ओर देखा। हम दोनों बालकनी से गायब हो चुके थे। शुक्ला ने मुझे घर से बाहर भाग जाने को कहा और मेरे निकलते ही दरवाजा बंद कर दिया। मैं सीढ़ियों से भागता, गिरता पड़ता मकान छोड़कर बाजार में चला गया। पंडित जी शुद्ध पंडित थे और मकान में किराएदार के रहने की प्रथम शर्त ही थी कि मकान में अंडा और मांस-मछली नहीं बनेगा। मेरे अच्छे दिन कभी भी ज्यादा दिन नहीं ठहरे थे। ये वाले भी क्यों ठहरते! मैं भागते-भागते छात्रावास में ही जाकर रुका। बाद में पता चला कि पंडित जी को काफी देर तक तो पता ही नहीं चला कि पीठ पर अंडा फूटा है। जैसे ही उन्हें आभास हुआ वह गुस्से से सारे किरायेदारों पर उबल पड़े। «जिसने भी यह किया है चुपचाप मेरे सामने आ जाय वरना मुझसे बुरा कोई नहीं होगा» -पंडित जी

का अल्टीमेटम था। चूंकि अंडा बाल्कनी में ऊपर से गिरा था, यह साफ नहीं हो पाया कि किस तल्ले और किस कमरे से इस घटना को अंजाम दिया गया था। ऊपर के दो तल्ले में कुल चार कमरे थे और मजे की बात तो यह थी कि पंडित जी के ऊपर जाने पर चारों कमरों में ताला लगा मिला था। जाहिर है शुक्ला ने मेरे जाने के बाद काफी चुस्ती दिखाई थी और ताला लगा कर भाग गया था। आजकल कच्चे अंडे भी तो खा रहा था। मेरे लिए एक अच्छा खासा खुला दरवाजा सदा के लिए बंद हो गया था। हां, शुक्ला कभी कभार छात्रावास आता रहता था।

परीक्षा परिणाम के दिन निकट आ रहे थे और दिल की धड़कन भी बढ़ रही थी। गणित सहित सभी विषयों में पास होने में तो कोई दिक्कत नहीं थी लेकिन फर्स्टडिवीजन के अंक आ पाएंगे कि नहीं दिमाग इसी उधेड़बुन में लगा था। आपको मैंने बताया है कि प्रथम वर्ष में बिल्कुल 60% अंक मिले थे और अगर इस वर्ष जरा भी गड़बड़ हुई तो सब कुछ खत्म हो जाएगा। अपने नियत समय पर परिणाम घोषित हुआ और मैं प्रथम श्रेणी में पास हुआ। विषयों में अंक कितने थे यह तो मार्कशीट के मिलने पर ही पता चलता। मैं तो नहीं लेकिन शुक्ला थोड़ा फिल्म बाज था। उसके हठ करने पर हम फिल्म देखने गए। शायद फिल्म «पाकीजा» थी और सिविल लाइंस के «पैलेस» सिनेमा हॉल में लगी थी। बगल में ही एक बहुत ही सुंदर हनुमान मंदिर था। मैंने दुकान से लड्डू खरीदें और दोनों ने बजरंगबली के दर्शन किए। मंदिर से बाहर आकर हम दोनों सीमेंट के बने एक बेंच पर बैठ कर बातें करने लगे। थोड़ी दूर पर एक आइसक्रीम वाला अपनी आइसक्रीम की पेटी लेकर खड़ा था। शुक्ला ने आइसक्रीम खाने की इच्छा जताई। गांव में छोटेपन में गेहूं या जौ देकर मैंने मलाई बर्फ जरूर चूसा था लेकिन थोड़ा बड़ा होते ही यह सब चीजें सदा के लिए छूट गई थीं। मिट्टी के कुल्हड़ में लस्सी जरूर एक-दो बार खाई थी। इसी बीच एक अपटूडेट लगने वाला तीन सदस्यों का परिवार आइसक्रीम वाले के पास आकर रुका और कुछ ऑर्डर किया। माता-पिता के साथ आई हुई लड़की लगभग 16 -17 साल की थी और बहुत सुंदर थी। मैंने देखा आइसक्रीम वाले ने बहुत ही सुंदर लंबे कुल्हड़ में आइसक्रीम भरकर उन्हें दे दिया और वे चाटने लगे। लड़की रह-रह कर हम लोगों की ओर देख रही थी। मेरे मन के कोने में कहीं यह बात घर करने लगी थी कि अब मैं किसान नहीं हूं और मुझे मिलने वाले अच्छे नंबर कौन जाने जल्दी ही मुझे भी इन संभ्रांत लोगों जैसा बना दे। आज ईश्वर ने मेरी प्रथम श्रेणी बरकरार रखकर क्या पता इसी की नींव डाली हो। मैंने शुक्ला से कहा कि हम लोग भी वही खाएंगे जो वह लोग खा रहे थे। मैंने पैसा दिया और शुक्ला दो आइसक्रीम ले आया। हम भी चाट-चाट कर चटखारे मारने लगे। अचानक कड़कड़ाहट की आवाज आई। हमने आइसक्रीम वाले की तरफ देखा। बेवकूफ लड़की कुल्हड़ का खपरैल भी दांत से काट ली थी और उसके फूटने की आवाज आई थी। वह फिर भी उसे घुमा-घुमा कर तोड़ती और खाती जा रही थी। हम उसकी मूर्खता पर हंस रहे थे। हम लोगों के कुल्हड़ में भी आइसक्रीम काफी नीचे पेंदी में जा चुकी थी और जीभ की पहुंच से बाहर हो रही थी। मैं अपना

कुल्हड़ फेंकने वाला ही था कि देखा शुक्ला उंगली से आइसक्रीम निकालकर चाट रहा था। मैंने भी एक दो बार किया और फिर कुल्हड़ फेंक कर कमरे पर आ गए। आज के युग में इस घटना को समझ जाना और हमारी बेवकूफी पर हंस लेना बहुत ही स्वाभाविक है। शायद उतना ही स्वाभाविक जितना उस समय हम उस संभ्रांत परिवार की बेवकूफ लड़की पर हंसे थे। आइसक्रीम वाले उस कुल्हड़ को आज 'कोन' कहते हैं, आशा है शुक्ला को भी पता हो गया होगा।

थोड़े दिन बाद ही मार्कशीट मिल गई। लगभग 68% नंबर मुझे मिले थे। दोनों सालों का औसत प्रतिशत 64% आ रहा था। ईश्वर और पिताजी के आशीर्वाद से फर्स्टडिवीजन कायम रखने में कामयाब रहा। अभी कक्षाओं में पठन-पाठन शुरू नहीं हुआ था। बार-बार मन घर जाने और सबको परीक्षाफल बताने का मन कर रहा था। संचार साधन के रूप में पत्राचार ही था जो घर पहुंचने में कम से कम आठ दिन जरूर लगता। बारिश में उसके पहुंचने की गारंटी भी नहीं थी। कुछ डाकिए पत्रों का निस्तारण करने के लिए अपना अलगःअलग तरीका निकालने लगे थे। गर्मी में जब मैं गांव में था उसी समय गांव के पास एक पुलिया से लगभग चौथाई बोरा चिट्ठियां बरामद हुई थी। कोई डाकिया लू के थपेड़ों को न झेल पाने के कारण चिट्ठियों को पुलिया की छाया में सुला गया था। इस मौसम में तो बाढ़, गड़ैया नाला और महेवा नदी जैसी तमाम अड़चनें थी।

अंत में मुझ से रहा न गया और मैंने इलाहाबाद से चुनार जाने वाली पैसेंजर पकड़ ही ली। रास्ते भर बारिश हो रही थी। ट्रेन का लेट पहुंचना स्वभाव ही बन गया था और मेरे स्थानीय रेलवे स्टेशन 'झिंगुरा' रात लगभग 8:00 बजे पहुंची। छोटा सा स्टेशन अंधकार में डूबा हुआ था। चारों तरफ पानी ही पानी भरा था। मैंने पहले सोचा कि स्टेशन के छोटे से मुसाफिर खाने में पड़े बेंच पर ही रात गुजारूं लेकिन फिर घर के लिए निकल पड़ा। लगभग 1 किलोमीटर स्टेशन से निकलते ही खेत शुरू हो गए। सारे खेत पानी में डूबे हुए थे और मेड़ों का पता ही नहीं था। मैंने जूता उतारा और पानी में ही गांव की दिशा में बढ़ने लगा। रह-रह कर हल्की बारिश हो रही थी। दूर-दूर तक केवल पानी चमक रहा था और मेंढकों की टर्र-टर्र आवाज से वातावरण और डरावना हो गया था। स्टेशन से गांव लगभग पांच मील रहा होगा। कीचड़ में चलते-चलते मैं थकता जा रहा था फिर भी आगे बढ़ते जाने के सिवा कोई चारा नहीं था। कहीं बैठकर या रुक कर सुस्ताने का चांस भी नहीं था।

अंततः मैं उस जगह पहुंचा जहां गड़ैया नाला का छोटा भाई मुल्हवां नाला बह रहा था। यह नाला पहाड़ों से निकलकर टेढ़ा मेढ़ा बहते हुए महेवा नदी में और फिर महेवा नदी आगे जाकर गंगा में मिल जाती थी। मुल्हवां और गड़ैया नाले दोनों एक ही नाले थे लेकिन स्थानीय रेलवे स्टेशन से घर जाने में जिस भाग को पार करना होता था उसे मुल्हवा नाला तथा जिस भाग को गांव से मिर्जापुर शहर जाने के लिए पार करना पड़ता था उसे गड़ैया नाला कहा जाता था। सारा क्षेत्र पानी से भर कर समुद्र जैसा हो गया था। इस समुंद्र में मुल्हवा नाला को खोजना और उसे पार करना अंधेरी रात में असंभव सा हो गया था। मैंने अंदाज वश कुछ कदम और आगे बढ़ाया होगा कि सामने पानी की तेज धार पहाड़ों की ओर से गंगा की दिशा में बहती देखी। मैं समझ गया था कि यही मुल्हवा नाला है। सूखे दिनों में यह एक छोटा किंतु गहरा नाला दिखता था। गड़ैया की अपेक्षा पहाड़ों के अधिक नजदीक होने के किरण उसमें पानी का फैलाव तो कम लेकिन बहाव बहुत तेज होता था। लेकिन आज तो नाले की चौड़ाई गहराई का कोई पता ही नहीं चल पा रहा था। नाला आसपास के खेतों में भरे पानी में मिलकर गायब हो चुका था। काफी चौड़ाई लिए तेज बहती धार ही इस बात का संकेत दे रही थी कि नाला इसी तेज बहती जल पट्टी के बीच में होगा। कुछ दूर नाले में प्रवेश करने के बाद मुझे लगा कि अब चल कर पार कर पाना संभव नहीं, मुझे तैरना पड़ेगा। अच्छा यही था कि सामान के रूप में मेरे पास मात्र एक ब्रीफकेस था। लेकिन पानी की धार इतनी तेज थी कि एक हाथ से तैरना नहीं हो पा रहा था। मैं नाले में से वापस आ गया और अंदाज से नाले के किनारे-किनारे किसी ऐसी जगह की तलाश में चलता रहा जहां नाला संकरा हो और उस पार जमीन दिख रही हो। चलते-चलते एक ऐसी जगह दिखी। अंधेरा होने से बहुत साफ तो नहीं दिख रहा था लेकिन इतना जरूर था कि नाले के उस पार पानी न होकर कुछ जमीन सी दिख रही थी। नाले की चौड़ाई भी कम थी जो इस बात की पुष्टि कर रही थी कि बहाव बहुत ही तेज होगा। मैंने ब्रीफकेस को उस पार जमीन सी दिख रही जगह पर फेंका और तैरने के लिए कूद गया। पानी का बहाव इतना तेज था कि मैं धारा की दिशा में बहने लगा। बहुत कोशिश के बावजूद उस पार का किनारा मेरे हाथों में नहीं आ रहा था। कभी-कभी घास फूस जैसी चीजें पानी के अंदर मेरे हाथ में आती लेकिन जैसे ही मैं उनको पकड़ कर सहारा लेने की कोशिश करता वह टूट जाती या उखड़ जाती। मैं फिर बहने लगता। अंततः एक जगह नाला एकदम से मुड़ कर बह रहा था। जैसे ही मैं वहां पहुंचा मेरे हाथ में कोई मजबूत झाड़ी सी चीज आ गई। मैंने कस

कर पकड़ा और पैरों के जोर से उस पार पहुंच गया। उस किनारे से धारा के विपरीत दिशा में जाकर मैं अपना ब्रीफकेस लिया और खेतों के बीच फिर घर की ओर बढ़ा। पता नहीं लेकिन 11:00 तो बज ही गए होंगे। फिर कुछ एक मील चलकर मैं गड़ैया नाले पर पहुंच गया। यह नाला गांव से मात्र 1 मील पर था और यहां पहुंच कर मुझे लगा कि अब मेरी परेशानी दूर होने वाली है। पानी में डूबे खेत और मुल्हवा नाला की हालत देखकर मैं गड़ैया की हालत क्या होगी उसका अंदाजा लगा चुका था। आशा की किरण ये थी की जब गड़ैया में ज्यादा बाढ़ आती थी तो एक नाव वाला अपनी नाव चलाने लगता था। मुझे पूरा विश्वास था कि ऐसी बाढ़ में नाव वाला तो होगा ही। जब मैं गड़ैया के किनारे पहुंचा तो चारों तरफ पानी के सिवा कुछ भी नहीं दिख रहा था। गड़ैया नाला आज एक चौड़ी नदी जैसा लग रहा था। अंधेरे में तेज बहते पानी की चमक से लगता था कि इसे पार करने में नाव वाले को भी काफी मशक्कत करनी पड़ेगी। मैंने कई बार चारों तरफ देखा फिर दो-तीन बार 'कोई है' की आवाज भी लगाई मगर सन्नाटे के अलावा कोई जवाब नहीं मिला। मेरा दिल बैठने लगा, पैर कीचड़ में चलते-चलते थक कर चूर हो गए थे। झाड़ी को पकड़कर मुल्हवा नाला पार करने से हथेलियां जल रही थी। इतनी दूर में फैले नाले में उतरने की हिम्मत नहीं हुई। मैं गड़ैया के किनारे से वापस जिधर से आया था उधर चला गया। थोड़ी दूर पर एक गांव था लेकिन गांव पूरी तरह सन्नाटा और अंधकार में डूबा हुआ था। अचानक मुझे एक पेड़ दिखा। उस पेड़ के नीचे एक बड़ा सा चिकना पत्थर पड़ा हुआ था। मैंने राहत की सांस ली। अचानक उस स्थान के बारे में पुरानी यादें ताजा हो उठी। इसी पेड़ के बगल में एक बिल्कुल छोटा सा पक्का कमरा होता था जिसमें महेवा से आने वाले एक डॉक्टर दिन में बैठा करते थे। काफी दिनों तक उस क्षेत्र में यही एक डॉक्टर थे। जहां तक याद है शायद कोई डॉक्टर 'खान' थे। दिन में कुछ घंटे के लिए अपने क्लीनिक में आते और शाम होने से पहले घर चले जाते थे। उस दिन भी शायद वे जा चुके थे। ब्रीफकेस सिरहाने लगाया और गीले कपड़े पहने ही लेट गया। थक कर चूर होने के कारण पता नहीं कब मेरी आंख लग गई। अचानक कुछ लोगों की आवाज आई और मेरी आंख खुल गई। चाचा से लगने वाले व्यक्ति को मैंने अपना परिचय दिया। पिताजी का नाम सुनते ही वे मेरे पास आए, मेरे सर पर हाथ रखते हुए बोले तो तुम ही परमानंद जी के बेटे हो जो इलाहाबाद में पढ़ता है। सोचिए क्या जमाना था। मैं उस क्षेत्र का एक लड़का इलाहाबाद में पढ़ता था और सारा क्षेत्र उसे प्यार और इज्जत से देखता था। उन्होंने बताया बेटा आधे घंटे और इंतजार कर लो

नाव वाला आता ही होगा. बाद में पता चला कि नाव वाला सुबह आता था और शाम होते-होते अपने घर चला जाता था। सुबह हो जाने पर मैंने नाव से गड़ैया पार किया और घर पहुंच गया।

मेरी हालत देखकर पिताजी, भाई साहब और मां सारे परेशान हो उठे। फिर कोई ट्रेन इलाहाबाद से इस समय नहीं आती थी और मैं कैसे इतनी सुबह वहां पहुंच गया, उन्हें विश्वास नहीं हो रहा था। फिर मैंने अपनी संघर्ष कथा सुनाई और साथ ही अपने फर्स्टडिवीजन पास होने की बात। मैं अपनों के बीच में था एक सुसमाचार के साथ। सारी तकलीफें भूल गईं। बस मेरी हथेली कई दिनों तक दुखती रही क्योंकि जिस झाड़ी को रात में पकड़कर मैंने मुल्हवा नाला पार किया था वह कांटो भरी झड़बेल की झाड़ी थी और बीसों छोटे-छोटे भूरे कांटे मेरी हथेली में धंस गए थे। धीरे-धीरे सुई की सहायता से उन्हें निकाला गया। कुछ दिन रहने के बाद मैं इलाहाबाद वापस आ गया। पिताजी ने मेरे घर से चलने से पहले निमंत्रण वाली चिट्ठी की घटना का जिक्र करते हुए समझाया था- 'बेटा! ऐसी शरारतों से बाज आना चाहिए क्योंकि ऐसे मौकों पर सारे गांव के लोग खिलाफ हो सकते हैं।' पिताजी की बात सोलह आने सही थी। ये तो क्षेत्र में व्याप्त उनकी भलमनसाहत का करिश्मा था जिससे मैं बच गया था वरना उपवास और भांग खाकर भूख बढ़ाने वाले कुछ लोग भूखे भेड़िए से कम नहीं थे । मैंने गलती स्वीकार कर ली।

मेरा ग्रेजुएशन पूरा हो गया था। आगे के लिए तरह-तरह के विचार मन में आ रहे थे। अध्यापक बनने की इच्छा तीव्रतर होती जा रही थी। कुछ लोगों की सलाह कि अगर बीएड(एक साल का कोर्स) कर लिया जाए तो स्कूल में अध्यापक बना जा सकता था, मुझे पसंद आ रही थी। मैं गांव के स्कूल में भी कोशिश कर अपनी जीवन की तमन्ना पूरी कर सकता था। फिर विश्वविद्यालय के विभिन्न विभागों के कमरे याद आने लगते, जिन पर लेक्चरर/रीडर/प्रोफेसर की नाम पट्टियां लगी थीं। फिर ये भी ख्याल आता कि काफी समय बीत चुका है और कौन जाने स्वामी गोविंदाश्रम विद्यालय में कुक्कुड़ूं-कूं सभ्यता काल का अंत हो गया हो। आज के परिवेश को देखकर तो यही लगता था कि अब किसी बच्चे को उसकी शैतानी के लिए उसे तोड़ मरोड़ कर मुर्गा बनाना और फिर कुक्कुड़ूं-कूं बुलवाना या किसी छात्र पर गुस्सा हुए प्रधानाचार्य को उसे जमीन पर पटक कर खुलेआम स्कूल के मैदान में घूंसे-थप्पड़ से स्वागत करना संभव ही न हो। ऐसे में अध्यापक बन कर करूंगा क्या? अंततः मैंने

बीएड कर अध्यापक बनने का विचार सदा-सदा के लिए त्याग दिया। लेक्चरर होने के लिए मुझे अभी और पढ़ना था तो मैं स्नातकोत्तर कोर्स के लिए तैयारी में लग गया।

मैथ, संस्कृत और जियोग्राफी में से ही कोई एक विषय एमए के लिए चुनना था। मैथ से पेट भर गया था क्योंकि एक तो काफी मशक्कत वाला विषय था, दूसरे लोगों द्वारा 'आर्ट्ससाइड से मैथ लेने का क्या मतलब' जैसे सवाल सुन-सुनकर भी मैं तंग आ चुका था। संस्कृत से मुझे शुरु से ही बेहद लगाव था लेकिन अंततः बाजी मारी भूगोल ने। पता नहीं क्यों मुझे जियोग्राफी का लेक्चरर होना अधिक आकर्षक लगा और अंततः इसी विषय में स्नातकोत्तर डिग्री के लिए मैंने फॉर्म भर दिया। बड़ी ही कठिन प्रतियोगिता थी। मेरे साथ जियोग्राफी लेने वाले छात्रों में कई छात्र स्नातक डिग्री में प्रथम श्रेणी पाने वाले छात्र थे। पारिवारिक बैकग्राउंड के हिसाब से सभी मुझसे बेहतर पोजीशन में थे। इनमें से कई का संबंध फैकल्टी के शिक्षकों से व्यक्तिगत स्तर पर था और इसका उनको प्रत्यक्ष व अप्रत्यक्ष रूप से काफी फायदा मिलता था। बस एक ही बात जो मेरे पक्ष में जाती थी और काफी सुकून देती थी, वह थी उनमें से किसी का भी तीन फर्स्ट क्लास न होना। कोई हाई स्कूल में सेकंड डिवीजन में था तो कोई इंटरमीडिएट में। मेरे और मेरे लक्ष्य के बीच एक और प्रथम श्रेणी की जरूरत थी और अगर वह फर्स्ट क्लास फर्स्ट हो जाए तो बात ही क्या। मैंने ईश्वर और पिताजी का स्मरण किया और दृढ़ निश्चय के साथ स्नातकोत्तर की अपनी यात्रा शुरू की।

आज की ही तरह उस समय भी दूसरों को नीचा दिखाना, उसमें हीन भावना भरने की कोशिश करना और हालात बिगड़ जाने पर हिंसा तक पर उतर आना आम बात थी। छात्रावास में मेरे संपर्क में आने वाले छात्रों में ज्यादातर छात्र अपने पूर्वजों और माता-पिता की उपलब्धियों वाली दुनिया में जीना पसंद करते थे। वे किस तरह के और कितने बड़े ओहदे वाले बाप के बेटे थे यह बताने में कभी नहीं चूकते थे। किसी के डैड अपने वंश में तीसरी पीढ़ी के जज थे, तो किसी के पिता जिले के सबसे कामयाब वकील थे जिनकी इनकम के सामने जज पानी भरते नजर आते थे। किसी के पिता भूमि रजिस्ट्री विभाग में रजिस्ट्रार थे और 1 रजिस्ट्री में लाखों रुपए लेते थे। कुछ की प्रसिद्ध मिष्ठान भंडार की चेन थी तो किसी के सेब के बागान। आईएएस, आईपीएस, इंजीनियर, प्रोफेसर कोई वर्ग ऐसा नहीं था जिसके पुत्रों को भगवान ने मुझसे मिलने का मौका नहीं दिया था। उनमें मेस में खाना खाते समय, पार्क में

और राह चलते समय एक दूसरे की हैसियत को लेकर अकसर विवाद होता। जब तक संभव होता अंग्रेजी में और जब बहस होते-होते दुर्भावना देसी प्रवाह पकड़ती तो शुद्ध देसी गाली-गलौज में। यही कारण था कि उनके बहसकाल का उत्तरार्ध आत्मसात करने में मुझे आसानी होती। जैसा मैंने पहले बताया है कि मेरा बैकग्राउंड सब को बताया जा चुका था और पता नहीं तरस खाके या ईमानदारी से मुझे सेल्फमेडमैन की संज्ञा दी जा चुकी थी। ऐसी हालात में इस तरह के बहस में घुसने का न तो मेरे पास कोई आधार था और न ही स्कोप। बहस होते समय सब मेरी ओर देख-देख कर अपने बड़े होने का तर्क देते और मैं सब के लिए हां में सर हिला देता। वैसे भी मुझे क्या पता डॉक्टर बड़ा होता है कि वकील; आईएएस, प्रोफेसर, आईपीएस या मिष्ठान भंडार का मालिक। ऐसे माहौल में सबसे अधिक फायदा सुखदेव - हां वही हमारा ब्लॉकसर्वेंट - का होता था। कोई 50 रुपए की नोट देता खाने-पीने की चीजें लाने को तो दूसरा 100 रुपए का, बाकी पैसे सुखदेव के हो जाते। एक महोदय का जिक्र करना शायद मैं भूल गया। वे प्रतापगढ़ के थे और उनके पास आंवले के बड़े-बड़े बाग थे। पूरे देश में सप्लाई होती थी। मेस में मिलने वाले चाय, ब्रेकफास्ट, लंच और डिनर जैसे रूटीन खानों के अतिरिक्त ऐसे लोग क्या-क्या खाते पीते थे, इसमें भी जबरदस्त प्रतियोगिता थी। कमरे के अंदर रखा जाने वाला डस्टबिन कमरे के बाहर गेट के बगल में रखा जाता था। इन डस्टबिनों में सेब, नारंगी, केले आदि के छिलके और चॉकलेट, बिस्किट आदि के रैपर्स इस तरह से डाले जाते थे कि जमीन पर गिरे इन के कुछ टुकड़े बरामदे में आने-जाने वालों को कमरों में रहने वालों की हैसियत का स्पष्ट आभास करा दें और होता भी यही था। पूर्वी उत्तर प्रदेश के एक राय साहब का कमरा मेरे बगल में ही था। महीने के प्रारंभ में राय साहब का डस्टबिन हाई-फाई फलों और महंगी खाद्य सामग्रियों के छिलकों या पॉलिथीनों से भरा दिखता था। राय साहब शानदार गाउन पहना करते थे और सिगार पीते थे। महीने की 15 तारीख आते-आते वे सिगरेट पर उतर आते और फिर बीड़ी पर । महीने के अंत होते-होते वे सुखदेव से बीड़ी और माचिस मांगने लगते। मेरी ज्यादातर लोगों से दोस्ती ग्रेजुएशन करने के दौरान बनी थी। यही समय था जब वह मेरे नोट्स ले जाते, खासकर संस्कृत और जियोग्राफी के। कुछ समय बाद जिस छात्र के पिता भू रजिस्ट्री विभाग में रजिस्ट्रार थे, वह मेरा रूम पार्टनर बन गया। छात्र में बहुत अच्छाईयां थीं लेकिन दिखावा करना उसके हिसाब से समय की मांग थी। शायद वह सही भी था क्योंकि हम जिंदगी को सीखने की प्रक्रिया में एक छात्र ही तो थे। बहुत कुछ न होने पर भी

बहुत है का एहसास पिता जी द्वारा मुझे दी गई एक अमूल्य धरोहर थी जो मुझे किसी से कम होने की चिंता से हमेशा बचाए रखती थी। जीवन में जो भी मिला है उसी को पर्याप्त मान ईश्वर को धन्यवाद देना जैसी शिक्षा वे हम लोगों को कच्ची उम्र में ही दे चुके थे जिसे मैंने आत्मसात भी कर लिया था। शायद यही कारण था कि धनाढ्यों की दुनिया में भी पानी में लकड़ी के लट्ठे की तरह उनके साथ तैरता रहा, डूबा नहीं। जिंदगी की हर हालत में जीते रहने का मंत्र कभी-कभी वह अपनी देसी भाषा में समझाते -

"कभी घनी घना, कभी मुट्ठी भर चना, कभी वह भी मना।"

तात्पर्य था हर हालत में बिना गिला, बिना शिकवा जीते जाना।

एक दिन मेरे पार्टनर के पिताजी उससे मिलने आए। मैंने उनके चरण छुए और आशीर्वाद लिया। पार्टनर उस समय मार्केट गया हुआ था। मैंने उन्हें बैठाया और पानी का गिलास आगे बढ़ा दिया। बाहर काफी उमस थी और चेहरे पर पसीने की बूंदें झलक रही थी। कमरे में सीलिंगफैन था और मैं अपनी टेबल पर एक टेबलफैन भी रखा था। मैं प्रयाग लाज के खपरैल वाले कमरे में रहते समय लिया था। मैं फैन का मुंह उनकी तरफ घुमा के अपने बेड पर बैठ गया। वे मेरे बारे में पूछते रहे और मैं अपने जिले गांव के विषय में थोड़ी-बहुत बातें करता रहा। तभी पार्टनर आया और पिताजी से नमस्ते किया। मैं थोड़ी देर के लिए प्रयाग लाज की ओर चला गया जिसमें अभी भी कुछ परिचित लोग रह रहे थे। लगभग शाम को मैं वापस कमरे पर आया, तब तक वह चले गए थे। सुबह पार्टनर के टेबल पर सेब, अनानास और चॉकलेट के पैकेट से मुझे अंदाजा लग गया कि पुत्र को पिता के पैसे मिल गए हैं। मैं काफी पहले से पड़ी आदत के अनुसार घर से आए काले चने रात में भिगोकर रखता था। दूसरे दिन तौलिए से ढक देता था और तीसरे दिन अंकुरित होने पर नींबू, नमक और खीरा या ककड़ी मिलाकर खाता था।

धीरे-धीरे हम दोनों इतने सहज हो गए कि चने में ककड़ी के साथ उसके केले या सेब को भी मिलाने लगे। उसके पिताजी महीने में दो बार आते थे और जैसा कि बाद में पता चला कि वह दोनों बार बेटे को पैसा देने ही आते थे। पार्टनर पढ़ने में बहुत अच्छा नहीं था। धीरे-धीरे तीनों में काफी सहजता आ गई। उन्होंने खुद बताया कि वे

रजिस्ट्रार नहीं उप-रजिस्ट्रार थे और अच्छी खासी आमदनी कर लेते थे। महीने में दो बार में जो पैसा वो बेटे को देते थे, वह मेरे महीने के खर्च से लगभग 5 गुणा था। मेरी शैक्षिक योग्यता, मेरे पिताजी के विचार और खुद मेरे उद्देश्य से वे बहुत प्रभावित थे। मुझसे कभी सर पर तो कभी कंधे पर हाथ रख कर बातें करते। कभी-कभी अपने बेटे के सामने ही उसे अपनी निगरानी में अपने जैसा बनाने को कह कर मुझे शर्मिंदा भी कर देते। हम जब तक रूम पार्टनर रहे, वे आते रहे। पार्टनर ने जरूर कुछ अपने अंदर बदलाव का निश्चय कर लिया था और उसके व्यवहार, खर्च में कमी और पढ़ाई में स्पष्ट प्रगति से चीजें साफ नजर आ रही थीं। पिताजी भी बेटे में सकारात्मक बदलाव देखकर बहुत खुश थे।

जैसा कि पहले मैंने जिक्र किया है भूगोल एक अत्यंत रोचक और विस्तृत ज्ञान वाला विषय है। भौतिक भूगोल, आर्थिक भूगोल, राजनैतिक भूगोल, मानवीय भूगोल, नगरीय भूगोल, सामाजिक भूगोल आदि इसकी शाखाएं हैं। इसके अतिरिक्त समुद्र विज्ञान, वायुमंडल, कार्टोग्राफी, भूगर्भ विज्ञान, कृषि भूगोल, भूमि सर्वेक्षण, मैपड्रॉइंग, सोलरसिस्टम, भूकंप, ज्वालामुखी चट्टानों का प्रादुर्भाव व संरचना, नदियों, पहाड़ों, पठारों एवं मैदानों की संरचना व निर्माण क्रिया, ग्लेशियर्स आदि तमाम ऐसे विषय है जो एक ज्योग्राफी के विद्यार्थी को पढ़ने पड़ते हैं। मानवीय भूगोल (ह्यूमन जियोग्राफी) के अंदर संसार भर की मानवीय प्रजातियों- आर्यन, मंगोलायड, नेग्रो आदि की शारीरिक बनावट, उनकी रहन-सहन तथा रीति-रिवाजों आदि का अध्ययन होता है। इस तरह ग्लोब के केंद्र से शुरू होकर उसके धरातल तक, महासागरों की तलहटी से उनकी सतह तक और वायुमंडल से अंतरिक्ष तक फैला है भूगोल का विषय विस्तार।

ग्रेजुएशन में भूगोल पढ़ते समय विभाग में ज्यादा वक्त नहीं बिताना पड़ता था। इसलिए विभाग के चरित्र के बारे में कोई विशेष ज्ञान भी नहीं था। लेकिन पोस्ट ग्रेजुएशन करते समय लगभग पूरा दिन विभाग में ही बीतता था। विभाग के शिक्षक मंडल के दो गुटों में बंटे होने की कानाफूसी तो पहले भी थी जिसका थोड़ा सा जिक्र मैंने पहले किया भी है, लेकिन अब यह विभाजन ज्यादा दिखने लगा था। वास्तव में जो ग्रुप विभागाध्यक्ष के विरोध में था वह काफी प्रभावशाली व आक्रामक था। उसने पूरे विभाग में अपना नियंत्रण सा बना रखा था। नेता और झगड़ालू टाइप के कुछ छात्र जो अधिकतर विभाग के बाहर के थे इस ग्रुप के इशारों पर विभागाध्यक्ष को परेशान करने में कोई कसर नहीं छोड़ते थे। दरअसल एक बार तो उनसे धमकी भरा दबाव डालकर कुछ राशि का चेक साइन कराते हुए इन छात्रों को मैंने स्वयं ही देखा था। क्या पता वे ऐसा पहले भी करते रहे हो। दरअसल दस अध्यापकों में मात्र दो अध्यापक ऐसे थे जो विभागाध्यक्ष के साथ थे और उसका मुख्य कारण यह था कि दोनों उनके निर्देशन में पीएचडी कर रहे थे। विभागाध्यक्ष की तरह दोनों पीएचडीस्कॉलर भी दूसरे ग्रुप से डरे सहमे रहते थे। विभाग के ज्यादातर छात्रों को विभागाध्यक्ष पर काफी तरस आता था लेकिन उन पर बड़े वाले गुट का एक परोक्ष दबाव सा बना रहता था। विषय के अधिकतर पेपर्स भी बड़े वाले गुट के अंदर आते थे। गुट की आक्रामकता इस कदर मुखर थी कि क्लास रूम में भी इस गुट के टीचर लेक्चर देते-देते विभागाध्यक्ष के बारे में अशोभनीय बातें करने लगते थे। न चाहते

हुए भी छात्र उनकी बातों पर हामी में सर हिलाते। जब कभी भी यह अध्यापक विभागाध्यक्ष की आलोचना करते-करते मेरी ओर देखते और रिस्पांस चाहते तो मैं भी सर हिला कर उनकी बातों का समर्थन कर देता। गुट का लीडर एक प्रोफेसर तिवारी थे जबकि सबसे मुखर या यूं कहिए सबसे लड़ाकू सदस्य एक सिंह पदवी वाले लेक्चरर थे। यद्यपि लड़ाई विभागाध्यक्ष प्रोफेसर द्विवेदी और प्रोफेसर तिवारी के बीच में थी जो कि दोनों ब्राह्मण थे, तिवारी गुट में सिंह अध्यापकों के अधिक तथा मुखर होने के कारण लड़ाई द्विवेदी बनाम सिंह बन गई थी। सिंह अध्यापकों ने पूरे स्नातकोत्तर क्लास में जितने पढ़ने में अच्छे विद्यार्थी थे, लगभग सब पर अपना प्रभुत्व सा जमा लिया था। स्नातक कक्षा में प्रथम श्रेणी में पास होने वाले 4 में से 3 विद्यार्थियों को अपने पक्ष में कर लिया था। इन तीन में से दो विद्यार्थी ब्राह्मण थे। आंकड़े बताते हैं कि इस गुटबाजी को ब्राह्मण बनाम ठाकुर कहना ठीक नहीं था। लेकिन सिंह अध्यापकों का एक संगठन भूगोल विभाग में राष्ट्रीय स्तर पर होने का आभास जरूर देता था। देश के कई विश्वविद्यालयों एवं कॉलेजों के भूगोल विभाग में सिंह अध्यापकों के परस्पर संबंधों का जाल बिछा हुआ था और भूगोल विषय में स्नातकोत्तर कर रहे मेधावी छात्रों - जिन्हें भूगोल के भावी प्रवक्ताओं के रूप में देखा जाता था - को अपने गुट में करने की कोशिश सिंह ग्रुप पहले से ही शुरु कर देता था। स्नातक में प्रथम श्रेणी पाने वाले तीनों विद्यार्थियों को सिंह ग्रुप से अच्छे अंक पाने का अघोषित आश्वासन मिल गया था क्योंकि वे इन अध्यापकों या प्रोफेसर तिवारी के निर्देशन में पीएचडी करना स्वीकार कर लिए थे। हम चारों विद्यार्थियों में वैसे तो अच्छी बोलचाल थी लेकिन वे तीनों मुझे एक प्रतिद्वंदी की तरह देखते थे। कुछ समय बाद वे मुझे भी सिंह महोदय के निर्देशन में पीएचडी करने के लिए कहने लगे। मुझे संदेह होता था कि यह सब सिंह साहब के इशारे पर ही हो रहा था। उन्होंने सीधे मुझसे इस बारे में कभी क्यों नहीं कहा - पता नहीं। कहीं मैं भी द्विवेदी था इसलिए तो नहीं? जहां तक पीएचडी करने की बात थी मेरे मन में कभी आया ही नहीं। उस समय जो हालात थे उसमें लेक्चरर बनने के लिए पीएचडी होना अनिवार्य नहीं था।

फोर-फर्स्ट-क्लास विद्यार्थियों के लिए विश्वविद्यालय या पोस्ट ग्रेजुएट कॉलेजों में लेक्चरर होने की गारंटी थी और मैं यही फोर-फर्स्ट- क्लास के लिए संघर्ष कर रहा था। तीन सीढ़ियां मैं चढ़ चुका था और चौथी पर मेरी मंजिल थी। जीवन में मुझे कुछ भी बिना कठिन संघर्ष के नहीं मिला था और धीरे-धीरे स्पष्ट होने लगा कि मंजिल

तक पहुंचने में अभी संघर्ष की अंतिम सीढ़ी भी तय करनी होगी - पहले से ही जैसी दृढ़ शक्ति और साहस के सहारे।

दिक्कतें शुरू हो चुकी थीं। अन्य विषयों की तरह जियोग्राफी की बेहतर पुस्तकें विभाग की लाइब्रेरी में थीं। विदेशी लेखकों की ये पुस्तकें बहुत महंगी थीं। बाहर से खरीदना असंभव था। दरअसल कुछ तो बाहर उपलब्ध ही नहीं थीं। नियम के अनुसार कोई छात्र उन्हें लाइब्रेरी से लेने के बाद एक निश्चित अवधि के बाद अपने पास नहीं रख सकता था। उद्देश्य था कि ज्यादा से ज्यादा विद्यार्थी उसका लाभ उठा सकें । एक योजना के तहत इस तरह की किताबें मुझे प्रतिद्वंदी मानने वाले बारी-बारी से अपने लिए जारी करा लेते थे। मैं जब भी लाइब्रेरियन से इस संबंध में बात करता तो वह बड़े सहज भाव से कह देता कि किताब अमुक छात्र के पास थी और आज ही अमुक को चली गई। धीरे-धीरे मुझे संदेह होने लगा कि इसमें कोई चाल जरूर है। एक समय ऐसा आया जब पता चला कि एक किताब इस समय किसी के नाम जारी नहीं हुई है। मैं लाइब्रेरियन के पास गया और पुस्तक दिखाने की बात कही। रिकॉर्ड के हिसाब से पुस्तक लाइब्रेरी में थी। लाइब्रेरियन थोड़ी देर के लिए बाहर गया और लौटकर बताया कि किताब तो है पर अमुक अध्यापक को चाहिए इसलिए उसे लाइब्रेरी में रोका हुआ है। मैंने उससे एक-दो दिन के लिए देने को कहा और जल्दी-जल्दी जरूरी चैप्टर के नोट्स बना कर इसे लौटाने की बात कही। वो राजी नहीं हुआ। मैंने जो भी मटेरियल इधर-उधर से मिला उसी से नोट्स बनाए।

मेरा साठ रुपए महीने का वजीफा अभी भी जारी था। उसे लेने के लिए मुझे एक फार्म पर विभागाध्यक्ष के हस्ताक्षर कराने होते थे। धीरे-धीरे उन्हें मेरे बारे में पता चला और मेरे पिछली कक्षाओं में प्राप्त अंको के प्रतिशत देखकर वह प्रभावित हुए। मैं उनसे कोई शिकायत नहीं कर सकता था क्योंकि उनकी हालत विभाग में काफी कमजोर लगती थी और मैं नहीं चाहता था कि मेरे कारण उनको कोई दिक्कत हो।

विभाग में एक कमरा था जो तब तक मुझे रहस्य पूर्ण लगता रहा, जब तक उसके बारे में मुझे जानकारी नहीं हुई। उस कमरे में दिन भर लड़कियों और एक-दो महिला किस्म की लड़कियों का आना-जाना लगा रहता था। कमरे के बाहर न तो कोई नेम प्लेट थी और न ही पदनाम। एक दो बार उसमें से जिस आदमी को अंदर जाते और निकलते देखा वह भी काफी अजीब ही लगा था मुझे। पूरा चेहरा बालों से साफ, सर के लंबे और पीछे की ओर मुड़े हुए बाल तथा मुंह में रची हुई लाली जो शायद

हमेशा पान खाने से आ रही थी। मैं आते जाते कमरे को देखता पर कोई सरोकार न होने से ज्यादा ध्यान न देता। एक बार जब मैं वजीफे के फॉर्म पर विभागाध्यक्ष के हस्ताक्षर के लिए गया था, अचानक इस सज्जन ने कमरे में प्रवेश किया। मैं थोड़ा अचकचाया पर कुर्सी पर बैठा रहा। विभागाध्यक्ष ने मेरा परिचय कराया और मुझे उनका। यह विभाग के शायद सबसे महत्वपूर्ण व्यक्ति थे और विभाग के कार्टोग्राफर थे। पोस्ट ग्रेजुएशन या रिसर्च कर रहे किसी छात्र का काम इनके बिना पूर्ण होना संभव ही नहीं था। भूगोल में कार्टोग्राफी का अत्यंत ही महत्वपूर्ण स्थान है। कार्टोग्राफी भूगोल के समस्त अवयवों को समतल पेपर या बोर्ड या धरातल पर जीवंत कर देने का विज्ञान है। भाई जान इस विज्ञान में पारंगत थे और इसीलिए विभाग में उनका एक विशेष महत्व एवं स्थान था। उस दिन के बाद से मैं जब भी उनसे मिलता सलाम करता और वह मुस्करा कर जवाब देते। कोई किसी भी गुट का रहा हो सबका उनसे काम पड़ता था और वे भी विभागाध्यक्ष और लड़ाकू गुट के बीच अपना सामंजस्य बनाए हुए थे। इंसान बहुत अच्छे थे बस थोड़ा आशिक मिजाज लगते थे। कौन नहीं होता उम्र के किसी न किसी मोड़ पर! खैर, उनसे अपनी परेशानी बताने पर उन्होंने कुछ किताबों का इंतजाम चार-पांच दिनों के लिए करा दिया। मैंने रात-दिन लगा कर नोट्स बनाए और नियत समय पर किताबें लौटा दीं।

फर्स्टईयर की परीक्षा आने वाली थी और सारे विद्यार्थी खासकर वे जिनमें प्रतिद्वंदिता थी जी जान से तैयारी में जुट गए। मेरे तीनों प्रतिद्वंदी अध्यापकों के घर भी जाने लगे थे और विषय के जिन-जिन बिंदुओं पर उन्हें संदेह था उनका स्पष्टीकरण लेने लगे थे। मैं सिर्फ कार्टोग्राफी से संबंधित बिंदुओं पर भाईजान की सहायता पा सका। परीक्षा हुई और कुछ दिन बाद परिणाम भी आ गया। मैं कक्षा में अव्वल था। बस बीए -पार्ट वन की तरह फर्स्ट डिवीजन को छूकर रह गया था। विषय के कई प्रश्न-पत्रों में मेरे अंक सबसे नजदीकी प्रतिद्वंदी से कम थे। लेकिन पूर्णांक मेरे सबसे अधिक थे। मन का मोगेंबो खुश था और जल्दी से जल्दी गर्मी की छुट्टियां बिताने घर जाने को मचल रहा था।

अन्य विषयों की परीक्षाएं भी समाप्त हो गई थीं और अधिकांश के परीक्षाफल भी आ चुके थे। छात्रावास खाली होने लगा था। मेस बंद कर दी गई थी। मैंने फिर वही चुनार-इलाहाबाद (सीए) पैसेंजर पकड़ी और घर आ गया। गांव काफी बदल चुका था। इने-गिने मकानों को छोड़कर सारे मकान पक्के हो चुके थे। स्वामी गोविंदाश्रम हाई स्कूल अब इंटरकॉलेज बन चुका था। गांव के कई व्यक्ति इस कॉलेज में अध्यापक

या कर्मचारी हो गए थे। कॉलेज अपने पुराने आदर्शों से खिसकने लगा था। तत्कालीन आम कॉलेजों की तरह बुराइयां और शिक्षा के प्रति उदासीनता जड़ें जमाने लगी थी। संस्था के मूल में रहने वाले मास्टर जी और परमानंद में से परमानंद ने अपने पुत्र के लाइब्रेरियन की पोस्ट संभालते ही बहुत पहले इस्तीफा दे दिया था। मास्टर जी के आदर्शों में क्षरण होने लगा था। अब इनका उद्देश्य संस्था को छात्रों के लिए चलाने के अलावा अपने स्वार्थों को जमीन देना भी हो चुका था। कॉलेज के पास पहले थोड़ी जमीन थी जो चकबंदी के बाद बढ़कर एक बड़े क्षेत्र में बदल चुकी थी। बड़े स्तर पर उसमें अनाज और अन्य फसलें उगाई जाती थीं। ये खेत धीरे-धीरे संस्था के खेत न होकर मास्टर जी के निजी खेत जैसे हो गए थे। कॉलेज के चपरासी प्रधानाध्यापक के गाय-भैंसों की सेवा में लग चुके थे। रिक्त हो रहे पद खरीदे-बेचे जाने लगे थे। अध्यापकों में प्रधानाचार्य के प्रति चाटुकारिता भर चुकी थी। शिक्षा का स्तर काफी गिर चुका था। विद्यालय के काम से मिर्जापुर रिक्शे से जाने वाले और रिक्शे वाले को मजदूरी के रूप में अपने घर से एक सेर (किलो) अनाज देने वाले परमानंद जी के कॉलेज में अब भ्रष्टाचार की शुरुआती लपटें अपना फन फैलाने लगी थीं। प्रशासन भ्रष्ट होने लगा था और गड़ैया नाला तथा महेवा नदी पर पुल बनने लगा था। तथाकथित विकास की रोशनी में नैतिकता और भाईचारा दम तोड़ने लगे थे। अब कक्षा में प्रथम आने पर गुटका रामायण इनाम में नहीं मिलता था और न ही किसी पेरेंट्स की इसमें दिलचस्पी थी। परीक्षाओं में नकल होने लगी थी और बच्चे बिना पर्याप्त ज्ञान के प्रथम श्रेणी पानी लगे थे। विद्यालय के प्रांगण में मृग शावक कुलांछे मारते हुए नहीं दिखते थे। वे या तो मर चुके थे या कुत्तों ने उन्हें खा लिया था। विद्यालय आश्रम कम कंकरीट की संरचना लिए एक अहाता ज्यादा नजर आता था। गनीमत यही थी कि ज्यादातर पुराने अध्यापक अपने संस्कारों के कारण उदासीनता की प्रारंभिक अवस्था की गिरफ्त में ही थे और संस्था की गाड़ी हिलती-डुलती और हिचकोले खाती चल रही थी।

घर में सबसे छोटा होने के कारण शुरू से ही मैं गांव के अन्य लोगों के साथ गेहूं पिसाने के लिए लगभग तीन-चार मील दूर गंगा किनारे बसे एक छोटे से बाजार में जाया करता था। गेहूं की गठरी सर पर रख कर एक झुंड में हंसते दौड़ते जाने का एक अलग ही आनंद था। लेकिन आटे की गठरी लेकर घर वापस आने का अनुभव एक यातना से कम नहीं था। ताजा पिसा हुआ आटा अत्यंत ही गर्म होता था और उसकी जलन सर को ही नहीं पूरे शरीर को बेचैन कर देती थी। झुंड में अजब सी खामोशी होती थी और सभी चुपचाप तेज कदमों से जल्दी से जल्दी घर पहुंचना और सर पर तप रहे शोले को जल्दी से जल्दी फेंकना चाहते थे। मगर अब काफी चीजें बदल चुकी थी। गेहूं से आटा बनाने के लिए अब भी इसी तरह की चक्की पर जाना पड़ता था लेकिन अब इतनी दूर नहीं। मेरे गांव से थोड़ी ही दूर पर अब एक आटा चक्की खुल चुकी थी। आटा पीसने के अलावा तिलहन से तेल निकालने और जमीन से पानी निकालने का पंपिंगसेट भी लग चुका था। बाजार वाले आटा चक्की और इस चक्की में खास अंतर यही था कि पहली डीजल से चलती थी और यह बिजली से। अब खेतों की सिंचाई भी कुछ रुपए प्रति घंटे की दर से भुगतान कर इसी कल्लू साहु की चक्की से हो जाती थी। चूंकि पंपिंगसेट कई गांव के बीच एक ही था और बिजली केवल रात में ही आती थी, खेतों की सिंचाई करने वालों की एक लंबी लाइन अपनी बारी का इंतजार करती रहती थी। मैं कभी गेहूं पिसाने कभी सिंचाई के लिए तो कभी ऐसे ही बस घूमने कल्लू साहु की चक्की पर चला जाता था। दूसरी बात ये थी की चक्की हमारे आम के बगीचों के बीच थी और हम अपने पड़ों से आम तोड़ने के बाद कुछ समय पंपिंगसेट पर रुकते पाइप से मुंह लगाकर ताजा पानी पीते और घर आ जाते। धीरे-धीरे कल्लू साहु के नौकर व आटा चक्की के चालक चौबे जी से मेरी दोस्ती सी हो गई थी। वह चक्की के पास जब भी लोगों द्वारा लाए गए गेहूं पीसते मैं भी चलती हुई चक्की की आवाज और गर्म आटे की सोंधी सुगंध का आनंद लेता।

यद्यपि अब मैं बड़ा हो गया था और एमए में पढ़ रहा था, कई साल पहले शुरू हुई दोस्ती आज भी कायम थी पर थोड़ी सी दूरी के साथ। मेरे गांव के बिल्कुल बगल से हाई वोल्टेज वाले बिजली के तार ऊंचे-ऊंचे खंभों से होकर अंतरराज्यीय इलेक्ट्रिक ग्रिड के रूप में फैले थे। शायद इन तारों की जरिए ओबरा थर्मलपावर स्टेशन से बनने वाली बिजली का प्रवाह यूपी तथा अन्य राज्यों में पावर सप्लाई के लिए होता था। इन्हीं तारों की बिजली से कल्लू साहु की चक्की व पंपिंगसेट जैसी सैकड़ों मशीनें चलती थी। मेरे गांव से थोड़ी दूर गंगा में एक बहुत बड़ा लिफ्टइरिगेश प्रोजेक्ट इसी

बिजली से चलता था। पाचंफीट ब्यास वाले पाइपों के जरिए गंगा नदी से पानी उठाकर बड़ी-बड़ी नहरों में प्रवाहित किया जाता था और फिर बड़ी- छोटी नहरों द्वारा खेतों में सिंचाई होती थी।

पिछली बार जब मैं चौबे जी के यहां चक्की पर आया था तो उन्होंने मुझे एक करिश्मा दिखाया था। उन्होंने एक ईख से गेंड़ा (ईख के बिल्कुल आगे वाला पत्तेदार हिस्सा) तोड़ा और हाई वोल्टेज तारों पर फेंक दिया था। थोड़ी देर बाद हरा गेंड़ा तार की गर्मी से पिघल कर और फिर पारदर्शी हरे रंग वाले शीशे की शक्ल लेकर जमीन पर गिर पड़ा था। थोड़ी देर में उन्होंने उसे उठाकर मुझे देखने को दिया था। मैं सचमुच अत्यंत आश्चर्यचकित था और विश्वास नहीं कर पाया था।

आज इलाहाबाद से आने के बाद जब मैं कुछ बच्चों के साथ बगीचे में आम तोड़ने आया तो मुझे चौबे जी का वह करिश्मा याद आ गया। हम रेंड़ के पेड़ तोड़कर लाए थे जो आम तोड़ने के लिए लट्ठ का काम करते। आम तोड़ने के बाद जब हम पंपिंगसेट के पास पहुंचे तो मैंने सारे बच्चों को - जो कि उम्र में मुझसे काफी छोटे थे - एक करिश्मा दिखाने को कहा। उन्हें हाई वोल्टेज तार के नीचे ले गया और ऊपर देखने को कहा क्योंकि चमत्कार ऊपर ही होने वाला था। मैं बड़ा था और इलाहाबाद में पढ़ता था। उन बच्चों पर रौब झाड़ने और अपनी बात मनवाने के लिए इतना काफी था। मैंने रेंड़ का मोटा पेड़ पूरी ताकत से तारों पर फेंका। पेड़ तार के ऊपर गया और फिर नीचे गिर गया। 'कुछ तो नहीं हुआ भैया' एक साथ बोल पड़े बच्चे। मैं दौड़कर गया और जमीन पर गिरा रेंड़ उठाकर देखने लगा। छोटी-मोटी खरोच के सिवा कुछ भी नहीं हुआ था। मैंने पेड़ को दूसरी बार तारों पर फेंका और फिर वही हुआ। पेड़ थोड़ी बहुत खरोचों के साथ रेंड का पेड़ बनकर ही रह गया। मैं तो हरे पेड़ को हरे कांच या मोम जैसा बनाकर बच्चों को चमत्कार दिखाना और उन्हें चकित करना चाहता था पर कुछ नहीं हुआ और मैं थोड़ी सी बेइज्जती वाली शक्ल बनाकर उनके साथ घर चलने को तैयार हो गया। सब को छोड़कर मैं फिर कुछ कदम पीछे की ओर आया और रेंड़ के पेड़ को फिर एक बार बिजली के तारों पर फेंक दिया। अरे यह क्या! तारों में तड़तड़ाहट होने लगी, साथ ही साथ भयंकर दूर तक फैलती चिंगारियां भी निकलने लगीं। मैं खुश होकर वहीं खड़े-खड़े अजीब और डरावना नजारा देखता रहा। बच्चे भी वापस मेरे साथ आ गए थे। मैं इसी इंतजार में था कि कब रेंड का पेड़ हरा कांच बनकर गिरे और मैं बच्चों को दिखाऊं पर यहां तो कुछ और ही हो रहा था। तड़तड़ाहट की आवाज और चिंगारियां बढ़ती जा रही थी। अचानक बम फटने

जैसा धमाका हुआ और तारों में से एक मोटा तार टूट कर जमीन पर गिर गया। तार में ऐंठन होने के कारण इसके दो सिरे विपरीत दिशाओं में भागने लगे। मैंने कभी उनके टूटने की कल्पना ही नहीं की थी और एक ही स्थान पर खड़ा भौचक्का हो सारा नजारा देख रहा था। सहसा तार का एक सिरा मेरे पैर से टकराया और मैं तेजी से गांव की ओर भागने लगा। सारे बच्चे पहले ही गांव की ओर भाग चुके थे। तार टूटने की भयानक आवाज सुनकर कई लोग गांव से बाहर निकल आए थे। मैं जैसे ही गांव में घुसने लगा बाहर खड़े लोग भला-बुरा कहने लगे।

मैं बहुत डरा हुआ था और घर में जाकर रसोई में मां के बगल में बैठ गया। मुझे गुमसुम देख कर मां ने कई सवाल एक साथ कर दिए –'क्या हुआ? किसी से झगड़ा हुआ क्या? कौन सी शैतानी किया अब? बोलता क्यों नहीं?' बेसब्री से मैं पिताजी का इंतजार कर रहा था। जो भी होना हो जल्दी हो जाए और मां के सामने हो जाए तो और अच्छा है। अचानक पिताजी के आने की आहट सुनाई दी और मैं माँ के और समीप हो गया। पिताजी पता नहीं क्यों रसोई में आए ही नहीं और बाहर वाले कमरे में बैठ गए। मेरी परेशानी बढ़ती जा रही थी और पिताजी की तरफ से कोई प्रतिक्रिया न आने से हालत और गंभीर होती जा रही थी। "चलो, जिंदगी भर का यश जो मैंने कमाया था, इस लड़के ने सब खत्म कर दिया। आज मैं क्षेत्र वालों को मुंह दिखाने लायक नहीं रह गया।..." पिताजी के स्वर में गुस्सा कम हताशा ज्यादा थी। मां के आगे पूछने पर पिताजी ने जो हालात बयां किए मैं सुनकर कांप गया। हाई वोल्टेज तार के टूट जाने से कल्लू साहु के पंपिंगसेट का ट्रांसफार्मर जल गया था, गंगा में लिफ्टइरिगेशन सिस्टम बंद हो गया था, तार के मीलों रास्ते में जितनी मशीनें बिजली से चल रही थी सब बंद हो गई थीं और उनमें कई खराब हो गई थी। टूटे तार के जिस भाग में करंट आ रहा था वह नहर की एक नाली में गिर गया था और नाली में बह रहे पानी में करंट खेतों में उस समय खिंचाई करने वालों को बदहवास कर रहा था। करंट वाले तार के अगले हिस्से में रह-रह कर तेज आवाज आ रही थी। दो गांव के बीच के रास्ते पर तार के गिर जाने के कारण रास्ता बंद कर दिया गया था।

धीरे-धीरे शाम होने लगी और आपदा को रोकने वाला कोई सरकारी आदमी भी नहीं आया। ग्राम प्रधान ने जलते हुए तार वाले क्षेत्र में रात में लोगों तथा पशुओं को आगाह करने के लिए चौकीदार की ड्यूटी लगाई। अब मेरी समझ में आ रहा था कि जो तार मेरे पैरों में आकर फंसा था वह तार का बिना करंट वाला हिस्सा था

जिसमें ऐंठन तो थी लेकिन बिजली नहीं थी। खैर, मैं तो बच गया था पर पिताजी की इज्जत खतरे में पड़ रही थी।

आज ही की तरह उस समय भी ऐसे लोगों की कमी नहीं थी जिनके लिए अच्छाई भी एक बुराई थी। ऐसे लोगों की संख्या हमेशा भले ही कम रही हो पर अच्छे लोगों को उनके पथ से विचलित कराने में एड़ी-चोटी का जोर लगाने से ये नहीं चूकते। सुबह से दोपहर हो गई थी और बिजली विभाग या किसी अन्य विभाग से कोई कर्मचारी नहीं आया था। करंट वाले तार से रात भर रह-रह कर घूं-घूं की आवाज आती रही थी और एक डर का माहौल क्षेत्र में फैला हुआ था। लगभग दोपहर के बाद एक दल के आने की खबर आई। दल में तीन-चार पुलिसवाले भी थे। दोषी लोगों के खिलाफ एफ आई आर दर्ज होने की बात होने लगी। बुरे लोगों का समय आ चुका था। क्षेत्र में पिताजी की लोकप्रियता और प्रसिद्धि पर चोट करने की योजना अंदर ही अंदर बनने लगी। लोगों की ईर्ष्या के लिए पिताजी की लोगों की भलाई करने, सहायता करने आदि गुणों के अलावा कुछ हद तक मेरी पढ़ाई भी जिम्मेदार थी। जिस जमाने में द्वार पर मात्र पुलिस का आ जाना ही एक संगीन घटना मान ली जाती हो, ऐसे में अगर परमानंद जी के छोटे पुत्र को एक दिन की जेल हो जाए तो इन्हें तो मजा ही आ जाएगा। पुलिस का नाम सुनकर मैं दूसरे गांव अपने एक रिश्तेदारी में बिना घरवालों को बताए ही भाग गया। एफ आई आर के लिए चक्की वाले कल्लू साहु के पुत्र, कुट्टन साहु को बुलाया गया। क्योंकि जिस समय यह दुर्घटना हुई वही पंपिंगसेट पर थे। जैसा मुझे पता चला कि पुलिस के यहां जाने से पहले कुट्टन साहु ने पिता जी से इस बारे में पूछा था और पिताजी ने अपने स्वभाव के अनुसार कह दिया था 'बेटा! गलत काम करने वाले को सजा तो मिलनी ही चाहिए, चाहे वह मेरा पुत्र ही क्यों ना हो? जो तुम्हें ठीक लगे करो।' कई लोगों ने साहु को तरह-तरह से मेरी नामजद रिपोर्ट लिखवाने के लिए अपने-अपने ढंग से उकसाया भी।

शाम होने लगी थी और मैं घर लौटने के बारे में सोच रहा था। संचार का कोई साधन न होने से केवल मैं ही जानता था कि मैं कहां हूं या तो वह लोग जिनके यहां मैं था। समाचार मेरे घर देने के लिए या तो रिश्तेदार के घर का कोई सदस्य मेरे घर जाता या मैं खुद पहुंचता। थोड़ा अंधेरा हुआ और मुझसे रहा न गया क्योंकि मां पिताजी की परेशानी मैं और बढ़ाना नहीं चाहता था। मैं अंधेरे का फायदा उठाकर खेतों से होता हुआ घर पहुंच गया। सब कुछ शांत था। मैंने रात का खाना खाया और सो गया।

सुबह मैं डरता-डरता उठा और अपने ऊपर किसी बड़ी आफत का इंतजार करने लगा। मां समझाते हुए पूछ रही थी कि इतने बड़े हो गए ऐसी शरारतें क्यों करते हो? मैं भोली भाली मां को क्या समझाता! गत कई वर्षों में घटित होने वाली घटनाओं में यही एक घटना थी जो शरारत नहीं थी। न मैंने शरारत के लिए बिजली के तारों पर रेंड़ का पेड़ फेंका था और न शरारत में तार को तोड़ा था। मैं तो चौबे जी द्वारा दिखाए गए चमत्कारी कारनामे को बच्चों को दिखाकर अपनी होशियारी दर्ज कराना चाहता था। एक हरे पौधे ने चौबे जी के साथ अलग सलूक किया था और मेरे साथ अलग। फिर पिताजी द्वारा अकसर कहीं जाने वाली ये पंक्तियां बरबस याद आने लगी थी-

"कुसमय मीत काको कौन?
कमल के रवि परम हित हैं, कहत श्रुति अस बैन,
देखि दुर्दिन पाइ कुसमय करत कमलहि दहन।
कुसमय मीत काको कौन?
व्याधि सर मृग भयहु घायल
छिप्यो भागि कानन गहन,
अंग शोणित भयहु बैरी, खोज दीन्हों पंथ।
कुसमय मीत काको कौन।"

अर्थ है- बुरे समय में आपका परम हितैषी भी शत्रु बन जाता है। कमल बिना सूर्य के देखे खिलता ही नहीं लेकिन तालाब का पानी गर्मी से सूखते ही कमल अपनी जलती किरणों से उसे भस्म कर देता है। इसी तरह कहा जाता है कि अपने खून से बढ़कर कुछ भी नहीं लेकिन जब शिकारी तीर से हिरण को मारता है और हिरण भागकर झाड़ियों में छिप जाता है तो जमीन पर गिरा हुआ उसका खून ही शिकारी को रास्ता बता देता है। खून की बूंदों का पीछा करते हुए शिकारी झाड़ी तक पहुंच जाता है और उसे पकड़ लेता है।

दो दिन बाद ही मेरा दुर्दिन भी आ धमका और मुझे चुनार-इलाहाबाद पैसेंजर से इलाहाबाद के लिए रवाना कर दिया गया।

छात्रावास में हालात ठीक वैसे ही थे जैसे पिछली गर्मी में। लगभग वीरान कैंपस में इक्के-दुक्के लोग ही रह रहे थे। मेस बंद थी और खाने-पीने के लिए कमरे में हीटर पर खिचड़ी पकाने या बाहर मार्केट में खाने के अलावा कोई रास्ता नहीं था। पिछले साल वाला दोस्त शुक्ला भी अभी गर्मियों की छुट्टी अपने गांव में मना रहा था। एमए फाइनल वर्ष के लिए कुछ किताबें ले आया लेकिन उन्हें पढ़ने में दिल नहीं लग रहा था। इसी बीच गांव से एक श्री हीरालाल दुबे आ गए। मुझसे दो-तीन साल उम्र में बड़े होंगे। मुझे खुशी हुई कि चलो कुछ दिन बोरियत दूर रहेगी। मगर हीरालाल तो पूरा हीरालाल निकले। जब भी मैं कहता कि चलिए बाहर चाय पी कर आते हैं तो बोलते अभी मन नहीं है आप मुझे चाय का पैसा ही दे दीजिए, मैं बाद में पी लूंगा। मैं चाह कर भी बाहर नहीं जा पाता था। दुकान पर एक दो बार तो उन्होंने मेरे साथ खाना खाया लेकिन फिर उनकी वही मांग सामने आ जाती।

इसी दौरान एक बार प्रयाग लाज - जहां मैं छात्रावास में आने से पहले एकसाल रहा था - एक दोस्त के यहां जाने का मौका मिला। दोस्त मिलते समय तो प्रसन्नता से गदगद था लेकिन विदा करते समय बेहद मायूस और कुछ क्रोधित। हुआ यह था कि एक तो हीरालाल ने 13 रोटियां खा ली थी जिसे कोयले की अंगीठी पर बनाने में उसे काफी मशक्कत करनी पड़ी थी। दरअसल लकड़ी के कोयले की आग बहुत देर नहीं रुकती और ढेर सारी रोटियां बनाने में मेरे मित्र को दो बार कोयला जलाना पड़ा था। चलो वह तो एक बात थी। हद तब हो गई थी जब मेरे चलने की बात कहने पर दोस्त ने चाय पीकर जाने को कहा था और हीरालाल ने वहां भी चाय का पैसा ही मांग लिया था। वह तो मैं तुरंत खाना खाने के बाद चाय पीना ठीक नहीं होता कहकर बात टाल दिया था। छह-सात दिनों के बाद हीरालाल जी ने अगले दिन गांव जाने की बात की तो मैंने उनसे एक फिल्म देख लेने की बात की। तय हुआ कि रात की 9-12 का शो लक्ष्मी सिनेमा हॉल में देखा जाए। लक्ष्मी सिनेमा हॉल बगल में ही कटरा मार्केट में पढ़ता था और वहां तक बड़े आराम से टहलते हुए जाया जा सकता था। सिनेमा हॉल के विषय में एक खास बात यह थी कि हॉस्टल का नाई नौ से बारह के शो में गेट पर टिकट चेकर का काम करता था। दरअसल हम लोग अकसर मेस में डिनर करने के बाद टहलते हुए लक्ष्मी टॉकीज पहुंच जाते थे और नाई जी की सहायता से अंदर बिना टिकट बैठ जाते थे। रात के 10-11 बजे का समय होता था और फिल्म का इंटरवल हुआ करता था। हम लोग 10-15 मिनट बैठते और फिर चले आते। लक्ष्मी टॉकीज के प्रबंधक को ये बातें पता थी लेकिन कभी उन्होंने

हस्तक्षेप नहीं किया था। आखिर उनकी आमदनी का एक बड़ा स्रोत छात्रावासों से ही तो आता था। खैर, हम लोग जल्दी शाम का खाना खाकर बाजार से ही सिनेमा हॉल जाने की योजना बनाने लगे। कटरा में प्रसिद्ध नेतराम के होटल में पूड़ी सब्जी खाकर हम आगे बढ़े। एकाएक हीरालाल जी रुक गए और बगल में उबल रहे दूध के कड़ाहे से एक कुल्हड़ मलाई वाला दूध पीने की इच्छा जाहिर की। दुकान पर काफी भीड़ थी। मुझे लग रहा था कि इस चक्कर में फिल्म न छूट जाए लेकिन हीरालाल जी अड़े रहे। खैर काफी देर बाद हमें कुल्हड़ में दूध मिला। दूध इतना गर्म था कि कुल्हड़ भी हाथ में पकड़ना मुश्किल हो रहा था। हीरालाल जी दुकानों के सामने बनी सीढ़ियों पर कुल्हड़ रखकर बैठ गए और मुझे भी बैठकर दूध के ठंडे होने का इंतजार करने को कहा। 9:15 बजने को आ रहे थे और मैं जल्दी पहुंचने के लिए उतावला हो रहा था। हीरालाल जी पर जैसे कोई खास असर नहीं हो रहा था। जैसे हमने दूध खत्म किया और हॉल की ओर आगे बढ़े। 'मजा आ गया, क्या दूध था यार! अब तो बस एक-एक बीड़ा मगही पान हो जाए बस!!' हीरालाल जी की खिली हुई बांछे और उनके ये शब्द सुनकर मैं तो हकपका ही गया था। एक दुकान मिली और हम एक-एक बीड़ा पान खाए और आगे बढ़े। अरे यह क्या? हीरालाल जी को जम्हाई पर जम्हाई आने लगी। फिर वह बोले–'यार, अब तो सोने का मन कर रहा है। फिर सुबह ही उठकर ट्रेन भी पकड़नी है। फिल्म भी आधी निकल चुकी होगी। ऐसा कीजिए, फिल्म के टिकट वाला पैसा ही दे दीजिए। मैं मिर्जापुर पहुंच कर देख लूंगा।' मैं सन्न रह गया। क्या हीरालाल जी का तरह-तरह के बहाने से देर करते जाना उनकी इस योजना में शामिल था? मुझे तो यही लगा था।

हीरालाल जी के जाने के बाद फिर मैं और मेरी तनहाई कमरे में रह गए। इसी बीच मुझे दो बातें बार-बार परेशान करती रही । पहली यह कि बिजली के तार काटने वाली जो दुर्घटना घटी क्या उसे मेरी शरारत या बदमाशी मानना उचित था? और दूसरी, पुलिस आने और कई लोगों के उकसाने के बावजूद मुझ पर या पिताजी पर कोई कार्रवाई क्यों नहीं हुई? हीरालाल जी के आने से दोनों बातों की सफाई मिल गई थी। मेरी तरफ से ऐसा न होते हुए भी मेरी हरकत को बदमाशी ही माना गया था। दूसरी बात में पिताजी की स्वाभाविक और सनातन महानता ने अपना रोल प्ले किया था। पुलिस को गांव व दूसरे गांव के कुछ लोगों ने कानाफूसी कर मेरे और पिताजी के खिलाफ कार्रवाई करने की बात की थी। पुलिस दल का मुखिया भी पिताजी की ईमानदारी और भलमनसाहत से वाकिफ था। उसने कल्लू साहु के लड़के

कुट्टन साहु को प्रत्यक्षदर्शी मानते हुए अपना बयान देने को बोला। कुट्टन साहु बड़े धर्म संकट में थे। क्षेत्र के ज्यादातर लोगों की तरह वह भी पिताजी को बेहद सम्मान की दृष्टि से देखते थे। उन्होंने अपने बयान में कहा कि जब यह घटना दोनों गांवों के बीच खेतों में घटी तो वह अपने चक्की की दुकान में अंदर थे। जब तेज धमाके की आवाज आई तो बाहर निकल कर देखने पर दूर कुछ लड़के दिखाई दिए। लेकिन तार किसने तोड़ा पता नहीं। लड़के किस गांव के थे या दोनों गांव के थे वह दूर से स्पष्ट देख नहीं पाए। प्रत्यक्षदर्शी गवाह की गवाही से कोई दुर्घटना का जिम्मेदार नहीं निकल पा रहा था। पुलिस मुखिया पिताजी की ओर मुड़ा और मुस्कराते हुए पूछा --'परमानंद जी, आपका क्या कहना है?' पिताजी ने जवाब दिया था-'साहब, पता नहीं किसने तोड़ा। हां! लड़कों के झुंड में मेरा लड़का भी था। अगर आप को दोषी लगे, तो कार्यवाही कीजिए। गवर्नमेंट का और साहु जी का नुकसान तो हुआ ही है।' हीरालाल जी ने बताया कि पुलिस ने प्रत्यक्षदर्शी गवाह कुट्टन साहु का बयान मानते हुए अपनी कार्रवाई पूरी की और चले गए थे।

एम ए फाइनल की कक्षाएं शुरू हो चुकी थी। ज्यादातर छात्र हॉस्टल में आ चुके थे। मेस के शुरू हो जाने से मुझे बड़ी राहत मिली। अब बाजार में इधर-उधर खाने-पीने के चक्कर में समय बर्बाद न कर पढ़ाई के लिए जुट जाने का समय था। मेरे लक्ष्य का यह अंतिम फाटक था। क्या होगा? पता नहीं। क्या मैं इस फाटक को भी उसी तरह तोड़ पाऊंगा जैसे अतीत में हुआ या अभिमन्यु की तरह लक्ष्य से ठीक पहले अटक जाऊंगा। मैं जब भी इस असमंजस में पड़ता मुझे पिताजी की गीता वाली बात याद आ जाती। फल के ऊहापोह को मन में लेकर कर्म करना अपने कठिन प्रयास में विचलित हो जाने का मार्ग खोलने जैसा है। मनुष्य का कर्म पर अधिकार तो है पर फल पर नहीं। मैंने एक टाइम टेबल बनाया और लक्ष्य के अंतिम फाटक को तोड़ने में जुट गया। जैसा मैंने पहले बताया है कि मुझे 60 रुपए महीने की छात्रवृत्ति मिलती थी और मेस का माहवारी चार्ज भी 60 रुपए था। बाकी खर्च के लिए भाई साहब समय-समय पर आकर पैसे दे जाते थे। फिजूलखर्ची की आदत शुरू से ही नहीं थी इसलिए मिले हुए पैसे में मैं अपना बंदोबस्त कर लेता था। आज की तरह उस समय भी झूठ, चाटुकारिता, दिखावा और धूर्तता जैसे गुणों से भरपूर लोगों का जीवन अधिक सुगम और सफल होता था। जिनमें यह गुण नहीं थे उन्हें सफल होने के लिए पग-पग पर संघर्ष और अवहेलना, ईर्ष्या और तिरस्कार का सामना करना पड़ता था। संस्कारवश मैं दूसरी कैटेगरी में आ पड़ा था। एम ए -प्रथम वर्ष में जन्मी स्पर्धा फाइनल वर्ष में ईर्ष्या और द्वेष की चाशनी में पड़कर गला-काट हो गई थी।

धीरे-धीरे मुझे आभास होने लगा कि कुछ खास अध्यापकों के निर्देशन में पीएचडी करने से इंकार कर देना एक बड़ी भूल थी। एमए करने के बाद कोई पीएचडी करे या न करे उसकी मर्जी थी। मैं चाहता तो सबसे मुखर और लड़ाकू प्रवृत्ति वाले अध्यापक सिंह साहब के निर्देशन में पीएचडी करना कह कर काफी लाभान्वित हो सकता था। लेकिन अभी-अभी आपको बताया कि संस्कार गत विरोध के कारण मैं झूठ नहीं बोल पाता था। शायद मैं कोशिश करता भी तो जरूर पकड़ा जाता। ईश्वर और मेहनत में मेरी अटूट निष्ठा एवं विश्वास था। एक डॉक्टर का लड़का अगर डॉक्टर बन गया तो क्या तीर मारा? एक पुलिस या प्रशासनिक ऑफिसर का बेटा आईपीएस या आईएएस बन गया तो क्या तीर मारा? एक जज का बेटा बहुत बड़ा वकील या जज बन गया तो कौन सी बड़ी बात हो गई? पर एक किसान का बेटा मिडिल स्कूल में टीचर हो गया तो......? तो उसने जरूर तीर मारा। पायदान पर ध्यान दीजिए जहां से छलांग लगाई गई है और उस ऊंचाई को देखिए जहां पर पोजीशन ली गई है। है न एक

उड़ान? जिसे छूने के लिए पायदान वाले को दोनों हाथ ऊपर उठाना और जंप करना पड़ेगा। उक्त भावना मेरे मन में जन्म तो एमए- प्रथम वर्ष में ही ले ली थी लेकिन अंतिम वर्ष में आते-आते मुखर होने लगी थी।

मैं तथाकथित एडवांस्ड और कान्वेंटरिटर्न साथियों से तर्क-वितर्क करते समय इन बातों को रखता। आईएएस बाप के आईएएस बेटे की स्थिति में उड़ान कहा है (व्हेयर इज द राइज)? तर्क अपना असर करता और मुझे अपनी डिग्निटी को स्थापित करने में मदद करता। छात्रावास में पढ़ाई को लेकर जबरदस्त स्पर्धा थी। खुशी की बात यह थी कि प्रतिस्पर्धा पूर्णतया सकारात्मक थी। कौन एक दिन में कितने चैप्टर खत्म कर रहा है? कौन कितने घंटे पढ़ रहा है या कौन छुट्टियों में भी घर नहीं जा रहा है और छात्रावास में रहकर परीक्षा की तैयारी कर रहा है आदि-आदि।

भूगोल विषय में प्रैक्टिकल का अपना महत्व है। जब तक आप प्रैक्टिकल में महारत हासिल नहीं करते, सारा किताबी ज्ञान लगभग महत्वहीन है। पहाड़, नदी, घाटियां, गार्जेज, पानी, हवा तथा वर्षा के कटाव के फल स्वरुप बनी आश्चर्यजनक प्राकृतिक आकृतियां, रेगिस्तान, जंगल, विभिन्न चट्टानों का स्वरूप वह विवरण पृथ्वी के ऊपरी सतह से लेकर उसके केंद्र में दहकती पिघली हुई चट्टानों (लावा) तक को दिखाती ग्लोब का उर्ध्वाकार क्रॉससेक्शन, ग्लोब को फ्लैट पेपर या सतह पर प्रदर्शित करने वाले तरह-तरह के अक्षांश-देशांतर के ग्रिड (प्रोजेक्शन) और धरातल पर टाउन प्लानिंग जैसी योजनाओं के लिए किए जाने वाले तरह-तरह के सर्वेक्षण - सब कुछ किताबों से इतर एक अलग ही आयाम प्रस्तुत करते हैं जब इन्हें प्रैक्टिकल के स्तर पर किया जाता है। भूगोल का एक स्नातकोत्तर छात्र जब एक नदी को देखता है तो वह केवल उसके बहते पानी को नहीं देखता। उसके जहन में पहाड़ से निकलती एक पतली किंतु वेगवती जलधारा से लेकर सर्पाकार बहती और एक किनारे को काटती तथा दूसरे को पाटती, तलहटी को खंगालती पूरे क्षेत्र को एक अलग ही लैंडस्केप देती हुई नदी का विस्तृत प्रारूप जीवित हो उठता है। इसी तरह एक पहाड़ को देखते ही पृथ्वी के भूगर्भ में हजारों वर्ष पूर्व भूकंप या ज्वालामुखी या अन्य शक्तियों से जो भीषण हलचल हुई होगी और जिसके फलस्वरूप पृथ्वी का एक समतलीय बहुत बड़ा क्षेत्र उठ कर विशाल दूह के रूप में प्रकट हो गया होगा - जैसी परिकल्पना उसके दिमाग में घूम जाती है। फिर भीषण दबाव व खिंचाव के कारण समानांतर फैली अंदर की चट्टाने लहरदार या टेढ़े-मेढे स्वरूप में मुड़कर पहाड़ को उसका स्वरूप देकर पूरे एक समतल क्षेत्र को नया भौगोलिक स्वरूप प्रदान कर दी होगी- जैसे विचार मन में

कौंध जाते हैं। ऐसा इस लिए होता है कि इन प्राकृतिक और भौगोलिक क्रियाओं को उसने प्रैक्टिकल रूप में लैब में समपटल पर रेखांकित किया होता है।

प्रैक्टिकल की इसी महत्वपूर्णता के कारण भूगोल की स्नातकोत्तर कक्षाओं में इसके लिए काफी अंक रखे जाते हैं। यह अंक किसी विद्यार्थी की पोजीशन को बेहद रूप से प्रभावित करने की क्षमता रखते हैं। यह बात अलग है कि इस प्रैक्टिकल का गणित मेरे पक्ष में नहीं था। प्रैक्टिकल का पूरा का पूरा कंट्रोल उन अध्यापकों के हाथ में था जो मुझे पसंद नहीं करते थे। मैं इस बात से वाकिफ था और इसीलिए प्रारंभ से ही लिखित प्रश्न पत्रों की तुलना में प्रैक्टिकल कार्यों में ज्यादा मेहनत कर रहा था।

परीक्षा की तारीख का ऐलान हो चुका था। मेरा परीक्षा केंद्र विश्वविद्यालय का सीनेटहॉल था। एक-एक कर सारे प्रश्न पत्र हो चुके थे और मेरे हिसाब से ठीक हुए थे। बस प्रैक्टिकल ही रह गया था। मन में थोड़ी हिचक जरूर थी लेकिन प्रैक्टिकल की तैयारी को लेकर नहीं अपितु प्रैक्टिकल में अंक देने वाले परीक्षकों को लेकर। परीक्षा शुरू हुई और कार्टोग्राफी से संबंधित चार प्रश्नों को डायग्राम व रेखा चित्रों के जरिए एक बड़े से मोटे पेपर सीट के दोनों ओर हल करना था। सीट के दोनों तरफ दो-दो प्रश्नों का हल। ये सारे डायग्राम गाढ़ी काली स्याही, जिसे वीटोइंक कहा जाता था, से बनाया जाना था। मुझे चारों प्रश्नों का हल अच्छी तरह मालूम था। मैंने सीट के दोनों तरफ दो-दो डायग्राम बनाए और शीट जमा करने से पहले बचे 10 मिनट में जल्दी से पुनरावलोकन (रिवीजन) करने लगा। अचानक मेरा एक हाथ वीटो की शीशी पर लगा। शीशी सीट के ऊपरी हिस्से पर लुढ़क गई। परीक्षाओं में प्रयोग होने वाली टेबल की तरह यह टेबल भी ढाल वाली (स्लैंटेड) टेबल थी। इंक की शीशी से गहरा काला इंक निकला और सीट के ऊपरी बाएं कोने से बहता हुआ नीचे की ओर आने लगा। मेरा पहला डायग्राम धीरे-धीरे आंशिक रूप से ढकने लगा और फिर देखते-देखते दूसरा। इंक ऊपर बाएं कोने से बहती हुई नीचे दाहिने कोने को पार कर टेबल पर गिर रही थी। नीचे गिर रही स्याही के साथ-साथ मेरा प्राण सूखता जा रहा था। समय समाप्त होने में लगभग पांच मिनट रह गए थे और मैं पसीने से भीग चुका था। परीक्षक ने समय समाप्त होने की घोषणा की और मेरी आंखों में आए आंसुओं ने सब कुछ धुंधला कर दिया। मैं अपनी सीट पर हतप्रभ बैठा रहा। एक परीक्षक आई और मुझे चुप कराने लगी। सीनेटहॉल लगभग खाली हो गया था और परीक्षक उत्तर पुस्तिकाएं यानी डायग्राम सीट सहेजने में लगे थे। एक परीक्षक और आ गए और मेरी दुर्दशा देखकर सहानुभूति जताते हुए चुप कराने लगे। एक चपरासी बुलाया

गया और उसने टेबल साफ किया। कुछ इंक मेरी जांघों पर भी गिर गई थी। मैं खड़ा अपनी जिंदगी के सपनों को चूर होता देख रहा था। धीरे-धीरे मैं हताश हो हॉल के बाहर निकला और छात्रावास जाकर चुपचाप लेट गया

मन में तरह-तरह के विचार उठ रहे थे। कभी सोचता कि डायग्राम के बचे हिस्सों से परीक्षक अंदाजा लगा लेगा कि छात्र ने प्रश्न सही ढंग से हल किया है और सहानुभूति में नंबर दे देगा। कभी मन में आता कि वह ऐसा क्यों करेगा? कभी सोचता कि दो प्रश्नों में से एक को सही मानकर कुछ नंबर दे देगा। दुर्भाग्य ने बहुत ही बुरा खेल खेला था। अगर स्याही सीधे ऊपर से नीचे टेबल के ढाल के सहारे बहती हुई आई होती तो केवल एक प्रश्नोत्तर का नुकसान हुआ होता पर ऐसा नहीं हुआ था। उत्तर सीट जांचने वाले परीक्षकों का मेरे प्रति अब तक रहा रवैया सारी आशाओं पर पानी फेर रहा था। अभिमन्यु चक्रव्यूह के सातवें द्वार पर फंस गया था और हार मुंह बाए खड़ी थी। कुक्कुड़ूं-कूं से शुरू हुई विजय यात्रा मेरे कारण नहीं, नियति के कारण पराजित हो रही थी। शायद मैं मास्टर बनने के सपने से खेतों की ओर लौट रहा था। मैं शाम के खाने के लिए मेस नहीं गया और गीली आंखों में ही सो गया।

मैं एमए के परीक्षाफल की घोषणा तक छात्रावास में रुकना चाहता था। घटना-दुर्घटनावश मेरा ज्यादातर ग्रीष्मावकाश वीरान और मेस सेवा रहित छात्रावास में बीता था और इसलिए इन सुविधाओं के अभाव में भी छात्रावास में रहना मैंने सीख लिया था। पर कुछ ऐसे हालात सामने आने लगे कि मैंने अपने गांव का रुख कर लिया। सीनेटहॉल की घटना को मेरे प्रतिद्वंद्वियों ने भी देखा था क्योंकि उनकी सीटें भी उसी हॉल में थी। इस बीच वे मेरे कमरे पर आने लगे थे और तकलीफदेह सहानुभूति और सांत्वना देने लगे थे। वे मेरे घाव को कुरेदते और हरा रखने की कोशिश करते। मैं गांव चला आया।

यह ग्रीष्मावकाश काफी शांत गुजर रहा था। खेती में करने के लिए कुछ खास नहीं था। बैलों के न होने से सानी-पानी की जहमत भी न थी। केवल घर में पीने के लिए पानी और भैंस के लिए चारा पानी की व्यवस्था से संबंधित कार्य रह गया था। भाई साहब कॉलेज में अध्यापक हो चुके थे और गृहस्थी को पूर्णतया अपने हाथों में लेकर पिताजी को भजन-पूजन के लिए स्वतंत्र कर दिए थे। रहता तो मैं गांव में घर पर था लेकिन मेरा मन हमेशा परीक्षा फल के बारे में सोचता रहता था। गांव में सामाजिक ताना-बाना और बिखर चुका था। सभी अपनी-अपनी चारदीवारी

में कैद रहना पसंद करते थे और एक-दूसरे के यहां आना-जाना लगभग समाप्त था। वातावरण में नीरसता थी। परीक्षाफल को लेकर चिंतित मन कुछ उल्टी-सीधी बातें सोचने में असमर्थ था। आपके लिए इस ग्रीष्मावकाश में मेरी तरफ से कोई घटना या दुर्घटना नहीं है।

कुछ दिन घर पर रहने के बाद परीक्षा फल आने के पूर्व ही मैं इलाहाबाद आ गया। देखते-देखते वो दिन भी आ गया जिस दिन परिणाम आने वाला था। मैं भूगोल विभाग गया और बोर्ड पर चिपकाया गया परिणाम देखने लगा। तीन छात्र प्रथम श्रेणी में उत्तीर्ण हुए थे। मेरा नाम ऊपर से दूसरे नंबर पर था। चार्ट में अंकों का विवरण नहीं था अतः स्पष्ट नहीं हो रहा था कि किसके कितने अंक हैं। मुझे जो चाहिए था मिल चुका था–फर्स्टक्लास। बाद में मार्कशीट से पता चला कि सिंह ग्रुप का चहेता छात्र मुझ से आधेप्रतिशत अंक ज्यादा पाया था। 62.5%और 63%। प्रैक्टिकल में वही हुआ था जो होना था। चारमें से दोप्रश्नों में प्राप्तांक शून्य थे। खैर,फोर-फर्स्ट-क्लास की पदवी सिर्फ मेरे पास थी। मैं अपने को रोक नहीं पाया और ईश्वर, मां, पिताजी, भाई साहब और मुझे आठवीं से दसवीं तक पढ़ाने वाले कुछ खास अध्यापकों को धन्यवाद देते हुए रो पड़ा। पर यह आंसू सीनेटहॉल में बहे आंसू से बिल्कुल अलग थे। यह जिंदगी के लक्ष्य को पा लेने की खुशी के आंसू थे। इस बेहद संघर्ष पूर्ण यात्रा वाली सफलता के लिए कुक्कुड़ूं-कूं के जन्मदाता श्रीमान मुर्गा जी और मेरे ऊपर कई बार इसका सफल प्रयोग करने वाले श्रीमान अध्यापक जी का तहे दिल से शुक्रगुजार था। मैं अपने दोस्त शुक्ला के साथ सिविल लाइंस हनुमान मंदिर गया और लड्डू चढ़ाया। इसके बाद बगल में ही रोड के किनारे खड़े आइसक्रीम वाले से तिकोने कुल्हड़ (कोन) वाला आइसक्रीम लिया और आइसक्रीम से भी ज्यादा चाव से उसके खपरैल वाले कुल्हड़ को खाया। इधर-उधर ध्यान भी देता रहा कहीं कोई मुझ पर हंस तो नहीं रहा है। कौन जाने किसी और पैड़ापुर से कोई जग्गन गांव से अपना सपना लेकर इलाहाबाद आ गया हो!!

हम दोनों छात्रावास आए। शाम को प्रयाग लाज के वकील साहब के सुपुत्र को भी साथ लिए और एक फिल्म देखने चले गए। एमए का परीक्षा परिणाम निकल जाने के बाद मैं एक बार तो जिम्मेदारियों से मुक्त हो गया था। पोस्टग्रेजुएट कॉलेज या किसी यूनिवर्सिटी में प्रवक्ता के लिए मैं कई अखबारों को खंगालता रहता था। कभी-कभी भूगोल विभाग में भी आता था। अब मुझे पसंद नहीं करने वाले विभाग के अध्यापक भी प्रेम से बात करते थे। बीच-बीच में उनके दिशा निर्देशन में पीएचडी करने की जिद्द

भी होती थी। मेरे तीनों प्रतिद्वंदी भी अब मित्र बन चुके थे और उन्होंने किसी न किसी प्रोफेसर के निर्देशन में पीएचडी ज्वाइन कर लिया था। पीएचडी ज्वाइन करने का काफी दबाव था पर मेरी जरा भी रुचि नहीं थी। तरह-तरह के बहाने बनाकर मैं बात को टालता जा रहा था।

इसी बीच इलाहाबाद यूनिवर्सिटी के अंतर्गत आने वाले मात्र दो कॉलेजों में से एक इविंग क्रिश्चियन डिग्री कॉलेज (ईसीसी) में प्रवक्ता की जगह निकली। तब मुझे लगा कि अगर इस कॉलेज में हो गया तो समझो मैं इलाहाबाद यूनिवर्सिटी में ही प्रवक्ता बन गया और इससे अच्छा क्या हो सकता था। धीरे-धीरे कॉलेज के विषय में कुछ और जानकारियां मिली। बहुत ही रेपुटेशन वाला कॉलेज था। क्रिश्चियन संस्था होने के कारण विदेशों से भरपूर आर्थिक मदद मिलती थी। फिजिक्स, केमिस्ट्री और बायोलॉजी के लैब यूनिवर्सिटी के लैब से भी बेहतर थे। आलीशान इमारत और स्वच्छ व सुंदर कॉलेज के सभी छात्रावास काफी आकर्षक थे। आवेदन करने के बाद एक बार मैं साइकिल से प्रांगण का चक्कर भी लगा आया था। तभी एक समाचार ने मेरी आशाओं पर पानी फेर दिया। बताया गया कि कॉलेज में केवल क्रिश्चियन टीचर ही रखे जाते हैं और उस समय तक एक भी नॉन-क्रिश्चियन टीचर कॉलेज में नहीं था। यही नहीं संस्था पर क्रिश्चियनिटी इतनी हावी थी कि कुछ वर्षों पहले तक तो छात्र भी केवल क्रिश्चियन ही लिए जाते थे। यह भी बताया गया कि कॉलेज के प्रिंसिपल मिस्टर जॉब निहायत ही कठोर स्वभाव वाले व्यक्ति थे।

ऐसे हालात में मैं संस्था में प्रथम नॉन-क्रिश्चिन टीचर बनकर पहुंच जाऊं -सीधे-सीधे एक असंभव बात थी। फल के विषय में तर्क-वितर्क किए बिना कर्म करते जाओ क्योंकि 'होइहि सोइ जो राम रचिराखा, को करि तर्क बढ़ावहि शाखा'- पिताजी द्वारा दिया गया मूल मंत्र मेरे अंदर इतना उतर चुका था कि जब भी मैं छोटी या बड़ी समस्या या संशय में पड़ता, थोड़ा-बहुत परेशान होने के बाद इसी मूलमंत्र के सहारे सब कुछ छोड़कर आगे बढ़ जाता। कुछ दिन बाद भूगोल विभाग में घूमता-घामता एक दिन पहुंच गया। कार्टोग्राफर जी से मुलाकात हुई। पूछने पर कि आजकल मैं क्या कर रहा हूं, मैंने ईसीसी में प्रवक्ता के लिए आवेदन देने की बात उनसे बताई। इसी के साथ क्रिस्चियन न होने के कारण अपने चुनाव में संदेह की बात भी उनसे की। 'बिल्कुल होना चाहिए। तुम्हारा इतना बढ़िया रिकॉर्ड है। फोर-फर्स्ट-क्लास कैंडिडेट तुम्हारे सिवा वहां होंगे ही नहीं... आओ मेरे साथ' -कहते हुए मुझे विभागाध्यक्ष के पास ले गए और सारी कथा सुनाई। कार्टोग्राफर साहब खुद भी मुसलमान थे लेकिन विभाग

के सारे छात्र उनकी इज्जत करते थे। मेरी पैरवी करते हुए उन्होंने विभागाध्यक्ष से कहा-'सर! अगर एक ही फोर-फर्स्ट- क्लास वहां पहुंचता है तो उसका चयन तो होना ही चाहिए। अगर कोई और काबिल या पीएचडी वाला पहुंच जाए तो बात और है।' प्रोफेसर साहब ने 'देखते हैं क्या हो सकता है' कहा और हम वापस भाई जान के कमरे में आ गए। रिसर्चस्कॉलर बन गए अपने कुछ साथियों से मिला और अपने कमरे पर आ गया।

साक्षात्कार का पत्र मिलने पर कम से कम यह आशंका तो दूर हो गई कि नॉन-क्रिश्चियन होने से कहीं प्रारंभिक जांच में ही मेरा आवेदन रद्द न कर दिया गया हो। साक्षात्कार का दिन आया और मैंने जमकर प्रश्नों के उत्तर दिए। मुझे याद है कि बोर्ड की एक सदस्य ने क्रिश्चियन न होते हुए भी इस संस्था में आवेदन करने और सिलेक्शन हो जाने की अवस्था में असहज महसूस करने से संबंधित प्रश्न पूछा था। मैंने बहुत सहज ढंग से उत्तर दिया था कि मेरी क्रिश्चियन या क्रिश्चियेनिटी की एक धर्म के रूप में अधिक जानकारी नहीं है। मैं यहां एक भूगोल के शिक्षक के रूप में आने का इच्छुक हूं। एक हिंदू होते हुए मानवीय मूल्यों को बहुत महत्व देता हूं और मेरा मानना है कि धर्मों के मानव मूल्य एक ही हैं चाहे वह क्रिश्चियनिटी हो या हिंदू धर्म। इसमें विरोध कहां है? बोर्ड के सदस्यों की मुस्कुराहट मुझे सहज बना रही थी और लगभग एक घंटे हुए साक्षात्कार में मैंने कई प्रश्नों के उत्तर बेबाकी से दिए। फल के बारे में बिना अधिक परेशान हुए मैं अपना कर्म करके छात्रावास लौट आया। जिंदगी का लक्ष्य सामने तो था पर गर्मी की प्रचंड तपती दोपहरी में मरीचिका के बीच पड़ी वस्तु की तरह कभी मिलता हुआ तो कभी ओझल होता हुआ प्रतीत होता। क्या मैं उस कॉलेज में प्रथम नॉन-क्रिश्चियन प्रवक्ता बनने जा रहा था या एक खयाली पुलाव मात्र कुछ दिनों के लिए पक रहा था? प्रभु यीशू ही जाने!

10-15 दिन बीते होंगे कि एक रजिस्टर्ड पत्र मिला जिसके ऊपर इविंग क्रिश्चियन कॉलेज का लोगो सहित नाम लिखा था। कहीं रिग्रेटलेटर तो नहीं? पत्र खोला और देखा कि लक्ष्य मेरे हाथ में था। खुशी को यहां लिख पाना संभव नहीं है। कुक्कुड़ूं-कूं के जनक और मानव शरीर पर सफल प्रयोग करने वाले मास्टर जी दोनों की मार फिर एक बार ताजा हो आई। साथ ही साथ मास्टर जी का चेहरा भी। इलाहाबाद विश्वविद्यालय के कॉलेज में प्रवक्ता हो गया था। किसान पिताजी के आशीर्वाद के साथ पैड़ापुर गड़ैया और महेवा नदी-नालों को तैरकर मैंने यह सफर तय किया था। उपलब्धि वास्तव में लक्ष्य से भी अधिक थी। मिडिल स्कूल में मास्टर बनने निकला

था और आज एक प्रेस्टीजियस कॉलेज में प्रवक्ता हो चुका था। लक्ष्य से अधिक इस प्राप्ति ने मुझे एक ऐसी संतुष्टि दी जिसने मेरे पूरे जीवन को बदल कर रख दिया। मैं इस भौतिक जगत में कभी भी और संतुष्ट हुआ ही नहीं।

हमेशा ऐसा लगता रहा कि ईश्वर ने मुझे मेरी चाहत से काफी ज्यादा दिया और कुछ अधिक पाने की लालसा मेरे अंदर जन्म ही न ले सकी। परन्तु जीवन में अकर्मण्य होकर ठहर तो नहीं सकते। कर्म करते रहने के फल स्वरूप आगे के जीवन में कुछ और मिला या मिला हुआ खो गया - इसका जीवन पर कोई खास असर नहीं पड़ा। आने वाली चीजों को दिल खोलकर मैंने स्वागत किया और जाने वाली का तहे दिल से शुक्रिया। न कोई गिला न शिकवा। कालांतर में जैसे-जैसे सोच में प्रौढ़ता आई 'जो मिल गया उसी को मुकद्दर समझ लिया'... 'हानि-लाभ, जीवन-मरण, यश-अपयश विधि हाथ, और'सुखे दुखे समेकृत्वा लाभालाभौ जयाजयौ' जैसे विचारों ने मेरे अंतर्तम में जड़ जमा ली। इस भावना ने जीवन में एक स्थायित्व को जन्म दिया जिसका सुख मुझे जीवन भर मिलता रहा। कुक्कुडूं-कूं से कुछ रोष व प्रतिशोध लिए उठी प्रेरणा आज प्रवक्ता वाले पत्र को देखकर पूर्णतया शांत और संतुष्ट थी। न कोई रोष न प्रतिशोध बल्कि केवल कारण बने लोगों के प्रति कृतज्ञता।

हॉस्टल की लाइफ मजे से चल रही थी। प्रवक्ता हो जाने के बाद मेरा धनाभाव भी समाप्त हो गया था। बस परेशान करने वाली बात एक ही थी कि पूरे छात्रावास में मेरे सिवा एक भी छात्र प्राध्यापक होने की बात नहीं करता था। जिसको भी देखो वह आईएएस की तैयारी कर रहा था। शुरू में तो मेरे मन में आया कि छोड़ो यह बला मेरे जैसे लोगों के लिए है ही नहीं। इसके लिए हाई-फाई स्टेटस वाले छात्र ही बने हैं, मैं मास्टर ही ठीक हूं। सहसा एक घटना घट गई। मैं छात्रावास के दोस्तों के साथ मेस में ब्रेकफास्ट कर रहा था। इसी बीच एक लगभग प्रौढ़ से दिखने वाले सज्जन लुंगी और शर्ट पहने मेस में आ गए। मैंने उनको पहले देखा नहीं था। उनके आते ही सारे दोस्त खड़े हो गए और एक स्वर से बोल उठे - गुड मॉर्निंग सर!! उन्होंने अजीब नजरों से पहले सब को देखा और मुझ पर भी एक उड़ती नजर डालते हुए चेयर पर बैठ गए। सब कुछ इतनी जल्दी हुआ कि मैं गुड मॉर्निंग सर नहीं बोल पाया। कारण यही था कि मैं उन्हें पहचानता नहीं था। उन्होंने मेस के कुक भगेलू को ब्रेड-आमलेट का आर्डर दिया और मेरी तरफ मुखातिब हुए। 'हां तो जेंटलमैन! कौन है आप? सीनियर्स को विश करने नहीं आता?'- बोले गुस्से में। 'मैं आपको पहचानता नहीं सर! पहले कभी देखा नहीं।' - मैंने जवाब दिया। तभी मेरे बगल बैठे मेरे दोस्त ने मुझे थर्ड ईयर की सिन्योरिटी वाला छात्रावासी बताते हुए ईसीसी में अभी-अभी लेक्चरर होने की बात बताई। 'अच्छा तो मास्टर है!!' थोड़ा मुंह बिचकाते हुए बोले और नाश्ता करने लगे। वह जब तक नाश्ता किए मेस के डाइनिंगहॉल में एक अजीब सी खामोशी छाई रही। सारे दोस्त नाश्ते की प्लेट से एक-एक टुकड़ा उठा कर खा रहे थे मानो उनके जाने का इंतजार कर रहे हो। थोड़ी देर में वह उठे और एक बार फिर खा जाने वाली नजर मुझ पर डालते हुए चले गए। फिर मेरा एक दोस्त बोला-'अरे यार! यह तूने क्या कर दिया? यह क्यों बोल दिया कि तू इन्हें जानता नहीं? अबे ये तिवारी जी हैं, 9 साल से हॉस्टल में हैं। पिछले दो-तीन साल से आईएएस दे रहे हैं। पिताजी इनके कहीं पर डिस्ट्रिकजज हैं।' मैं सहमा जरूर लेकिन डरा नहीं। डरने का कोई कारण भी नहीं था। मैंने बस इतना कहा - 'तो मैं क्या करूं यार, मैं इनको सचमुच नहीं जानता।'

धीरे धीरे पता चला कि तिवारी जी अकेले ऐसे छात्र नहीं है जो ग्रेजुएशन फिर एलएलबी, फिर एलएलएम, फिर पीएचडी या कोई और कोर्स यूनिवर्सिटी में इसलिए करते जा रहे हैं जिससे वे हॉस्टल में बने रहे और आईएएस बनकर निकलें। मजे की बात तो यह थी कि मेरे बगल में बैठे सारे के सारे दोस्त भी इसी तरह का कोई ऑफिसर बनना चाह रहे थे और जरूरत पड़ी तो हॉस्टल में बने रहने के लिए वह

कितनी भी कक्षाएं या कोर्स ज्वाइन करने को तैयार थे। स्वाभाविक भी था क्योंकि ऐसा करने के लिए उनके पास पैसे की कोई कमी नहीं थी। पिताजी लोग पहले से ही ऑफिसर थे और गलत-सही ढंग से काफी पैसे कमा रखे थे। घटना के बाद लुंगी वाले कई सीनियर मुझे दिखने लगे, मैं जब भी इनके पास से गुजरता थोड़ी ऊंची आवाज से गुड मॉर्निंग सर बोलता बिना जाने कि वह है कौन। उधर दूसरी ओर मेरे हॉस्टल में रहने को लेकर विवाद होने लगा। मैंने अब तक के जीवन में अच्छी तरह जान लिया था कि मुझे आराम और आसानी से कुछ भी मिलने वाला नहीं था।

हॉस्टल अथॉरिटीज के अनुसार अब मैं विश्वविद्यालय में किसी भी क्लास या कोर्स में रजिस्टर्ड नहीं था इसलिए छात्रावास खाली करना पड़ेगा। अब मुझे बाहर शहर में किराए का कमरा लेकर रहना पड़ता। वैसे तो छात्रावास में आने और अपने लक्ष्य की पूर्ति मैं कर चुका था लेकिन अब फिर बाहर जाकर खाना बनाना, बर्तन मांजना और झाड़ू पोंछा लगाना कठिन लग रहा था। फिर छात्रावास जीवन का एक अलग ही आकर्षण था। मैं इस हालात के लिए अपने को तैयार नहीं कर पा रहा था कि एक दोस्त ने मेरी समस्या ही हल कर दी। उसने बताया कि छात्रावास में किसी सदस्य का गेस्ट बनकर रहने का प्रावधान था और मैं ऐसे ही अपने एक दोस्त का गेस्ट बनकर रहने लगा। वार्षिक समारोह का समय आ रहा था। अथॉरिटी की तरफ से कहा गया कि छात्रों को वार्षिक समारोह मनाने या टीवी लगवाने में से किसी एक को चुनना था। लगभग सभी छात्रों ने वार्षिक समारोह की बलि देकर टीवी लगवाना चुना। अब आप समझ सकते हैं कि किस जमाने की बात कर रहा हूं। टीवी का एंटेना कुतुबमीनार की ऊंचाई से टक्कर ले रहा था क्योंकि रिले लखनऊ से होना था। आप हालात को और समझ सकते हैं जब यह बताया गया कि इलाहाबाद यूनिवर्सिटी के छात्रावासों में टीवी पाने वाला एकमात्र छात्रावास हमारा छात्रावास था। इस बात से यह भी अंदाजा लगाया जा सकता है कि हम लोगों के सामान्य ज्ञान का स्तर क्या रहा होगा। टीवी कॉमन रूम में रखा गया था और श्याम श्वेत चित्र देखने को मिलते थे। मैं या मेरी सेन्योरिटी के छात्र कॉमन रूम में जाने में हिचकते थे। मैंने एक दिन हिम्मत की और रूम में पर्दा हटा कर चला गया। बड़ी गलती हो गई थी क्योंकि वहां चार-पांच लुंगी सेन्योरिटी वाले छात्र ही सोफे पर पसरकर टीवी देख रहे थे। उनमें श्रीमान तिवारी भी थे। बस फिर क्या था, मेरा फ्रेशर जैसा इंट्रोडक्शन होने लगा। सवाल-जवाब के बाद जब पता चला कि मैं ब्राह्मण हूं तो कहा गया - 'अच्छा पंडित जी जाइए।' कौन सी चीज कहां काम आ जाए या बने काम का सत्यानाश कर दे,

कौन जानता है। धीरे-धीरे मेरे मन में आने लगा यह आईएएस है क्या बला? जिसे देखो वही आईएएस दे रहा था। कभी-कभी तो लगता था आई ए एस के लिए तैयारी करना और परीक्षा देना, आईएएस बन जाने से ज्यादा गरिमामय था।

मैंने तय किया कि मास्टर होने के लक्ष्य की प्राप्ति के बाद एक नया लक्ष्य निर्धारित किया जाए। छात्रावास में रहने का इंतजाम हो चुका था और मैं किसी भी परीक्षा की तैयारी कर सकता था। मैंने आगामी सिविल सेवा परीक्षा का फॉर्म भरने का निश्चय कर लिया। धनाभाव नहीं था और मैं जितनी किताबें और मैगजीन चाहूं खरीदकर पढ़ सकता था। यद्यपि छात्रावास में सिविल सर्विसेज परीक्षा को लेकर एक डरावना और अनिश्चितता का माहौल बना दिया गया था खासकर लुंगी ब्रिगेड को ध्यान में रखकर जो कई बार कोशिश करने के बाद भी सफल नहीं हो पा रहा था। कभी प्रिलिमिनरी परीक्षा पास कर लेने के बाद मिठाइयां बंटती और जश्न मनाए जाते तो कुछ दिन बाद मुख्य (मेन) परीक्षा पास न कर पाने से सारा माहौल मातम में डूब जाता। कुछ इक्के-दुक्के जो मुख्य परीक्षा उत्तीर्ण कर लेते थे मिठाइयां बांटते जरूर नजर आते मगर सहमे हुए से। इनके लिए साक्षात्कार का सामना करना होता जिसे पास करना एक टेढ़ी खीर से कम नहीं था। खैर मुख्य परीक्षा उत्तीर्ण कर लेना भी एक बड़ी उपलब्धि मानी जाती थी। पास करने वाला रातों-रात इंटेलीजेंट और इंटेलेक्चुअल बन जाता था और बिना लुंगी पहने भी लुंगी वालों से ज्यादा अकड़ कर चलने लगता था। कई मामलों में माता-पिता द्वारा पुत्र की शादी करने का यह सर्वोत्तम अवसर होता था।

'लड़का आईएएस की तैयारी कर रहा है'--अच्छे खासे दहेज की स्थिति तो पहले ही बनी होती थी। अब तो प्रारंभिक और फिर मुख्य परीक्षा पास कर लेने के बाद वह इतना महंगा हो चुका होता था कि अच्छे-अच्छे लोग भी इसकी बोली लगाने की हिम्मत नहीं जुटा पाते थे। सभी जुआ खेल रहे थे और अपना-अपना दांव लगा रहे थे। लड़की वाले मुख्य परीक्षा और साक्षात्कार के बीच में ही लड़के को खरीद लेना चाहते थे क्योंकि अगर साक्षात्कार के बाद पास होकर आईएएस बन गया तो उनकी कुव्वत से बाहर निकल जाएगा। यही काम लड़के वाले दूसरे रूप में करते थे। मालदार की बेटी को पकड़ लेना चाहते थे। साक्षात्कार के बाद क्या होगा कौन जाने? अगर सेलेक्शन नहीं हुआ तो दूल्हा दो कौड़ी का ही तो रह गया। कौन लड़की वाला पूछेगा? फिर तो वहीं अगले साल से 'लड़का आईएएस दे रहा है' होकर रह जाएगा। लुंगी वाले तिवारी जी ने पिछले साल अपनी अंतिम सिविल सर्विसेज परीक्षा दी थी। फाइनल परिणाम

आ चुका था और वे अपने अंतिम चांस में भी सेलेक्ट नहीं हो पाए थे। कई बार मैंने उनको अपने दोस्तों के बीच फिल्म के गम भरे गीत गाते हुए सुना था। यही नहीं छात्रावास के समारोह में भी स्टेज पर वैसे ही गाने गाते। मुझे बिलकुल अच्छा नहीं लगता था और कभी-कभी तो उनके दर्द भरे गीत सुनकर मेरी आंखें छलक पड़ती। कालांतर में पता चला कि वे ब्लॉक डेवलपमेंट ऑफिसर (बीडीओ) हो गए।

मैंने आने वाली सिविल सर्विसेज परीक्षा के लिए मन बना लिया था। देखते हैं क्या होता है? नियति कहां ले जाती है? मैं जानता था कि मेरे सामने का जीवन पहले की तुलना में नितांत आसान था। कठिनाइयों और संघर्ष के जिस महासागर को पार कर मैं यहां तक आया था उसकी तुलना में हर संघर्ष फीका ही होता। समय आ गया और मैंने परीक्षा के लिए फॉर्म भरना शुरू किया। तमाम विवरण के भरने के बाद एक जगह अगर आप एंप्लॉयड हैं तो एंपलॉयर से अनापत्ति प्रमाण पत्र (नो ऑब्जेक्शन सर्टिफिकेट) लेने की शर्त दिखी।

इसके अनुसार मुझे इविंग क्रिश्चियन कॉलेज से इस परीक्षा में बैठने के लिए यह प्रमाण पत्र लेना था। मैंने विभागाध्यक्ष मिस्टर एरिक रोलैंड अगस्टस ऑस्टिन से सारी बातें बताईं और इस विषय में सहायता करने को कहा। बड़ी मुश्किल से वे मुझे प्रिंसिपल के पास ले चलने को तैयार हुए। मैंने शायद आपको बताया है कि प्रिंसिपल मिस्टर जॉब का स्वभाव कुछ अलग किस्म का था और जब तक नितांत जरूरी न हो कोई अध्यापक उनसे मिलना पसंद नहीं करता था। मिस्टर ऑस्टिन ने सारी बात मिस्टर जॉब को बताई। जॉब ने सीधे-सीधे अनापत्ति प्रमाण पत्र देने से मना कर दिया था। उनका कहना था कि यदि मैं सिविल सर्विस परीक्षा की तैयारी करूंगा तो बच्चों को ठीक से पढ़ाऊंगा नहीं। मैंने उनसे बताया कि मैं परीक्षा में भूगोल एक मुख्य विषय के रूप में लेने जा रहा हूं और उसके लिए इस विषय में मेरा ज्ञान और बढ़ेगा। वैसे भी मैं बच्चों को अच्छी तरह पढ़ा रहा था और बच्चों से मिले रिस्पांस से विभागाध्यक्ष बहुत खुश भी थे। एकमात्र नॉन-क्रिश्चियन प्रवक्ता होने के कारण प्रवक्ताओं के बीच भी मैं चर्चा का विषय था। अकसर उनकी आपस की बातचीत में मैं 'न्यूटीचर' के रूप में चर्चित होता था। क्लास में बच्चे काफी प्रभावित थे। मैं मात्र 21- 22 वर्ष का था और कद-काठी से भी कम उम्र का दिखता था। कई बच्चे मेरी क्लास में दाढ़ी मूछ वाले एवं काफी हटे-कट्टे थे। जैसे ही मैं क्लास में घुसता बच्चों की मुस्कुराहट से कभी-कभी असहज भी हो जाता। लड़कियां ढेर सारे सवाल पूछतीं और उन सवालों में मुश्किल से कहीं भूगोल झलकता। बड़े ही रोचक वातावरण में

अध्ययन-अध्यापन चल रहा था। बस इतने बड़े-बड़े दिखने वाले कुछ छात्रों का एक क्रिश्चियनकॉलेज में मुझे 'गुरु जी' कह कर संबोधित करना जरूर कुछ अटपटा सा लगता था। शायद मैं जॉब या ऑस्टिन न होकर द्विवेदी था इसलिए। सब कुछ ठीक चल रहे वातावरण में मिस्टर जॉब ने गाज गिराई और अनापत्ति का अनुमोदन नहीं किया। मैं ऑस्टिन के साथ वापस आ गया। काफी मायूस था। फॉर्म जमा करने की अंतिम तारीख नजदीक आती जा रही थी। संकल्पित जीवन प्रवाह को कोई चीज रोके, इसे बर्दाश्त करना मेरी फितरत में नहीं था। यह स्वभाव ही बन गया था और अकसर दुखदायी भी होता था पर जो था वो था। क्या करता। अंतिम तारीख बीत चुकी थी और मैं आवेदन नहीं कर सका था। कुछ ही दिनों बाद मैंने लेक्चररशिप छोड़ दी और सिविल सर्विसेस को ही अगला लक्ष्य बना लिया। सिविल सर्विस की अगली परीक्षा एकसाल बाद होनी थी। घर से पैसे लेकर छात्रावास में रहकर सिविल सर्विसेज के लिए तैयारी करना असंभव था। मैंने घर पर रहकर ही तैयारी करने का मन बनाया और बोरिया-बिस्तर लेकर पैड़ापुर आ गया।

मैं बीच-बीच में इलाहाबाद जाता और कई हफ्तों का पुराना और नया कंपटीशन मास्टर, प्रतियोगिता दर्पण, दिनमान और कंपटीशन सक्सेस रिव्यू जैसी मैगजीन ले आता और पढ़ता। घर पर कोई खास काम नहीं था। पशुओं और घर के लिए पानी या कभी-कभी खेती से संबंधित छोटे-मोटे काम थे जो मेरे लिए जाने पहचाने थे। खेती साझेदारी पर थी और करने वाला सब कुछ करने के बाद आधा अनाज दे देता था। भाई साहब स्वामी गोविंदाश्रम इंटरकॉलेज में टीचर थे ही। प्रत्यक्ष रूप में तो कोई परेशानी नहीं थी लेकिन माहौल में अजीब सी उदासी और बेचैनी बढ़ती जा रही थी। एक मां-पिता के मालिकाने और भाई-भाभी के मालिकाने का फर्क स्वाभाविक रूप से स्पष्ट था। अब मैं बिना कमाए खाने का हक रखने वाला नहीं था जो पिताजी के जमाने में संभव था। मुझे जल्दी ही आभास हो गया कि ईसीसी की नौकरी छोड़कर ठीक नहीं किया। फिर पिताजी की बात याद आती नियति जहां ले जाना है ले जाएगी - को करि तरक बढ़ावहि शाखा।

जो प्रवक्ता की नौकरी मैं छोड़ आया था, उसी के लिए अब समाचार-पत्रों में विज्ञापन देखने लगा। मैंने पहला आवेदन पत्र जीवाजी यूनिवर्सिटी ग्वालियर में प्रवक्ता के लिए भेजा। काफी दिन बीत गए कोई खबर ही नहीं आई। इसी बीच पिताजी ने इंटरकॉलेज के प्रधानाचार्य मास्टर जी से बात की। मास्टर जी ने मिर्जापुर शहर स्थित एक डिग्री कॉलेज (केबीडीसी) में कोशिश करने की बात की। एक पांडे

जी - जो मुझे इंटरकॉलेज में हिंदी पढ़ाए थे, इस समय उसी डिग्री कॉलेज में हिंदी के प्रवक्ता थे। मास्टर जी ने मुझे पांडे जी के सुपुर्द कर दिया। मैं तकरीबन रोज ही साइकिल से पांडे जी के निवास पर जाता और ज्यादातर समय वहां रखे अखबार पढ़ता रहता। पांडे जी कभी परसों तो कभी एक हफ्ते बाद आने को कहते। उनका कहना था कि वह बात कर रहे हैं। काफी दिन बीत गए। मेरे जीवन का दूसरा संघर्ष काल शुरू हो रहा था। पहले संघर्ष में कठिनाइयों और परेशानियों का सामना मुख्य रूप से मेरा शरीर कर रहा था लेकिन इस संघर्ष का सारा बोझ मन पर था। एक दिन जब मैं पांडे जी से मिला तो उन्होंने बताया कि अमुक दिन केबीडीसी के प्रधानाचार्य अग्रवाल जी की लड़की की शादी है और हम लोगों को एक अच्छा सा गिफ्ट देना है। घर के माहौल में पैसा मांगना बहुत मुश्किल था। मुझे याद नहीं आ रहा है कि पैसा कहां से मिला लेकिन एक गिफ्ट लेकर मैं पांडे जी के साथ शादी में गया। वहीं पर भीड़-भाड़ में मेरा परिचय अग्रवाल साहब से कराया गया। उन्होंने आश्वासन दिया कि इस बारे में जरूर सोचेंगे। मैंने जीवन भर मेहनत से कमाए गए मेरिट पर भरोसा किया था और इसी आधार पर आगे बढ़ना चाहता था पर धरातल पर चीजें बिल्कुल उलटी थीं। पता चला कि नियुक्तियां मेरिट पर नहीं पैसे के लेन देन पर हो रही थी। केबीडीसी के बारे में भी कुछ ऐसा ही सुनने को मिल रहा था।

गांव में आते जाते लोग 'भैया कितना पढ़ोगे, कुछ करो भी', जैसी परेशान कर देने वाली सलाह देने लगते थे। जहां मां पिताजी का रवैया सांत्वना देने, इंतजार करने और बस लगे रहने वाला होता था वहीं भाई साहब और भाभी का उकताहट भरा। 'अब बहुत हो गया... क्या फायदा इस पढ़ाई का... कहिए अब यह सब छोड़ें और खेती करें', जैसी बाते घर के अंदर से आने लगी थीं।

मैंने एक आवेदन आजमगढ़ स्थित डीएवी कॉलेज में भी किया था। एक महीने से ज्यादा हो गया था लेकिन कोई सूचना नहीं आई थी। फिर धीरे-धीरे पता चला कि वह कॉलेज ठाकुरों का कॉलेज है और वहां पर प्रवक्ता भी कोई ठाकुर ही होगा। पता नहीं सूचना सही थी या नहीं पर मेरी निराशा बढ़ाने के लिए काफी थी। मैं मानसिक अशांति को कम करने के लिए ज्यादा समय घर के कामों में लगाने लगा। मेरे अंदर सब कुछ टूटने सा लगा था। गांव के बाहर एक बहुत ही सुंदर तालाब और मंदिर की चर्चा मैंने पहले की है। अकसर मैं वही चला जाता और तालाब की सीढ़ियों पर बैठ जाता और इस उलझन से निकलने की राह सोचता। धीरे-धीरे स्पष्ट होने लगा कि अगर मैं गांव में ही रुका रहा तो जो भी मानसिक शक्ति मैंने अब तक के जीवन

में अर्जित की थी, शनैः शनैः सब क्षीण हो जाएगी। गांव से बाहर निकलने की राह देखने लगा। पिताजी काफी बुजुर्ग हो गए थे और आत्मकेंद्रित भी। मुझे शायद वे अब बड़ा समझने लगे थे इसलिए पहले की तरह बात-बात पर पुराने ग्रंथों, काव्यों, नीति शतकों या किंवदंतियों का उद्धरण देना बंद कर दिए थे। अब तक के जीवन में पिता जी की शिक्षाओं और उपदेशों ने इतनी शक्तिशाली ऊर्जा भर दी थी कि उन्हीं के सहारे दृढ़ संकल्पित मैं अभी तक संघर्षरत था। अब मैं गांव छोड़कर इलाहाबाद के लिए बेताब होने लगा था। मुझे लगने लगा था कि नियति मेरा वहीं इंतजार कर रही है और जीवन को आगे बढ़ाने का गुर वहीं मिलेगा। मैं इसी उधेड़बुन में लगा था कि एक दिन मास्टर जी घर पर आए और उन्होंने पिताजी से मुझे उनके साथ लखनऊ भेजने की बात की। उनके अनुसार वह मुझे तत्कालीन बहुचर्चित नेता विश्वपति त्रिपाठी के यहां ले चलेंगे और उनसे कह कर आजमगढ़ वाले कॉलेज में प्रवक्ता की नौकरी दिलाएंगे। मास्टर जी क्षेत्र में उसी त्रिपाठी जी की पार्टी के लिए काम करते थे और त्रिपाठी जी उनको मानते भी बहुत थे। हम ट्रेन से इलाहाबाद पहुंचे और उसी शुक्ला मित्र के यहां रुके। इलाहाबाद से लखनऊ जाने वाली ट्रेन छह घंटे बाद जानी थी और हम लोग शुक्ला के यहां खाना खाकर आराम करने लगे। मास्टर जी तो सो गए थे पर मेरी आंखों में नींद कहां। मेरी अब तक की जीवन यात्रा एक फिल्म की तरह मेरे सामने गुजरने लगी। अपने लक्ष्य प्राप्ति के लिए मैंने क्या-क्या बलिदान नहीं किए थे। खेतों में, धूप में, बारिश में, दिन और रात मैंने कठिन मेहनत की थी। हर तरह की सुख सुविधाओं का त्याग किया था। सुनयना और मेरे बीच पनप रहे परस्पर आकर्षण की असमय मौत होने दी थी। दिन-रात आंखें फोड़ कर फोर-फर्स्ट-क्लास का लक्ष्य प्राप्त किया था। किस लिए?? क्या इसलिए कि एक राजनेता की सिफारिशों से प्रवक्ता बनूं? फोर-फर्स्ट-क्लास क्यों? एक थर्ड डिवीजन वाला भी इस तरह से लेक्चरर बन सकता है। फिर मेरे और उसमें फर्क क्या? मैंने मन ही मन एक निश्चय किया और बगल की चारपाई पर सो रहे मास्टर जी के जागने का इंतजार करने लगा। मास्टर जी थोड़ी देर में उठे और हाथ मुंह धोकर लखनऊ के लिए ट्रेन पकड़ने के लिए मुझे भी तैयार होने को कहा। 'मास्टर जी अब मैं लखनऊ नहीं जाऊंगा' - मैंने जवाब दिया। उन्होंने आश्चर्य जताते हुए कारण पूछा और मैंने साफ शब्दों में परंतु विनम्रता से कहा कि मैं किसी सिफारिश या घूस देकर मास्टर नहीं बनना चाहता। मुझे काबिलियत पर दृढ़ विश्वास है और इसी के बल पर जो भाग्य में होगा मिलेगा। उन्होंने पिताजी के नाराज होने की बात कही और घर वापस

चलने को कहा। मुझे याद है मैंने क्या उत्तर दिया था - 'मास्टर जी! अब यही मेरा डेस्टिनेशन है। अब मैं कहीं भी नहीं जाऊंगा, न लखनऊ न पैड़ापुर। आप ही के कहने पर मैंने फोर-फर्स्ट-क्लास लेकर मास्टर बनने की शपथ ली थी। क्या आप सचमुच चाहते हैं कि मैं सारी मेहनत कूड़े में डाल दूं और किसी की सिफारिश से मास्टर बनूं?' मास्टर जी चुपचाप खड़े रहे। मैंने उनके चरण छूए और उन्होंने सर पर हाथ रख कर आशीर्वाद दिया। दोनों की आंखें भर आईं थीं। मैं और शुक्ला उन्हें रेलवे स्टेशन छोड़ने गए और ट्रेन में बैठा कर विदा किया। लखनऊ वाली नहीं, मिर्जापुर जाने वाली ट्रेन में।

मैं शुक्ला के यहां रहने लगा। आपको मैंने बताया होगा कि कक्षा छठी से सोलहवीं तक मैं वजीफा पाता रहा। क्लास में फर्स्ट आते रहने के कारण मेरी ट्यूशन फीस भी माफ रहती थी और नाममात्र का शुल्क देना होता था। सोलहवीं कक्षा पास करने के तीन-चार महीने के अंदर ही मैं ईसीसी में प्रवक्ता हो गया था। ऐसी हालत में घर से पैसा लेने की जरूरत भी कम पड़ती थी। अब मैं उस हालात में था जहां कोई आर्थिक मदद मिलने की संभावना नहीं थी। आज का समय होता तो जीवन की गाड़ी आगे खींचने के कई विकल्प मिल गए होते - जैसे ट्यूशन कर लेना, किसी दुकान या माल में पार्ट टाइम काम कर लेना या कोई और। पर मैं उस जमाने की बात कर रहा हूं जब ट्यूशन जैसी कोई चीज नहीं थी और अगर रही भी होगी तो महानगरों में धनाढ्यों के पास। मैंने भी कभी ट्यूशन या उसका परिष्कृत रूप कोचिंग नहीं ज्वाइन की। इलाहाबाद आने के बाद पहली बार मैंने कोचिंग का नाम सुना था पर मन में यह भाव भर गया था कि ट्यूशन या कोचिंग उनके लिए है जिनको अपने पर भरोसा नहीं होता।

दो दिन बाद मैं यूनिवर्सिटी में भूगोल के विभागाध्यक्ष से मिला और उनके पूछने पर सारा हाल बताया। उन्होंने रिसर्च ज्वाइन करने की सलाह दी, वही रिसर्च यानी पीएचडी जिसे मैं कभी पसंद नहीं करता था। आज की तरह उस समय हर रिसर्च स्कॉलर को स्टाइपेंड (जेआरएफ) नहीं मिलता था। जिस समय की बात हो रही थी उस समय इस तरह की आर्थिक सहायता की गुंजाइश इसलिए भी नहीं थी क्योंकि समय निकल चुका था। मैं सोच ही रहा था कि क्या कहूं कि इसी बीच विभागाध्यक्ष के निर्देशन में पीएचडी कर रहे एक प्रवक्ता मिश्रा जी ने एक रास्ता सुझाया। यूजीसी का एक प्रोजेक्ट था जिसमें विभागाध्यक्ष को एक सहायक की जरूरत थी। इसके लिए उन्होंने मिश्रा जी से पहले ही एक सहायक खोजने की बात कही थी। सहायक को

400 रुपए महीने यूजीसी से मिल सकते थे। मिश्रा जी ने मेरी मेरिट को देखते हुए प्रोजेक्ट में रखने का प्रस्ताव विभागाध्यक्ष के सामने रखा। मैं प्रोजेक्ट में काम करने को तैयार हो गया क्योंकि इलाहाबाद में बने रहने के लिए मुझे पैसों की जरूरत थी। लेकिन मिश्रा जी ने विभागाध्यक्ष की निगरानी में पीएचडी ज्वाइन करने की एक शर्त लगा दी। मुझे गुरु भाई बनाकर साथ काम करना चाहते थे। मैं अजीब दुविधा में फंसा था। प्रोजेक्ट के लिए पैसे मिलने थे जिससे मेरी जीविका चलनी थी और यूजीसी के एक प्रोजेक्ट में काम करने की मेरी उत्सुकता भी थी। यह मेरे लिए एक अनुभव प्रमाण पत्र भी होता। लेकिन दिक्कत मुझे पीएचडी को लेकर थी जिसमें मेरी बिल्कुल रुचि नहीं थी। यद्यपि की विभागाध्यक्ष ने मुझे एक बार भी रिसर्च के लिए नहीं कहा लेकिन बिना उनकी सहमति के मिश्रा जी का इसके लिए मुझसे कहना संभव नहीं था। मुझे हामी भरनी पड़ी। एक विकट और अत्यधिक परिश्रम वाली परिस्थिति मेरा इंतजार कर रही थी। प्रोजेक्ट में इलाहाबाद सहित आसपास के सात जिले शामिल थे - प्रतापगढ़, फैजाबाद, जौनपुर, बांदा, फतेहपुर, सुल्तानपुर और इलाहाबाद। इन जिलों के मुख्यालयों और तहसीलों में जाकर मुझे तरह-तरह के सर्वे करने और आंकड़े जुटाने थे। बेहद परेशान करने वाली प्रक्रिया थी। इलाहाबाद से बसों में बैठकर इन जिलों में जाना होता था। कभी-कभी जिला मुख्यालय पहुंचते-पहुंचते शाम हो जाती और मुझे रेलवे की वेटिंग रूम या बस अड्डों पर रात बितानी पड़ती थी। बारिश और जाड़े में तो हालत बहुत खराब हो जाते थे। रास्ते में बसों का खराब हो जाना या बाढ़ के कारण आगे न जा पाना आम परेशानियां थीं। एक-दो बार तो मुझे अनजान गांव में रुकना पड़ा और जिन कमरों में सोने को मिला उसी में बगल में भैंसे भी आराम कर रही थीं। अकसर जब मैं इन स्थानों की यात्रा पर होता ठीक से सो न पता। मैं जागता रहता और सोचता रहता कि जिंदगी क्या-क्या रंग दिखा रही है और आगे क्या-क्या दिखाएगी। प्रोजेक्ट को एक निश्चित अवधि में खत्म करना था और समयबद्ध रूप से काम करना था। अब आपको रिसर्च के विषय में भी बता देते हैं। विभागाध्यक्ष महोदय का स्पेशलाइजेशन पॉलिटिकल जियोग्राफी में था और उन्होंने जो टॉपिक मुझे दिया वह स्पेशलाइजेशन से भी माशा अल्लाह था- 'इलेक्ट्रोरल ज्योग्राफी- ज्योग्राफिकलपैटर्न ऑफ इंडियन इलेक्शंस।' एक बार तो मेरा माथा चकरा गया था। भूगोल से एमए कर लेने के बाद भी मैं कभी सोच नहीं सकता था कि भूगोल और देश के इलेक्शंस का भी कोई संबंध हो सकता था। एक तो मैं पीएचडी ही नहीं चाहता था और दूसरा यह अजीबोगरीब टॉपिक- एक तो करेला दूजे नीम चढ़ा।

इस टॉपिक पर रिसर्च करने की प्रक्रिया में मुझे लखनऊ विधानसभा की लाइब्रेरी में कई दिन जाना पड़ा था। विधानसभा और लोकसभा के तब तक हुए चुनाव और उनके परिणाम से संबंधित आंकड़े उत्तर प्रदेश के संबंध में एकत्रित करने थे क्योंकि रिसर्च में भौगोलिक इकाई के रूप में उत्तर प्रदेश को ही लिया गया था। अब आप ही सोचिए इस तरह के कार्य करने के लिए 24 घंटे से ज्यादा वाले दिन-रात की जरूरत थी और वह मैं कहां से लाता? मेरी इस मजबूरी की जड़ में था 400 रुपए।

रिसर्च और प्रोजेक्ट के संबंध में मुझे कंपनी गार्डन में स्थित लाइब्रेरी में भी जाना पड़ता था। लोकसभा के प्रथम चुनाव से लेकर तब तक संपन्न हुए चुनावों से संबंधित आंकड़े लेने के लिए मुझे पुराने पुराने अखबार निकालने और उन में प्रकाशित चुनाव परिणामों में से खास आंकड़े नोट करने होते थे। अब 400 रुपए में मैं इस तरह की लाइब्रेरी में आने जाने का खर्च, जिलों में दौड़ने का खर्च, बीच-बीच में लखनऊ विधानसभा जाने आने का खर्च और अपने खाने-पीने का खर्च कहां से मैनेज करता। जब मैंने अपनी बात प्रोजेक्ट के हेड विभागाध्यक्ष और मिश्रा जी से की तो थोड़ी राहत का इंतजाम किया गया। इलाहाबाद से बाहर आने जाने के लिए टीए/डीए के रूप में मेरे द्वारा किए गए खर्च का कुछ हिस्सा मुझे वापस मिलने लगा था। शहर के अंदर आने जाने के लिए साईकिल रिक्शा या ऑटो पर होने वाले खर्च को बचाने के लिए मैंने एक साइकिल लेने को सोचा पर पूरे पैसे नहीं होने के कारण महीना समाप्त होने का इंतजार किया। जैसे ही 400 रुपए मिले मैं और शुक्ला जाकर नई साइकिल ले आए। शायद हरक्यूलिस थी। शहर के अंदर की यात्रा जैसे कंपनी गार्डन लाइब्रेरी जाना, यूनिवर्सिटी जाना तथा रोजमर्रा के काम करना काफी सरल और सस्ता हो गया था। साइकिल खरीदने के तीसरे दिन शुक्ला लॉ फैकेल्टी जाने के लिए उसकी मांग की और एक बजे दोपहर तक आ जाने की बात की। वह लॉ कर रहा था। मुझे शाम को मंफोर्डगंज अपने गाइड विभागाध्यक्ष के यहां जाना था। उसे समय पर आ जाने को कह कर मैंने साईकिल दे दी। वही हुआ जो आप सोच रहे हैं। नई साइकिल लॉ फैकल्टी से चोरी हो गई थी। शुक्ला के अनुसार वह साइकल ग्राउंडफ्लोर पर सीढ़ियों के पास खड़ा कर ऊपर क्लास अटेंड करने गया था। वापस आने पर नहीं मिली। आफत में आटा गीला- सुना होगा। वही हुआ था। दो दिन तो मैं किसी तरह किराए की साइकिल से काम चलाया। अगले दिन मुझे रिसर्च से संबंधित कुछ डाटा गाइड सर को दिखाना था। मैं साइकिल रिक्शा से ज्योंही उनकी गेट से थोड़ी दूर पहले ही उतरने लगा उनकी धर्मपत्नी ने देख लिया। जैसे ही मैं अंदर पहुंचा, मैडम ने पूछ ही

लिया- 'क्या बात है साइकिल कहां है? रिक्शा से क्यों आए हो?' पता नहीं अच्छा था या बुरा पर पिताजी के दिए संस्कारों के कारण मैं छोटा-मोटा झूठ भी नहीं बोल पाता था। थोड़ी देर तक तो चुप्पी का सहारा लिया और फिर बताना पड़ा। साथ में ही मैंने मैडम से सर को बताने से मना करने की अपील भी की थी पर लगता है अपील खारिज हो चुकी थी। गाइड सर ने ही सवाल कर दिया- क्या हुआ बरखुरदार! खो दिया नई साइकल? मैंने कहानी बताई और विवरण उन को दिखाने लगा। थोड़ी देर बाद मुझे वापस लौटना था और गेट से निकलकर मुख्य सड़क पर आकर रिक्शा पकड़ना था। औरतें बहुत कुछ के अलावा माताएं भी तो होती हैं। मैडम ने सर से कहा - हर महीने के आखिर में 400 रुपए इसको देने ही है तो इस महीने का एडवांस दे दीजिए, बाद में एडजस्ट कर लीजिएगा। गाइड सर नितांत रूखे व्यक्तित्व के स्वामी थे। उन्हें हंसते-मुस्कराते तो मैंने कभी देखा ही नहीं था। सर, गाइड के अलावा एक पति भी तो थे और पत्नी की बात कहां तक अनसुनी करते। काम हो गया था। मुझे आदेश दिया गया कि दूसरे दिन कार्यालय में क्लर्क से मिलकर एडवांस ले सकते हैं दो शर्तों के साथ - फिर एडवांस नहीं मिलेगा और दूसरा इस पैसे का उपयोग नई साइकिल खरीदने के लिए ही होगा।

आपके जहन में भी आ रहा होगा कि जिस लिए मैंने प्रवक्ता की नौकरी छोड़ी थी उसका क्या हुआ? यानी सिविल सर्विसेज का? यूजीसी प्रोजेक्ट और पीएचडी के कार्यों के साथ सिविल सर्विसेज की तैयारी!! वह भी 400 रुपए महीने की आमदनी में! साल भर छात्रावासों में रहकर पिता की अकूत आमदनी से मनचाहा माहवारी खर्च लेकर और बड़े-बड़े कोचिंग इंस्टिट्यूट में ट्यूशन लेकर सिविल सर्विसेज की तैयारी करने वाले हाई-फाई छात्रों का मुकाबला करने चला था पैड़ापुर का जग्गन यानी जगत प्रसाद द्विवेदी! आपको बता दूं कि प्रोजेक्ट और रिसर्च के तमाम झंझटों और अर्थाभाव के बावजूद जग्गन के दिमाग में सिविल सर्विसेज परीक्षा को कम से कम एक बार दे लेने की बात दबी जरूर थी, मरी नहीं थी।

एक दिन जब मैं कंपनी गार्डन की लाइब्रेरी में रिसर्च से संबंधित कार्य के लिए गया तो थोड़ी देर कार्य करने के बाद एक लान में बैठ कर बिखर रहे अपने आप को समेटने की कोशिश की। बेतरतीब हो रही जिंदगी को एक निश्चित दिशा में लाने के लिए कई बातों का गंभीर आकलन किया। सोचते-सोचते कब कंपनी गार्डन सायंकाल के झुरमुटी अंधेरों में घिर गया, पता ही नहीं चला। पर जब मैं गार्डन से बाहर निकला

तो मन का अंधेरा छंट चुका था। मुझे क्या करना था और कैसे करना था लगभग साफ हो चुका था।

प्लान के अनुसार मैंने शहर के दारागंज इलाके में एक पंडा जी के यहां कमरा किराए पर लिया और थोड़ा एडवांस देने के बाद घर चला गया। वहां से आटा, दाल, चावल, राशन एवं कुछ चद्दर आदि लेकर वापस दारागंज आ गया। मैंने तीनों काम- प्रोजेक्ट, पीएचडी और सिविल सर्विसेज की तैयारी एक साथ शुरू कर दिया। प्लान के अनुसार सबसे ज्यादा मेहनत खासकर सिविल सर्विस के लिए जून से सितंबर के महीनों में करना था क्योंकि बारिश के कारण प्रोजेक्टवर्क के लिए इलाहाबाद से बाहर छह जिलों में जाने का चांस कम था। रिसर्चवर्क को धीमा रखना था और ध्यान सिविल सर्विसेज परीक्षा पर अधिक देना था। हठी और दृढ़ निश्चय वाले पुराने जग्गन को एक बार फिर जिंदा करना था। पिताजी का मटरू बन जाना था। 'टारे न टरै मटरुआ चाहे भुंइ गड़हा होइ जाय'- शब्दार्थ था कि मटरू जहां जम गया तो जम गया, अब टालने से टल नहीं सकता चाहे वहां भूमि ही क्यों न धंस जाए। भावार्थ था कि जो ठान लिए वह ठान लिए, अब अपने निश्चय से डिग नहीं सकते चाहे कुछ भी हो जाए। पिताजी की इस कहावत की अचानक याद ने मेरे मन पर छाई मुर्दानगी और निराशा की परत को हटाकर मेरे नए लक्ष्य को शीशे की तरह सामने स्पष्ट कर दिया। अब सिविल सर्विसेज की परीक्षा देनी थी परिणाम कुछ भी हो। आर्थिक तंगी ज्यों की त्यों थी और मैगजीन और किताबों के लिए और पैसे चाहिए थे।

इसी बीच मैंने कुमाऊं यूनिवर्सिटी नैनीताल में प्रवक्ता पद के लिए आवेदन किया था और कुछ दिन बाद साक्षात्कार का मौका मिला किंतु मेरे पास पैसे नहीं थे। उंगली में शादी में मिली सोने की अंगूठी पर मेरी नजर पड़ी और साक्षात्कार के लिए नैनीताल जाना तय कर लिया। अंगूठी को मैंने एक सुनार को उसकी कीमत बताने को दिया। कीमत तय होने के बाद मुझे सोचना था कि शादी की अंगूठी बेचें या नहीं। सुनार महा धूर्त निकला। उसने अंगूठी को पहले एक जलते लैंप की आग में डालकर काला कर दिया और बोला 200 रुपए मिलेंगे। फिर कम पैसे के कारण जब मैंने नहीं बेचने की बात कही तो उसने उस काली पड़ी अंगूठी को प्लास से दबाकर चपटा कर दिया और मेरी ओर फेंक दिया। मुझे बहुत बुरा लगा। कुछ दूर जाने के बाद ध्यान आया कि अब इस अंगूठी का मैं करूंगा भी क्या। मैं पास के एक दूसरे सुनार के पास गया और उसे सारी बातें बताईं। उसने अंगूठी देखी, तौली और 350 रुपए देने को कहा। मेरा नैनीताल जाने का काम हो रहा था सो मैंने उसे बेच दिया।

नैनीताल के लिए इलाहाबाद से उस समय एक ही बस जाती थी। सुबह जाकर शाम को नैनीताल से वापस आती थी। नैनीताल मुझे एक अजीबोगरीब शहर लग रहा था। झील के एक किनारे एक छोटी सी समतल सड़क के अलावा कोई समतल जगह ही नहीं दिख रही थी। सारा मूवमेंट वर्टिकल डायरेक्शन में ही था या तो ऊपर चलो या नीचे जाओ। अब किसी जगह की लोकेशन किसी से पूछो तो वह उंगली ऊपर उठाकर पहाड़ी की ओर बताता या उंगली नीचे करके किसी गहराई की तरफ। हर आदमी के हाथ में एक छाता था जबकि मेरे हिसाब से यह बारिश का सीजन नहीं था। कारण भी जल्दी ही स्पष्ट हो गया जब अचानक बारिश होने लगी। भागकर बचने की कोई जगह भी नहीं थी। किसी तरह ढूंढते-ढूंढते मैं यूनिवर्सिटी पहुंचा। इलाहाबाद यूनिवर्सिटी में पांच-छः साल गुजारने व इसकी भव्यता को देखने के बाद इस कुमायूं यूनिवर्सिटी को तो यूनिवर्सिटी मानने से ही मन मना कर रहा था। सभी अभ्यर्थी एक छोटे से हॉल में बैठाए गए। गजब की सर्दी पड़ रही थी। बीच में आग जला कर रख दी गई थी। मैं थ्री पीस सूट पहना हुआ था फिर भी मेरी पीठ ठंड से गली जा रही थी। 11:00 बजे से प्रारंभ होने वाला साक्षात्कार 3:00 बजे तक शुरू ही नहीं हो पाया था। कारण कुछ स्पष्ट नहीं हो रहा था। बस सुनने में आ रहा था कि साक्षात्कार बोर्ड के कोई सदस्य कहीं फंस गए थे और उन्हीं का इंतजार हो रहा था। सामने आग की गर्मी और पीठ पर लग रही कठिन ठंड ने धीरे-धीरे सिरदर्द को जन्म दे दिया । बीच-बीच में किसी भी समय आ टपकने वाली बारिश और समतल के अभाव में केवल ऊपर

या नीचे के मूवमेंट से मन में विचार आने लगा था कि अगर मैं यहां चुन भी लिया गया तो ठहर कर सर्विस करना मुश्किल ही नहीं असंभव था। उस पर साक्षात्कार में हो रही देरी। 5:00 बजे के लगभग इलाहाबाद के लिए बस थी और बस वही एक मात्र बस थी। बस छूट जाने और ऐसे ठंडे व गीले जंगली-पहाड़ी बियाबान में बिना किसी ठौर ठिकाने के रात गुजारने की सोच मात्र से ही मैं सिहर उठा। बिना कुछ बताए जल्दी-जल्दी बस अड्डे पहुंचा और रात में सफर करता हुआ इलाहाबाद आ गया। इस प्रक्रिया में जिसने कुर्बानी दी, वह थी ससुराल की अंगूठी। प्यार की अंगूठी इस दुर्गति को प्राप्त होगी, मेरी सासू मां ने कभी सपने में भी नहीं सोचा होगा।

पंडा जी का मकान और घर से राशन-पानी मिल जाने के बाद मैंने टाइम टेबल बनाया और पढ़ाई शुरू की। ज्यादातर समय सिविल सर्विसेज के लिए, थोड़ा प्रोजेक्ट के लिए और सबसे कम रिसर्च के लिए। खाना बनाना और खाना, पढ़ना और बीच-बीच में भूगोल विभाग के चक्कर लगाना मेरा रूटीन बन गया था। कमरे का किराया 60 रुपए महीना था। पंडा जी अच्छे व्यक्ति थे और एक राष्ट्रीय पार्टी के मानिंद नेता थे। जिस मकान के फर्स्टफ्लोर पर मुझे कमरा मिला था उसमें कोई रोशनदान नहीं था। वास्तव में उस हवेलीनुमा तीन मंजिला मकान के किसी भी कमरे में रोशनदान नहीं था। ग्राउंडफ्लोर पर नेताजी का एक बड़ा सा हॉल था जिसमें सफेद गद्दों और मसनदों (गोल वाली तकिया) के बीच न्यूज़पेपर एवं मैगज़ीन करीने से रखे रहते थे। बीच-बीच में पंडा जी की पार्टी के नेताओं से होने वाली मीटिंग इसी हॉल में होती थी। पढ़ते-पढ़ते जब मैं थक जाता तो नीचे उसी हॉल में जाकर समाचार पत्र व मैगजीन देख लेता था। पंडा जी के तीन बहुमंजिला कोठियों में से यह कोठी एक थी। कोठी के अंदर एक बड़ा सा आंगन और छोटा सा मंदिर था। जैसा मुझे समझाया गया था सुबह 5:30 बजे के करीब पंडा जी आकर गेट की सांकल बजाते थे और मैं फर्स्टफ्लोर के कमरे से सीढ़ियों से उतर कर आंगन और फिर बाहर की ओर जाते हुए गलियारे से होकर गेट की कुंडी खोलता था। पंडा जी आंगन में आकर बगल में बने बाथरूम में नहा धोकर आंगन की दूसरी तरफ बने मंदिर में काफी देर पूजा करते थे। पूजा के समय मंदिर अंदर से बंद रहता था। कुंडी खोलने के बाद मैं आंगन में आकर सीढ़ियों से होकर ऊपर फर्स्टफ्लोर पर अपने कमरे में आ जाता था। मेरे कमरे के ऊपर भी चार कमरों वाली दूसरी मंजिल थी जिस पर जाने के लिए ऊपर का गेट खोलकर सीढ़ियों से जाना पड़ता था। यह मंजिल प्रायः बंद रहती थी। पंडा जी, यह जानकर कि मैं पोस्ट ग्रेजुएशन के बाद पीएचडी और आईएएस की तैयारी कर रहा हूं, मुझे इज्जत

देते थे। नहाने धोने के बाद वह खुद ही दो कप चाय बनाते । चाय दूध में ही बनाते थे और दूध भी ऐसी गाय का जो पूरी की पूरी काली हो। इस तरह का दूध प्रतिदिन किसी खास जगह से आता था। चाय में एक चम्मच बोर्नविटा पड़ता था। इतना सब करने के बाद जब चाय तैयार हो जाती तो 'द्विवेदी जी' आवाज आती और मैं सीढ़ियों से आकर गेट खोलकर आंगन में आ जाता और दोनों चाय पीते। कारण जो भी हो पंडा जी मुझे बहुत मानते थे। दरअसल जब मैंने कमरे के किराए की बात की थी तो उन्होंने सामने की दूसरी तिमंजिला कोठी दिखाते हुए कहा था कि तीन कोठियों में केवल एक कोठी के ग्राउंडफ्लोर पर वे, पत्नी, एक छोटा बेटा और उससे भी छोटी बेटी के साथ रहते थे। तीनों कोठियों के बाकी सारे कमरे खाली पड़े थे। उनका कहना था कि उन्होंने मुझे किराए के ध्यये से कमरा नहीं दिया था। मैं उनको पसंद था और पढ़ाई कर रहा था इसलिए उन्होंने मेरी मदद की थी। बात भी सही थी क्योंकि जब मैंने शुरू में किराए की बात की थी तो उन्होंने किराया लेने से मना कर दिया था। क्योंकि मैं एक टेबललैंप और एक टेबलफैन प्रयोग करने वाला था तो कम से कम बिजली का खर्च देने की जिद की जिसे उन्होंने मान लिया - 60 रुपए प्रति माह।

पंडा जी पर सरस्वती की कृपा कम थी। अधिक पढ़े-लिखे नहीं लगते थे किंतु पूरे इलाहाबाद में उनकी प्रतिष्ठा थी। लक्ष्मी की कृपा भरपूर थी। उनके पास कितनी संपत्ति थी इसकी जानकारी उनके सिवा किसी को भी न थी। हवेलीनुमा जिस मकान में मैं रहता था उसमें सुबह-शाम दो बार पंडा जी के आने के अलावा कोई नहीं आता था। लगभग 12 कमरे वाली इस तीनमंजिला इमारत में मैं अकेला रहता था। हॉल का एक बड़ा सा गेट बिल्कुल बाहर की ओर खुलता था और इमारत के शेष हिस्सों से बिल्कुल अलग थलग था। जैसा मैंने ऊपर बताया है अंदर आने के लिए हॉल के बगल में एक छोटे से गेट से गलियारे में होते हुए आंगन और फिर सीढ़ियों से ऊपर हर तल्ले पर सीढ़ियों के शुरू और आखिर में बंद करने के लिए दरवाजे लगे थे। अब आप समझ सकते हैं कि मुझे रात में और अकसर दिन में भी सबसे पहले हॉल के बगल वाले गेट से अंदर घुसकर उसे अंदर से बंद करना होता था। उसके बाद गलियारे से होकर आंगन में आता था। आंगन से ऊपर जाने के लिए फिर एक गेट खोलना और अंदर जाकर बंद करना होता था। इसके बाद मैं सीढ़ियां चढ़ते हुए ऊपर फर्स्टफ्लोर पर पहुंचता था। फर्स्टफ्लोर से ऊपर जाने वाली सीढ़ियों के प्रारंभ और अंत में एक-एक दरवाजे थे। उनको बंद करके फिर मैं वापस फर्स्टफ्लोर पर अपने कमरे में आता था। इस तरह मुझे दिन में और रात में चार दरवाजे अंदर से बंद करके रहना पड़ता था। पंडा जी

शिवभक्त और एक महान पुजारी थे। उस जमाने में वे लगभग दो- तीन सौ रुपए की रोज अगरबत्ती जलाते थे। इसकी सप्लाई एक आदमी साइकिल के दोनों ओर बड़े-बड़े थैलों में हर तीसरे-चौथे दिन करता था। पूरी हवेली अगरबत्ती की सुगंध से महकती रहती थी। मैं इस विशाल और कुछ-कुछ रहस्यमयी इमारत में बिना किसी व्यवधान के रह कर पढ़ाई कर रहा था। लगभग 3:00 बजे सुबह तक मैं पढ़ता था। कमरे में कोई रोशनदान या खिड़की न होने के कारण मैं कमरे का गेट हमेशा खुला रखता था और कभी-कभी तो दिन में कमरे के गेट के बाहर बरामदे में भी कुर्सी लगाकर पढ़ता था। मैं और पंडा जी रोज आंगन में चाय पर मिलते, चाय पीते और अपने-अपने कामों में लग जाते- वह मंदिर में चले जाते और मैं सीढ़ियां चढ़कर ऊपर अपने कमरे में। चाय का कप हम दोनों धोकर वही आंगन में रख देते। मैंने कई बार पंडा जी से चाय बनाने का काम अपने ऊपर लेने की कोशिश की पर उन्होंने नहीं माना। सब कुछ मिलाकर मैं एक अत्यंत ही अच्छे पंडा जी के यहां पहुंच गया था और खुश था।

अब मैं दिन में एक बार खाना दोपहर में बनाता था और शाम को 8:00 बजे के लगभग थोड़ा-बहुत रात का खाना खाकर पहले ही पढ़ने बैठने लगा और एक-डेढ़ बजे तक सोने लगा। पांच बजे सुबह सांकल बजने की आवाज सुनकर उठता और नीचे जाकर गलियारा वाला गेट खोल कर पंडा जी के अंदर आने के बाद फिर सीढ़ियों से ऊपर अपने कमरे में चला जाता। पंडा जी का पूजा पाठ लगभग 10:00 बजे तक चलता। दिन भर हवेली में सन्नाटा छाया रहता था जो फिर 7:00 बजे शाम को पंडा जी के सांकल बजाने से टूटता। फिर लगभग दो घंटे मंदिर में पूजा करने के बाद वह सोने के लिए बगल वाली अपनी दूसरी इमारत में परिवार के पास चले जाते और मैं इस हवेली में रात भर के लिए अपने को कैद कर लेता। यही दिनचर्या कई महीने चलती रही। मैं सुबह पंडा जी के पूजा करके चले जाने के बाद नीचे आंगन में आता और नहाता-धोता। इमारत के किसी और फ्लोर पर बाथरूम नहीं था। इमारत के तीसरे तले के ऊपर लंबी चौड़ी छत जरूर रही होगी क्योंकि हवेली लगभग वर्गाकार बड़े से क्षेत्र में बनी थी। मैं कभी ऊपर गया नहीं हालांकि सीढ़ियों पर बने दरवाजों में ताले नहीं लगे थे। वे अकसर अंदर से सीटकिनियों से बंद रहते थे।

गजब का सन्नाटा था माहौल में लेकिन शायद इसी की मुझे जरूरत थी। मैं आने वाली सिविल सर्विसेज परीक्षा का इंतजार कर रहा था। प्रिलिमिनरी परीक्षा में आने वाले सामान्य ज्ञान, सामान्य अंग्रेजी और एप्टिट्यूड टेस्ट आदि से संबंधित चीजें मैं पढ़ता रहता और प्रोजेक्ट से संबंधित कुछ कार्य किया करता था। 400 रूपए की

आमदनी का सारा दारोमदार प्रोजेक्टवर्क पर ही था इसलिए समय-समय पर गाइड सर को कार्य की प्रगति रिपोर्ट देनी पड़ती थी।

सब कुछ बहुत अच्छी तरह चल रहा था कि अचानक एक डराने वाले समाचार ने मुझे डिस्टर्ब कर दिया। एक दिन एक दुबले-पतले चंदन धारी व्यक्ति इमारत के बाहर स्थित बरगद के पेड़ के नीचे आ धमके। मैं उस समय पेड़ के नीचे पत्थर पर बैठकर समाचार पत्र पढ़ रहा था। महोदय ने अपना परिचय प्रतापगढ़ के चौबेजी के रूप में दिया। उनके अनुसार वे पंडा जी के यहां दस-बारह साल गुजार कर गए थे। उन्होंने मेरे बारे में पूछा और मेरी सलामती की ईश्वर से प्रार्थना की। इसी बीच पंडा जी अपने सभागार से निकले और बड़े ही प्यार से चौबे जी का हालचाल पूछा। चौबे जी तो पंडा जी को देखते ही दोनों हाथ जोड़कर खड़े हो गए और दीन-हीन मुद्रा में मैडम और बच्चों का हालचाल पूछने लगे। पंडा जी के जाने के बाद मैंने चौबे जी से वहां के बारे में और जानकारी लेनी चाही। 'नही भाई, मैं ज्यादा कुछ नहीं बता सकता। पंडा जी की ताकत का आपको अंदाजा नहीं होगा। फिर कभी मिलेंगे' कहकर उठने लगे। मुझे बड़ा अजीब सा लग रहा था खासकर उस बात से जब उन्होंने ईश्वर से मेरी सलामती की दुआ की थी। मैंने तुरंत एक चाल चली। पंडा जी का मालिश करने वाला पास में ही खड़ा था। मैंने चौबे जी से कहा- 'चौबे जी! हम पहली बार मिले हैं। ऐसा कैसे हो सकता है कि बिना चाय पिलाए आपको जाने दें।' कहते हुए मैंने चाय का आर्डर दे दिया। धीरे-धीरे चौबे जी खुलने लगे। दस-बारह साल पंडा जी के साथ रहने के बाद बड़ी मुश्किल से उन्हें यहां से छुटकारा मिला था। कहने को तो वह शहर छोड़कर अपनी बूढ़ी मां की देखभाल के लिए गांव चले गए थे लेकिन वे वास्तव में शहर में ही रह रहे थे और पंडा जी को इसका पता नहीं था। चौबे जी ने जब मेरी दिनचर्या में पंडा जी के साथ चाय पीने की बात सुनी तो उन्हें विश्वास नहीं हो रहा था। पंडा जी काली गाय के दूध में बोर्नविटा मिली चाय खुद बनाकर मुझे पिलाते थे यह मानने को वह तैयार नहीं थे। फिर उन्होंने हवेली के आंगन के बारे में बताना शुरू किया। उनका कहना था कि किसी और बिल्डिंग में आपने 2 फीट गहराई पर बना आंगन देखा है? आंगन पहले अखाड़ा था और उनमें पहलवानों की कुश्ती हुआ करती थी। बात करते-करते उन्होंने आंगन को तिलस्मी रूप में पेश कर दिया। पाण्डेय जी तो चले गए थे मगर मेरे अंदर आलतू-फालतू विचारों को जन्म देकर। मेरे मन में इस बारे में और जानने की जिज्ञासा उठने लगी। अगल-बगल वालों से जब कुछ जानना चाहा तो सभी ने अनभिज्ञता जाहिर कर दी। एक माताजी ने

तो अंत में कह ही दिया - 'आने से पहले क्या तुमने कभी सोचा कि इतनी शानदार और बड़ी हवेली में कोई रहता क्यों नहीं? मैंने तो सुना है कि इस हवेली में कई खून हुए हैं'। मेरे मन में तभी से तरह-तरह की शंकाएं उठने लगी थीं। इमारत से संबंधित हर चीज में मुझे रहस्य दिखने लगा था। पूरे तीन मंजिला मकान के एक भी कमरे में न तो कोई खिड़की थी और न ही रोशनदान! यहां तक कि इमारत के बिल्कुल सामने हॉल में भी मुख्य द्वार के अलावा कोई खिड़की या रोशनदान नहीं था। इस इमारत में न तो कभी पंडा जी की पत्नी आई और न ही बच्चे। एकाग्रता भंग होने से मेरी पढ़ाई पर भी असर पड़ने लगा। पंडा जी के व्यवहार से ऐसा कुछ भी नहीं लगता था। मात्र मंदिर को छोड़कर पूरी इमारत में मैं कहीं भी जाने के लिए स्वतंत्र था। मुझे अन्य किसी तरह की रुकावट भी पंडा जी की तरफ से नहीं थी। अंततः मैं इन सब को अफवाह मान कर अपनी तैयारी में जुट गया। हां अपने कमरे को अंदर से बंद करके पढ़ाई करने लगा। दो-चार दिन गुजरे होंगे कि मुझे बंद कमरे में घुटन सी लगने लगी और फिर दरवाजा खोलकर पढ़ने लगा।

जैसा कि मैंने पहले बताया है, सिविल सर्विसेज की परीक्षा देकर आईएएस,आईपीएस या कोई और पोस्ट पाना कभी मेरी जिंदगी में लक्ष्य रहा ही नहीं था। मास्टर बनना था और बनकर देख लिया था वह भी मिडिल स्कूल की जगह इलाहाबाद यूनिवर्सिटी के एक नामी-गिरामी कॉलेज में। बस, हॉस्टल में हर छात्र को सिविल सर्विसेज की तैयारी करता देख मेरे भी मन में आ गया था कि देखते हैं यह है क्या? इस परीक्षा के लिए न तो किसी से कोई गाइडेंस मिला था और न ही मैंने कोई विशेष योजना बना रखी थी। हमेशा की तरह दो बातें मैं सिद्धांत की तरह अपने जहन में बहुत साल पहले से ही उतार चुका था। पहला, या तो कोई कार्य नहीं करना है और यदि करना है तो जी जान लगा देना है और परफेक्शन के साथ करना है। अधकचरा प्रयास और फलतः अधकचरा परिणाम मुझे स्वीकार नहीं था। दूसरा, जिस कार्य को प्रारंभ कर दिया है अंत तक रुकना नहीं है - अंजाम कुछ भी हो।

'चले चलिए कि चलना ही
दलील-ए-कामरानी है,
जो थक कर बैठ जाते हैं
वो मंजिल पा नहीं सकते।'

मैंने प्रीलिमिनरी परीक्षा दी। परीक्षा हॉल से बाहर आकर मुझे लगने लगा कि मैंने काफी प्रश्नों के उत्तर सही दिए हैं। आपको पता ही होगा कि यह परीक्षा एक ऑब्जेक्टिव टेस्ट होता है और हर प्रश्न के लिए दिए गए चार उत्तरों में से किसी एक को चुनना होता है। परीक्षा हॉल के बाहर एक चाय की दुकान पर कुछ खाकर और चाय पीकर काफी दूर स्थित दारागंज साईकिल से पहुंचना था। चाय की दुकान पर छात्रों की बातें सुनकर मेरी खुशी धीरे-धीरे काफूर होने लगी। उनमें किसी का यह दूसरा प्रयास था तो किसी का तीसरा यानी अंतिम। उस जमाने में कुल तीन प्रयास किए जा सकते थे। इन छात्रों की बातों से जो चीज उभर कर आ रही थी वह थी प्रश्न पत्रों का कठिन होना। मैंने अपनी प्रसन्नता रोक दी यह मानकर कि यह आईएएस की प्रिलिमनरी परीक्षा है, इसे इतने हल्के में नहीं लिया जा सकता था। मुझे भी लगने लगा कि पास होना मुश्किल है। पर मन के किसी कोने में यह भी लगता था कि लगभग 75% सवालों के जवाब मुझे सही लगते थे। इस से भी ऊपर मेरिट जा सकती है क्या? मैंने एक बंद और बटर खाया और चाय पीकर घर के लिए रवाना हो गया। इस बीच में एक-दो बार अपने छात्रावास भी गया जहां कौन-कौन से लोग प्रिलिमनरी पास कर मुख्य परीक्षा के लिए आगे जाएंगे, की लिस्ट बनाई जा रही थी। जाहिर था कि उसमें लुंगी वाले अधिक थे। मेरे समय के लुंगी वालों के सारे प्रयास समाप्त हो चुके थे और वे 'जो मिल गया उसी को मुकद्दर समझ लिया' पर स्थिर हो गए थे। कुछ अपनी असफलता को 'धुएं में उड़ाते चले गए' थे।

परिणाम घोषित हुआ और मैं उत्तीर्ण निकला। बाद में पता चला कि फर्स्ट अटेम्प्ट में ही सफलता अन्य छात्रों के हिसाब से काबिले तारीफ थी। लेकिन वास्तविक परीक्षा तो आगे थी जिसे मुख्य परीक्षा (मेन एग्जामिनेशन) कहा जाता है। इसमें मुझे कोई दो मुख्य विषय चुनने थे उन विषयों के अलावा जो सबके लिए कंपलसरी थे। मैं समझ नहीं पा रहा था कि क्या चुनूं। पोस्ट ग्रेजुएशन का मेरा विषय भूगोल आईएएस परीक्षा के लिए अच्छा स्कोर करने वाला विषय नहीं माना जाता था। फिर भी मुझे लेना ही पड़ा। दूसरा मैं संस्कृत और मैथ में से चुन सकता था क्योंकि यह दोनों विषय भी ग्रेजुएशन में थे। लेकिन लोगों की बातें सुन-सुन कर मैं काफी कन्फ्यूज हो रहा था। मुख्य परीक्षा के लिए फॉर्म भरने की अंतिम तिथि आने में मात्र तीन दिन बचे थे। छात्रावास के ही एक परिचित ने हिस्ट्री लेने की बात कहते हुए इसे स्कोरिंग बताया। मैंने भूगोल और इतिहास विषय फॉर्म में भरकर फॉर्म जमा कर दिया। जल्दी ही मुझे पता चल गया कि विषयो का चुनाव सही नहीं हुआ।

शेक्सपियर के मर्चेंट ऑफ वेनिस में शायद आपने पढ़ा होगा- "फूल्स टेक लांग टाइम टु डिसाइड एंड व्हेन दे डिसाइड, दे डिसाइड रॉन्ग"। आईएएस की मुख्य परीक्षा के विषय के रूप में जो भी इतिहास-भूगोल सुनता वह अगर हंसता नहीं था तो मुस्करा जरूर देता। बहुतों की राय थी कि मुझे संस्कृत लेना चाहिए था। मुझे भी ऐसा ही लगा था पर अब तो जो होना था हो चुका था। मेरे होश उड़ने लगे जब मैंने इतिहास का सिलेबस देखा। इतिहास के नाम पर सिंधु घाटी की सभ्यता और मोहनजोदारो की खुदाई से आगे मुझे कुछ भी पता नहीं था। कक्षा आठ तक चलने वाले सामाजिक विषय जिसमें - इतिहास, भूगोल और नागरिक शास्त्र सब कुछ एक ही में पढ़ाए गए थे - से आगे मेरा ज्ञान नहीं था। सिलेबस में तो पूरे विश्व का इतिहास शामिल था। भारतीय इतिहास के प्राचीन, मध्य और आधुनिक तीनों कालों से संबंधित अलग-अलग मोटी मोटी किताबों में से मात्र ढाई प्रश्न आने थे। इसी तरह यूरोपियन हिस्ट्री की मोटी-मोटी किताबों से दो ढाई प्रश्न। सारी किताबें काफी महंगी भी थीं। कुछ किताबें तो खरीदनी पड़ीं और कुछ दो छात्रों को मिलकर बंटवारे पर लेकर बारी-बारी से पढ़नी पड़ी। भूगोल के प्रति माफी मांगते हुए कहना पड़ रहा है कि मैंने पूरी तैयारी काल में 90% से ज्यादा समय इतिहास को ही दिया। यह ठीक था कि भूगोल में मैंने एमए किया था लेकिन सिविल सर्विसेज का सिलेबस एमए के सिलेबस से काफी बड़ा था। तमाम चीजें ऐसी थीं जिन्हें एमए में सुना ही नहीं गया था। फिर मैंने हिम्मत जुटाई, पिताजी के मटरू को याद किया और मिशन में जुट गया।

प्रोजेक्ट के चक्कर में फिर मुझे तीन जिलों का चक्कर लगाना पड़ा। दौड़धूप के कारण पढ़ाई का समय बढ़ाना पड़ा और इसका असर सीधे-सीधे मेरे स्वास्थ्य पर पड़ने लगा। उस समय स्वास्थ्य के प्रति जागरूकता जैसी कोई बात मन में आती ही नहीं थी। समय की कमी के कारण मैं खाना बनाने में आलस्य करने लगा। कभी कभार बाहर भी खा लेता था लेकिन दारागंज जैसा इलाका उस समय साफ-सुथरी खानपान की दुकानों के मायने में उपयुक्त नहीं था। कभी-कभी नौ-दस बजे रात को शुरू की हुई पढ़ाई दो-तीन बजे रात तक चलती और फिर मैं खिचड़ी या चावल बनाकर दूध या दही से खा लेता। डेढ़-दो घंटे बाद पंडा जी की सांकल बजती और मुझे उठना पड़ता। दिक्कत तो बहुत होती थी पर यही तो संघर्ष था जिसे मैंने खुद चुना था।

थोड़ी सी बात मैं आपको जनरल नॉलेज के बारे में भी बताना चाहता हूं। आप जानते होंगे कि मुख्य परीक्षा में जनरल नॉलेज के भी पेपर होते हैं और काफी अंक उनके लिए निर्धारित होता है। प्रिलिमनरी परीक्षा से पहले जनरल नॉलेज के

मामले में मैं सिफर ही था। टीवी जैसी चीजें नहीं थी। समाचार पत्र या मैगजीन का मैं रेगुलर पाठक नहीं था। मुझे याद है एमए फाइनल में कुछ लोगों को छोटे वाले ट्रांजिस्टर पर क्रिकेट की कमेंट्री सुनते हुए कुछ शब्द मेरे कान में भी पड़ रहे थे। मैं कुछ शब्द बार-बार सुन रहा था और उनमें एक था 'विकेट'। मुझे उस समय तक पता नहीं था कि विकेट क्या होता है। इसी तरह विश्व के विभिन्न देशों में घट रही घटनाओं को जानने की उत्सुकता भी नहीं थी। इसीलिए जीवन में मैंने दो चीजों -अंग्रेजी में बातें करना और जनरल नॉलेज में ज्ञान प्राप्त करना-- को एक रेगुलर विषय की तरह रातों में जाग-जाग कर पढ़ा। अंग्रेजी मैंने इंटर तक पढ़ी थी और अंक भी अच्छे प्राप्त किए थे पर इलाहाबाद पहुंचने पर खासकर हॉस्टल ज्वाइन करने पर मुझे इस समस्या का सामना करना पड़ा था। कॉन्वेंट में पढ़े लोगों से सामना था पर धीरे-धीरे मैंने इस समस्या पर विजय पाई। छात्रावास में मेरे विषय वालों से सबसे ज्यादा अंक प्राप्ति ने सोने में सुहागा का काम किया था और मैं कुछ समय की मेहनत के बाद फर्राटेदार अंग्रेजी बोलने लगा था सबसे ज्यादा अंकों के साथ। डॉक्टर का लड़का डॉक्टर हो गया तो कौन सा तीर मारा और एक किसान का लड़का मिडिल स्कूल में टीचर हो गया तो उपलब्धि है - वाली सोच मुझे ऊर्जा देती रहती थी। यह बात अलग है कि अंग्रेजी बोलना सीखने के लिए मुझे 'रैपिड इंग्लिश स्पीकिंग कोर्स' जैसी पुस्तक को एक मुख्य विषय की तरह पढ़ना पड़ा था। हां एक खास बात मेरे अंदर प्रारंभ से ही थी - भारतीय संस्कृति, दर्शन और संस्कृत से संबंधित पुस्तकों में मेरी गहरी रुचि थी। भारतीय षड् दर्शन मुझे बेहद रोचक लगते थे खासकर शंकराचार्य का अद्वैतवाद, बौद्ध दर्शन का विज्ञानवाद तथा जैन दर्शन का अणुवाद। इन विषयों से संबंधित लेख या पुस्तक मिल जाने पर मैं उन्हें बिना पूरा पढ़े नहीं छोड़ता था। ये सारे ज्ञान भूगोल के ज्ञान और सिविल सर्विसेज की प्रिलिमनरी परीक्षा के दौरान अर्जित ज्ञान से मिलकर सामान्य ज्ञान के लिए एक ठोस आधार बन चुके थे जिस का स्पष्ट प्रभाव मेरी प्रिलिमनरी परीक्षा के दौरान देखने को मिल गया था। लगभग 75% प्रश्नों के उत्तर मुझे मालूम थे। मैंने एनसीईआरटी की बारहवीं स्तर की लगभग सभी पुस्तकें पढ़ ली थीं भले ही काफी कुछ मेरी समझ से बाहर रहा हो। उदाहरणार्थ आर्ट्स का विद्यार्थी होने के बावजूद मैंने एनसीईआरटी की फिजिक्स, केमेस्ट्री, बायोलॉजी, जूलॉजी और कृषि विषय की पुस्तकें भी पढ़ डाली थीं जिनका फायदा मुझे परीक्षा में मिला। मुख्य परीक्षा के लिए मैं इस ज्ञान को और बढ़ाना चाहता था लेकिन दिन-रात इतिहास की पढ़ाई ने सब

कुछ चौपट कर रखा था क्योंकि उसके पढ़ने के बाद भूगोल के लिए भी मुश्किल से समय मिलता था। सामान्य ज्ञान का तो अता पता ही नहीं था।

सिविल सर्विसेज मुख्य परीक्षा का समय भी आ गया था। मैंने मन लगाकर परीक्षा दी। प्रिलिमनरी परीक्षा की तरह मुख्य परीक्षा में सफलता का अंदाजा लगाना असंभव था। परीक्षा समाप्त होने के बाद कुछ राहत मिली। लगातार मेहनत और खाने-पीने में लापरवाही के कारण एक दिन रात को लगभग दस बजे मुझे चक्कर आने लगा। मैं उस समय कमरे के बाहर खड़ा था। अचानक चीजें घूमने लगीं और धीरे-धीरे आंख के सामने से गायब होने लगी। मुझे लगा कि मैं गिर सकता हूं और जल्दी से कमरे की ओर अपनी चारपाई तक पहुंचने की कोशिश में बढ़ा। बस इसके बाद तो कुछ पता ही नहीं चला कि क्या हुआ। धीरे-धीरे मेरी पीठ में कुछ ठंडा-ठंडा लगने लगा। जब मेरी आंखें खुली तो आकाश व तारे दिख रहे थे। ठंडक से आराम मिल रहा था। मैं धीरे-धीरे उठ कर बैठ गया और देखा कि मैं कमरे की दीवार और आंगन के चारों तरफ बनी दो फीट ऊंची मुंडेर के बीच गैलरी में था। नीचे का फर्श ठंडा था और इसी ठंड के कारण लगता है, मैं धीरे-धीरे होश में आ गया था। इस दिन मेरी समझ में आया कि मैं कितनी असुरक्षित जगह में रह रहा था। बारह कमरों वाली तिमंजिली इमारत के बीच एक कमरे में जिसमें न कोई खिड़की न रोशनदान। चौबे एवं अन्य लोगों की बातें - यद्यपि अविश्वसनीय थी - फिर भी कहीं न कहीं मेरे दिमाग में घर करने लगी। मैं इमारत को छोड़ कहीं और किराए पर कमरा लेने को सोचने लगा। पर इसके बाद लंबे समय तक कोई दिक्कत नहीं हुई। खाने-पीने और व्यायाम पर मैंने विशेष ध्यान देना शुरू कर दिया। ज्यादा समय भूगोल विभाग में बिताने लगा और प्रोजेक्ट तथा रिसर्चवर्क को भी गति मिलने लगी। मैं सिविल सर्विसेज की तैयारी कर रहा था इसकी भनक कार्टोग्राफर भाईजान को तो धीरे-धीरे लग गई थी लेकिन मेरे गाइड को पता नहीं था। कमरा छोड़ने का विचार भी धीरे-धीरे मन से निकल गया। बाहर न तो इतना सस्ता कमरा मिल सकता था और न ही इतने अच्छे व्यवहार वाले पंडा जी को बताने के लिए मेरे पास कोई ठोस कारण था।

दारागंज से यूनिवर्सिटी रोज आने जाने में मुझे लगभग 16 किलोमीटर साइकिल चलाना पड़ता था। भूगोल विभाग में कई रिसर्चस्कॉलर पीएचडी ज्वाइन कर लिए थे और उनके बीच अच्छा समय गुजर रहा था। मैं मुख्य परीक्षा का इंतजार कर रहा था।

एक रात मैं मैगजीन पढ़ते-पढ़ते देर से सोया। दिन में शहर में कई जगह साइकिल से गया था और थक भी गया था। सुबह पंडा जी की सांकल की आवाज नहीं आई। मैं उठा और देखा कि सुबह के छह बज रहे थे। अभी तक पांच बजे मैं सांकल की आवाज पर उठ जाता था और नीचे जाकर अंदर की सिटकिनी खोलता था और पंडा जी अंदर आते थे। मैं जल्दी से उठा और सीढ़ियों से नीचे उतर कर आंगन पार करते हुए गलियारे से गेट तक पहुंचा। मैं यह देखकर दंग रह गया की अंदर की सिटकिनी ज्यों की त्यों लगी थी। वापस आते समय मैंने मंदिर की ओर नजर डाली तो देखा मंदिर का दरवाजा थोड़ा सा खुला था और अंदर प्रकाश था। मैं अपने कमरे में वापस आ गया था। मेरा अंदाजा था कि अंदर पंडा जी पूजा कर रहे हैं। लगभग दस बजे पंडा जी ने आवाज दिया कि मैं आकर दरवाजे की सिटकनी बंद कर लूं। मैं कुछ कहता कि पंडा जी ही बोल पड़े - 'द्विवेदी जी! लगता है कल आप काफी थक गए थे। मैंने सांकल कई बार बजाई पर आप आए नहीं। कोई बात नहीं मेज पर चाय रखी है गर्म करके पी लीजिएगा'- और चले गए।

मैं बार-बार सोच रहा था कि जब दरवाजे की सिटकिनी मैंने खोली ही नहीं और पूरी इमारत में अंदर आने का जब कोई दरवाजा ही नहीं है तो पंडा जी अंदर घुसे कैसे? पंडा जी से मैं तत्कालीन राजनीति पर तो बात कर लेता था लेकिन उनके व्यक्तिगत जीवन या पारिवारिक मामले में न मैंने कभी बात की और न पंडा जी ने बताया। किंवदंती ही सही, इमारत संदेह के घेरे में तो थोड़ी आ ही गई थी। पंडा जी के बिना गेट से होकर अंदर आ जाना मुझमें और संदेह पैदा कर रहा था। कुछ दिन बाद पंडाजी के मालिश करने वाले से मुलाकात हुई तो मैंने ऐसे ही उसे पूछ लिया कि इमारत में और भी गेट है क्या? उसने और उलझाने वाला उत्तर दे दिया- 'साहब हवेली में रहते तो आप हैं और दरवाजे मुझसे पूछ रहे हैं। आपको शायद पता न हो लेकिन खुद पंडा जी आंगन और मंदिर के सिवा कभी ऊपर नहीं गए। आप ही हैं जो सुना है हवेली के बीचोबीच रहते हैं। यह भी सुना है कि हवेली की सारी चाभियां आप ही के पास रहती हैं सिर्फ सभागार को छोड़कर'। मुझे लगने लगा कि मुझे जानबूझकर इस रहस्यमयी हवेली के बीच डाल दिया गया था। खैर, एक बार बेहोश होने के अलावा मेरा अब तक कोई नुकसान नहीं हुआ था। बेहोशी भी कमजोरी के कारण थी। मैं संशय पैदा करने वाली बातों को भुलाकर मजे से रहने लगा।

मुख्य परीक्षा के परिणाम की तिथि पहले ही पता चल चुकी थी। मैं उस दिन यूनिवर्सिटी में थोड़ा समय बिताकर यूनिवर्सिटी रोड पर स्थित प्रयाग लाज (जहां मैंने

एक वर्ष बिताया था) चला गया था। शायद 'नॉर्दन इंडिया पत्रिका' अखबार में परिणाम आया था। रोल नंबर मिलाया गया और यह क्या!! मैं इसमें भी उत्तीर्ण हो गया था और साक्षात्कार के लिए योग्य मान लिया गया था। इसमें कोई शक नहीं और जैसा कहा भी जाता है कि सिविल सर्विसेज चयन प्रक्रिया में वास्तव में कोई सबसे कठिन और सबसे महत्वपूर्ण स्टेज है तो वह है इसकी मुख्य परीक्षा (मेन एग्जामिनेशन)। बिना कठिन परिश्रम के आप इसे उत्तीर्ण कर ही नहीं सकते। इस परीक्षा को देने का एक अलग ही अनुभव है। इसमें पसीना है, गर्व है, डर और अनिश्चितता है और इन सब के बीच एक स्वर्णिम भविष्य की आशा है। देश की सर्वोच्च परीक्षा में शामिल होने का गरिमामय गर्व और संतोष है। मेरा मानना है कि अंतिम चयन हो या न हो, इस परीक्षा को देने की अनुभूति परीक्षार्थी के लिए जीवन में मिला एक अविस्मरणीय पारितोषिक है। इस परीक्षा के बाद आपके ज्ञान का आयाम एकदम से विस्तार ले लेता है और आपके आगे की जीवन शैली में स्पष्ट परिलक्षित होता है।

मैं अपने पूर्व छात्रावास में भी गया। प्रथम प्रयास में ही मुख्य परीक्षा पास कर साक्षात्कार तक पहुंचना एक बड़ी बात मानी जा रही थी। लोग वाहवाही देते और अजीब नजरों से देखते। कारण यह था कि बीएससी और एमएससी में उच्च प्रतिशत पाने वालों में भी कई लोग इस परीक्षा को उत्तीर्ण नहीं कर पाए थे। आपको शायद पता हो कि सिविल सर्विसेज में प्रारंभ से ही फिजिक्स, केमेस्ट्री, मैथमेटिक्स (पीसीएम) बैकग्राउंड वाले इंजीनियरों और डॉक्टरों का बोलबाला होता था। शास्त्र विषय वालों को जी तोड़ परिश्रम के बावजूद सफलता नहीं मिलती थी। बात सीधी सी थी। यदि मैथ के प्रश्न पत्र के पांच सवालों में से दो पूरे के पूरे सवाल गलत भी हो गए तो आपको 100 में से 60 अंक यानी फर्स्टडिवीजन के अंक मिल ही जाएंगे जबकि आर्ट्स वाले विषय (इतिहास, भूगोल, अंग्रेजी, हिंदी, समाजशास्त्र आदि) में आप सारे प्रश्न हल कर दें, फर्स्टडिवीजन के अंक पाने में हालत बिगड़ जाएगी। साइंस और आर्ट्स की इस असमानता ने कालांतर में इतना रोष पैदा कर दिया कि सरकार को भी इसका संज्ञान लेना पड़ा। इतिहास-भूगोल शुद्ध शास्त्र वाले विषय थे। ऐसी हालत में परीक्षार्थी बेहोश नहीं होगा तो क्या होगा? खैर, सफलता मिल गई थी और साक्षात्कार का इंतजार था।

दारागंज वाले फ्रंट पर भी सब कुछ ठीक चल रहा था। बस बीच-बीच में कुछ गप्पें लोग मार दिया करते थे जैसे कि आंगन पहले अखाड़ा था और सीमेंट के नीचे क्या पता कितने पहलवान आराम कर रहे हों या कि हवेली में तहखानों की कमी

नहीं या कि कई चोर दरवाजे हैं (कहीं इन्हीं दरवाजों में से होकर पंडा जी उस दिन मेरे बिना सिटकिनी खोले अंदर आ गए थे क्या? पता नहीं) इत्यादि-इत्यादि। मैं भी अब इस तरह की गप्पबाजी सुनने का आदी हो गया था।

मुख्य परीक्षा के बाद मैं समाचारपत्रों में प्रवक्ता पद के लिए निकलने वाले विज्ञापन भी देखता रहता था। इसी बीच एक विज्ञापन अवध यूनिवर्सिटी के अंतर्गत एक पोस्ट ग्रेजुएट कॉलेज में भूगोल प्रवक्ता के लिए दिखा। मैंने अखबार से ही कटिंग कर जरूरी कागजात लगाकर पद के लिए आवेदन कर दिया और साक्षात्कार का इंतजार करने लगा। इसी बीच सिविल सेवा के साक्षात्कार की तिथि भी आ गई। छात्रावास में जो लोग साक्षात्कार के लिए चुने गए थे, दिन-रात उसकी तैयारी में लग गए थे। कई लोगों ने साक्षात्कार के लिए खुले कोचिंगसेंटर्स भी ज्वाइन कर लिए थे। ज्यादातर लोगों की तैयारी इसी तरह चल रही थी जैसे मुख्य परीक्षा के लिए की गई थी यानी मुख्य परीक्षा में लिए गए मुख्य विषय, सामान्य ज्ञान और सामायिक घटनाएं। इस संबंध में एक सीनियर छात्र की बात मुझे बहुत ही उचित प्रतीत हुई थी। जब उन्होंने बताया कि विषयों का आपको कितना ज्ञान है इसकी परीक्षा तो संघ लोक सेवा आयोग ने मुख्य परीक्षा में ले लिया और उन विषयों को लेकर आंख फोड़ने की जरूरत नहीं। उनका सुझाव था कि साक्षात्कार के समय आसपास घट रही राष्ट्रीय और अंतरराष्ट्रीय घटनाओं की जानकारी और उन घटनाओं पर आपके विचार, ऐसे मुद्दे होने चाहिए जिस पर आपकी तैयारी होनी चाहिए। उनका यह सुझाव मुझे बहुत पसंद आया। इसलिए नहीं कि उनके सुझाव के हिसाब से ही साक्षात्कार में प्रश्न पूछे जाने वाले थे बल्कि इसलिए कि इतिहास की मोटी-मोटी किताबों को फिर खोलने की हिम्मत मुझ में नहीं थी।

लोक सेवा आयोग (यूपीएससी) में साक्षात्कार का दिन आ गया था। इलाहाबाद से हम दस लोग प्रयागराज एक्सप्रेस से एक दिन पहले नई दिल्ली पहुंचे और अपने अपने गंतव्य पर रात बिताने चले गए। सुबह यूपीएससी पहुंचने पर पता चला कि साक्षात्कार के साथ साथ ही मेडिकलटेस्ट भी था। दरअसल मेडिकलटेस्ट के बाद ही यूपीएससी जाना था। पर काफी हड़बड़ाहट के बाद मुझे हॉस्पिटल जाने और मेडिकलटेस्ट कराने का आज्ञा पत्र नॉर्थब्लॉक स्थित कार्मिक एवं प्रशिक्षण विभाग से मिला और मैं मेडिकल के लिए अस्पताल में हाजिर हुआ। शुरू के टेस्ट से ही टेंशन प्रारंभ हो गया था। टेस्ट लेने वाले ने मेरा वजन लेने के बाद बताया कि मैं अंडरवेट था। मैं परेशान हो गया कि इतनी पढ़ाई लिखाई के बाद में अगर अनफिट हो गया

तो सब बेकार हो जाएगा। इतने में एक वार्ड बॉय आया और उसने मुझसे धीरे से कहा कि सर अभी बाहर जाओ और बाएं तरफ एक केला वाला बैठा है जितने केले खा सको खाओ और जल्दी से आ जाओ। बड़ा अजीब मामला था। मैं जल्दी-जल्दी कितने केले खा सकता था? यूपीएससी वाले भी अजीब लोग हैं। दिन-रात, 18-18 और 20- 20 घंटे पढ़ने के बाद और खाने-पीने में लापरवाही के बाद वजन बचता कहां है? खैर, मैं बाहर गया और जल्दी-जल्दी सात केले खाकर आ गया। टेस्ट लेने वाले पैरामेडिकल स्टाफ को बाहर इंतजार कर रहे दोस्त से मिलने जाने का बहाना बताया था। मेडिकल हुआ और मैं वहां से यूपीएससी में बोर्ड के सामने साक्षात्कार के लिए आ गया। पता नहीं क्यों मुझे साक्षात्कार को लेकर जरा भी टेंशन या घबराहट नहीं थी। वेटिंग रूम में हम लोग बैठे थे। जैसे ही कोई कैंडिडेट साक्षात्कार देकर बाहर आता लोग घेर लेते और पूछने लगते कि कैसा हुआ, क्या पूछा आदि। मैं आदत से और जन्म से वाचाल रहा था। मुझे ज्यादा से ज्यादा बात करने में मजा आता था चाहे दूसरी पार्टी तंग आकर अंदर ही अंदर कोस ही क्यों न रही हो। घर में पिताजी से लेकर स्कूल में मास्टरों तक से अपने इस गुण के लिए डांट खाता रहा था। दोस्तों से डांट-फटकार तो नहीं लेकिन अपनी वाचालता को लेकर- 'यार मेरी भी सुन लिया कर, तुझसे तो बात करना ही बेकार है। क्योंकि तू मेरी सुनेगा ही नहीं' जैसे शब्द उनसे सुनने को अकसर मिल जाते थे। हालांकि उम्र बढ़ने के साथ-साथ अपनी आदत में मैंने काफी सुधार कर लिया था। अपनी बारी आने पर मैं बोर्ड कक्ष में अंदर गया और आपको ईमानदारी से बताऊं कि अंदर सदस्यों को देखकर मुझे मजा सा आ गया। लगभग सारे सदस्य काफी बुजुर्ग थे और मेरे पिताजी के उम्र के लग रहे थे। एक मैडम थी वह भी काफी उम्रदार। गुड मॉर्निंग वाले दुआ सलाम के बाद बातचीत शुरू हुई। बीच में बैठे सर ने परिवार के बैकग्राउंड के बारे में पूछा फिर मेरे बारे में। फादर क्या करते हैं? आप अभी क्या कर रहे हैं? आदि -आदि। कैंडिडेट की लगभग सारी जानकारी उनके सामने पड़े फोल्डर में रहती ही है। संक्षेप में कुछ सवाल जवाब (जो मुझे इस समय याद आ रहे हैं) मैं आपको अपने शब्दों में बताता हूं।

एक प्रश्न मुझसे पूछा गया कि 'आप इलाहाबाद विश्वविद्यालय में पढ़े हैं और एक छात्रावास में रहे हैं। आजकल विश्वविद्यालय में छात्रों और पुलिस में संघर्ष चल रहा है। मान लीजिए आप एक छात्रावास के वार्डन हैं। उपद्रवी छात्र पुलिस के खदेड़ने पर छात्रावास में छिप गए हैं। पुलिस को सूचना मिली है कि कुछ अवांछित तत्व जो छात्रावास के सदस्य नहीं हैं, छात्रावास के अंदर है। उनके पास शायद हथियार भी

हैं। पुलिस ने छात्रावास को घेर रखा है और छात्र अंदर से ईंटें फेंक रहे हैं। पुलिस छात्रावास में घुसने की इजाजत मांगने आई है। क्या करेंगे आप?' बोर्ड ने आपको एक सिचुएशन में डाल दिया था और आपको निर्णय लेना था। यदि मैं पुलिस को कैंपस में घुसने की इजाजत नहीं देता हूं तो माना जाएगा कि मैं प्रशासन के साथ सहयोग नहीं कर रहा हूं और यदि पुलिस को कैंपस में घुसने देता हूं तो पुलिस और छात्रों के बीच भीषण संग्राम हो सकता है और जान-माल की हानि की पूर्ण संभावना बनती है।

मेरा उत्तर था कि सबसे पहले मैं पुलिस प्रशासन से कहूंगा कि पुलिस के घेरे को छात्रावास की बाउंड्री से दूर ले जाए जिससे बाउंड्री के अंदर से छात्रों द्वारा फेंकी जा रही ईंट उन तक न पहुंचे और कोई घायल न हो। इसके तुरंत बाद हम यूनिवर्सिटी प्रशासन, जिला प्रशासन के सक्षम स्तर के अधिकारियों की एक आपात मीटिंग बुलाएंगे जिसमें मैं खुद छात्रावास की तरफ से शामिल होऊंगा। सारे पहलुओं पर विचार करके हम एक सर्वमान्य फैसला (कलेक्टिव डिसीजन) लेंगे। (इस तर्क के पीछे मेरे मन की सोच यह थी कि ऐसी विस्फोटक हालत में अपना एकाकी फैसला लेकर परिणाम अकेले भुगतने की बजाय सभी पक्षों को फैसले में सम्मिलित करना अधिक उचित होगा। यदि सारे मिलकर फैसला लेते हैं कि पुलिस को छात्रावास में घुसने दिया जाए तो परिणाम के लिए सभी उत्तरदायी होंगे। मन की सोच मेरे मन में ही थी और इसे मीटिंग में मैंने व्यक्त नहीं किया था।) फिर मैंने तर्क दिया था कि मीटिंग में पता नहीं कौन पक्ष सबसे बेहतर सुझाव ला दे और समस्या के समाधान में सहायता कर दे।

एक दूसरा प्रश्न पूछा गया कि आप जियोग्राफी के छात्र रहे हैं। एक्सपर्ट लोगों का कहना है कि जैसे-जैसे नगरीकरण (अर्बनाइजेशन) बढ़ेगा, बाढ़ बढ़ती जाएगी, चाहे बारिश कम होती जाए। क्या आप इस बात से सहमत हैं और सहमत है तो क्यों? मेरा जवाब था कि नगरीकरण का सीधा संबंध है डि-फारेस्टेशन से। पृथ्वी की सतह प्राकृतिक रूप से वनस्पतियों से ढकी होती है। जब भी हम नगर बसाते हैं सतह से वनस्पति के आवरण को हटाते हैं। पृथ्वी की सतह को ढके रहने वाली वनस्पतियों- चाहे वह घास हो, जंगल हो या झाड़ियां हो - का एक बहुत ही महत्वपूर्ण योगदान है बारिश के पानी के बहाव की गति में रुकावट डालना और उसे धीरे-धीरे बहने देना। पृथ्वी का वह सतह जहां वनस्पति आवरण को- हटाकर उसे पक्का (सीमेंटेड) कर दिया गया है वहां जब मूसलाधार बारिश होती है तो सारा का सारा पानी एकदम से तेजी से बहकर नालियों और फिर नदियों में पहुंचता है। पानी की भारी मात्रा और

उसका तेज वेग एकाएक नदी में बाढ़ ला देता है। बाढ़ को बढ़ावा देने का दूसरा कारण यह होता है कि वनस्पति का आवरण पानी को धीरे बहने को मजबूर करता है, पानी का एक अच्छा-खासा हिस्सा धरती में समा कर अंडरग्राउंड वाटर का रूप ले लेता है और नालियों से बहकर नदी में पहुंचने वाले जल की मात्रा काफी कम हो जाती है। पक्की सतह पानी को बिल्कुल नहीं सोखती और सारा का सारा पानी नालियों में और फिर नदियों में पहुंचकर बाढ़ की भीषणता को बढ़ा देता है।

सतह से वनस्पति के आवरण का हटना धरातल की ऊपरी परत को नंगा कर देता है और तेज वर्षा के कारण मिट्टी का कटाव या अपरदन तेजी से होने लगता है। कटी हुई मिट्टी नालियों और नदियों में भरकर उनकी तलहटी पर जम जाती हैं और उन्हें उथला बना देती है। नदी जैसे-जैसे उथली होती जाती है उसकी जल धारण क्षमता भी कम होती जाती है। इस तरह थोड़ा पानी भी नदियों के किनारों को तोड़कर बाहर बहने लगता है और बाढ़ को जन्म देता है।

नगरीकरण एक तो वानस्पतिक आवरण को कम कर के वातावरण में ऑक्सीजन की मात्रा को कम कर देता है, दूसरे कार्बनडाइऑक्साइड को बढ़ा देता है क्योंकि नगरीकरण, औद्योगिकरण व बढ़ती जनसंख्या को अपने साथ लाता है। फैक्ट्रियां, गाड़ियां, छोटे-छोटे कारखाने एवं जनसंख्या के कारण कार्बनडाइऑक्साइड वातावरण में बढ़ती जाती है। कार्बनडाइऑक्साइड की बढ़ती मात्रा ग्लोबलवार्मिंग को जन्म देती है, ग्लोबलवार्मिंग के कारण पृथ्वी के बड़े-बड़े ग्लेशियर पिघलते हैं और अधिक मात्रा में पानी नदियों में पहुंचकर बाढ़ पैदा करता है। यहां ध्यान देने योग्य बात यह है कि इस प्रक्रिया में बारिश का कोई रोल ही नहीं है।

उपयुक्त सारी बातें स्पष्ट करती हैं कि एक्सपर्ट की राय सही है। मैंने आपको पहले ही बताया है कि बोर्ड के सदस्यों को देखते ही मुझे पिताजी की एक झलक आ गई थी। उनसे सवाल-जवाब में मुझे झिझक की जगह मजा आने लगा था। मेरे उत्तर को सुनकर कई सदस्य अपना सिर बीच-बीच में हिला रहे थे और मुझ पर इसका पॉजिटिव असर पड़ रहा था।

एक और प्रश्न था बरम्यूडा के बारे में। बरम्यूडाट्रैंगिल उस समय खबरों में था। अटलांटिक महासागर में बरम्यूडा दीपों के पास एक फिल्म कंपनी महासागर की गहराई में किसी फिल्म की शूटिंग कर रही थी। महासागर की तलहटी पर पड़े हुए कुछ जलयान देखकर उन्हें बहुत आश्चर्य हुआ। जब और शक्तिशाली कैमरो से

उन्होंने विस्तृत क्षेत्र का सर्वेक्षण किया तो वहां सैलानी पानी के जहाजों के अलावा कुछ वायुयान भी पड़े मिले। ताज्जुब यह था कि ये जहाज बिल्कुल सही सलामत थे। गहन अध्ययन से यह पता चला कि ये वायुयान विश्वयुद्ध में जर्मनी द्वारा शत्रु देशों पर बम गिराने के लिए भेजे गए थे और लापता हो गए थे। यह माना गया कि ये बम वर्षक शत्रु देशों द्वारा नष्ट कर दिए गए। कुछ जहाज मित्र देशों के भी मिले। ये जहाज वहां कैसे पहुंचे और वह भी सही सलामत हालत में। इस रहस्य को सुलझाने में कई देशों के विशेषज्ञ लगे रहे लेकिन कोई स्पष्ट व्याख्या न मिल सकी। मुझसे पूछा गया कि भौगोलिक दृष्टि से कोई व्याख्या आपके पास है? मेरा उत्तर था कि इस विषय में जो भी व्याख्याएं प्रस्तुत की गई हैं वह सारी अभी तक परिकल्पनाएं (हाइपोथेसिस) मात्र हैं। भूगोल का विद्यार्थी होने के कारण मैं भी अपनी परिकल्पना दे सकता था। पृथ्वी पर दो तरह के ध्रुव है एक भौगोलिक ध्रुव (जियोग्राफिकल पोल्स) और दूसरा चुंबकीय ध्रुव (मैग्नेटिक पोल्स)। दोनों के उत्तरी और दक्षिणी ध्रुव अलग-अलग हैं। यह तो सिद्ध हो ही चुका है कि पृथ्वी के अंतर्तम में चट्टानें अत्यधिक गर्मी और दबाव के कारण पिघली हुई अवस्था में है जिन्हें लावा कहा जाता है। ज्वालामुखी उद्गार के समय यही लावा पिघली हुई चट्टान और धूल के रूप में बाहर निकलता है। इस लावा में लौह धातु की अधिकता होती है। भूगर्भिक शक्तियों के प्रभाव से लावा भूगर्भ में एक स्थान से दूसरे स्थान की ओर बहता रहता है। लौह तत्व की अधिकता के कारण पृथ्वी के मैग्नेटिक पोल्स स्थानांतरित होते रहते हैं। जब इन पोल्स के ऊपर से या आसपास से लोहे या धातु की चीजें गुजरती है तो मैग्नेटिक प्रभाव के कारण वे नीचे की ओर खींची चली जाती है। जिस समय ये जहाज अमेरिका और जर्मनी के बीच अटलांटिक महासागर के ऊपर उड़ रहे थे वे इसी तरह के मैग्नेटिकफील्ड के प्रभाव में आ गए होंगे और महासागर के गर्त में खिंच गए होंगे। किसी तरह के टकराव के अभाव में इनमें कोई टूट-फूट नहीं हुई और वे तलहटी में जाकर सही सलामत ढंग से ठहर गए। फिर मैंने आदरणीय सदस्यों से कहा कि सर! यह मेरी तरफ से एक हाइपोथेटिकल विचार है और सच्चाई तो गहन खोजबीन के बाद ही होगी।

मेरी बाईं तरफ वाली दीवार पर एक पुराना विश्व मानचित्र टंगा था। महिला सदस्य ने कहा आप उस मानचित्र में बता सकते हैं कि वरम्यूडाआईलैंड कहां है? मानचित्र काफी पुराना और धूमिल था। जहां मैं बैठा था वहां से उसमें कुछ पढ़ पाना

संभव नहीं था। मेरे मन में आया कहीं कमरे में कोई डंडा/छड़ी/इंडिकेटिंगरॉड इस तरह के प्रश्नों के उत्तर देने के लिए जरूर पड़ा होगा पर ऐसा कुछ दिखा नहीं। मुझे कमरे के एक कोने में एक स्टूल रखा दिखा। मैं अपनी कुर्सी से उठा और स्टूल लेकर मानचित्र के नीचे पहुंचा। मानचित्र ऊंचाई पर था। स्टूल पर खड़े होकर बरम्यूडाआईलैंड का लोकेशन बताना चाहा लेकिन उस मानचित्र में वहां कोई आईलैंड था ही नहीं। मैंने जेब से पेन निकाला और कैरेबियन सागर वाले क्षेत्र में छोटे-छोटे तीन चार आईलैंड त्रिभुजाकार क्षेत्र मे बना दिया। स्टूल से उतरा, स्टूल को पूर्व स्थान पर रखा और अपनी कुर्सी पर बैठ गया। 'मैडम! मैप बहुत पुराना लग रहा है। इसमें वरम्यूडाट्रैंगल नहीं दिखाया गया है। मैंने उस क्षेत्र को इंगित कर दिया है और अब किसी को इसे ढूंढने में परेशानी नहीं होगी।' - मैंने कहां।

फिर एक प्रश्न मुझे बालों की संरचना (हेयर स्ट्रक्चर) के आधार पर प्रजातियों (रेसेस) के निर्धारण पर पूछा गया और मैंने इसका उत्तर दिया। एंथ्रोपॉजियोग्राफी से संबंधित था। इसी बीच एक महिला सदस्य ने पूछा कि यदि बाल का वर्टिकलक्रॉससेक्शन किया जाए तो क्या-क्या विशेषताएं होंगी जिस के उत्तर में मुझे जानकारी न होने की बात कहनी पड़ी थी। साक्षात्कार के लिए आते समय मेरे एक दोस्त ने सलाह दी थी कि यदि किसी प्रश्न का उत्तर न आता हो तो गलत उत्तर देने या तुक्का मारने की बजाय अपनी अनभिज्ञता जाहिर कर देना ज्यादा अच्छा होता है। इसके दो फायदे हैं, एक तो आप गलत उत्तर देने से बच जाते हैं और दूसरा बोर्ड के सामने अगला प्रश्न पूछने का समय होता है और हो सकता है कि उस प्रश्न का उत्तर आपको आता हो। चार-पांच प्रश्नों के उत्तर में मुझे नम्रता पूर्वक अपनी अनभिज्ञता जाहिर करनी पड़ी थी। मेरा साक्षात्कार लगभग 45 मिनट तक चला होगा और लगभग 22 सवाल पूछे गए थे। परिणाम कुछ भी हो, साक्षात्कार में अंक जो भी मिलें; पिताजी सदृश बुजुर्ग और अनुभवी विद्वानों के सामने प्रश्नोत्तर सेशन का सुखद अनुभव मुझे आज तक नहीं भूलता।

साक्षात्कार कक्ष से निकलकर मैं प्रतीक्षा कक्ष में वापस आया। आते ही अभ्यर्थियों ने घेर लिया और इतनी देर साक्षात्कार में लगने का कारण पूछने लगे। मैं क्या बताता। मुझे साक्षात्कार में कितना समय लगता है इसका कोई अंदाजा था ही नहीं। यह पहला साक्षात्कार ही तो था। मैं तो खुश था पर बोर्ड खुश था या नहीं भगवान जाने। मैं वापस कमरे पर आ गया।

फिर कुछ समय तक मेरा घिसा-घिसाया रूटीन चलता रहा। रिसर्च,प्रोजेक्ट और अगली सिविल सर्विसेज परीक्षा की तैयारी। पर दारागंज की हवेली ज्यादा दिन शांत न रह सकी। पढ़ाई की तरफ से काफी राहत थी। खाना बना और खाकर मैं लगभग दस बजे तक ऊपर-नीचे दरवाजे बंद कर सो जाता था। इसी तरह एक रात जब सोया था, बाहर कुछ लोगों के बातचीत करने की आवाजें आने लगी। खूब ठंड पड़ रही थी और मैं दरवाजे बंद करके सोने लगा था। कोई खिड़की या रोशनदान न होने के कारण दरवाजा बंद करते ही घुप्प अंधेरा छा जाता था। ऐसे में बाहर आवाजें सुनकर मैं डर गया। कमरे के अंदर से ही आवाजों को समझने की कोशिश करने लगा। काफी प्रयास करने पर भी बोलने वालों की भाषा समझ में नहीं आ रही थी। मैं किसी को पुकार भी नहीं सकता था क्योंकि वहां मुझे सुनने वाला कोई था ही नहीं। अब मेरे पास एक ही रास्ता था कि मैं चुपचाप पड़ा रहूं, सुबह होने का इंतजार और पंडा जी के सांकल बजने की आवाज पर ही दरवाजा खोलूं। थोड़ी देर तक तो मैं इंतजार करता रहा। पर न तो जल्दी सुबह हो रही थी और न मन में उठने वाले अच्छे-बुरे विचार शांत हो रहे थे। बाहर लगता था जैसे लोग बढ़ते जा रहे थे। आवाज से ऐसा भी लगता था कुछ लोग नीचे आंगन में है और कुछ सीढ़ियों से मेरी वाली मंजिल पर आ रहे हैं। मेरे कमरे के दरवाजे के ठीक सामने एक लंबा सा बरामदा था जहां मैं गर्मी के मौसम में फर्श पर ही गद्दा बिछाकर सो जाता था। दस-बारह दिन सोने के बाद मुझे लगने लगा कि गर्मी के कारण फर्श तपने लगी थी और मैं एक दिन शाम को चार-पांच बजे के करीब फर्श को पानी से धोने लगा। धोने से फर्श की गर्मी निकल जाती और रात में सोने में आराम मिलता। जैसे-जैसे पानी डालकर मैं झाड़ू से फर्श धोता गया एक अजीब सी सुगंध गर्म एहसास के साथ फर्श से आने लगी थी। सुगंध बिल्कुल ही वैसी थी जैसी हवन सामग्री को आग में डालने पर निकलती है। मेरे धोने के साथ-साथ गंध और गर्मी बढ़ती गई थी। मुझे बड़ा अजीब लगा था और मैंने उसी दिन से वहां सोना बंद कर दिया था। कमरे का दरवाजा खोलकर दरवाजे से ठीक बाहर स्टूल पर टेबलफैन रखकर और उसका मुंह अपनी ओर करके सोने लगा था।

बरामदे में बढ़ती आवाजों को सुनकर अंततः मैं उठा, कमरे में टेबललैंप जलाया और धीरे-धीरे दरवाजे को थोड़ा सा खोलकर बाहर देखने लगा। बाहर का दृश्य देखकर मैं दंग रह गया। पूरा का पूरा बरामदा बुजुर्ग और नव युवतियों से भरा पड़ा था। बच्चे नहीं दिख रहे थे। बुजुर्ग पुरुष और औरतें जोर से आपस में बातें कर रहे थे लेकिन उनकी भाषा मैं समझ नहीं रहा था। अब तक के उनके व्यवहार से मुझे कोई खतरा

नजर नहीं आ रहा था। औरतें भी पुरुषों की तरह मर्दाने अंदाज में साड़ियों को पहन रखी थीं। लगभग सारी औरतें खासकर नव युवतियां गहनों से लदी थीं। बरामदे में अच्छा-खासा प्रकाश था जो वहां के दो बल्बों के जलने से हो रहा था। वे मेरी ओर देखते, मुस्कराते और अपने काम में लग जाते। ऐसा लगता था वे इस जगह से परिचित थे। बल्बों के स्विच कहां-कहां हैं, उन्हें पता रहा होगा, तभी तो उन्होंने लाइट जलाई। मैं ज्यादा हैरान इस बात से था कि बिना मेरे अंदर की सिटकिनी खोले यह भीड़ आई कैसे? और क्यों आई है? पंडा जी को इसका पता है कि नहीं? मैं उन्हें देखकर अत्यधिक हैरान था लेकिन उन्हें मुझे देखकर कोई हैरानी नहीं हो रही थी।

थोड़ी देर बाद एक बुजुर्ग मेरे पास आए और उन्होंने मुझे एक चिट दिया जिसमें लिखा था - ऊपरी मंजिल की चाभी। मुझे धीरे-धीरे चीजें समझ में आने लगीं। मुझे लगने लगा कि पंडा जी की जानकारी में ये सारी चीजें हैं। लेकिन इतनी भीड़ यहां आई क्यों है? इसका अंदाजा नहीं लग पा रहा था। मैंने तीसरी मंजिल को जाने वाली सीढ़ी के गेट की चाभी दे दी। भीड़ नीचे से आती रही और तीसरी मंजिल पर जाती रही। थोड़ी देर में पूरी इमारत अजनबी लोगों से भर गई।

सुबह हुई और धीरे-धीरे मालूम हुआ कि ये सारी भीड़ मध्य प्रदेश से आई थी। मध्य प्रदेश के कई पुराने रजवाड़े और उनकी प्रजा पंडा जी के यजमान है और वही लोग इस माघ के महीने में संगम में पूजा करने आए हैं। कई लोगों के पास पोटली थी और पता चला कि उनमें मृत लोगों की अस्थियां हैं। यह सारी पोटलियां एक जगह गोले में सजा कर रखी गई थी। किशोरियां एवं युवतियां अपने लिबास और गहनों में बहुत सुंदर और मनमोहक लग रही थी और बुजुर्ग उतने ही उदासीन और सांसारिक भावनाओं से परे। तीन-चार दिन कुछ हवेली में बला की धमाचौकड़ी रही और फिर सन्नाटा।

पंडा जी की हवेली के पास ही एक मास्टर जी का परिवार रहता था। उनकी दो लड़कियां थी। एक तो आठ-दस वर्ष की और दूसरी अट्ठारह-उन्नीस साल की। मैं उस दिन बाहर बैठा अखबार पढ़ रहा था। मास्टर साहब की छोटी लड़की आई और जल्दी से एक स्टील का डिब्बा मुझे थमाती हुई- 'मम्मी ने भेजा है' कहकर चली गई। सब कुछ इतना अचानक और जल्दी हुआ कि मैं कोई प्रतिक्रिया नहीं दे सका। कमरे में जाकर देखा तो उसमें हलवा था। मैंने खाना खाने के बाद हलवा खा तो लिया पर उस डिब्बे का क्या करूं सोचने लगा। मैं कभी मास्टर जी के घर नहीं गया था। घर

जाकर डिब्बा देने का प्रश्न नहीं था। शाम होते-होते छोटी बच्ची फिर आ गई और बोली - 'डिब्बा लेने आई हूं'। मैंने उससे आगे से इस तरह की चीजें लाने को मना किया। दो-तीन दिन बाद ही वह चुपके से आई और मेरे पास फिर एक छोटा सा डिब्बा रख कर भाग गई। इस बार उसमें खीर थी। मैं थोड़ा परेशान होने लगा। मन तो हुआ कि मास्टर साहब के घर जाकर इस तरह की चीजें भेजने को विनम्रता से मना कर दूं। पर साहस नहीं हुआ। इस बार डिब्बा तीन-चार दिन तक मेरे पास ही पड़ा रहा। दरअसल, इस तरह का डिब्बा लौटाने का मौका तभी होता था जब मैं इमारत से बाहर बरगद की घनी छाया में या कहीं और बैठ कर पहले अखबार और फिर अपना विषय पढ़ता होता था। बिना खिड़की और रोशनदान वाली हवेली के बीचोबीच स्थित कमरे में पढ़ने की बजाय बाहर बरगद की घनी और ठंडी छाया में बैठ पढ़ाई करने का फर्क आप अच्छी तरह समझ सकते हैं। इस बीच मैं तीन-चार दिन बाहर पढ़ने के लिए बैठा ही नहीं था। एक बार मैं कुछ सामान खरीद कर बाहर से इमारत में घुसने वाला था कि वह लड़की फिर आई और एक डिब्बा फिर देने लगी। मैंने मना किया और उसे अपना पहले वाला डिब्बा लेने को कहा। 'दोनों एक साथ ले जाएंगे' - कहकर वह खिलखिलाती हुई भाग गई। मैं असमंजस में था कि क्या करें। जमाना आज से काफी अलग था। आसपास पंडा लोगों की बस्ती थी और उनका शिक्षा से कोई खास लगाव नहीं था ऐसा लगता था। बस इन पंडा लोगों के घरों में किराए पर मेरे जैसे कुछ विद्यार्थी या प्रतियोगी परीक्षाओं की तैयारी करने वाले लोग जरूर रह रहे थे।

यूनिवर्सिटी से दूर होने के कारण दारागंज अन्य मोहल्लों जैसे कटरा, ममफोर्डगंज, कर्नलगंज, एलन गंज की तुलना में किराए पर रहने के लिए सस्ता मोहल्ला था। मैं डिब्बा लेकर अंदर कमरे में गया। डिब्बा खोलते ही खाने के सामान के साथ एक पत्र भी मिला। पत्र में एक-दो शेरो-शायरी के अलावा प्रेम का इजहार भी था। पत्र भेजने वाले को मेरे बारे में बहुत कुछ पता था। उसे पता था कि मैं सिविल सर्विसेज की तैयारी कर रहा हूं। मुझे अकसर बरगद के पेड़ के नीचे पढ़ते देख पत्र भेजने वाले को बहुत अच्छा लगता था और मेरे ऊपर प्यार भी आता था। सबसे चौंकाने वाली बात यह थी कि उसे यह भी पता था कि मैं शादीशुदा हूं पर इससे कोई फर्क नहीं पड़ता क्योंकि प्यार तो किसी से भी हो सकता था ऐसा उसमें लिखा था। अंत में लिखा था कि जो खाद्य वस्तु भेजी गई थी उसके बारे में बताना था कि कैसा लगा क्योंकि यह उसने खुद बनाया था। पत्र की अंतिम लाइन ने तो सर को घुमा कर ही रख दिया।

...... 'आपके प्यार में चतुर्वेदी बहनें'।

तो क्या यह छोटी सी लड़की भी अपनी बड़ी बहन के साथ थी? हैरानी की इस हालत में प्यार की फीलिंग आने का कोई तुक ही नहीं था। ताज्जुब जरूर था। फिर मैं इसे मानव स्वभाव और किशोर भावना मानकर बिना कोई खास अहमियत दिए अपनी पढ़ाई में लग गया। दिक्कत यह थी कि यह दोनों डिब्बे लौटाए कैसे जाएं? मेरे मन में आया कि नीचे पढ़ते समय इन डिब्बों को मैं अपने पास रखे रहूंगा और जैसे ही छोटी बच्ची गली में आते-जाते दिखेगी उसे दे दूंगा। लेकिन ऐसा हुआ नहीं। मेरे बगल वाली इमारत में कुछ विद्यार्थियों के साथ एक मुंशी जी रहा करते थे। वे कोर्ट में किसी वकील के मुंशी थे और इसी नाम से प्रसिद्ध थे। वे मास्टर चतुर्वेदी के यहां आया-जाया करते थे। मुंशी जी से मेरा परिचय बरगद के नीचे चबूतरे पर समाचार पत्र पढ़ने के दौरान हुआ था। बहुत अच्छे आदमी थे, अकेले रहते थे और कभी-कभी मुझे खाना बनाने से मना कर अपने यहां खाना बनाकर खिलाते थे। ऐसी हालत में मैं खाना बनाने में उनकी मदद कर देता था। मुझे लगने लगा मास्टर साहब के घर तक मेरी खबर इन्हीं के द्वारा पहुंची होगी। मास्टर साहब के दो डिब्बे मेरे पास पड़े हैं यह उनसे बताना खतरे से खाली नहीं था। पता नहीं वह इसे किस तरह से लेंगे। एक दिन लगभग नौ बजे सुबह अचानक दो किशोरियां मेरे कमरे के दरवाजे पर आ धमकीं। 'हम चतुर्वेदी बहनें, हमारे डिब्बे नहीं देंगे क्या?' उनकी शरारत भरी हंसी और अधिकार भरे शब्दों को सुनकर मैं दंग रह गया। मैंने हड़बड़ाहट में दोनों डिब्बे निकाले और उनके सामने रख दिए। 'कितना शर्माते हैं आप। मेरे हाथ में नहीं पकड़ा सकते क्या?' और मैंने डिब्बे उसके हाथ में रख दिए। दरअसल पंडा जी के सुबह अंदर आने के बाद दस-ग्यारह बजे तक गलियारे वाला गेट खुला रहता था। पंडा जी और उनके घर के सदस्यों से यह लड़कियां अच्छी तरह परिचित थीं और इनका एक-दूसरे के घर आना-जाना था। यह बात अलग थी कि उनका प्रवेश इस वाली इमारत में मैंने तो पहली बार ही देखा था। बड़ी वाली लड़की ने मेरे हाथ से डिब्बे लिए और दोनों हंसती हुई सीढ़ियों की ओर चल दीं। अचानक बीच वाली लड़की वापस मुड़ी और मेरे पास आकर फुसफुसाकर बोली- 'खत का जवाब दीजिएगा, छोटी आ जाएगी'। धीरे-धीरे मुंशी जी से पता चला कि मास्टर साहब की तीन लड़कियां हैं और अब तो 'चतुर्वेदी बहनें' का मतलब आप समझ गए होंगे।

कुछ दिन बीता होगा कि किसी के बाहर वाली सांकल खटखटाने की आवाज आई। मैं जाकर देखा तो मुंशी जी थे। उन्होंने बताया कि आज मास्टर साहब के यहां दोपहर का खाना है, तैयार रहिएगा। मैंने पहले तो बहानेबाजी कर बात को टालने की कोशिश

की लेकिन वह नहीं माने। उनका कहना था कि वे और उनका भाई भी साथ में होंगे। फिर नौ-दस बजे के करीब फिर वही छोटी लड़की आई और एक खत देने लगी। मैंने उससे कहा कि मैं दोपहर में आ रहा हूं वही ले लूंगा। 'लेकिन दीदी मुझे डांटेंगी' कह कर पत्र फैंक कर भाग गई। पत्र में फिर वही स्वाभाविक बातें थीं - प्यार मोहब्बत की। मैं इसे गंभीरता से अब भी नहीं ले रहा था लेकिन परेशान जरूर होने लगा था। पढ़ाई-लिखाई पर होने वाली एकाग्रता भी भंग हो रही थी। दोपहर को मैं मुंशी जी के साथ गया और मुंशी जी ने मास्टर साहब और उनकी पत्नी से परिचय कराया। अच्छे लोग लगे। मिसेज ने कहा - 'बेटे! अकेले रहते हो, पढ़ाई करते हो, अगर कभी दिक्कत आए तो हम लोगों के साथ लंच कर सकते हो। संकोच नहीं करना, अपना ही घर समझना।' मैंने 'जी' कहकर सिर हिलाया। दोनों लड़कियां खाना-पानी देने में लगी थी और छोटी थोड़ी दूर पर मोढ़े पर बैठकर मुस्करा रही थी। खाना खाने के बाद थोड़ी देर हम बैठे रहे और उसके बाद हमने चतुर्वेदी जी से विदा ली। दोनों लड़कियां गेट तक छोड़ने आई थीं। दो-चार दिन और बीते और फिर एक चिट्ठी। प्रस्ताव था की बड़ी बहन भी आईएएस के लिए तैयारी करना चाहती है और जब मैं फ्री होऊं तो वह आकर एक-डेढ़ घंटे पढ़ाई करना चाहती है। मैं अच्छी तरह जानता था कि यह संभव नहीं था और उसका उद्देश्य भी उचित नहीं था। इसका मुख्य आधार वो बातें थी जो वह चिट्ठियों में लिखा करती थी। एक बार तो सोचा कि पंडा जी से कह कर उनका प्रवेश उस हवेली में वर्जित करा दूं लेकिन यह संभव नहीं लगा।

कहते हैं इरादे नेक हों और ईश्वर में विश्वास हो तो संकट किसी न किसी तरह टल ही जाते हैं। तीसरे दिन ही मुझे अवध यूनिवर्सिटी से प्रवक्ता के लिए साक्षात्कार पत्र आ गया और मैं फैजाबाद चला गया। कई विषयों के लिए एक ही दिन साक्षात्कार रखा गया था इसलिए वहां पर अभ्यर्थियों की अच्छी खासी भीड़ थी। जियोग्राफी के एक प्रवक्ता पद के लिए आठ लोग आ चुके थे। साक्षात्कार शुरू हुआ और तीन लोगों के बाद मेरा नंबर आया। कई प्रश्न पूछे गए और साक्षात्कार भी लंबा चला। साक्षात्कार के बाद उसी दिन अंत में परिणाम भी आना था और इसीलिए सबको अंत तक इंतजार करना था। सारे अभ्यर्थियों के साक्षात्कार हो जाने के बाद भी लगभग डेढ़ घंटे तक बोर्ड कक्ष से कोई समाचार नहीं आ रहा था। मेरी ट्रेन का समय भी बीत चुका था। अंततः हेड क्लर्क ने प्रतीक्षा कक्ष में प्रवेश किया और चयनित प्रवक्ता का नाम लिया। ईश्वर की कृपा से वह मैं था। यद्‌यपि सिविल सर्विसेज की

तीनों परीक्षाएं-- प्रिलिमनरी,मेन और इंटरव्यू मैं दे चुका था पर दिल में मेरे प्रवक्ता (मास्टर) ही बसा हुआ था। इसलिए इस चयन से मैं बेहद खुश था।

रात में बस यात्रा कर मैं इलाहाबाद आ गया। मन का धुंध छंटता सा दिख रहा था और दिल में चैन और प्रसन्नता थी। मैंने अपने चयन का समाचार पंडा जी को दिया। वे दुखी थे और सुखी भी। थोड़ी देर हम बात किए और जब लगा कि हम दोनों आंसुओं को रोकने की कोशिश कर रहे हैं तो वे पूजा करने को कह अंदर चले गए। मेरा एक हितैषी शरणदाता छूट रहा था और उनकी हवेली वीरान हो रही थी।

अब मैं अवध यूनिवर्सिटी के महाविद्यालय में था। बड़े-बड़े पेड़ों से भरा हुआ बहुत ही बड़ा प्रांगण,अच्छी और शानदार इमारतों वाले विभिन्न विभाग और लड़कियों का एक छात्रावास। उन अध्यापकों के लिए कुछ कमरे जो दूर क्षेत्रों से आए थे और प्रांगण में ही रहना पसंद किए थे। मैंने कार्यालय में रिपोर्ट किया और फिर मुझे प्रधानाचार्य से मिलाया गया। एक प्रतिभावान और सरल व्यक्तित्व के धनी त्रिपाठी जी। भूगोल विभाग एक मिश्रा जी की अध्यक्षता में चल रहा था। विभाग में मुझे मिलाकर कुल चार प्रवक्ता थे। एक लैबअसिस्टेंट और दो चपरासी। मैंने भी बाहर शहर में रहने की बजाय प्रांगण में बने एक कमरे में रहना पसंद किया। कॉलेज लोकेशन, इंफ्रास्ट्रक्चर, स्टाफ और सुविधाओं की दृष्टि से काफी आकर्षक था लेकिन छात्रों की गुणवत्ता बहुत अच्छी नहीं थी। ज्यादातर छात्र आसपास के गांवों और कस्बों से थे। उनकी तुलना इलाहाबाद के क्रिश्चियनकॉलेज या यूनिवर्सिटी से करने का कोई तुक भी नहीं था। उन को पढ़ाने के लिए उनके स्तर पर आना पड़ता था। लगभग हर विषय की अच्छी किताबें उस समय अंग्रेजी भाषा में आती थीं और हिंदी भाषा में उपलब्ध अधिकतर किताबें उन्हीं अंग्रेजी भाषा वाली किताबों से ट्रांसलेशन कर लिखी गई थीं और ये ट्रांसलेशन बहुत प्रभावी नहीं थे। विषय वस्तु को मैं उन्हें अपनी भाषा में समझाता था। मेरे स्टाफ के अन्य प्रवक्तागण पुराने-पुराने नोट्स बना रखे थे और उन्हीं में से एक-एक लाइन कक्षा में बोलते थे और छात्र नोट करते थे। मेरा तरीका अलग था। सिविल सर्विसेज में भूगोल एक मुख्य विषय होने के कारण मैंने इस विषय का गहन और अद्यतन अध्ययन किया था। मेरे सामने चैलेंज था कि विषय वस्तु के विस्तृत ज्ञान को उनकी आवश्यकता के अनुसार कैसे मैं उन्हें पढ़ाऊं। मैंने अपना तरीका निकाला और किसी भी अध्याय के विषय वस्तु से संबंधित मुख्य बातों को पहले ब्लैक बोर्ड पर लिख देता और उनकी एक-एक कर व्याख्या कर देता। बच्चों को बोल देता कि मुख्य बातों को जरूर नोट करें और व्याख्या को ध्यान से सुनें। जहां उन्हें कुछ नोट करने लायक मिले उसे नोट करें। व्याख्या के दौरान आशंका वाले बिंदुओं को नोट करते जाएं और अंतिम 10 मिनटों में मुझसे स्पष्टीकरण ले लें। तरीका सफल निकला। इस संबंध में एक उदाहरण देना चाहूंगा। मान लीजिए छात्रों को मानसून के बिषय में ज्ञान देना है। एक तरीका है कि किताबों से लेकर मैं एक नोट बनाऊं और क्लास में जाकर एक-एक लाइन बोलूं और छात्र नोट करें। ऐसे मामलों में बहुत समय लगता है और 40-45 मिनट के पीरियड में आप ज्यादा विषय वस्तु की पढ़ाई नहीं करा सकते। बहुत पुराना और दकियानूसी तरीका है। स्टाफ के अध्यापक यही

तरीका अपना रहे थे। मानसून के विषय में मेरा तरीका अलग था। मैं ब्लैक बोर्ड पर एक भारत का मानचित्र बनाता था और नीचे दक्षिण में हिंद महासागर से पूर्व उत्तर की ओर बहने वाली हवाओं को दिखाता। फिर दिखाता कि कैसे यह मानसून की हवा दक्षिण भारत के तिकोने आकार के कारण दो हिस्सों में बट कर भारत की जमीन पर दो मुख्य क्षेत्रों से घुसती है। एक शाखा अरब सागर में मालाबार तटीय क्षेत्र और गुजरात के खंभात की खाड़ी में घुसती है और बारिश करती हुई आगे बढ़ती है। इसी शाखा से मुंबई, गुजरात और राजस्थान मैं बारिश होती है। जैसे-जैसे गुजरात से आगे पंजाब की ओर बढ़ती है इसकी बारिश करने की क्षमता घटती जाती है। इसके रास्ते में कोई पहाड़ नहीं होने से बारिश कम होती है। राजस्थान में अरावली पहाड़ियां जरूर हैं लेकिन वह हवा के रुख के समांतर होने से उसे रोककर ऊपर नहीं उठा पातीं और वर्षाकरण की प्रक्रिया नहीं हो पाती।

मानसून की दूसरी शाखा बंगाल की खाड़ी में घुसती है और आगे की ओर बढ़ती हुई उड़ीसा, बंगाल, बिहार और उत्तर प्रदेश में बारिश करती हुई पंजाब की ओर बढ़ जाती है। यही शाखा पूर्वोत्तर प्रदेशों में भी प्रवेश करती है और वहां गारो, खासी और जयंतिया पहाड़ियों में उनकी विशेष स्थिति के कारण उलझ जाती है और घूम-घूम कर उसी क्षेत्र में बार-बार बारिश करती है। संसार का सबसे अधिक बारिश प्राप्ति वाला स्थान 'चेरापूंजी' इन्हीं पहाड़ियों के बीच स्थित है।

भारत का एक मानचित्र और उसके इर्द-गिर्द बहती हवाओं का एक सामान्य सा आरेख छात्रों के मस्तिष्क में अंकित हो जाता और कभी नहीं भूलता। अच्छी तरह समझाई गई इस विषय वस्तु को छात्र अपनी क्षमता अनुसार पांचपेज, आठपेज या दसपेज तक लिख सकता था और उत्तर के बीच इस मानचित्र को देकर प्रश्नोत्तर में गुणवत्ता भरकर अधिक अंक पा सकता था। दकियानूसी नोट को उतारकर उसे दिन-रात रटने की जरूरत नहीं।

मैं जिस समय कॉलेज में प्रवक्ता बना कुछ ही महीने बाद वार्षिक परीक्षा हुई और भूगोल विषय लिए हुए छात्रों में अनेक छात्र प्रथम श्रेणी में उत्तीर्ण हुए। कॉलेज में पहली बार ऐसा हुआ था कि स्नातक वर्ग में प्रथम श्रेणी पाने वाले छात्रों में भूगोल लेने वाले ज्यादा थे और इस विषय में उनके अंक भी काफी अच्छे थे। इस बात को लेकर कॉलेज में एक बवंडर खड़ा हो गया। इस बवंडर के मध्य में कॉलेज की लड़कियां और उनके पेरेंट्स थे। दरअसल भूगोल विषय में प्रैक्टिकल के अंतर्गत 'सर्वेइंग' भी

आता है। इसमें छात्र कैंपस के बाहर जाकर शहर में या शहर से भी बाहर किसी क्षेत्र का सर्वेक्षण करते हैं और उस क्षेत्र का मान चित्र बनाया जाता है। मानचित्र में इमारतें, सड़कें, झील, पेड़ और उस क्षेत्र में पड़ने वाले सभी भौगोलिक स्वरूपों को दर्शाना पड़ता है। यही साधारण सी प्रक्रिया विस्तृत रूप में टाउन प्लानिंग के रूप में विकसित होकर नगरीय भूगोल (अर्बन जियोग्राफी) का अंश बनती है। इसी सर्वेइंग के कारण कॉलेज में लड़कियों को भूगोल विषय लेने से मनाही थी। भूगोल विभाग और प्रधानाचार्य का तर्क था कि प्रैक्टिकल जियोग्राफी के इस महत्वपूर्ण अध्ययन के लिए लड़कियों को कैंपस से बाहर भेजना ठीक नहीं है क्योंकि इलाके में माहौल अच्छा नहीं है। कुछ लड़कियों के संरक्षक मेरे कमरे पर भी आए और प्रधानाचार्य को समझाने की बात कहने लगे। मुझे आए कुछ ही महीने हुए थे और अपने विभाग के विभागाध्यक्ष और प्रवक्तागण प्रधानाचार्य की हां में हां मिलाने में ही लगे थे। एक दिन प्रधानाचार्य से मैंने इस विषय पर बात की। सर्वेक्षण की पूरी प्रक्रिया समझाते हुए मैंने इसे बिना कैंपस के बाहर गए पूरा करने की योजना बताई। पोस्ट ग्रेजुएटकॉलेज का कैंपस बहुत बड़ा था। अलग-अलग विभागों को जोड़ने वाली सड़कें थी। कार्यालय कक्ष, अध्यापक कक्ष, पावर हाउस, फुटबॉलप्लेग्राउंड और गर्ल्सहॉस्टल की इमारत के अलावा अनेक पेड़ आदि ऐसे थे जो उस पूरे क्षेत्र में सर्वेक्षण पॉइंट्स और इन सब को जोड़ने वाली पगडंडियां सड़कों का काम बखूबी कर सकती थीं। पोस्ट ग्रेजुएटकॉलेजकैंपस से सटा हुआ इंटरकॉलेज का भी एक बड़ा कैंपस था। सर्वेक्षण क्षेत्र के रूप में इसे भी जरूरत पड़ने पर मिलाया जा सकता था। मैंने इन सारी बातों को एक योजना अनुसार प्रधानाचार्य को समझाया। भूगोल विभाग के समस्त स्टाफ की उनके कक्ष में मीटिंग हुई और मेरा प्रस्ताव मान लिया गया। कॉलेज में प्रवेश लेने वाली लड़कियों और उनके संरक्षकों में बड़ी खुशी थी। नए साल की पढ़ाई शुरू हुई। पूरा कैंपस रंग-बिरंगे विद्यार्थियों से भर गया। दरअसल अध्यापन मुझे इस कारण से भी पसंद था कि हर वर्ष नए-नए छात्र- कभी-कभी नए प्रवक्ता भी, जुलाई-अगस्त के स्वच्छ और हरियाले वातावरण में देखने को मिलते थे। गर्मियों के अवकाश के बाद नए कपड़े, नए बैग और एक नई आशा के साथ छात्रों का झुंड बनाकर इधर-उधर फिरना, गर्मी की लंबी छुट्टी के बाद नए उत्साह से मिलना मुझे बेहद लुभावना लगता था। 'सर' और 'गुरुजी' के संबोधन से एक बड़प्पन का अनुभव होता था। समय बीता और कक्षाएं नियमित ढंग से चलने लगी। रूखा-सूखा सा रहने वाला भूगोल विभाग इस वर्ष छात्राओं की

चहचहाहट से गुंजायमान था। अब हम प्रवक्तागण केवल छात्रों के 'सर' या 'गुरुजी' नहीं थे छात्राओं के भी थे।

दो-तीन महीने बीते होंगे कि एक दिन हेड क्लर्क ने मुझसे कहा- 'द्विवेदी जी! आप के खिलाफ शिकायत शुरू हो गई है। आप अभी नए आए हैं लेकिन धीरे-धीरे यहां के माहौल से वाकिफ हो जाएंगे।' मेरे खुलकर बताने की बात पर वे हंस दिए और अपना काम करने लगे। मैं सोचने लगा कि क्या शिकायत हो सकती है पर समझ न सका। दो-तीन दिन और बीते होंगे कि एक दिन प्रधानाचार्य ने मुझे बुलाया। चाय पिलाने के बाद उन्होंने मुस्कराते हुए शुरू किया- 'द्विवेदी जी! आपके विभाग के लोगों की शिकायत है कि उनकी कक्षाओं में छात्र बहुत कम होते जा रहे हैं। आपकी कक्षा में छात्र कमरे में भर जाने के बाद दरवाजे के बाहर लॉन में स्टूल लगाकर बैठने लगे हैं और आपके कमरे के सामने भीड़ जमा होने लगी है जो बाहर से देखने पर उचित नहीं लगती।' मैं समझ नहीं पा रहा था कि क्या कहा जा रहा है। मैं कक्षा में जाने के बाद ब्लैक बोर्ड वाले दीवार के पास जाकर लेक्चर देता था। कमरे के दरवाजे के बाहर कौन आकर बैठ रहा है और सुन रहा है या नोट कर रहा है, मुझे कैसे दिखता। दूसरा, कौन सा छात्र मेरी कक्षा का है और कौन सा दूसरी कक्षा का, मैं कैसे पहचान सकता था। थोड़ी देर बाद मैं वापस आ गया। बाद में पता चला कि मेरे विभाग के प्रवक्ता वही पुरानी दकियानूसी बाबा आदम के जमाने की बनाई नोटबुक से एक-एक लाइन बोलकर छात्रों को नोट कराते थे। विषय वस्तु पुरानी होती थी और उसे अद्यतन करने की जहमत भी नहीं उठाते थे। दूसरे दिन कक्षा में छात्रों से मैंने निवेदन किया कि केवल वे ही छात्र कक्षा में आएं जो विषय के हिसाब से मेरी कक्षा में आने के लिए रजिस्टर्ड हैं। कहने की जरूरत नहीं- कोई फायदा नहीं हुआ। दिक्कत यह होती थी कि दूसरे प्रवक्ता के अंदर रजिस्टर्ड छात्र पहले आकर कमरे के अंदर बैठ जाते थे और मेरे छात्र मजबूर होकर बाहर गेट से सटकर बैठते या बाहर लॉन में फैल जाते थे। प्रधानाचार्य को वास्तविकता का पता चला और उन्होंने मुझे फिर कुछ नहीं कहा। मेरी नियुक्ति तीन वर्ष के लिए हुई थी। एक प्रवक्ता तीन वर्ष के लिए किसी प्रोजेक्ट में बाहर गए थे, यह नियुक्ति उनके लौटने तक थी।

मैं अकेले कैंपस में ही बने एक क्वार्टर में रहता था। नाश्ता और खाना-पीना सब बाहर होटल में होता था। होटल कोई हाई-फाई नहीं था और इसीलिए शायद बनने वाले व्यंजन साफ-सुथरे और स्वादिष्ट थे। मेरी पहचान कॉलेज में नए मास्टर साहब

के रूप में हो गई थी। धीरे-धीरे पहले छात्रों और छात्राओं में और फिर अध्यापकों में मेरी इज्जत बढ़ने लगी। प्रधानाचार्य जी भी काफी प्रभावित थे। ऐसे माहौल में कुछेक अध्यापकों के अंदर ईर्ष्या भावना का आना स्वाभाविक था सो वह भी आ गई थी। ऐसे ही लोगों में भूगोल के विभागाध्यक्ष तथा एक प्रवक्ता भी थे। मैं चुपचाप निर्धारित समय पर विद्यार्थियों को पढ़ाता और फिर अपने कमरे में विश्राम करता। कॉलेज का ही एक माली खाली समय में मेरे पास आ जाता और बिना कहे ही छोटा-मोटा काम जैसे बेल, संतरे या अन्य फलों का जूस निकाल देना, तेल-मसाले डालकर चने चबेने बना देना और कभी-कभी चाय आदि बना दिया करता था। हम दोनों साथ-साथ खाते-पीते और फिर वह अपने काम में बाहर चला जाता। एक दिन एक अभिभावक गन्ने के पंद्रह-बीस टुकड़े लेकर आ गए और लेने के लिए हठ करने लगे। उनकी लड़की उन्हीं लड़कियों में थी जिन्हें भूगोल विषय पढ़ने को मिल गया था। पहले तो अपनी लड़की का हवाला देते हुए मेरी बड़ाई मारी और फिर गन्ना कमरे में रखने की जिद करने लगे। मैंने उन्हें बहुत समझाया कि मैं उन्हें चूस नहीं सकता और आपके प्यार से दिए हुए गन्ने बेकार हो जाएंगे। बहुत कहने-सुनने के बाद मैंने दो टुकड़े रख लिए और बाकी वापस कर दिए। दो-तीन दिन बाद वे गन्ने माली को सुपुर्द हो गए थे।

एक दिन जाड़े के मौसम में आठ-दस अध्यापक कॉलेज के मुख्य लॉन में बैठे बातें कर रहे थे। वे विभिन्न विभागों से संबंधित थे। एक महोदय बाहर से आए और अध्यापकों के पास से गुजरते हुए नमस्कार किए। उनके हाथ में एक डिब्बा था। एक अध्यापक महोदय के पूछने पर उन्होंने डिब्बे में उनके गन्ने के खेत से निकली शुद्ध शहद होने की बात कही। अध्यापकों में से दो ने उस शहद को लेने की बात कही। आगंतुक ने-'नहीं साहब! यह शहद मैं नए वाले मास्टर जी के लिए लाया हूं। मेरे खेत से निकली है और बिल्कुल शुद्ध है। उन्हीं को देना है। कहां मिलेंगे?' कहकर दोनों अध्यापकों को बुरी तरह नाराज कर दिया। मैं उस समय कक्षा में व्याख्यान दे रहा था। व्याख्यान के बाद जब मैं अपने कमरे पर पहुंचा तो वहां किसी आदमी को बैठा हुआ पाया। इसी बीच माली भी आ गया। मैंने शहद लेने से मना कर दिया। माली ने भी यह कह कर कि यहां अध्यापकों के लिए लोग लाते रहते हैं, शहद ले लेने की बात कही। मैं उस शहद को लेकर करता भी क्या। काफी बातचीत के बाद पाव भर के करीब शहद पेमेंट देकर लेने पर सहमति हुई। माली के जरिए मैंने उस आदमी को फिर कोई चीज न लाने की हिदायत दी।

कुछ दिन और बीते होंगे कि माली ने बताया कि साहब, जैसे आप इस कॉलेज में नए वाले मास्टर हैं इसी तरह यहां एक नई वाली मैडम भी है। मेरे और पूछने पर बताया कि वह भी कैंपस में ही मुख्य लॉन के दूसरे वाले किनारे पर बने एक क्वार्टर में रहती हैं। मेरा कमरा भूगोल विभाग से लगा हुआ था - मेरी कक्षाओं से लगभग 50 मीटर के अंदर। मैं कमरे से निकलता, कक्षा में व्याख्यान देता और फिर कमरे में आ जाता। यहां तक कि विभाग के अध्यापक कक्ष में भी कभी-कभी ही जाना होता था। मेरी उम्र भी अन्य अध्यापकों की तुलना में काफी कम थी। कॉलेज में ज्यादातर अध्यापक आसपास के इलाकों से थे और पढ़ने-पढ़ाने से ज्यादा उनकी रूचि स्थानीय और राजनीतिक मामलों में थी। कुछ दिन बाद इलाहाबाद यूनिवर्सिटी के एक सहपाठी द्वारा विभागाध्यक्ष को मेरे सिविल सेवा परीक्षा देने की बात का पता चला। इसके बाद तो चीजें और बिगड़ गई। ज्यादातर अध्यापकों और प्रधानाचार्य से मेरे संबंध बहुत अच्छे थे। केवल कुछ ही प्राध्यापक ऐसे थे जिन्हें चिढ़ थी। चिढ़ने वालों में भूगोल विभाग के दो और कुछ अन्य विभाग के इन्हीं के इक्के दुक्के दोस्त थे।

ऊपर मैंने माली द्वारा बताई गई नई वाली मैडम का जिक्र किया है। दरअसल जिस दिन मेरा साक्षात्कार हुआ था उसी दिन अंग्रेजी के एक प्रवक्ता के लिए भी साक्षात्कार हुआ था। नई वाली मैडम उत्तरांचल की रहने वाली थी और उनका चुनाव अंग्रेजी प्रवक्ता के लिए हुआ था। कैंपस में रहने के कारण हम एक-दूसरे को कभी कभार दूर से देख तो लेते थे लेकिन कभी बातचीत नहीं हुई थी। धीरे-धीरे माली हम दोनों के बीच दूत जैसा बन गया। मैडम उससे नए वाले मास्टर के बारे में जानकारी लेती और मैं कभी-कभी उनके बारे में। अंततः एक दिन शाम को मुख्य पार्क में घूमते हुए हम दोनों मिले और हाय हेलो हुआ। कॉलेज का माहौल इतना असहज था कि हम दोनों एक दूसरे को चाय पर नहीं बुला सकते थे। कॉलेज में हम दोनों नए थे और अकेले भी। धीरे-धीरे हमारी गहरी दोस्ती हो गई। फिर हमने अपने बीते जीवन के बारे में चर्चा की और अपने-अपने परिवार के बारे में भी। मेरी शादी हो गई थी और उनकी होनी थी। हमारे विचार आश्चर्यजनक रूप में एक दूसरे से मिलते थे। बातचीत में चीजों को कहने का उनका अपना अंदाज था। गजल और फिल्मी गानों को बातों के बीच जोड़ देने में माहिर थीं। हम जब कुछ और हिले मिले तो वह उन गानों को लय में सुनाने लगी और ऐसा करते समय काफी मनमोहक लगती। अपनी-अपनी सीमाएं बरकरार रखते हुए भी हम काफी नजदीक और गहरे दोस्त हो गए थे। वह भी सिविल सर्विसेज की तैयारी के लिए कहती और मैं भरसक मदद करने की बात कहता। इतना सब होते हुए भी हम चाय या कॉफी लॉन में ही बैठकर पीते। मेरी तरफ से चाय माली बनाता था और उनकी ओर से कॉफी वह खुद। कभी-कभी वे बहुत रहस्यमयी व्यवहार करती और मैं झेंपने लगता। यह कह कर कि एक गाना सुनाऊं वह 'तुम मुझे भूल भी जाओ तो ये हक है तुमको, मेरी बात और है मैंने तो मोहब्बत की है' - बड़े ही लुभावने अंदाज और स्वर में मेरी ओर देखते हुए बिंदास गाने लगती और मैं थोड़ी देर में ही इधर-उधर झांकने लगता। हम चाय पीते और बहुत देर तक बातें करते। अकसर रविवार को जब अवकाश होता। कैंपस में एक प्राध्यापक और कुछ लिपिक वर्ग के लोग भी सपरिवार रहते थे। आते-जाते उनसे भी हाय हेलो हो जाता था। लेकिन उनमें से कोई हमारे पास आकर उठता-बैठता नहीं था। शायद अपनी-अपनी घरवालियों का डर था। खुलेपन में मैडम मुझसे बीस थी। 'यार, हम मिले भी तो किस मोड़ पर' कह देना उनके लिए बिल्कुल सहज था और मैं मुश्किल से हां कह पाता था। कभी-कभी मैं सोचता जीवन में आकर्षण का स्वरूप भी उम्र और हालात से कैसे बदलता है। 12-13 वर्ष

की उम्र में सुनयना का सहज आकर्षण, 19-20 की अवस्था में चतुर्वेदी बहनों की इच्छाएं और अब, मैडम तिवारी की रोमांटिक गजलें और फिल्मी गाने। इन सबके बीच मेरा परिस्थितिजन्य अमुखर व्यक्तित्व। जिंदगी के सफर में खुशियां थीं तो कईयों की नाराजगी भी।

दुर्भाग्य से विभागाध्यक्ष भी तिवारी थे। अच्छे डीलडौल के मालिक थे और सबसे उल्लेखनीय थे उनके बाल। हमेशा एक आकर्षक स्टाइल में कंघी किए हुए। तिवारी जी से प्रथम मुलाकात में कोई भी आकर्षित हो सकता था पर यह आकर्षण मिलने तक ही टिक पाता था। अगर 15 मिनट भी तिवारी जी से बात हुई तो समस्त आकर्षण प्रभावहीन हो जाता था। मुझे बाद में पता चला कि इसी कारण से कॉलेज में सबसे आकर्षक डीलडौलवाले व्यक्ति का कोई खास महत्व नहीं था। जैसे किसी सुरूप मूर्ख की शोभा बरकरार रखने के लिए उसकी वाणी में गुणात्मक प्रभाव का होना जरूरी है, जैसे किंसुकपुष्प की सुंदरता उसकी गंधहीन होने से टिकाऊ नहीं रह पाती, वैसे ही तिवारी जी की बातचीत का स्तर उनके बाहरी व्यक्तित्व को टिकने नहीं देता था। संक्षेप में, 'तावच्च शोभते मूर्खः यावत्किन्चिन्नभाषते'और 'निर्गन्धाइवकिंशुकाः' दोनों तिवारी जी पर चरितार्थ होते थे। अपनी इसी व्यक्तित्व शैली के कारण तिवारी जी का सोचना था कि चूंकि नई मैडम भी तिवारी थी, उन पर उनका कुछ स्वाभाविक हक था। उनकी निगाहें मैडम पर टिकी रहती थी। पूरा कॉलेज इस संबंध में बातें करने लगा था। दरअसल जहां हम लोग चाय-कॉफी पिया करते थे लॉन का वह हिस्सा भूगोल विभाग के पास ही था। किसी लिपिक से तिवारी जी को इस बात का पता चल गया था। चूंकि, तिवारी जी का गांव कॉलेज से बहुत दूर नहीं था, वे कभी-कभार रविवार को विभाग में अधिक काम का बहाना बनाकर आने लगे। एक शाम को उन्होंने चाय मंगाया और चपरासी को मुझे भी चाय पीने के लिए बुलाने भेज दिया। दो-चार बार तो हम दोनों ने ही चाय पिया। तिवारी जी लगभग हर रविवार को काम करने के बहाने आने लगे। एक दिन जब हम दोनों चाय पी रहे थे तो तिवारी जी ने सब जानते हुए मुझसे कहा-'सुनते हैं मिस तिवारी भी कैंपस में ही रहती हैं?' मैंने जवाब दिया- 'जी! लॉन के उस छोर पर।'

तिवारी जी- 'उनको भी क्यों न चाय पर बुला लिया जाए, अकेली ही तो रहती हैं?'

और बिना मेरे किसी जवाब के उन्होंने माली को बुलाया और भेज दिया। थोड़ी देर में माली ने आकर बताया कि मैडम ने धन्यवाद कहा है लेकिन आ नहीं पाएंगी।

विभागाध्यक्ष तिवारी जी लीचड़ किस्म के इंसान थे। अब हर रविवार को आने लगे थे। कॉलेज के बड़े वाले लॉन में चक्कर लगाते-लगाते मिस तिवारी वाले छोर पर पहुंच जाते और उधर रह रहे क्लर्क या उनके परिवार के लोगों से खड़े होकर बातें करने लगते। दृष्टि मिस तिवारी के क्वार्टर की तरफ ही रहती। मैडम परेशान भी रहने लगी थी। तिवारी जी ने कॉलेज में प्रचार कर दिया था कि वह मैडम तिवारी के लोकल गार्डियन हैं। मैडम को दुखी देखकर मेरा दुखी होना स्वभाविक था। तिवारी जी मैडम को इंप्रेस करने के लिए उटपटांग हरकतें करते और मैडम की परेशानी और बढ़ जाती। हम लोगों ने मिलना-जुलना लगभग बंद कर दिया था। कभी-कभी मैडम मना करने के बावजूद माली से कॉफी मेरे लिए भिजवा देती और मैं हमेशा माली को फिर कॉफी लाने के लिए मना करता। सारा कॉलेज तिवारी जी की हरकतों से वाकिफ हो चुका था मगर कोई खुलकर उनका विरोध नहीं करना चाह रहा था। उनकी लाख कोशिशों के बावजूद मैडम घास नहीं डाल रही थी। ऐसे में तिवारी जी ने एक नया हथकंडा अपनाया। उन्होंने अचानक मेरा खास ख्याल रखना शुरू कर दिया। मेरे सामने भूगोल विभाग के अन्य प्रवक्ताओं को निकम्मा बताना शुरू कर दिया। कई बार अपने गांव ले चलने को कहा जिसे मैं किसी न किसी बहाने टालता गया। प्रधानाचार्य सहित कई वरिष्ठ प्रवक्ता भी इन मामलों को गंभीरता से नहीं ले रहे थे। कहते हैं जब इंसान किसी की समस्याओं से मुंह मोड़ लेते हैं तो भगवान अपनी चाल चलता है। इस मामले में भी कुछ ऐसा ही हुआ और समस्या की कुंजी ईश्वर ने मेरी मुट्ठी में डाल दी। वाकया सुनिए, मजा आएगा। एक दिन एक अभिभावक मुझसे मिलने आ गए। उनकी बच्ची मेरे क्लास में पढ़ती थी। अपने पिताजी से लगता है उसने मेरे अध्यापन की कुछ बड़ाई मार दी थी और वे काफी प्रभावित लग रहे थे। पढ़ाई-लिखाई से संबंधित बातचीत के बाद उन्होंने एक वाकया सुनाया। विभागाध्यक्ष तिवारी जी किसी बारात में गए थे। जनवासे में नाच-गाने का प्रबंध था। नाचने वाली लोगों के पास जा जाकर अपनी अदा दिखा रही थी और बदले में पैसे ऐंठ रही थी। पता नहीं कैसे उसने तिवारी जी को रंगीन मिजाज समझ लिया और उनके पास जाकर अपना जलवा दिखाने लगी। तिवारी जी भी उसके नखरों का आनंद लेने लगे। नाचने वाली तिवारी जी के सामने ही बैठकर गाना गाने लगी और तिवारी जी आत्म विभोर होने लगे। तिवारी जी को अपने व्यक्तित्व पर काफी नाज था और अपने डीलडौल खासकर बालों के विषय में चर्चा करने से चूकते नहीं थे। उन्होंने नाचने वाली को कुछ पैसे दिए फिर भी उसने तिवारी जी को छोड़ा नहीं। तिवारी जी शान भरी

नजरों से दूसरे बारातियों की ओर देखते, मानो कह रहे हों कि इस बारात में देखो मैं ही हूं जिसके ऊपर नर्तकी मरी जा रही है। अब तक नर्तकी ने तिवारी जी के सर और चेहरे को अपने आंचल में ले लिया था और तिवारी जी ढक गए थे। तिवारी जी ने और पैसे जेब से निकाल कर उसे पकड़ाया और वह खड़ी होकर वापस जाने लगी। अरे, ये क्या! उसकी आंचल के साथ-साथ तिवारी जी की मुंडी भी जमीन पर घसीटती हुई चलने लगी। लोग घबरा गए और इधर-उधर भागने लगे। तभी नर्तकी रुक गई और उसके साथ ही रुक गईं लोगों की सांसें। तिवारी जी का बड़ा सा सर मटके जैसा चमक रहा था और उनके मनमोहक बाल नर्तकी के आंचल में फंसे पड़े थे। बहुत कुछ साफ हो चुका था। नर्तकी अपने आंचल में तिवारी जी का विग भी फंसा कर ले उड़ी थी और तिवारी जी का पूर्णमाशी वाला चांद अपनी छटा बिखेर रहा था। सारी बारात हंस रही थी और तिवारी जी बेहद परेशान। दरअसल, जब नर्तकी ने अपने आंचल से तिवारी जी का सर ढक दिया था तो विग के पीछे नीचे निकले हुए कड़े और नुकीले बालों में आंचल फंस गया था और जब नर्तकी जाने लगी तो विग तिवारी जी के सर से उतरकर नर्तकी के साथ हो लिया था। खूबसूरत बालों वाले तिवारी जी गंजे थे।

मुझे अभिभावक की बातों पर रंच मात्र भी विश्वास नहीं था पर उस दिन से मैं तिवारी जी के बालों पर नजर रखने लगा। एक बार मैंने माली से ऐसे ही पूछा कि कॉलेज में किसी अध्यापक के बाल नकली है क्या तो उसने नहीं में सर हिला दिया था। लेकिन जितना ही मैं बालों और विशेषकर उनके निचले किनारों पर ध्यान देता, अभिभावक की बातों पर मेरा विश्वास बढ़ता जाता। धीरे-धीरे एक दिन मुझे मौका मिल ही गया। तिवारी जी अपनी नई आदत के अनुसार रविवार को विभाग में आए थे और उनसे बातचीत में पता चला कि वह गांव न जाकर रात में रुकेंगे और सुबह कॉलेज अटेंड करेंगे। लगभग 10:00 बजे रात को मैं थरमस में दो कप कॉफी - जो योजना के अनुसार माली मैडम जी के यहां से लाकर पहले ही रख गया था - लेकर तिवारी जी के कमरे में जा पहुंचा। लीजिए सर! मिस तिवारी की कॉफी पी लीजिए, उन्होंने हम लोगों के लिए भेजा है, कहते हुए मैं अंदर घुस गया। तिवारी जी एकदम से अचकचा गए लेकिन जल्दी ही चालाकी से संयत हो गए। हमने बाल, गंजापन या विग के बारे में कोई बातें ही नहीं की। मैं लगातार कोई न कोई बात कहता रहा और दोनों के बीच चुप्पी का एक क्षण होने नहीं दिया। मैं सब कुछ देख चुका था और तिवारी जी सब कुछ जान चुके थे। न मैंने कोई आश्चर्य दिखाया और न ही उन्होंने कोई स्पष्टीकरण दिया। ढेर सारी बातें करने के बाद कॉफी का थरमस लेकर मैं खड़ा

हो गया और गुड नाइट कहकर वापस कमरे पर आ गया। हां भूल गया - गुड नाइट कहने से ठीक पहले मैंने कहा था- 'मिस तिवारी की कॉफी सचमुच लाजवाब है सर!' और उन्होंने जवाब दिया था 'बिल्कुल'।

इस घटना के बाद तिवारी जी का विभाग में रात को रुकना, रविवार को आना एकदम से बंद हो गया था और मिस तिवारी की समस्या भी धीरे-धीरे समाप्त हो गई थी। बाद में कभी-कभी मैं और तिवारी जी अच्छे विग के दाम और मिलने वाली जगहों के बारे में चर्चा जरूर कर लेते थे।

विभाग का माहौल पूरी तरह मेरे अनुकूल हो चुका था। तिवारी जी से मेरी अच्छी बनने लगी थी हालांकि इस बात से विभाग के दो प्राध्यापक काफी नाराज थे। कॉलेज में एक और महिला प्राध्यापक थी मैडम डोगरा। काफी रिजर्व स्वभाव वाली थी और हमेशा उन्हीं के विभाग के एक प्राध्यापक के साथ ही देखी जाती थी। स्टाफ से पता चला कि दोनों में गहरी दोस्ती थी और दोनों का ही कॉलेज के अन्य प्राध्यापकों से मिलना जुलना बेहद कम था। मेरे विभागाध्यक्ष का मैडम डोगरा के बारे में ख्याल कुछ अच्छा नहीं था और इस बारे में वह मुझे तरह-तरह की बातें बताते रहते थे। अब तक मैं महोदय के विचारों से भी अच्छी तरह अवगत हो गया था और इसलिए उनकी बातों को बस सुन लिया करता था। एक दिन मैं प्रधानाचार्य के कार्यालय में किसी काम से जा रहा था कि मैडम डोगरा कार्यालय से बाहर आती हुई दिख गईं। उनके बारे में सुनी बातों को ध्यान में रखकर पहले तो मैं चुपचाप बगल से होते हुए प्रधानाचार्य कार्यालय में चले जाने को सोचा पर मुझसे रहा नहीं गया और उनके नजदीक पहुंचते-पहुंचते मैं 'गुड मॉर्निंग मैम' बोल गया और आगे बढ़ने लगा। मैडम डोगरा रुक गई, पीछे मुड़ी और मुझसे बातें करने लगी। काफी कुछ पूछ डाला और अंत में कॉलेज के माहौल का जिक्र करते हुए चुपचाप अपने उद्देश्य में लगे रहने की सलाह दी। चलते-चलते अपने विभाग में कभी आने को कहकर और 'ऑल द बेस्ट' की शुभकामना के साथ चली गई। आठ मिनट की मुलाकात में मैडम डोगरा काफी सिंसियर और नेक महिला लगीं। कॉलेज के माहौल के बारे में वह काफी कुछ कह गई थीं और ऐसे माहौल में रिजर्व रहकर अपना काम करना ही बुद्धिमानी लगी।

इलाहाबाद से आने के बाद प्रोजेक्ट तो छूट गया था पर रिसर्च का काम चल रहा था। मैंने कुछ दिन और कोशिश की पर धीरे-धीरे स्पष्ट हो गया था कि जिस काम

में रुचि न हो उसे घसीटते रहना समझदारी नहीं थी। अगर भविष्य में अध्यापन के लिए पीएचडी जरूरी हुई भी तो अपनी रुचि के टॉपिक पर किसी सीनियर प्रोफेसर के मार्गदर्शन में करने की बात सोच कर मैंने रिसर्च कार्य बंद कर दिया था।

एक रविवार की शाम को मिस तिवारी यानी नई वाली मैडम जी और मैं लॉन में बैठे थे। कॉलेज का माहौल कुछ ऐसा था कि हम दोनों अगर साथ में बैठे हैं तो कैंपस में रहने वालों को बैठे हुए दिखना था। इसीलिए हम एक-दूसरे के क्वार्टर पर न जाकर लॉन में ही चाय कॉफी पीते थे। माली एक तीसरा जीव था जो हम लोगों के पास उपस्थित रहता था। हम लोग उसका भी काफी ख्याल रखते थे और उसके परिवार की यथासंभव मदद भी करते थे। विभागाध्यक्ष तिवारी के व्यवहार परिवर्तन से वह चकित थीं और तब और चकित हो गईं जब मैंने उन्हें गारंटी दे दी कि अब तिवारी जी का व्यवहार कभी भी दुर्व्यवहार नहीं हो सकता। उन्हें इस बात पर भी आश्चर्य था कि तिवारी जी मुझे इतना मानने क्यों लगे थे। मैंने भी अपनी जिम्मेदारी समझी और विग-नर्तकी कांड को सीने में दफन रहने दिया। वह बीच-बीच में 'जरूर कोई बात है' कह कर मुझे कुरेदना चाहतीं और मैं बस मुस्करा कर बिना कुछ बोले जवाब दे देता। कुछ देर इधर-उधर की बातें होते-होते हम मैडम डोगरा पर आ गए। मैडम डोगरा हम लोगों से काफी वरिष्ठ प्राध्यापक थी। मैडम तिवारी से भी उनकी कभी बात नहीं हुई थी। फिर मैंने मैडम डोगरा से हुई संक्षिप्त मुलाकात के बारे में उन्हें बताया। इस अल्प समय में ही उनका मुझ पर पड़े प्रभाव के बारे में भी मैंने बात की। मैडम डोगरा की बातों से मैं सचमुच कुछ ज्यादा ही प्रभावित था इसका पता तब चला जब नई मैडम ने थोड़ी तल्खी के साथ 'बस करो बाबा! 15 मिनट से डोगरा -डोगरा ही सुन रही हूं' की डांट सी लगा दी। मैं हंसकर चुप हो गया। लगभग 6:30 बजे होंगे। बहुत ही बढ़िया मौसम था। हल्की ठंडक लिए हवा चल रही थी। थोड़ी देर में अंधेरा होने वाला था। हम दोनों और बैठना और गप्पें मारना चाहते थे पर ऐसा नहीं कर सकते थे। भूलिएगा नहीं, लगभग 40 वर्ष पहले की बातें हो रही है आज की नहीं। वातावरण ऐसा कि देखने वालों की मानसिकता कहां से कहां उड़ान भरती, कहा नहीं जा सकता था। दोनों की भलाई इसी में थी कि हम ऐसे ही रहें। मैंने चलने की बात कही तो मैडम का जवाब था - 'दो लाइने नहीं सुनेंगे?' और अपने स्वभाव के अनुसार ही उन्होंने एक रोमांटिक फटकार लगा ही दी-

'तुम मुझे ना सराहो तो कोई बात नहीं,
गैर के दिल को सराहोगे तो मुश्किल होगी।
गर किसी और को चाहोगे तो मुश्किल होगी।'

और अंत में खिलखिलाहट भरी हंसी। हम अपने-अपने क्वार्टर्स पर आ गए। मैं सोचता रहा कहीं इन लाइनों के पीछे मिस डोगरा तो नहीं?

कुछ समय तो सब कुछ ठीक-ठाक चलता रहा। वार्षिक परीक्षा का समय कुछ ही महीने रह गया था। पठन-पाठन अपने जोरों पर था। मेरी मंशा थी कि बच्चों के लिए निर्धारित कोर्स परीक्षा तिथि से काफी पहले समाप्त कर दूं और कोशिश करूं कि कुछ खास अध्याय को दोबारा समझा दूं। मेरा मानना था कि परीक्षा से पूर्व बच्चों को कम से कम एक महीने का वक्त संशय निवारण एवं बिंदु केंद्रित स्पष्टीकरण के लिए देना चाहिए। तिमाही और छमाही परीक्षाओं में भूगोल में विद्‌यार्थियों के अंक बहुत ही उत्साहवर्धक थे खासकर उनका जो मेरी कक्षा के छात्र थे। अच्छे अध्यापन का प्रभाव दूसरे बच्चों पर भी था क्योंकि दूसरे अध्यापक की कक्षा में रजिस्टर्ड होते हुए भी वे मेरी कक्षा के बच्चों के संपर्क में थे। भूगोल विषय में विद्‌यार्थियों की उल्लेखनीय सफलता से प्रधानाचार्य बहुत खुश थे। इतने खुश कि उन्होंने भूगोल विभाग में मेरे लिए अतिरिक्त पद सृजित करने का एक प्रस्ताव शिक्षा विभाग को भेज दिया था। उनका कहना था कि द्‌विवेदी जी को तीन वर्ष के बाद भी यहीं अध्यापन करते रहना है। मेरे लिए यह एक पारितोषिक जैसा था और मैं खुश था। इस समय बच्चों को अध्यापन के सिवा मेरे पास कोई काम नहीं था। दरअसल अब तक के मेरे जीवन काल में यह समय सबसे सुखद था। अध्यापक का जीवन, एक विद्‌वान प्रधानाचार्य, नई मैडम जैसी सहयोगी और साये की तरह साथ रहने वाला एक माली मित्र, और क्या चाहिए था।

एक दिन मैं अपनी कक्षा की ओर जा रहा था कि प्रांगण के एक छोर पर कुछ भीड़भाड़ दिखाई दी। कुछ शोरगुल भी चल रहा था। मैं उधर ही मुड़ गया। पास आने पर एक अजीब नजारा दिखा। एक अध्यापक एक लड़के का कान पकड़ कर उमेठ रहे थे और लड़का गुरुजी-गुरुजी चिल्ला रहा था। अध्यापक ने छात्र को दोनों कान पकड़ कर सॉरी बोलने को कहा और फिर वैसा काम न करने की हिदायत दी। मुझे देर हो रही थी और मैं अपनी कक्षा की ओर चला गया। कक्षा समाप्त कर जब मैं अपने

कमरे पर आकर आराम करने लगा तो एक प्रसन्न कर देने वाला विचार मेरे मन में आने लगा। यह विचार कक्षा में जाने से पहले घटी हुई घटना को लेकर था। मेरे जीवन की सबसे बड़ी और अभी तक अपूर्ण रह गई तमन्ना साकार होती दिखने लगी। मैंने आपको शुरू में ही बताया है कि यदि छठी कक्षा में मैं मुर्गा बार-बार न बनाया गया होता और बाद में मुर्गा बनाकर मुझसे जोर-जोर से कुक्कुड़ूं-कूं न बुलवाया गया होता तो आज मैं यहां न होता। मैं मास्टर तो बन गया था पर किसी छात्र को मुर्गा बनाकर कुक्कुड़ूं-कूं बुलवाने की मेरी इच्छा आज तक अधूरी रह गई थी। इलाहाबाद यूनिवर्सिटी, इविंगक्रिश्चियन कॉलेज और फिर इस कॉलेज में अब तक ऐसा सोचने की मेरी हिम्मत नहीं थी पर आज की कान-उमेठ घटना ने मेरे अंदर सोए अरमान को जगा दिया था। अगर किसी छात्र को यहां कान पकड़कर सॉरी बुलवाया जा सकता है तो मुर्गा बनाकर कुक्कुड़ूं-कूं क्यों नहीं? क्या मेरी अंतिम अरमान पूर्ति का समय आ गया था? यही सब सोचते-सोचते मैं सो गया। सुबह मैं लॉन में चहलकदमी कर रहा था कि माली से मुलाकात हो गई। बिना कुछ पूछे ही- 'साहब कल का हाल देखा न! यहां के कुछ लड़के बहुत बदमाश और गुंडे हैं। बाहर के नेताओं के साथ उनकी सांठगांठ है। कॉलेज में कई बार गोली चल चुकी है। यह तो शुक्ला जी हैं जो उन्हें संभाले हुए हैं। शुक्ला जी की कमर में हमेशा उनका लाइसेंसी रिवाल्वर लटका रहता है। समझ लीजिए कि प्रधानाचार्य के बॉडीगार्ड भी हैं' - एक सांस में सब बता गया था माली। अब स्पष्ट हो गया था कि कान पकड़ने वाले अध्यापक शुक्ला जी थे और छात्र कई बदमाशों में से एक। शुक्ला जी का अपना अलग इतिहास था और वे ही इस तरह के बदमाशों से निपट सकते थे। मैं शुक्ला जी तो था नहीं इसलिए मेरी अंतिम इच्छा ने वहीं पर दम तोड़ दिया। कहां सब की सारी इच्छाएं पूरी होती है? इसलिए जो मिल गया उसी को मुकद्दर समझ लिया मानते हुए मैं शांत हो गया था।

आज के अध्यापन व्यवसाय की तो बात ही छोड़ दीजिए, 40 साल पहले भी एक प्रवक्ता का जीवन मजे से चलता था। मुझे याद है बड़े बाबू अकसर मेरे किसी न किसी धन-लाभ का सुसमाचार सुनाते रहते थे। 'आपका वेतन आ गया है, आपने जो इनविजीलेशन ड्यूटी दी थी उसका पैसा आ गया है, कापी जांचने का पैसा आ गया है' - आदि खुशखबरी देते रहते थे। अगर प्रवक्ता सीनियर हो गया है तो प्रैक्टिकल में परीक्षक बनकर दूसरे कॉलेजों या विश्वविद्यालयों में जा सकता था। खुदा न खास्ता अगर कोई पुस्तक लिख दी तो फिर क्या कहने। रॉयल्टी के रूप में अच्छा खासा धन आने लगता था। यदि भगवान ने थोड़ी मक्कारी से नवाजा है तो उस पुस्तक

को कॉलेज या यूनिवर्सिटी के बच्चों को पढ़ना अनिवार्य कराके और धन वर्षा की जा सकती थी। उस जमाने में भी प्रवक्ता या व्याख्याता होना घाटे का सौदा नहीं था।

जहां तक आराम की बात है तो दो ढाई घंटे निकाल कर बाकी समय आराम का ही होता था। कभी-कभी तो बच्चे कमरे पर आकर बताते की गुरुजी कक्षा का समय हो गया है और हम उठ कर चल देते थे। जिस माहौल में बाबा आदम के जमाने का बनाया हुआ नोट्स कक्षाओं में काम कर जाता था वहां यदि आपने थोड़ी सी मेहनत करके विषय का अद्यतन ज्ञान छात्रों को पढ़ा दिया तो आप उनके हीरो हो जाते थे। अध्यापन में आराम का स्वरूप और स्तर भी समय के अनुसार बदलता रहा है। मुझे याद है जब मैं प्राइमरी स्कूल में था तो हमारे प्रधानाचार्य दोपहर को आराम करते थे और हम डेढ़-डेढ़ सौ घमोरियां फोड़कर दोपहर के खाने के लिए जा सकते थे। वे लेटे रहते और हम अपना कर्तव्य करके खाने चले जाते थे। कुछ स्मार्ट बच्चे चार- छः घमौरियां फोड़ने के बाद पंडित जी की तोंद में नाखून लगा देते थे और उनको एक डांट के बाद कार्य से जल्दी छुटकारा मिल जाता था। लेकिन प्रधानाचार्य जी कभी-कभी रविवार को घर आकर माता पिता के साथ बैठकर मेरा हाल चाल भी लिया करते थे। मेरे ऊपर माता-पिता से ज्यादा अधिकार उनका होता था। आज न उस तरह के अध्यापक थे और न ही उस तरह के छात्र।

शायद मैंने ऊपर जिक्र किया है कि मेरे क्वार्टर्स के बगल में ही छात्राओं का छात्रावास था। नई मैडम मिस तिवारी को उस छात्रावास का वार्डन बना दिया गया था। वे कभी-कभी छात्राओं का हाल पूछते-पूछते नए मास्टर साहब का हाल भी जानने क्वार्टर्स के बाहर आ जाती थी। मैडम अंग्रेजी की प्रवक्ता थी और उनका अंग्रेजी बोलने का स्टाइल बेहद ही आधुनिक और प्रभावी था। अंग्रेजी साहित्य का गहरा अध्ययन किया था उन्होंने। शेक्सपियर, मिल्टन, कीट्स, वर्ड्सवर्थ जैसे लेखकों के उद्धरण और हिंदी फिल्मों के रोमांटिक गानों का सटीक प्रयोग उनकी विशेषता थी। मुझे बहुत अच्छी लगती थी और लगता है मुझे भी वह पसंद करती थी। बहुत ही थोड़े समय में हम गहरे मित्र बन गए थे।

परीक्षा का समय आ गया था। मैंने परीक्षक की भूमिका निभाई और गर्मी की छुट्टियों में अपने गांव आ गया। घर पर ही समाचार मिला कि प्रधानाचार्य द्वारा भूगोल विभाग में एक प्रवक्ता के पद के सृजन का प्रस्ताव शिक्षा विभाग द्वारा मंजूर हो गया था। अब मैं वहां पर स्थायी रूप से प्रवक्ता बनकर अध्यापन कर सकता था। मजे की बात थी कि यह समाचार नई मैडम जी ने अपने एक पत्र द्वारा दिया था। मेरे कॉलेज से आ जाने के बाद तक वह वहां रुकी थीं और इसी बीच यह समाचार कॉलेज में शिक्षा विभाग से प्राप्त हुआ था। पत्र में और बहुत कुछ लिखा था। रोमांटिक लाइनें तो थी ही पर साथ ही साथ यह भी कहा गया था कि मैं इन्हें अन्यथा न लूं और उनकी ये भावनाएं स्पॉन्टेनियस थी। ऐसा लगता था कि हम दोनों बहुत पास होकर बहुत दूर थे। पास होने की भावना जहां एक सुखद अनुभूति देती थी वही परिस्थितिजन्य दूरी उस भावना पर विवशता की एक चादर डाले हुए थी। यह विवशता मैडम की तरफ से बातों, गजलों और गानों की लाइनों के जरिए ज्यादा प्रकट होती थी क्योंकि वह भावना और स्वभाव दोनों में ही मुझसे ज्यादा मुखर थीं। मैं पुरुष होते हुए भी संकोची था पर सभी बातों को समझता था और उतनी ही गहराई से अनुभव भी करता था। इन सब के बावजूद मेरे मन के किसी कोने में एक विचार आने लगा था-'वो अफसाना जिसे अंजाम तक लाना न हो मुमकिन,उसे एक खूबसूरत मोड़ देकर छोड़ना अच्छा'। बस कोशिश यह होनी चाहिए कि मोड़ खूबसूरत हो। सोच तो मेरी यही थी लेकिन नियति को क्या मंजूर था यह तो भविष्य के गर्भ में ही था।

जिंदगी में मैं जब भी उहापोह के भंवर में फंसा, ईश्वर ने अंततः मदद की थी। बस दिक्कत यही थी कि दैवी मदद तब तक नहीं आती थी जब तक उलझनों की जकड़ से मैं टूटने की कगार पर नहीं पहुंच जाता था। इलाहाबाद में चतुर्वेदी बहनों के केस में भी यही हुआ था। महाविद्यालय का केस इतना गंभीर तो नहीं था पर मन पर एक बोझ तो था ही। पर अभी क्या ऐसा कुछ हो सकता था? पता नहीं।

गर्मी की छुट्टियां चल रही थीं। इसी गर्मी की एक दोपहर में मैं घर पर अपने जामुन के पेड़ के नीचे आराम कर रहा था। बगल में ही घनी और शीतल छाया वाला नीम का पेड़ था जिसकी छाया में पिताजी द्वारा बनवाई गई चौपाल में कितने साधु-संत चतुर्मासा बिताकर चले गए थे। इसी चौपाल में किसी समय मां और पिताजी को एक महात्मा द्वारा 50 वर्ष की उम्र में पुत्र प्राप्ति का आशीर्वाद मिला था। बात तो आज के युग में अविश्वसनीय और आश्चर्यजनक लगती है पर जो चीज आंखों के सामने घटी हो उसे न माने तो फिर क्या करें। पर आज की चौपाल पहले वाली चौपाल न थी। अब उसकी ठंडक प्रदान करने वाली मिट्टी की दीवारों की जगह लू के थपेड़ों से गर्म हो उठने वाली ईंटों की दीवारें थीं। अब चौपाल में मिट्टी की सोंधी महक देने वाले घड़े में भरा हुआ ठंडा पानी नहीं था। नीम का पेड़ भी जर्जर और उजाड़ सा हो गया था और चौपाल को प्राकृतिक ठंडक पहुंचाने की शक्ति अब उसमें नहीं थी। दुपहरिया में गांव के लोगों से भरा रहने वाला चौपाल अब खाली था। वहां कोई सन्यासी चतुर्मासा नहीं करता था। पिताजी का जमाना बदल चुका था। भाई साहब का जमाना चल रहा था और उनका अपने हिसाब से कार्य करना स्वाभाविक था। अब आप समझ गए होंगे कि मैं नीम के पेड़ के नीचे नहीं एक छोटे से जामुन के नीचे क्यों विश्राम कर रहा था।

चारपाई पर लेटे-लेटे मुझे झपकी आने लगी थी कि किसी ने मेरा सर छूकर मुझे जगा दिया। मैंने देखा कि मेरे सामने तेज धूप के कारण लाल चेहरा लिए हुए और पसीने से तरबतर मेरे ससुर जी खड़े थे। सास-ससुर ने मिलकर मुझे दो कीमती चीजें कभी दी थीं - एक मेरी पत्नी और दूसरी सोने की एक अंगूठी। अंगूठी की दुर्दशा मैं ऊपर लिख चुका हूं जब मैं कुमायूं यूनिवर्सिटी में प्रवक्ता पद के लिए साक्षात्कार के लिए गया था। पत्नी सुरक्षित और सकुशल थी। ससुर जी ने हाथ बढ़ाया और कोई तीसरी चीज मेरे हाथ में पकड़ाई। यह एक लिफाफा था जो रक्षा मंत्रालय, नई दिल्ली से आया था। यह पत्र अवध यूनिवर्सिटी के कॉलेज के पते पर आया था जहां से भूगोल विभाग के एक स्टाफ मेंबर ने बनारस मेरे ससुराल में पहुंचा दिया था। मैं आज तक इस पत्र यात्रा के रहस्य को समझ नहीं पाया हूं। सिविल सर्विसेज की परीक्षा तथा साक्षात्कार मैंने इलाहाबाद के दारागंज में रह कर दिया था। बहुत संभव है कि फार्म भरते समय और अस्थायी पता इलाहाबाद का तथा स्थायी पता मेरे गांव का रहा होगा। उस समय अवध यूनिवर्सिटी वाले कॉलेज का कहीं जिक्र ही नहीं था। फिर यह पत्र ससुराल से कैसे आ रहा था, पता नहीं। मगजमारी के बाद जब कुछ

पता नहीं चला तो मैंने यह मानकर कि जीवन में चकित कर देने वाली काफी चीजें ससुर के यहां से आ सकती हैं, आगे की तहकीकात करनी छोड़ दी थी।

मास्टर बनने का भरपूर आनंद मुझे मिल चुका था और अभी भी मिल रहा था। किसी भी संस्था में मास्टर हो जाने के बाद आप लंबे समय तक चाहे तो वही पड़े रहे और वहीं से रिटायरमेंट ले लें। इस पेशे में जीवन में गजब का स्थायित्व होता है। एक जगह पर रह कर आपके बच्चों की शिक्षा दीक्षा बिना किसी बाधा के हो सकती है। जबकि किसी भी तबादले वाले पद पर ऐसा संभव नहीं। तबादले भी कभी-कभी ऐसी जगह में हो जाते हैं कि जीवन यापन करना मुश्किल हो जाता है। सोनभद्र या मयूरभंज या इसी तरह के कुछ जिलों में तो आप और फैमिली वहां के आदिवासियों के लिए एक कौतूहल की चीज बन कर रह जाते हैं चाहे आप कलेक्टर ही क्यों न हो। तमाम उदाहरण आपको मिल जाएंगे जहां श्रीमती कलेक्टर ने कलेक्टर साहब का जीना इसलिए हराम कर दिया था क्योंकि उनके जिले के मुख्यालय में उनके स्तर के लोग बातचीत करने को नहीं मिलते थे। धीरे-धीरे पटवारी, कानूनगो, एसडीएम और तहसीलदार की औरतों को न चाहते हुए भी मैडम को लिफ्ट देना पड़ा था और बात करनी पड़ी थी। जब आदिवासी मैडम को खुश करने के लिए आग जलाकर चारों तरफ नाच कर अपना शुक्रिया अदा करते थे तो कभी-कभी मैडम कलेक्टर डर भी जाती थी। अच्छे स्कूल न मिल पाने के कारण बच्चे असंतुष्ट रहते थे क्योंकि उन्हें अपने स्तर के सहपाठी नहीं मिलते थे। खैर कोई पद चुनना, न चुनना व्यक्ति का अपना व्यक्तिगत मामला होता है। कुछ लोगों को पावर पसंद होता है और उन्हें पावरफुल पद चाहिए चाहे हर तीसरे वर्ष बोरिया-बिस्तर लेकर एक स्थान से दूसरे स्थान को भागना पड़े। कुछ लोगों को शांति पूर्वक एक स्थान या एक ही शहर में पूरा सेवाकाल बिता देना अधिक पसंद है। पावरफुल पद के बारे में दिक्कत उसकी अवधारणा में है। एक पटवारी या लेखपाल अपने को पावरफुल मानता है जब किसी गांव या तालुका के लोग उसके सामने हाथ जोड़े खड़े मिलते हैं। लगान का समय से भुगतान न हो पा रहा हो तो वह किसानों के बैल खोल कर ले जा सकता है। एक दरोगा अपने थाने के किसी भी व्यक्ति को बेवजह परेशान कर सकता है और अपनी पावर का एहसास करा सकता है। देश की सर्वोच्च सेवा आईएएस में चयनित होकर एक अधिकारी एक नेता के लिए तंबाकू मलते हुए भी पावर का एहसास कर सकता है और दूसरों को करा सकता है। दिक्कत इस श्रेणी के अधिकारियों की पत्नियों और बच्चों को होती है पर वह कुछ करने की हालत में होते नहीं। अवध विश्वविद्यालय

में मैं मुश्किल से डेढ़ वर्ष ही रह पाया था फिर भी इस अल्प काल में घटित छोटी सी घटना का जिक्र आपके लिए कर देता हूं। फैजाबाद जिले के एक तहसील में एक वर्मा जी एसडीएम होकर आए थे। उसी जगह एक श्रीवास्तव जी डिप्टी एसपी तैनात थे। अक्सर सिविल सर्विस और पुलिस सर्विस अधिकारियों में अंदर ही अंदर लागडांट चलती रहती है। दरअसल यहां भी अपनी-अपनी पावर की संकल्पना ही मूल में होती है। खैर, कॉलेज में सुरक्षा के मामले में एक-दो बार मुलाकात होने पर मेरी, एसडीएम साहब और डिप्टी एसपी से थोड़ी दोस्ती हो गई। एक बार जब मैं डाक बंगले में वर्मा जी के साथ चाय पी रहा था तो उनकी धर्मपत्नी से बातचीत शुरू हुई। वे गोंडा में किसी बहुत बड़े वकील की बेटी थी और इस छोटी सी जगह में बेहद नाखुश। मैं जब तक वहां रहा, वे अपने मायके की हाई-फाई जिंदगी और वर्मा जी की इस छोटी सी जगह में तैनाती का रोना रोती रही। कुछ मामले में उनकी तकलीफें जायज भी थीं। पता चला कि अकसर कुर्ता-पैजामा वाले छुटभैये नेता डाक बंगले को घेर लेते और भारत माता की जय के बाद एसडीएम साहब को भद्दी-भद्दी गालियां देते। कई बार तो वर्मा जी के न रहने पर भी आ जाते और उनके अपशब्दों को मिसेज वर्मा को सुनना पड़ता। आए दिन होने वाली ये घटनाएं मिसेस वर्मा को असहनीय होने लगी थीं। उनके अनुसार इस तहसील में कायदे के बाजार भी नहीं थे जहां मार्केटिंग वगैरह करके कुछ समय बिताया जा सके। दिन भर घर में पड़े सड़ते रहो। मैंने उन्हें समझाया- 'भाभी जी! अभी वर्मा जी एसडीएम हैं, ऐसी ही छोटी जगह मिलेगी, बाद में ऊंचा पद हो जाने पर आप बड़े शहरों में पहुंच जाएंगी'। 'खाक पहुंच जाऊंगी, भाई साहब! इन से कुछ नहीं होगा। पता नहीं किसके साथ बांध दिया मेरे बाप ने'- बहुत तल्ख़ जवाब था मिसेज वर्मा का।

चाय पीने के बाद जब माहौल कुछ शांत हुआ तो मैंने मिसेज वर्मा को मेरे कॉलेज में किसी विषय में पोस्ट ग्रेजुएशन कोर्स कर लेने को कहा। इससे समय भी कट जाएगा और एक विषय में अतिरिक्त योग्यता भी मिल जाएगी। विचार मिसेज वर्मा को जम गया और उनकी खुशी से वर्मा जी का चेहरा भी खिल गया। अगले हफ्ते से ही मिसेज वर्मा एक यंगस्टूडेंट के रूप में कॉलेज के हिंदी विभाग में दिखाई देने लगी। एक परगना अधिकारी की पत्नी होने के नाते उन्हें विद्यार्थियों से लेकर अध्यापकों तक का सम्मान मिलने लगा था। सम्मान जिसकी उन्हें शायद सबसे ज्यादा जरूरत थी। स्वभाव से कर्कशा नारी की श्रेणी में आने वाली मिसेज वर्मा अब

एक हंसमुख युवती बन चुकी थी। मुझसे जब भी मिलती प्यार से मिलती। वर्मा जी की अपेक्षाकृत सीधे साधे इंसान थे। मिसेज वर्मा की बातों से कई बार स्पष्ट हो चुका था कि ससुराल मायका से काफी कमजोर था। आईएएस बन जाने के कारण ही एक किसान के बेटे की शादी एक बड़े वकील की बेटी से हो गई थी।

कुछ दिन तो ठीक-ठाक निकले पर नियति को कुछ और मंजूर था। एक दिन बंगले पर मैं और श्रीवास्तव जी रात्रि भोज के लिए आमंत्रित थे। माहौल ठीक था और मिसेज वर्मा थोड़ी देर में खाना लगाने जा रही थीं। अचानक एक फोन आया और वर्मा जी हड़बड़ा उठे। बगल के टांडा तहसील में ताजिए को लेकर भीषण बवाल हो गया था। फोन फैजाबाद से डीएम का था और वर्मा जी को तत्काल घटनास्थल पर पहुंचने का आदेश था। उन्होंने ड्राइवर को जीप निकालने को कहा और आप तैयार होने लगे। इसी बीच मिसेज वर्मा आ गई और जिद करने लगी कि सब लोग खाना खा लें तब जाएं। मैंने और डी एस पी श्रीवास्तव जी दोनों ने मिसेज वर्मा को वक्त की नजाकत समझने और जिद न करने की सलाह दी पर स्वभाव से तुनक मिजाज मिसेज वर्मा मान नहीं रही थी। वर्मा जी को अंततः जाना पड़ा था। हम लोगों ने खाना खाया, भाभी जी को धन्यवाद कहा और चले गए। सुबह होते-होते ताजिए का तूफान तो थम गया था पर वर्मा जी के जीवन में तहलका मच गया था। पता चला था कि हमारे और श्रीवास्तव जी के डाक बंगले से वापस आने के बाद मिसेज वर्मा ने वर्मा जी को वहां के एसडीएम कार्यालय में एक-दो फोन किया जहां से कोई जवाब नहीं मिला था। मिसेज वर्मा रात में ही दूसरे ड्राइवर को बुलाकर अपने मायके चली गई थी, फिर कभी न आने के लिए। बाद में उनका तलाक हो गया था।

फिर मैं आपको वापस ले चलता हूं पदों की पसंदगी और नापसंदगी की ओर। अध्यापक जीवन की शांति और स्थिरता ने मेरे अंदर गहरी जड़ें जमा ली थीं। मैं ऐसा कोई पद नहीं चाहता था जिसमें आए दिन तबादला होता रहे और बीवी बच्चों सहित पूरी गृहस्थी को घसीटते हुए एक जगह से दूसरी जगह भागते रहो। तीनवर्ष की होने वाली अवधि में पहले वर्ष नई जगह पहुंचकर जमना शुरू करो, दूसरे वर्ष कुछ सीखो और काम में स्थायीत्व लाओ और तीसरा वर्ष होते-होते अगले पड़ाव की चिंता में लग जाओ। अच्छी जगह पाने के चक्कर में अधिकारियों और नेताओं के तलवे चाटो या कहीं वियावान में डंप हो जाओ। सिफारिश और घूस जैसी चीजों से मुझे जन्मजात नफरत थी।

सिविल सेवा परीक्षा के लिए फॉर्म भरते समय आपको ढेर सारी सेवाओं में से अपनी प्राथमिकता बतानी पड़ती है। लगभग हर विद्यार्थी अपनी प्राथमिकता क्रम आईएएस, आईपीएस, आईएफएस से शुरू करता है। मानो कोई प्राचीन काल से चला आ रहा रिवाज हो और उसे तोड़ने पर किसी महापाप के लग जाने की आशंका हो। मैं भी अछूता कैसे रहता। यह जानते हुए कि इन पदों में तबादला सन्निहित है मैंने भी इन्हीं से वरीयता क्रम शुरू की। लेकिन इन तीन सेवाओं के बाद मैं ऐसी सेवाएं देखने लगा था जिनमें तबादला न हो। जानकार परीक्षार्थियों के सहयोग से दो सेवाएं ऐसी मिलीं जिनके लिए यदि आपका चयन हो गया तो आपको पूरा सेवाकाल देश की राजधानी में ही बिताना था। इन दोनों में से भी एक सेवा ऐसी थी जो देश की सैन्य शक्ति से जुड़ी थी। देश की राजधानी में स्थायी रूप से सर्विस करना और देश की सैन्य शक्ति के लिए करना यानी सोने में सुहागा। मैंने बेहिचक प्रथम तीनसेवाओं के बाद प्राथमिकता क्रम में इसी सेवा को लिख दिया था। मेरे मन में इस सेवा को पाने की चाहत तो थी लेकिन यह अपने बस में कहां था। रोज शाम को पिताजी के पैर दबाने और उंगलियां चटकाने के बाद दिए जाने वाले आशीर्वाद 'जो इच्छा करीहहु मन माही। हरिप्रसादकछु दुर्लभ नाही' ने अब तक जीवन में अपना चमत्कार तो दिखाया था पर क्या आगे भी ऐसा होगा पता नहीं ।

इसी उधेड़बुन में पड़े जामुन के पेड़ के नीचे मेरे ससुर जी ने मुझे रक्षा मंत्रालय का एक पत्र थमाया था। लिफाफे के अंदर पत्र में वही था जो पिताजी के आशीर्वाद और हरि इच्छा के अनुरूप था। मैं एक ऐसे पद के लिए चयनित हुआ था जिसमें तबादला का डर नहीं था, देश की राजधानी में रह सकता था और सशस्त्र सेना की सेवा कर सकता था। पैड़ापुर गांव से नई दिल्ली..!!!गड़ैया नाला और महेवा नदी से दूर - बहुत दूर!!

मेरा सामान कॉलेज में पड़ा था। आदेश पत्र के अनुसार मुझे 1 जुलाई से पहले नई दिल्ली पहुंचना था। गर्मी की छुट्टियां अभी खत्म नहीं हुई थी। मैं कॉलेज में गया और प्रधानाचार्य से उनके निवास पर मिला। वह खुश भी हुए और दुखी भी। कुछ ही दिन पहले उन्होंने काफी दौड़-धूप के बाद भूगोल विभाग में मेरे लिए प्रवक्ता का एक पद सृजित कराया था। अपने मन की भावना व्यक्त करते हुए उन्होंने कहा- द्विवेदी जी! आप दिल्ली जा रहे हैं इसकी तो मुझे खुशी है लेकिन हमें छोड़ रहे हैं इस बात का दुख भी है। भविष्य के लिए आपको मेरी ढेर सारी शुभकामनाएं। लगभग डेढ़ वर्ष की छोटी अवधि में ही मुझे उनका असीम प्यार और

आशीर्वाद मिला था। एक कनिष्ठ प्रवक्ता होने के बावजूद उनका मुझ पर स्नेह और भरोसा था। उनकी बातों को सुनने के बाद मेरी आंखों में बरबस आंसू आ गए थे। मेरा गला रुंध गया था और मैं अपने को संयत करने की कोशिश करने लगा था। कॉलेज में बहुत लोगों से मिलना चाह रहा था पर छुट्टियां होने के कारण पूरा प्रांगण वीरान था। माली ने मेरा सामान निकाला और रेलवे स्टेशन जाने के लिए रिक्शा लेकर आया। हम दोनों रो रहे थे। आते समय इलाहाबाद एक दिन के लिए रुका। छात्रावास भी गया जहां कुछ और सफल दोस्तों को अगले वर्ष की परीक्षा की तैयारी करते हुए पाया। मुझे तो वह बधाई दे रहे थे पर कुछ असफल मित्रों को गमगीन देखकर मेरा मन दुखी हो रहा था। काश! जितने परीक्षार्थी थे उतने ही पद होते और कोई असफल न होता। इलाहाबाद से घर के लिए मैं ट्रेन में बैठ चुका था। मन उलझनों से परेशान था। क्या करूं? नई सेवा ज्वाइन करूं या जहां हूं वहीं बना रहूं? सब कुछ ठीक तो चल रहा है। प्रवक्ता के नए पद का सृजन भी तो हो गया है। प्रधानाचार्य, विभागाध्यक्ष, नई वाली मैडम और माली सभी छूट जाएंगे। जीवन में खुशी ही तो चाहिए और वह भरपूर मिल रही थी। नई जगह कैसी होगी? एक भी व्यक्ति परिचित नहीं। गांव को छोड़िए, मेरे क्षेत्र का भी कोई कभी नई दिल्ली नहीं गया। क्या करूं, किससे सलाह लूं?

यही सब सोचते-सोचते ट्रेन मेरे स्थानीय रेलवे स्टेशन पर आकर रुक गई थी। लोग तरह-तरह की राय देते और मैं सर हिलाता जाता। मन में असमंजस का तूफान उठा हुआ था। जैसा कि पहले भी मेरे जीवन में हो चुका था। मैं अंततः पिताजी की शरण में पहुंचा। पिताजी पूरी तरह गृहस्थ जीवन से विरक्त हो चुके थे और सुनसान पड़े चौपाल में ज्यादातर समय ध्यानावस्था में बिता रहे थे। मैं गया, चरण स्पर्श किया और सारी बातें विस्तार से बताईं। मैंने अपनी दुविधा उनके सामने रखी और ध्यान से सुनने के बाद कुछ मिनटों में उन्होंने मुझे रास्ता दिखा दिया। 'देखो बेटा! जिंदगी में तुम मास्टर बनना चाहते थे और ईश्वर की इच्छा और अपनी लगन से बन भी गए। जिंदगी कैसे चलेगी या कैसे चलनी चाहिए यह तुम्हारे बस में नहीं है। तुम्हें बस सफर में बने रहना है और ईश्वर की तरफ से मिलने वाली मंजिल को बिना किसी ना- नुकुर स्वीकार करना है। सफर ही जिंदगी है मंजिल एक ठहराव। मास्टरी क्या होती है तुमने अच्छी तरह अनुभव कर लिया और जान लिया। भविष्य के गर्भ में क्या है आगे बढ़ोगे नहीं तो जानोगे कैसे? आगे का सफर अच्छा होगा या बुरा इसका अंदाजा लगाना बेमानी है और बेटा! ऐसा करने का प्रयास करना दैवी योजना

में हस्तक्षेप है। समय की धारा में बहते रहने में कल्याण है और रुक जाने में डूबने का अंदेशा। आगे बढ़ो, नई जिंदगी स्वागत के लिए तैयार है। मेरा आशीर्वाद साथ है।'

कोहरा छंट चुका था और मैं अपना गंतव्य साफ-साफ देख सकता था। मैं दिल्ली जाने की तैयारी में जुट गया। समय कम था। कोशिश की जाने लगी कि क्षेत्र का या जिले का ही सही कोई ऐसा मिल जाए जो दिल्ली में हो और जिसके यहां अगले इंतजाम तक मैं रुक सकूं। शहर की तो बात ही छोड़िए आज गांव भी काफी बदल चुके हैं। 50 साल पहले के गांव में जबरदस्त एकता और सहयोग की भावना हुआ करती थी। किसी का होनहार लड़का पूरे गांव का होनहार माना जाता था और फिर लड़का अगर परमानंद जैसी शख्सियत का हो तो बात ही कुछ और हो जाती थी। सारा क्षेत्र ही दिल्ली में मेरा जुगाड़ करने में लग गया था। इसी सिलसिले में क्षेत्र के एक व्यक्ति के रिश्तेदार के रिश्तेदार को ढूंढ निकाला गया जो दिल्ली में जे के हाउस में मैनेजर बताए गए थे। जब कुछ वर्ष पहले मैं पैड़ापुर से इलाहाबाद यूनिवर्सिटी के लिए रवाना हुआ था और लाल सुर्ख पैंट और लाल चेक वाला शर्ट पहना कर भेजा गया था उस समय की खुशी और उत्साह तो दिल्ली यात्रा के लिए नहीं थी लेकिन कुछ खरीद-फरोख्त तो करनी ही थी। खरीदे गए मुख्य सामानों में था एक होल्डाल। यह उस जमाने के अच्छे स्टैंडर्ड के माने जाने वाले लोगों की इस तरह की यात्रा के लिए चुना जाने वाला प्रथम आइटम हुआ करता था। विशेषता यह थी कि अपने अंदर किरोसिन वाले स्टोव से लेकर गद्दा, जूते, कपड़े और दाल आटा तक को अपने अंदर समेट लेने की इसमें गजब की क्षमता हुआ करती थी। ओलिव ग्रीन कलर का होने के कारण ही कहीं न कहीं हमारे फौजियों की याद भी दिलाता था। साजोसामान के साथ भाई साहब ने मिर्जापुर स्टेशन पर ट्रेन पकड़ाई। मैंने भाई साहब का चरण स्पर्श किया और जीवन की अगली यात्रा पर निकल पड़ा। कई घंटे चलने के बाद ट्रेन अचानक एक स्टेशन पर रुक गई। काफी लोग नीचे उतरने लगे थे। मैं ट्रेन के चलने का इंतजार कर रहा था कि एक कुली ने बताया कि ट्रेन अब आगे नहीं जाएगी। स्टेशन का नाम था टुंडला। मैं कुछ समझ नहीं पा रहा था कि क्या करूं। इसी बीच बगल वाले प्लेटफार्म पर एक ट्रेन गड़गड़ाते हुए आकर रुकी। मेरे साथ वाला कुली चिल्लाया-'साहब यह दिल्ली जाने वाली ट्रेन आ गई। जल्दी से 50 रुपए निकालिए' और इसके साथ ही मेरा होल्डाल अपने सर पर रख कर चलती हुई ट्रेन के सहारे-सहारे दौड़ता रहा। मैंने 50 रूपए उसके हाथ में पकड़ाए और उसके साथ डिब्बे में घुसने की कोशिश करने लगा। ट्रेन में जबरदस्त भीड़ थी। मैं कुली के पीछे-पीछे

एक डब्बे से दूसरे डब्बे की ओर भागता रहा। हर डब्बे के गेट पर लोग बुरी तरह लटके हुए थे और अंदर घुसना असंभव हो गया था। ट्रेन चलने लगी और मुझे लगा कि ट्रेन के साथ-साथ होल्डाल में रखी सारी संपदा से भी मैं हाथ धो बैठूंगा। कुछ ही क्षणों बाद कुली ने मुझे बुलाया और अपने आगे रहने को बोला। ऐसा लगा कि उसे किसी चीज का आभास हो गया था। देखते ही देखते एक कुछ अलग सा डिब्बा सामने आया। इसका दरवाजा काफी चौड़ा था और खड़े हुए लोगों से भरा था। कुली ने मेरा कंधा पकड़ा और जोर से चिल्लाया चलो साहब तेजी से घुस जाओ और मुझे लगभग जबरदस्ती डिब्बे में धकेल दिया। मैं घुसा और गेट पर बिल्कुल किनारे खड़े लोगों के पीछे चला गया। मैंने दो व्यक्तियों के बीच से कुली को देखने की कोशिश की। वह अभी भी होल्डाल सर पर लिए दौड़ रहा था। डिब्बे में बुरी तरह अफरा-तफरी और भीषण शोरगुल मचा हुआ था। एकाएक कोई बड़ी और भारी सी चीज लोगों के सर पर गिरी और आह-ऊह के साथ कई गालियां एक साथ निकल पड़ीं। होल्डाल कई सिरों और कंधों से होता हुआ डिब्बे की पिछली दीवार के पास जमींदोज़ हुआ। स्थानीय भाषा में शायद लोग गालियां बक रहे थे और किसका सामान है जानने की कोशिश कर रहे थे। मैं धीरे-धीरे होल्डाल की विपरीत दिशा वाली दीवार की ओर खिसक रहा था। पूरे डिब्बे में कोई भी कुर्सी या बर्थ नहीं बनी थी। एक मूंछ वाला आदमी बोल उठा - 'अरे नहीं कोई बोल रहा है तो बाहर फेंको इस बोरे को'। बोरे को? मुझे बहुत बुरा लगा होल्डाल को बोरा सुनके, पर कोई चारा नहीं था। धीरे-धीरे कई लोग मेरे होल्डाल पर चढ़ गए थे और मैं अंदर रखे कपड़े और माई द्वारा दिए गए लड्डू की हालत के बारे में सोच रहा था। दरअसल यह डिब्बा यात्री डिब्बा न होकर माल ढोने वाला डिब्बा था।

किसी तरह ट्रेन दिल्ली पहुंची और एक ऑटो कर मैं जेके हाउस का पता पूछते -पूछते पहुंचा। हाउस के गेट पर ऑटो के किराए को लेकर झगड़ा हो गया। ऑटो वाला किराए से लगभग दोगुना किराया मांगने लगा था और मैं बहस कर रहा था। इसी बीच जेके हाउस का वॉचमैन आ गया और ऑटो वाले को समझाने लगा। थोड़ी ही देर में ऑटो ड्राइवर के अंदर का पशु जाग उठा और वॉचमैन को गाली देता हुआ उसकी ओर बढ़ा- 'साले! जितनी तनख्वाह पाता है उस हिसाब से दस साल की तनख्वाह के बराबर पैसा देकर यह ऑटो खरीदा हूं। तू बीच में मत बोल।' मुझे ताज्जुब तब हुआ जब देखा कि वॉचमैन एकदम ठंडा पड़ गया था। शायद दिल्ली अपना रूप दिखाना शुरू कर चुकी थी। मैंने मांगे हुए पैसे दिए और वॉचमैन के हाथ में गांव से लाई चिट्ठी

पकड़ा दी। लगभग आधे घंटे इंतजार करने के बाद मैनेजर साहब आए और मुझे अंदर ले गए। बहुत ही आलीशान हाउस। कृत्रिम घास वाला लॉन और कम्पाउंड में खड़ा एक छोटा हेलीकॉप्टर। और अंदर जाने पर स्विमिंगपूल और एक टेनिस कोर्ट। मैनेजर साहब कोई कार्यालय के मैनेजर नहीं थे बल्कि आज ब्रेकफास्ट, लंच और डिनर में क्या बनेगा, किस नौकर की ड्यूटी कहां लगेगी जैसे घर गृहस्थी के काम उनके जिम्मे थे। साहब और मैडम तथा बच्चों को कोई दिक्कत नहीं होनी चाहिए यही उनकी जिम्मेदारी थी। कंपाउंड में ही बंगले से हट कर उनका कमरा था जिसके अगल-बगल कुछ और नौकर आदि रहा करते थे। वे अकेले रह रहे थे और परिवार गांव में था। वह जो भी रहे हो मेरे तो शरणदाता थे। धीरे धीरे ज्ञात हुआ कि यह इलाका नई दिल्ली की 'फ्रेंड्सकॉलोनी' था और बड़े बड़े पूंजीपति और उद्योगपति इस इलाके में रह रहे थे।

एक दिन और एक रात जेके हाउस में बिताने के बाद मैं रक्षा मंत्रालय में रिपोर्ट किया और दूसरे ही दिन कुछ कागजी कार्रवाई के बाद मुझे जवाहरलालनेहरू यूनिवर्सिटी के बीच स्थित एक ट्रेनिंग सेंटर में भेज दिया गया जहां मुझे आम आदमी या यूं कहिए एक अध्यापक से अफसर बनना था।

लगभग आठ महीने का प्रशिक्षण समय था। नियमित कक्षाएं लगती थी और प्रवक्ता लोग तरह-तरह के सरकारी अनुदेश, आदेश तथा नियमों की शिक्षा देते थे। कभी-कभी तो अध्ययन-अध्यापन कम और आपसी बहस अधिक होती थी। अधिकारी बने लोगों को आपसी लड़ाई से प्रवक्ता लोग भी परेशान थे। कभी-कभी तो प्रवक्ता के प्रथम वाक्य से ही कक्षा के दो दलों में बहस छिड़ जाती और रुकने का नाम ही नहीं लेती थी। लड़ाकू लोगों में विशेषकर ऐसे लोग थे जो अपनी उपलब्धि से संतुष्ट नहीं थे। उन्हें आईएएस में जाना था लेकिन वह नीचे रह गए थे। कुछ को तकलीफ थी कि वह अपने पिता या माता के स्तर तक भी नहीं पहुंच पाए थे।

ज्यादातर ने अपने गंतव्य तक पहुंचने के सारे अवसर आजमा लिए थे और अब उनके सामने वर्तमान हालात को स्वीकार करने के अलावा कोई और रास्ता नहीं था। एक बहुत उद्धृत होने वाला अंग्रेजी का कथन है- "इफ यू हैव गॉट ए लेमन,मेक लेमोनेड"। समझने के लिए आप इस तरह मान लीजिए कि कहीं पर फलों की बांट चल रही है। किसी को सेब मिल रहा है, किसी को मोसम्मी तो किसी को लेमन। मान लीजिए आपको सेब और मोसम्मी की जगह लेमन मिल गया है। अब आपके

पास दो रास्ते हैं- एक, - रोना गाना शुरू कर दीजिए कि आपको लेमन क्यों मिला? सेब क्यों नहीं? हमेशा आपके साथ ही ऐसा क्यों होता है? मुझ से कम बुद्धिमान और कम स्मार्ट लोगों को सेब कैसे मिल सकता है? अपनी किस्मत ही ऐसी है आदि-आदि। दूसरा दृष्टिकोण है - ठीक है लेमन ही सही। एक गिलास पानी और थोड़ी सी शक्कर का इंतजाम करिए और ठंडा लेमोनेड का लुत्फ उठाइए।

दुनिया ऐसे लोगों से भरी है जिनकी सेब न पा पाने की चिंता ने उनके हाथ से लेमोनेड का आनंद भी छीन लिया। कक्षा में लड़ने वाले लोग यही लोग थे। इन लोगों को आसपास की हर चीज से, हर व्यवस्था से और हर इंसान से शिकायत थी। अरे भाई! आप जिस लायक थे, वह मिल गया। कौन जाने उससे ज्यादा भी। शिकायत और रोना बंद करिए और जो मिल गया है उसका आनंद उठाइए। रोते रहने से भी क्या होगा? **"इन्हें शिकायत है सारे जहां से, नई दुनिया पर कोई लाए कहां से"?** जीना तो इसी दुनिया में है। इन सब के लिए लड़ते-झगड़ते लोगों के बीच मेरे जैसे अनेक परीक्षार्थी लेमोनेड का आनंद उठाते हुए मजा ले रहे थे। दरअसल इसमें लड़ाई करने वालों का दोष नहीं था। अरे भाई! जो पाना चाहते हो उसके लिए जान लगा दो ताकि यह पछतावा न रहे कि हमने जी-जान से कोशिश ही नहीं की। लेकिन जैसे ही परिणाम प्राप्त हो जाए और जो भी परिणाम प्राप्त हो जाए सब कुछ भूल कर उसका आनंद लो यही तो मेरे पिताजी कहा करते थे और इसे भी वे **'कर्मण्येवाधिकारस्ते मा फलेषु कदाचन'** से जोड़ते थे। फल पर अधिकार ईश्वर का था इसलिए जो भी परिणाम मिले उससे कोई गिला शिकवा नहीं क्योंकि वह ईश्वर प्रदत है और तुम्हें देख परखकर ठोक बजाकर दिया गया है। लेमन को लेमोनेड बनाकर इंजॉय करने की शिक्षा संतोष की वृहत् संकल्पना में निहित है जो किसी व्यक्ति के अंदर सीखने से नहीं उसके संस्कारों से आती है जिसका सारा दारोमदार उसके माता-पिता और प्रारंभिक शिक्षा के गुरुओं पर होता है।

प्रशिक्षण के दौरान एक मजेदार बात यह थी कि प्रशिक्षणार्थी देश के कोने-कोने से थे। मलयाली भाषी अपने सहयोगी से हिंदी सीख रहा था तो हिंदी भाषी तमिल। नई भाषा सीख रहे लोगों के उच्चारण सुन-सुनकर पूरी कक्षा हंसती थी। सुबह कक्षा में आने पर प्रशिक्षणार्थियों द्वारा गुड मॉर्निंग, नमस्कार, नमस्ते, वणक्कम, नमस्कारम और सत श्री अकाल सब का प्रयोग हो रहा था। किसी के इस तरह का अभिभादन करने पर पूरी कक्षा एक साथ जवाब देती थी। सारे चेहरे खिले होते थे।

सशस्त्र सेना सेवा में मेरे साथ ही चयनित एक तमिल महिला मित्र मेरे बहुत करीब थी। प्रशिक्षण के बाद हम दोनों को आर्मीमुख्यालय में काम करना था। प्रशिक्षण कक्षा में बह रही हवा के मुताबिक ही मैं उनसे तमिल सीख रहा था और वह मुझसे हिंदी। मैं धीरे-धीरे तमिल में अवकाश के लिए प्रार्थना-पत्र तक लिखना सीख गया था। वे हिंदी में बातें करने में सक्षम हो गई थीं। धीरे-धीरे मैं "नान पेश निनैपदल्लाम निपेशवेंडुम, नाड़ौड़ुमपुड़त्तोडुं उर्वाडवेंडुम् उर्वाडवेंडुम्" तमिल फिल्म के रोमांटिक गाने की एक लोकप्रिय लाइन मीठे स्वर में गाने लगा था। इसी तरह 'पालम्बणम' फिल्म की रोमांटिक भावनाओं को प्रकट करने वाली पंक्ति 'कादलचिरघै कादलचिरघै मणिनिकि मणि परिकवा' भी मैं मस्ती और स्वर में गा लेता था। इन पंक्तियों में बसी रोमांटिक भावना मुझे मेरी महिला मित्र ने समझा दिया था। अलग-अलग भाषा सीखने सिखाने की प्रक्रिया में ही एक दिन मेरी मित्र ने कहा-'द्विवेदी! तुम्हें आज मैं मलयालम में अभिवादन करना सिखाती हूं और कल कक्षा में सौम्या जब आएगी तो तुम उसका अभिवादन करना, वह चौंक जाएगी'।

सौम्या एक मलयाली थी और शिक्षा मंत्रालय में पदस्थ होने से पहले प्रशिक्षण ले रही थी। मैंने मलयालम भाषा की उस लाइन को हिंदी में लिख लिया और शाम को कमरे पर पहुंच कर रट लिया। दूसरे दिन जैसे ही कक्षा में सौम्या आई और मेरी तरफ देखी मैंने हंसते हुए उसका मलयालम में अभिवादन किया- 'हाय सौम्या! नान उन्नैकादलकिरेन'। सौम्या के बिल्कुल पीछे-पीछे ही अध्यापक आ गए थे और सारे प्रशिक्षणार्थी उनकी अभिवादन में खड़े हो गए थे। व्याख्यान के दौरान मैंने अपनी महिला मित्र की ओर देखा तो वे मुस्कुराईं और हाथ के इशारे से अभिवादन के बहुत बढ़िया ढंग से होने का संकेत दीं। जैसे ही अध्यापक कक्षा से बाहर गए सौम्या तेजी से अपनी कुर्सी से उठकर मेरे पास आई - 'द्विवेदी! क्या कहा था मॉर्निंग में? फिर तो कहना' - थोड़ी नाराज दिख रही थी। मैंने फिर दोहराया- 'नान उन्नैकादलकिरेन' 'व्हाट डू यू मीन बाय दिस?' उसने पूछा और मैंने जवाब दिया 'गुड मॉर्निंग टू यू'। रोष भरी मुस्कुराहट में बोली - 'मिस्टर द्विवेदी! इसका मीनिंग कुछ और होता है' कह कर चली गई। बाद में पता चला कि महिला मित्र ने खतरनाक मजाक किया था। नान उन्नैकादलकिरेन का तमिल में अर्थ था -आई लव यू। सौम्या समझ गई थी कि किसी ने मुझे बरगलाया था। लेकिन समय बीतने के साथ-साथ हम दोस्त हो चुके थे और बहुत समय बाद तक बीच-बीच में मिलते रहे थे। महिला मित्र से जब मैंने इस विषय में शिकायत की तो वे उलटे ही मेरे ऊपर ही व्यंग कस दी! 'द्विवेदी,

रहने दो। मैं सब समझती हूं। क्या मजे से बातें करती है जब तुम से मिलती है। मुझसे तो सीधे मुंह बात भी नहीं करती।' मैं क्या करता, चुप रहना ही बेहतर समझा।

प्रशिक्षण के दौरान मैं अन्य सहयोगियों के साथ जेएनयू कैंपस में बने एक हॉस्टल में रहता था। एक दिन पता चला कि पास वाले सिनेमा हॉल में गांधी फिल्म चल रही है। में अकेले ही गया और थोड़ा लेट पहुंचा। हॉल में अंधेरा था और फिल्म शुरू हो चुकी थी। में जैसे ही अंदर पहुंचा और परदे पर नजर डाली, गांधीजी ट्रेन से प्लेटफार्म पर उतर रहे थे। पूरा प्लेटफार्म लोगों से खचाखच भरा था। फिल्म देखने के बाद मैं कमरे पर आ गया और डिनर करने के बाद सो गया। सुबह मैंने एक सहयोगी से इस बात की चर्चा की और फिल्म की खूबियों को बताने लगा। इसी बीच इस बात की चर्चा हो गई थी जैसे ही मैं सिनेमा हॉल में पहुंचा था, गांधीजी ट्रेन से उतर रहे थे। इतना सुनते ही सहयोगी महोदय बोल उठे- 'फिर तो आपने कुछ नहीं देखा। असली फिल्म तो ट्रेन से उतरने से पहले थी।' फिल्म की अन्य बातों की जिक्र के बाद हम अपने-अपने हॉस्टल चले गए। दूसरे दिन लंच करने के बाद मैं फिर गांधी फिल्म के बारे में सोचने लगा। शाम होते-होते में सिनेमा हॉल के गेट पर पहुंच गया। फिल्म का शो चल रहा था और हॉल के सभी दरवाजे बंद थे। जाहिर था मैं समय से काफी पहले पहुंच गया था। थोड़ा इधर-उधर घूमने और थोड़ी मूंगफली खाने के बाद में गेट के पास इंतजार किया। थोड़ी देर में दरवाजा खुला और अगले शो के लिए लोग अंदर पहुंचने लगे। मैं भी अपनी सीट पर बैठा और फिल्म शुरू होने का इंतजार करने लगा। प्रचार-प्रदर्शन के बाद फिल्म शुरू हुई। दक्षिण अफ्रीका में गांधी जी से संबंधित घटनाओं पर फिल्म चल रही थी। इसके बाद गांधीजी भारत के लिए रवाना हुए। जैसे ही गांधी जी भारत में लोगों से खचाखच भरे प्लेटफार्म पर उतरे, मैं हॉल से बाहर आ गया। इस तरह दो किस्तों में मैंने इस फिल्म दर्शन को पूरा किया।

लगभग 8 महीने के प्रशिक्षण के बाद मैंने रक्षा मंत्रालय के प्रशासनिक विभाग में आगे की तैनाती के लिए रिपोर्ट किया। मुझे बड़ी हैरानी और कुछ निराशा भी लगी जब मैंने देखा कि मेरे हर सहयोगी का कोई न कोई गॉडफादर मंत्रालय में मौजूद था और उसकी मनचाही पोस्टिंग के लिए प्रयत्न कर रहा था। मुझे तो यह भी पता नहीं था कि मंत्रालय में अच्छे पद हैं कहां, जहां के लिए कोई कोशिश करे। मैंने देखा मेरी महिला मित्र की तैनाती एजीब्रांच में कराने के लिए उसके एक से अधिक वरिष्ठ अधिकारी मित्र लगे हुए थे। बार-बार 'एजी' का नाम आ रहा था और हर प्रशिक्षण से आया हुआ व्यक्ति 'एजी' ही चाह रहा था। मैंने महिला मित्र के सहारे उसके गॉडफादर से अपनी भी चाह जताने की कोशिश की लेकिन उनका ध्यान आकृष्ट न कर सका। फिर पता चला कि 'एजी' नामक कार्यालय में केवल दो रिक्तियां थी जबकि चाहने वाले ढेर सारे। मैं समझ नहीं पा रहा था कि आखिर 'एजी' में है क्या? एक पूर्व कार्यरत कर्मचारी से जब पूछा तो उसने हंसते हुए कहा- एजीब्रांच? एजीब्रांच इज लेडीजब्रांच। मैं समझ गया कि मेरी परेशानी में भी वह मजे ले रहा था। मैंने पहले भी बताया है कि जब मुझे कुछ सूझता नहीं था तो मैं पिताजी की ओर मुड़ता था और अंततः परिणाम वही होता था जो मेरे लिए हितकर होता था। फिर अचानक ध्यान आया कि मैं किसी अधिकारी या मनुष्य में गॉडफादर क्यों ढूंढ रहा हूं? क्यों न हमेशा मदद करने वाले गॉड और अपने पूज्य फादर को याद करूं? लगभग पूरा दिन तैनाती और पद के चक्कर में बीत गया था। सभी लोग संबंधित अधिकारी के कमरे से अपनी तैनाती की लॉटरी का इंतजार कर रहे थे। मैंने तैनाती का सारा दारोमदार अपने गॉड और फादर पर छोड़ा और बिना तैनाती पत्र का इंतजार किए फ्रेंड्सकॉलोनी वाले जेके हाउस में अपने पूर्व शरणदाता के पास चला आया। दूसरे दिन फिर प्रशासनिक कार्यालय अपना तैनाती पत्र लेने पहुंच गया। लिफाफा खोल कर पत्र देखते ही विस्मय से भर गया। मुझे लेडीजब्रांच यानी एजीब्रांच में तैनात किया गया था। बिना रत्ती भर जाने कि एजीब्रांच है क्या, मैं खुश था। फिर दिए गए आदेशानुसार मैं साउथब्लॉक में एजीब्रांच (एडजुटैंट जनरल ब्रांच) के कार्यालय में एक अधिकारी के कमरे में पहुंचा। यह क्या! मेरी महिला मित्र पहले ही वहां सोफे पर बैठी थी। उनका वहां होना किसी आश्चर्य की बात नहीं थी क्योंकि एक बड़े अधिकारी उनकी पैरवी में पहले से ही जुटे थे। ताज्जुब तो उसमें था जो गॉड और फादर ने मिलकर मेरे लिए किया था। अलबत्ता मेरी दोस्त को मेरे वहां होने में काफी ताज्जुब हो रहा था। उस कार्यालय से फिर हम दोनों की अंतिम तैनाती किन्ही और कार्यालयों में होनी थी।

लगभग 10 दिन बीत चुके थे और हम रोज उसी कार्यालय में आते, दिन भर सोफे पर बैठे रहते और शाम को चले जाते। उस कार्यालय की प्रभारी एक दबंग किस्म की महिला थी जिससे ज्यादातर लोग डरे डरे से रहते थे। मैं अपनी दोस्त से कहता कि आखिर हम लोग कब तक सोफे पर उठा बैठक करते रहेंगे। मैंने जब-जब प्रभारी महिला से इस संबंध में बात करना चाहा, मेरे दोस्त ने रोक दिया और डरा दिया। वह खुद भी उस प्रभारी से काफी डरी रहती थी।

अंत मैं एक दिन मुझसे नहीं रहा गया और मैंने पूछ ही लिया- 'मैडम! कब तक हम लोग ऐसे ही बैठे रहेंगे?' अरे भैया! जो उसने मेरी ओर घूर कर देखा, मैं तो सहम ही गया। 'अच्छा तो तुम्हें काम करने की बड़ी जल्दी पड़ी है क्यों?' मैं बिना सोचे ही झटके में बोल गया - 'जी!' मेरी मित्र तो डर के मारे सोफे में धंसी जा रही थी। लेकिन दूसरे ही दिन हम लोगों की तैनाती संबंधी कागजात बनने लगे थे। इसी दौरान मेरी मित्र का वही गॉडफादर फिर एक दिन प्रभारी मैडम के यहां आ गया। मैं तो बगल में रखे सोफे पर बैठा था पर स्पष्ट हो रहा था कि वह महिला मित्र की इच्छा अनुसार पद पर तैनाती की बात कर रहा था। बाद में जब हम दोनों कैंटीन में चाय पीने गए तो पता चला कि मित्र की तैनाती उसकी पसंद के कार्यालय 'सीडब्ल्यू' में होगी और इस संबंध में उसका गॉडफादर प्रभारी मैडम से बात करके गया था।

दूसरे दिन में फिर मैडम के कमरे में घुसा और गुड मॉर्निंग बोला। कोई भी हो मिलते ही मुस्कराने की मेरी जन्मजात आदत रही थी। आज भी है। 'क्या बात है? बड़ा मुस्करा रहे हो?'- गंभीर आवाज में बोले गए शब्द मुझे थोड़ा असहज जरूर लगे लेकिन डरावने नहीं। मैं गंभीर बनने की कोशिश करता गया और पूछे गए सवालों का जवाब देता गया। इसी बीच मेरी मित्र भी आ गई। हम दोनों के लिए तैनाती पत्र जारी होने वाले थे। प्रभारी मैडम ने गंभीर आवाज में मेरी मित्र से पूछा -'कहां जाना चाहती हो?' 'सीडब्ल्यू, मैम'- मेरी मित्र ने जवाब दिया। ठीक है, कह कर मैडम फाइल में कुछ लिखने लगी। फिर मुझसे पूछा। 'मैडम, मुझे किसी कार्यालय या विभाग के बारे में जानकारी नहीं है जहां आपको ठीक लगे कर दीजिए, काम ही तो करना है'- मैंने कहा। जिंदगी पहले भी चौंकाती रही है और यहां भी चौका गई। बाहर कैंटीन में जाकर हम दोनों ने पत्र खोला। मैं 'सीडब्ल्यू' में तैनात हुआ था जो साउथब्लॉक में ही था और मेरी मित्र एक दूसरे कार्यालय में जो आर के पुरम में था। मेरी दोस्त को विश्वास नहीं हो रहा था। कहीं नाम टाइप करने में गलती तो नहीं हो गई थी, पता

नहीं। बिना सीडब्ल्यू को जाने भी मैं खुश था कि कोई अच्छी तैनाती ही मिली थी। बात तो वही थी न, फल या परिणाम ईश्वर पर छोड़िए, ठीक ही होगा।

जिस कार्यालय में मेरी तैनाती हुई थी वह सेना मुख्यालय का 'समारोह विभाग' था। काफी रोचक किंतु व्यस्त कार्यकलापों वाला विभाग। केंद्र सरकार के जितने भी समारोहों में सेना की भूमिका होती थी उनके समन्वय की जिम्मेदारी मेरे विभाग की थी। लाल किले पर मनाया जाने वाला स्वतंत्रता दिवस समारोह, राजपथ का गणतंत्र दिवस समारोह, आर्मीडे परेड, इंडिया गेट और राष्ट्रपति भवन में होने वाले कुछ समारोह इसमें शामिल थे। इन समारोहों में शामिल होने या इन्हें देखने जाने के लिए प्रवेश-पत्र या पास मेरे विभाग से जारी होता था। खासकर राजपथ पर होने वाली रिपब्लिक डे परेड को देखने के लिए प्रवेश-पत्र पाने की मारामारी बहुत होती थी। इसे जारी करने की प्रक्रिया में मेरी काफी महत्वपूर्ण भूमिका थी।

दिल्ली में रहने वाला हर कोई स्वयं और अपने संबंधियों को राजपथ का परेड दिखाना चाहता था। वहां तक पहुंचने के लिए पास चाहिए था और इसी जगह मेरी जरूरत होती थी। दूसरी आकर्षक चीज जो मेरे जिम्मे थी - भारतीय सेना से संबंधित कैलेंडर छपवाना और पूरे देश में फैली सेना तक पहुंचाना। ये कैलेंडर बहुत ही सुंदर और सेना के हथियारों और संबंधित अन्य रंग-बिरंगे कार्यकलापों से भरे होते थे। हर कोई इस शानदार कैलेंडर को अपने पास रखना चाहता था। इस बारे में एक घटना याद आती है। एक दिन एक चपरासी ने आकर बताया कि मुझे तैनाती करने वाली प्रभारी मैडम बुला रही है। पहले तो मेरे मन में शंका हुई कि मेरी कोई शिकायत तो नहीं पहुंची या मेरी मित्र के गॉडफादर ने मैडम से कह कर मेरी तैनाती कहीं और तो नहीं करवा दी मगर जब मैं पहुंचा तो वह अपने स्वाभाविक रोबिले स्वर में बोलीं -'जानते हो तुम्हारी तैनाती इस महत्वपूर्ण जगह पर क्यों की है? यहां से गणतंत्र दिवस के पास और आर्मी के कैलेंडर जारी होते हैं। देते रहना'। मैं अब तक इस पोस्ट का महत्व समझ चुका था, मुस्कराते हुए बोला- 'जी मैडम'।

मैं अभी तक दिल्ली में अकेला था। मैंने कार्यालय से छुट्टी ली और घर से फैमिली लाने की सोचने लगा। दिल्ली के विकासपुरी में एक फ्लैट किराए पर ले रखा था। सरकारी आवास के बारे में मुझे अभी तक कुछ खास जानकारी नहीं थी और इतनी जल्दी आवास मिलना भी नहीं था। मैं गांव गया और कुछ दिन रहने के बाद फैमिली लेकर दिल्ली रवाना होने के लिए मिर्जापुर रेलवे स्टेशन पर भाई साहब के साथ आ पहुंचा। परिवार के बारे में अभी जानने की उत्सुकता को रोके रहें, फिर कभी बाद में। बस इतना समझ ले कि एक अदद बीवी और दो पुत्र रत्न बस। हां एक रोचक बात आपको यहां जरूर बता सकता हूं कि यह हमारी पांचवी पीढ़ी थी जहां दो लड़के पैदा होते रहे हैं। दो में से एक को तो लड़के-लड़कियां दोनों होते थे लेकिन दूसरे को मात्र दो लड़के। यही क्रम निर्बाध गति से चल रहा था। जानकारी के अनुसार मेरे परदादा दो भाई थे। दादा जी दो भाई, मेरे पिताजी दो भाई, हम दो भाई और फिर अगली जनरेशन में मेरे दो पुत्र रत्न। लगता है हम दो हमारे दो के सिद्धांत का अनुसरण करने वाला मेरा परिवार देश का सबसे पुराना परिवार हो सकता है। खैर हमारी ट्रेन तिनसुखिया मेल काफी लेट आई और उसके पहुंचते ही प्लेटफार्म पर अफरा-तफरी मच गई। सारे डिब्बे अंदर से एक दूसरे से जुड़े थे और पूरी ट्रेन यात्रियों से खचाखच भरी थी।

आरक्षण होते हुए भी हम अपने डिब्बे में घुस नहीं पा रहे थे। दो कुली हमारा सामान सर पर लिए हमें चढ़ाने की कोशिश कर रहे थे। मिर्जापुर एक छोटा सा जिला है और कोई भी ट्रेन दो मिनट से ज्यादा नहीं रुकती। इसी आपाधापी में ट्रेन चल दी। मेरा छोटा पुत्र मात्र छह महीने का था और उसे एक बारह-तेरह साल के मेरे मौसा के बेटे ने गोद में लिया हुआ था। वह स्टेशन के पास ही रहता था और हम लोगों को विदा करने आया था। किसी तरह मेरी पत्नी चढ़ी और फिर मैं। प्लेटफार्म पर दौड़ते हुए मौसी के बेटे ने खिड़की की दो छडों के बीच मेरे छोटे बच्चे का सिर डाला और मैंने उसे अंदर खींच लिया। ईश्वर का शुक्र था कि वह अभी मोटा-ताजा नहीं हुआ था पर इस प्रक्रिया में दो बहुत बड़ी दुर्घटनाएं घट चुकी थीं- भाई साहब जो हमें छोड़ने आए थे वह डिब्बे से उतर नहीं पाए थे और दूसरा, मेरे दो बक्से कुलियों के सर पर ही रह गए थे।

मिर्जापुर की चली ट्रेन सीधे इलाहाबाद जाकर रुकी। भाई साहब वहां उतरे और हम परेशान आगे बढ़े। बातों-बातों में पता चला कि अजमेर शरीफ का कोई मेला चल रहा था और आसाम से आने वाली इस ट्रेन में अत्यधिक भीड़ का कारण था।

मेरे डिब्बे में भीड़ होने का एक और कारण था। इसमें ढेर सारे फौजी भी यात्रा कर रहे थे और उन्होंने सारी सीटें और बर्थ अपने सामानों से भर रखी थीं। धीरे-धीरे जब परिचय बढ़ा और उनको पता चला कि मैं सेना मुख्यालय दिल्ली में तैनात हूं और वहीं जा रहा हूं तो उन्होंने काफी मदद की और हम आरामदायक हालत में बैठ पाए। जो बक्से कुलियों के साथ चले गए थे उसमें मां और भाभी द्वारा बनाए गए लड्डू के अलावा मेरी पत्नी के सारे गहने और कैश भी थे। जेब में मैंने रास्ते खर्च के हिसाब से ही कैश रखे थे। खैर, हम दिल्ली पहुंचे और अपने आवास पर जाने से पहले गोल मार्केट स्थित विदेश मंत्रालय के अधिकारी आवास में रुके और एक दोस्त के यहां चाय-नाश्ता किया। बीएचईएल इंजीनियर रह चुके इस दोस्त से मुलाकात जवाहरलाल यूनिवर्सिटी में प्रशिक्षण के दौरान हुई थी।

आवास पर पहुंचे हुए लगभग पांच दिन हो चुके थे लेकिन मिर्जापुर स्टेशन पर छूट गए बक्सों का कोई अता-पता नहीं था। भाई साहब ने इलाहाबाद से मिर्जापुर पहुंचकर स्टेशन मास्टर से संपर्क किया था और आवश्यक कागजी कार्रवाई तो कर दी थी लेकिन कुछ हो नहीं रहा था। दिल्ली जैसे बड़े स्टेशनों की तरह छोटे स्टेशनों पर कुली नंबरों वाले बिल्ले प्रदर्शित नहीं करते और न ही सामान्य हालत में इन पर कोई ध्यान देता है। सारे कुली स्टेशन मास्टर के समक्ष बुलाए जा चुके थे पर सामान का पता नहीं लग पा रहा था। जिंदगी में कभी-कभी ऐसे मौके आते हैं कि ऐसे लोग जिन्हें हम अच्छा नहीं मानते और जिनके जैसा न खुद बनना चाहते हैं और न बच्चों को बनने देना चाहते हैं वही लोग उन समस्याओं का समाधान कर देते हैं जिन्हें उन्हें करने का ठेका लिए हुए और अपने को सभ्य और जिम्मेदार कहने वाले लोग नहीं कर पाते या जानबूझकर नहीं करते।

मौसा जी अपने क्षेत्र के दबंग और कुछ हद तक बदनाम व्यक्ति थे। उनके बेटे ने स्टेशन पर हुई घटना से उन्हें अवगत करा दिया था। उसने यह भी बताया था कि ट्रेन छूट जाने के बाद तेजी से भागते दोनों कुलियों का उसने पीछा भी किया था किंतु प्लेटफार्म पर उमड़ी भीड़ में कुछ दूर तेजी से भागने के बाद दोनों आंखों से ओझल हो गए थे। जब कुछ दिन और बीते और लगने लगा कि कुछ होने जाने वाला नहीं तो मौसा जी सीधे जिले के पुलिस विभाग में गए और वहां के अधिकारियों को साफ अल्टीमेटम दे आए- 'मेरी लड़की का सामान अगर दो दिन के अंदर नहीं मिला तो 1-2 खून-खराबे हो सकते हैं और मैं उसके लिए जिम्मेदार नहीं होऊंगा।' बताया जाता है कि विभाग के उच्चतर अधिकारी के पास जब यह बात पहुंची तो उन्होंने

पूछा कि यह व्यक्ति कौन है। पुराने पुलिसकर्मियों ने अधिकारी को मौसा जी के बारे में अवगत कराया और बताया कि सर! जो बात मिश्रा जी कह कर गए हैं उसे हुआ ही समझिए अगर दो दिन में उनके दामाद का सामान नहीं मिला तो। सातवां दिन होते-होते मेरे भाई साहब दोनों बक्सों के साथ दिल्ली में मेरे पास थे। बक्सों में सारा सामान ज्यों का त्यों था। कभी-कभी लगता है मौसा जी जैसे लोगों का समाज में एक अलग महत्व है और उन्हें होना ही चाहिए।

अक्तूबर चौरासी का महीना था। मेरी सर्विस अभी दो साल से कम की थी। तरह-तरह के समारोहों में साल भर व्यस्त रहने वाला मेरा कार्यालय हमेशा सजीव रहता था। काम काफी अधिक था इसलिए शाम को काफी देर तक कार्यालय में रुकना पड़ता था। 31 अक्तूबर को जब मैं कार्यालय आया तो बहुत कुछ बदल चुका था। उस समय की प्रधानमंत्री श्रीमती इंदिरा गांधी की हत्या हो गई थी। खबर आ रही थी कि उनकी हालत गंभीर है। सेनाध्यक्ष के साउथब्लॉक स्थित कमरे में आपात मीटिंग चल रही थी। मैं और मेरे निदेशालय के सभी आर्मीऑफिसर मौजूद थे। अब एक ऐसी सेरिमनी (समारोह) के बारे में पता चला जिसके बारे में न तो मैंने सोचा था और न ही किसी ने मुझे बताया था। यह थी फ्यूनरलसेरिमनी यानी दाह संस्कार समारोह।

हमारी जिम्मेदारियों में प्रधानमंत्री, रक्षा मंत्री, राष्ट्रपति तथा कुछ अन्य अति विशिष्ट लोगों की फ्यूनरलसेरिमनी भी थी। पूरा देश सदमे में था। मुझे आदेश मिला कि ऑफिस के समस्त लोगों को अवकाश दे दिया जाए और मैं रुक जाऊं। यद्यपि बाहर घायल होने की बात ही चल रही थी लेकिन मुझे पंडित जवाहरलालनेहरु के फ्यूनरल से संबंधित फाइल ढूंढने को कहा गया। बहुत ही अजीब हालात थे। मैं ऑफिस में नया ही था और सरकारी कार्यालयों में काम करने का मेरा पहला तजुर्बा था। कार्यालय के पुराने कार्मिक घर जा चुके थे और मैं और एक मेजर साहब फाइल ढूंढने में लगे थे। बाहर शहर में भीषण हंगामा हो रहा था। दुकानें जल रही थीं और लूटी जा रही थीं। चारों ओर अराजकता का साम्राज्य था। दिल्ली का आकाश काले धुएं से भर गया था। एक खास कौम के खिलाफ पूरे शहर में बर्बरता फैली हुई थी। जगह-जगह सड़कों के किनारे अधजले शव पड़े थे। मेरा निवास साउथब्लॉक से लगभग 25 किलोमीटर दूर था। बाहर शहर में सब कुछ ठप था। लूट और आगजनी का तांडव अपने चरम पर था।

पूर्व प्रधानमंत्री का दिवंगत शरीर तीन मूर्ति भवन में रखा था। प्रक्रिया के अनुसार शरीर के बगल में तीनों सेनाओं के तीन उच्चाधिकारियों को सम्मान में खड़े रहना था। आर्मी की ओर से अधिकारियों की ड्यूटी लगाना और उनको बारी-बारी से सूचित करना मेरे कार्यालय का काम था। एक अधिकारी वायुसेना और नौसेना के अधिकारियों के साथ एक घंटे के लिए नामित होता था। मेरे पास दिल्ली में रहने वाले आर्मी के उच्चाधिकारियों की लिस्ट और उनके टेलीफोन नंबर थे। कई घंटों लगातार कोशिश करने पर कुछ ऑफिसर मिल पा रहे थे। चूंकि तीन मूर्ति भवन में दिवंगत शरीर के पास तीनों सेनाओं के एक-एक उच्चाधिकारी का होना अनिवार्य था, वहां खड़े कई

अधिकारियों को एक घंटे की जगह कई घंटे रहना पड़ रहा था। बड़ा कठिन समय था। 31 अक्तूबर को कार्यालय आया हुआ मैं रात भर कार्यालय में ही रहा। मेरे साथ कई आर्मीऑफिसर भी रात में रुके रहे। दो-दो मेंजों को सटाकर हम लोग सोए और किसी तरह बाहर से खाना मंगाकर खाया। नेहरू की फाइल आवश्यक थी क्योंकि उसी तरह से दाह-संस्कार किया जाना था। फाइल न मिलने की परेशानी को देखते हुए कार्यालय के सीनियर असिस्टेंट को उसके घर से लाया गया और फिर काम आगे बढ़ा।

दो दिन और दो रात कार्यालय में ही बिताने के बाद रात के लगभग 4:30 बजे मैं साउथब्लॉक से विकासपुरी अपने आवास के लिए निकला। आर्मी की कार एक लांस नायक चला रहा था। बाहर अभी भी काफी अंधेरा था। हम धौला कुआं होते हुए कैंटएरिया को पार कर रहे थे। आगे एक फ्लाईओवर था जिसे शायद जनक सेतु कहा जाता था। हम जैसे ही फ्लाईओवर की ढलान पार कर रहे थे एकाएक कार रुक गई। पूछने पर फौजी ड्राइवर ने बताया कि आगे पूरी की पूरी सड़क पर आग जल रही है और आगे बढ़ना संभव नहीं है। हम दोनों धीरे से दरवाजा खोलकर बाहर आए। पूरी सड़क चौड़ाई में तीन जलते हुए स्कूटरों से रुकी हुई थी। हम दोनों सोच रहे थे कि वापस चलें या क्या करें। इसी बीच किनारे पर बने मकानों से लोग लाठियां लिए हमारी ओर बढ़ने लगे। अंधेरे के कारण इससे अधिक कुछ दिखाई नहीं दे रहा था। एक आदमी जैसे ही पास आया, मैंने उसे अपना और फौजी का परिचय दिया। लोगों ने ध्यान से गाड़ी भी देखी और तब जाकर ठंडे हुए। उन्होंने राय दी कि आप गाड़ी का शीशा नीचे करके जाइए जिससे पता चल जाए कि आप सरदार नहीं है। यह बताने पर कि मुझे विकासपुरी पहुंचना है, उन्होंने एक अलग रास्ते से जाने को कहा क्योंकि जिस रास्ते से हम जा रहे थे वह तिलक नगर से होकर जाने वाला था और तिलक नगर सरदार लोगों से भरा था। मुझे अभी रास्ते ठीक तरह से मालूम नहीं थे। इन लोगों ने फौजी को समझाया कि वह गाड़ी को तिलक नगर न ले जाकर उससे पहले ही तिहाड़ जेल के पास से बाईं ओर मुड़ जाए और जनकपुरी से होता हुआ विकासपुरी पहुंचे। जैसा मैंने पहले बताया है कि सड़कों के किनारे-किनारे वीभत्स हालात में अधजली लाशें पड़ी थीं। जनकपुरी से निकलते-निकलते उजाला हो गया था।

कुछ ही माह पहले अवध यूनिवर्सिटी में आनंद की जिंदगी बिताने वाला मैं अचानक एक कठिन परिस्थिति में फंस गया था। एक और आफत यह थी कि इसी दौरान कुछ दिन पहले ही मेरे पिताजी मेरे पास आ गए थे। दो दिन दो रात कार्यालय में ही रुक जाने के कारण न तो घर मैं दूध आ पाया था और न सब्जी। यही नहीं

घर में टेलीफोन न होने के कारण एक दिन और एक रात तक तो घरवालों को पता ही नहीं था कि मैं हूं कहां। इसके बाद डिस्पैचराइडर (फौजी संवाद वाहक) को भेजकर हालात की जानकारी दी जा सकी थी। बाहर मारकाट मची होने के कारण पिताजी और पत्नी की बुरी हालत थी। तीन साल और एक साल के दो बच्चे बिना दूध के रह गए थे। खैर, घर पहुंच कर मैंने चैन की सांस ली। फौजी ड्राइवर को दिल्ली कैंट वापस जाना था लेकिन वह भी घबराया हुआ था। उसे अपनी जान से अधिक डर आर्मी की गाड़ी को नुकसान पहुंचने, कोर्ट मार्शन होने और अंततः उसकी सर्विस के चले जाने का डर था। मैंने उसको दिन भर अपने यहां रुक जाने और अंधेरा होने पर निकल जाने की सलाह दी। उसने खाना खाया और स्टाफ कार में ही आराम किया। शाम को चाय पीने के बाद उसे भेजा। पूरे शहर में खामोशी और भय का माहौल था। दुकानें लूट ली गईं थीं। बड़े-बड़े शोरूम में रखे हुए फ्रिज, टीवी, टेलिफोन और कपड़े आदि झुग्गी-झोपड़ियों में ठूंसे भरे पड़े थे। जहां झोपड़ियों में बिजली के कनेक्शन तक नहीं थे वहां फ्रिज, वाशिंग मशीन और टीवी पड़े थे। वाशिंग मशीन में आटे और फ्रिजों में जूते और टेलीफोन सेट रखे मिले थे।

पिताजी काफी उद्‌विग्न थे। अब वह यहां रुकना नहीं चाह रहे थे। मैंने अपने मंत्रालय की सहायता से उनके टिकट का इंतजाम कराया और फौजी जीप से उन्हें रेलवे स्टेशन पर छुड़वाया। कुछ दिन बाद हालात सामान्य हुए और शहर की जिंदगी पटरी पर लौटी। दिल्ली ही नहीं देश के इतिहास में एक गहरा काला अध्याय लिखा जा चुका था।

अध्यापन करने और प्रशासनिक कार्य करने का फर्क स्पष्ट हो रहा था और साथ ही साथ नई-नई छोटी-बड़ी घटनाओं से अनुभव भी बढ़ रहा था।

मेरे कार्यालय की तमाम जिम्मेदारियों में एक जिम्मेदारी थी विभिन्न समारोहों के लिए फौजी बैंड की बुकिंग करना। राष्ट्रपति भवन और इंडिया गेट स्थित अमर जवान मेमोरियल के लिए वर्ष पर्यंत बैंड की बुकिंग हुई रहती थी। इनके अलावा आर्मी बैंड की प्राइवेट बुकिंग का भी प्रावधान था जिसके लिए कुछ राशि अदा करनी होती थी। समारोह निदेशालय होने के कारण कार्यालय वर्ष भर किसी न किसी समारोह से संबंधित कार्यकलापों में व्यस्त रहता था। स्वतंत्रता दिवस, गणतंत्र दिवस और आर्मीडे परेड जैसे बड़े पैमाने पर मनाए जाने वाले समारोह तो थे ही। समयानुसार कार्य पूरा करने के लिए स्टाफ को नियत समय से काफी देर रात तक कार्य करना पड़ता था।

रात के लगभग 9:00 तो बज ही जाते थे और व्यस्तता बढ़ने पर रात के 11:00 बजे तक भी काम करना पड़ता था।

मैं ऑफिस का प्रभारी था और समय पर कार्य पूरा होने की जिम्मेदारी मेरी थी। स्टाफ को वेतन के अलावा अतिरिक्त भुगतान आदि का कोई प्रावधान न होने के कारण कार्यालय समय के बाद उन्हें रोकना मुश्किल काम था और वह भी जब देर तक रुकना रोज का काम हो गया हो। मैं अकसर उन्हें देश के लिए कार्य करते रहने की प्रेरणा देता लेकिन इसकी भी एक सीमा थी। कभी-कभी जब मुझे लगता कि आज 10-11 बजने वाले हैं तो 8:00 बजे लगभग मैं अपनी तरफ से उनको जलपान करा देता था और काम चलाता था।

जो लोग सरकारी कार्यालयों के विषय में जानते होंगे उन्हें पता होगा कि एक कार्यालय में चपरासी ज्यादातर एक ही होता है लेकिन उसका महत्व कई क्लर्कों से ज्यादा होता है। मेरे कार्यालय में भी एक चपरासी था। बेहद मेहनती और आज्ञाकारी। काम करने में इतना होशियार कि कई लोग उसे क्लर्क समझते थे। मैंने जब भी उसे देर तक रुकने या रविवार जैसी छुट्टी के दिन भी कार्यालय आने को कहा उसने कभी भी निराश नहीं किया था। जब भी कोई क्लर्क इस संबंध में ना-नुकुर करता और तरह-तरह के बहाने बनाता, मैं उस चपरासी को याद करता। कई बार ऐसा भी हुआ कि कार्यालय में जरूरी काम निपटाने के लिए अवकाश के दिन मैं और वह दो ही आ पाते और कुछ घंटे काम करने के बाद घर चले जाते।

कुछ दिनों बाद उसे पुत्र रत्न की प्राप्ति हुई। वह स्टाफ में मिठाई का डब्बा ले आया। स्टाफ के अलावा विभाग के उच्च आर्मीऑफिसर्स को भी मिठाई खिलाई गई। उच्च अधिकारियों में भी वह काफी लोकप्रिय था। दूसरे दिन शाम को उसके घर पर कोई पार्टी थी जिसमें उसके सगे-संबंधी आमंत्रित थे। उसने उस दिन छुट्टी ले रखी थी। बैंड पार्टी का चीफ बैंड मास्टर मेरे कार्यालय में हमेशा उपस्थित रहता था। जब भी कहीं बैंड की जरूरत होती मैं पत्र जारी करता और उसे दे दिया जाता। पत्र में दी गई तिथि एवं समय अनुसार बैंड पार्टी निश्चित पते पर जाती और अपना काम करती। पार्टी को ले जाने के लिए आर्मी का ट्रक हुआ करता था। मैंने बैंड मास्टर को बुलाया और शाम को नए बच्चे के स्वागत में हो रही पार्टी में बैंड पार्टी सहित शामिल होने का मौखिक आदेश दे दिया। बैंड मास्टर जे सी ओ रैंक का अधिकारी होता था। मेरा आदेश सुनकर पहले तो सकपकाया फिर पूछा- 'सर! एक सिविलियन के घर पर? और

वह भी चपरासी?' मैंने कहा कि वह अपना काम करे और वह चला गया। विभाग में किसी को भी पता नहीं था। दिल्ली के बाहरी इलाके में झुग्गी-झोपड़ीकॉलोनी से घिरे एक स्थान पर रात के 8:00 बजे के लगभग "सारे जहां से अच्छा हिंदुस्तां हमारा" के साथ बजते आर्मी बैंड की धुन सुनकर बगल की सड़क से गुजरते हुए लोग रुक गए थे और अच्छी खासी भीड़ जमा हो गई थी। एक कर्नल साहब ने भी इस भीड़ को देखा और रुक कर हालात का जायजा लिया लेकिन कुछ समझ नहीं पाए। आर्मी की ड्रेस और पास खड़े आर्मी ट्रक को देखकर उन्हें यह तो पता चल ही गया था कि आर्मी बैंड प्ले कर रहा है।

दूसरे दिन जब चपरासी कार्यालय आया तो बेहद खुश था। वह आज के उत्तरांचल का रहने वाला था जहां काफी संख्या में लोग फौज में काम करते हैं। आर्मी बैंड बजते देख वे काफी प्रभावित थे और चपरासी की चारों तरफ प्रशंसा हुई थी। दो दिन तो कुछ नहीं हुआ। तीसरे दिन मेरे निदेशालय में तहलका मचा हुआ था। कर्नल साहब ने निदेशालय में उच्च स्तर पर शिकायत कर दी थी। झुग्गी-झोपड़ी में आर्मी बैंड कहां से आया? कौन जिम्मेदार है इसके लिए? तुरंत उसके खिलाफ कार्रवाई होनी चाहिए? आदि-आदि। मुझे तलब किया गया। मेरे बॉस की पहली टिप्पणी थी कि आपकी सर्विस तो गई समझो। मुझे अब भान हुआ कि कोई बड़ी गलती हो गई थी और मुझे अब अपनी प्रतिरक्षा की तैयारी करनी थी। मैं पेश हुआ। मैंने बताया कि बैंड उसी व्यक्ति के घर बजा था जिसकी मिठाई सभी लोगों ने चार दिन पहले खाई थी और उसके नवजात शिशु को बधाई दी थी। बैंड उसके घर बजा था जो मेरे कार्यालय का सबसे जिम्मेदार कर्मचारी था। बैंड उसके घर बजा था जिससे हम लोग रात के 11बजे तक और छुट्टियों में भी काम लेते थे और वेतन के अलावा एक पैसा भी अलग से नहीं दे पाते थे। मैं जानता था कि ये सारी दलीलें शुद्ध रूप से भावनात्मक थीं और नियम के उल्लंघन की भरपाई नहीं कर सकती थीं, पर मेरे पास कोई चारा नहीं था। यह बात और थी कि मैं सोच चुका था कि अगर जरूरत पड़ ही गई तो मैं बैंड की बुकिंग का जो खर्च बना होगा उसे अदा कर दूंगा। चपरासी की मेहनत, नम्रता, ईमानदारी और हर हालात में काम करने की तत्परता के सामने यह कुछ भी नहीं था। मेरी भावनात्मक दलील ने असर दिखाया और यह मानते हुए कि मेरा अनुभव अभी रक्षा मंत्रालय में कोई खास नहीं रहा था, मुझे समझाकर मामला बंद कर दिया गया।

जो भी हो एक चतुर्थ श्रेणी के सिविलियन कर्मचारी के घर पुत्र जन्म समारोह में आर्मी का बैंड बज चुका था, जैसा शायद पहले कभी न हुआ हो। बच्चे की नियति

में सारे जहां से अच्छा हिंदुस्तां हमारा की धुन पैदा होते ही लिखी थी, हम आप या कोई भी इसमें क्या कर सकता था। हां, इस घटना से एक सीख मुझे जरूर मिली। नियम-कानून में भावनाओं के लिए कोई जगह नहीं है और कार्यालयी कार्रवाई में होशियारी बरतनी होगी -हैंडल विद केयर।

इस घटना के बाद ऑफिशियल कार्यों को मैं एक रूटीन कार्य की तरह करने लगा था- न घटना, न दुर्घटना और न अनुदेशों-निर्देशों से कोई भावनात्मक छेड़छाड़। लाजमी है कि सब कुछ बहुत नीरस सा चलने लगा था।

साउथ ब्लाक नई दिल्ली जहाँ से गवर्नमेंट सर्विस शुरू की

लगभग 3 साल की सर्विस के बाद पहला प्रमोशन मिला और मुझे सेना मुख्यालय के अनुशासन एवं सतर्कता निदेशालय में तैनात किया गया। जहां तक कार्याधिक्य एवं व्यस्तता का सवाल था - माहौल में पूरा पागलपन था। ऑपरेशनब्लूस्टार से गुस्साए कुछ सिख फौजी जोश में आकर अनुशासन के खिलाफ कदम उठाते हुए अपनी यूनिट से बाहर चले गए थे। ऐसे फौजियों का कोर्ट मार्शल कर दिया गया था और वे देश के विभिन्न जेलों में सजा काट रहे थे। इन कैदियों ने अपने जेल अधीक्षकों के जरिए अपील पेटिशन सरकार को भेजे थे। इन आवेदनों को उस समय के सुप्रीम कोर्ट के एक प्रसिद्ध वकील ने तैयार किया था। जहां तक मुझे याद है सारे कैदियों के

पेटिशन इसी वकील ने भेजे थे। ये पेटिशन सौ-सौ पृष्ठों की होते थे। मेरे कार्यालय में इन आवेदनों का परीक्षण होता था। एक पेटीशन की जांच के लिए आवेदक के कोर्ट मार्शल के कागजात के साथ-साथ ढेर सारे अन्य कागजात को पढ़ना पड़ता था। एक अधिकारी यदि दिन भर लगा रहे तो लगभग तीन दिनों में एक की जांच कर फाइल उच्च अधिकारियों को भेज सकता था। हालात यह थे कि प्रतिदिन के हिसाब से 21-22 पेटिशन्स आ रहे थे और औसतन तीन पेटिशन्स का रोज निस्तारण हो रहा था।

विभाग का सबसे बड़ा बॉस महीने के अंतिम दिन एक मीटिंग बुलाता था और महीने भर के मामलों का हिसाब-किताब होता था। मेरी पहली माहवारी मीटिंग थी। मैंने देखा था कि मेरे कार्यालय से संबंधित जो आंकड़े थे और जो मैंने तैयार किए थे उसमें 100 से ज्यादा मामले लंबित थे। मेरे बॉस एक ब्रिगेडियर साहब थे। हाईएस्ट बॉस एक-एक कर लंबित मामलों की संख्या पूछ रहा था और हर कार्यालय के बॉस ब्रिगेडियर लोग जवाब दे रहे थे। वैसे तो मेरे कार्यालय की माहवारी प्रगति वाली फाइल मेरे बॉस के पास थी लेकिन मैंने हिसाब-किताब का एक कागज अपने पास भी रखा था।

आंकड़े मुख्यतः यह दिखाते कि महीने की शुरुआत में कितने मामले थे, महीने के दौरान कितने आए और आज यानी महीने के अंतिम दिन कितने मामले लंबित थे। मेरे कार्यालय से पहले प्रगति देने वाले अधिकारियों ने महीने के अंतिम दिन लंबित मामले शून्य दिखाए। मेरे चेहरे पर पसीने झलकने लगे। मेरे लंबित मामले 100 से अधिक थे। जैसे ही मेरे कार्यालय का नाम आया मैं कुछ कहने के लिए हाईएस्ट बॉस की तरफ मुखातिब हुआ। पर यह क्या! मेरे कुछ बोलने से पहले ही मेरे बॉस ने ऊंचे स्वर में कहा- 'निल सर!' यानी कोई मामला लंबित नहीं है। मैं भौचक्का सा उनकी ओर देखने लगा। हाईएस्ट बॉस ने शाबाशी दी और फिर धमकी- 'आई डोंट वांट एनी पेंडेंसी इन द एंड ऑफ द मंथ।' मीटिंग खत्म हो गई थी एक कप चाय और निल पेंडेंसी के साथ। मैं हैरान था कि किस दुनिया में आ गया मैं। मजे की बात तो यह थी कि हाईएस्ट बॉस ने वही रिपोर्ट अपने बॉस को दे दी जिनका ओहदा सेनाध्यक्ष से ठीक नीचे था। वापस आने पर जब मैं ब्रिगेडियर साहब से चर्चा की तो वे बिगड़ पड़े- 'अभी आप नए-नए आए हैं, अपना काम करिए।'

दरअसल महीने के जिस अंतिम दिन मीटिंग हो रही थी, उस दिन भी 10-12 नए पेटीशन आ चुके थे। बाद में पता चला कि हाईएस्ट बॉस एक टेरर था और उसके

गुस्से से बचने के लिए पूरा निदेशालय ही झूठ बोल रहा था। अगली माहवारी मीटिंग आई और फिर वही झूठी रिपोर्ट। इस बार मेरे बॉस ने पता नहीं क्या सोच कर बताया कि कोई मामला लंबित नहीं है, बस दो मामले आज सुबह मिले हैं और कार्रवाई चल रही है। मुझे लगा बॉस थोड़ा रियलिस्टिक होना चाह रहे थे और हाईएस्ट बॉस को प्रभावित करना चाह रहे थे लेकिन यह क्या? टेरर ने अपना भयंकर रूप दिखाया और "आई कैन नॉट एक्सेप्ट इट" कमरा गूंज उठा। अब मैं समझ गया था कि लोग झूठ क्यों बोल रहे थे। मैं अपने को रोक नहीं पाया। खड़ा हुआ और बस इतना कहा -'सर! महीने के अंत में शून्य पेंडेंसी करना असंभव है। मैंने बिना रुके एक दिन में आने वाले और एक दिन में अधिक से अधिक निस्तारित होने वाले मामलों के आंकड़े सुना दिए। एक मामले का परीक्षण करने में कितने कागजात देखने और पढ़ने पड़ते थे, इसका भी विवरण दिया। फिर मैंने बताया कि हमें नहीं भूलना चाहिए कि कैदियों के आवेदन/पेटिशन एक बहुत बड़े मंझे हुए सुप्रीम कोर्ट के वकील द्वारा तैयार किए जा रहे थे जिनका निस्तारण अनुदेशों और नियमों के गहन अध्ययन के बाद ही सावधानीपूर्वक करना होता है। यदि आवेदक हमारे निर्णय से संतुष्ट नहीं हुआ और हाईकोर्ट या सुप्रीम कोर्ट चला गया तो हम इन्हीं फाइलों के बल पर कोर्ट में लड़ाई लड़ सकते हैं। इसलिए इस फाइल में सारे तथ्यों और मजबूत तर्कों का होना जरूरी है। समय लगना लाजमी है। पेंडेंसी को शून्य करने की दौड़ में हम यह खतरा मोल नहीं ले सकते। बस हमें जिम्मेदारी, सच्चाई और तेजी से काम करने पड़ेंगे'। माहौल डरावने रूप में शांत हो गया था। मेरे भाषण के बाद हाईएस्ट बॉस ने एक ही लाइन बोला - 'हू इज दिस जेंटलमैन?' मेरा परिचय समन्वय अधिकारी द्वारा दिया गया। मैं रुका नहीं और बताने लगा कैसे एक-एक मामले को निपटाने में दो से तीन दिन लग जा रहे थे। पहले तो 50-100 पृष्ठ का वकील द्वारा पेटिशन पढ़ना, फिर दो-दो तीन-तीन सौ पृष्ठ की जांच अदालत की रिपोर्ट पढ़ना और फिर एक-एक बिंदु का विश्लेषण के साथ जवाब लिखना। हाथ से लिखे ड्राफ्ट को टाइप करवाना और उसकी जांच करवाना, फिर त्रुटियों को ठीक कर अंतिम टाइपिंग कराना और फाइल को आगे बढ़ाना। किसी-किसी मामले में 20 से अधिक फौजियों का एक ही समय ज्वाइंट कोर्ट मार्शल किया गया था। उन मामलों का निस्तारण और कठिन और समय लगाने वाला था। हाईएस्ट बॉस यह सब सुनकर तुनक गया और जोश में बोल गया कि-'तुम ऐसे एक मामले को मेरे पास भेजो, मैं देखना चाहूंगा'।

मीटिंग खत्म हुई और कुछ अधिकारीगण डरे हुए थे और कुछ राहत महसूस कर रहे थे। मैं भी काफी डर गया था। बैंड वाले मामले के बाद कहीं कुछ बड़ा गड़बड़ फिर हो गया था क्या? मैं रुका नहीं और शाम को कार्यालय बंद होते-होते फाइलों का एक मोटा बंडल चपरासी से उठवाकर हाईएस्ट बॉस के कमरे में पहुंच गया। बॉस ने सर उठाया और बंडल के बारे में पूछा और मैंने सुबह मीटिंग में हुई बात की याद दिला दी। बंडल को कोने में रखकर मैं चला आया। परिणाम क्या होगा इसकी चिंता मैंने नहीं की। दरअसल परिणाम के विषय में अधिक परेशान होना मैंने जीवन में पहले ही छोड़ दिया था यह तो आपने पहले पढ़ा होगा। ईश्वर के कार्यक्षेत्र में घुसना कौन सी समझदारी है। तीन-चार दिन बाद एक फौजी उसी बंडल को मेरे कमरे में यह कहते हुए रख गया कि साहब ने कहा है कि इसे अपने हिसाब से जल्दी कर लें।

बहुत कुछ बदल चुका था। मीटिंग में जाने से अब कोई नहीं हिचकिचाता था। लगभग सही आंकड़े दिए जाते थे। मेरे कार्यालय में मामले अधिक होने के कारण और फौजी अधिकारी तैनात किए गए थे। मामलों के परीक्षण का तरीका यह था कि कैदियों से प्राप्त पिटीशन के हर बिंदुओं पर विचार करके अपनी अनुशंसा के साथ फाइल सेनाध्यक्ष/रक्षा मंत्री के पास भेजी जाती थी। निर्णय आने पर अनुमोदित/अस्वीकृत जैसा भी होता था संबंधित जेल अधीक्षक को सूचित कर दिया जाता था। इस आदेश के साथ कि वे आवेदक को सूचित कर दें। फाइल पर निर्णय हो जाने के बाद मैं अपने हस्ताक्षर से एक पत्र जेल अधीक्षक को जारी करता था। इस पत्र के नीचे एक वाटरमार्क छोड़ने वाला निशान बना दिया जाता था जिसके लिए एक गोपनीय मुहर हुआ करती थी। सामान्य अवस्था में यह वाटरमार्क नहीं दिखता था। मेरे हस्ताक्षर और इस वाटरमार्क का एक नमूना जेल अधीक्षकों के पास रहता था। जब भी मैं कोई पत्र भेजता अधीक्षक नमूनों से मिलान करता यह देखने के लिए कि पत्र सेना मुख्यालय के मेरे कार्यालय से ही जारी किया गया है।

मान लीजिए कि किसी कैदी की प्रार्थना स्वीकार नहीं की गई तो पत्र में संक्षिप्त रूप से लिख दिया जाता था कि अमुक आवेदक के पेटिशन की जांच की गई और परीक्षा के बाद सक्षम प्राधिकारी ने इसे नामंजूर कर दिया। आवेदक को बता दिया जाए। वाटरमार्क वालीमुहर टॉपसीक्रेट थी और मुझे अलमारी के अंदर लॉकर में रखना पड़ता था।

मेरा कार्यालय साउथब्लॉक के बगल में स्थित सेना भवन में था। कुछ दिनों बाद सेना भवन के स्वागत कक्ष में सरदार जी लोगों का आना अचानक से बढ़ने लगा। वे सभी स्वागत अधिकारी से जे पी द्विवेदी से मिलाने की मिन्नतें करते। स्वागत अधिकारी के बार-बार मिलने की वजह पूछने पर भी वह स्पष्ट जवाब नहीं देते थे। स्वागत अधिकारी इसकी सूचना फोन पर मुझे देते। मैं वैसे भी बहुत व्यस्त था और मिलने का कारण स्पष्ट न होने से बुलाने का कोई मतलब नहीं था। आर्मी का अनुशासन एवं सतर्कता विभाग होने के कारण वैसे भी किसी का प्रवेश आसान नहीं था।

सरदार लोग आते, पहले सेना भवन के गेट पर प्रहरी से झगड़ा और बहस करते फिर स्वागत कार्यालय में स्वागत कर्मियों को मुझसे मिलने के लिए परेशान करते। काफी देर बैठे रहते और झुंझलाकर चले जाते। एक दिन उनके आने का कारण पता चल ही गया 'अधिकारी से बार-बार क्यों मिलना है' स्वागत अधिकारी द्वारा पूछे जाने पर एक सरदार जी पंजाबी में कुछ झल्लाकर बोल उठे। हिंदी में उसका मतलब था अफसर के हाथ-पांव तोड़ना है। यह वाकया उस दिन शाम को स्वागत अधिकारी ने बताया। मैंने स्वागत अधिकारी से अगले दिन उनके गुस्से का कारण जानने की कोशिश करने को कहा। धीरे-धीरे सारा मामला सामने आ गया। एक सरदार जी ने अधिकारी को मेरे द्वारा एक जेल अधीक्षक को भेजे गए पत्र की फोटो कॉपी दिखाई। उनका भाई जोधपुर जेल में बंद था। उसकी याचिका मेरे पास आई थी और अस्वीकृत हो गई थी। मेरे पत्रों की फोटोकॉपी लगभग सभी सरदार लोगों के पास थी। लोगों का मानना था कि जे पी द्विवेदी नाम का अधिकारी ही सब गड़बड़ कर रहा था और उसके संबंधियों को जेल से निकलने नहीं दे रहा था। जब भी आवेदन आता है, यही अधिकारी उन्हें अस्वीकृत कर देता है।

उन्हें क्या पता कि अंतिम निर्णय कहीं और होता था, मैं तो केवल उस निर्णय को उन्हें बता देता था। स्वागत अधिकारी ने उन्हें यही सब समझाया पर लगता नहीं था कि उन्होंने समझ लिया था। सारी बातें मेरे निदेशालय में पहुंची और सभी कर्मचारियों और अधिकारियों की सुरक्षा कड़ी कर दी गई। मेरे घर का पता, दूरभाष नंबर और अन्य विवरण को गुप्त रख दिया गया। कार्यालय से घर और घर से कार्यालय आने-जाने में सतर्कता बरतने को कहा गया। स्वागत कार्यालय और सेना भवन के सुरक्षा कर्मियों को आवश्यक सुरक्षा निर्देश दे दिए गए। ईमानदारी से कहूं तो

उस समय मेरे आसपास से गुजरने वाले हर सरदार जी लोगों पर मैं शक करने लगा था। कुछ महीने तो ऐसे ही चलता रहा पर एक घटनाक्रम ने हालात में एक नया मोड़ ला दिया। राजीव गांधी - जो उस समय प्राइम मिनिस्टर थे और जहां तक मुझे याद है, डिफेंस का मंत्रालय भी उन्हीं के पास था - और पंजाब के लोंगोवाल जी के बीच एक समझौता हुआ जिसे “राजीव गांधी -लोंगोवाल पैक्ट” के नाम से जाना गया था। इस समझौते के अनुसार एक निश्चित अवधि तक सजा पाए लोगों को जेल से मुक्त कर देना था। जेल से मुक्ति का पत्र भी मेरे कार्यालय से जाने लगा। संभवतः मात्र कुछ मामलों को छोड़कर सारे कैदी छोड़ दिए गए। सेना भवन के स्वागत कार्यालय में अब भी कुछ सरदार जी आ रहे थे लेकिन किसी का हाथ-पैर तोड़ने नहीं - जे पी द्विवेदी को धन्यवाद कहने - क्योंकि इसी आदमी ने उनके संबंधी को जेल से छुड़ाया था। वह न तब समझ पाए थे और न अब। मैं राहत की सांस ले रहा था और शायद रक्षा मंत्रालय और सरकार भी।

सेना मुख्यालय के अनुशासन एवं सतर्कता विभाग के बाद मेरी तैनाती सशस्त्र सेना चिकित्सा सेवा (आर्म्डफोर्सेस मेडिकल सर्विसेज) विभाग में हो गई। सेना का यह विभाग देश में फैले सैनिक अस्पतालों एवं उसमें कार्य करने वाले फौजी डॉक्टरों और पैरामेडिकल स्टाफ के कार्मिक एवं प्रशासनिक मामलों को देखता था। विभाग के अंतर्गत एक और सर्विस आती थी जिसका संबंध फौजी अस्पतालों में कार्यरत नर्सों से संबंधित था। इस सर्विस को एमएनएस यानी मिलिट्री नर्सिंग सर्विस कहां जाता है। सशस्त्र सेना के तीनों अंगों आर्मी, नेवी और एयरफोर्स के अस्पतालों में काम करने वाली नर्सों की भर्ती और कमिशनिंग हो जाने के बाद उनका संपूर्ण कार्मिक एवं प्रशासनिक नियंत्रण इसी विभाग के जिम्मे था। मैं इसी विभाग में डिप्टी डायरेक्टर के पद पर नियुक्त हुआ। मेरी जिम्मेदारियों में नर्सिंग अधिकारियों की भर्ती के लिए विज्ञापन देना, उनकी लिखित परीक्षा और साक्षात्कार का प्रबंध करना, मेरिटलिस्ट बनाना और उन्हें प्रशिक्षण केंद्रों में प्रशिक्षित कर सशस्त्र सेना के तीनों अंगों के अस्पतालों में नर्सिंग अधिकारी के रूप में पोस्टिंग करना था।

कमिशनिंग के बाद इनकी भर्ती लेफ्टिनेंट के पद पर होती है। इसके बाद इनका प्रमोशन अन्य सेना अधिकारियों की तरह कैप्टन, मेजर, कर्नल, ब्रिगेडियर और अंततः मेजर जनरल के रैंक तक हो सकता हैं। एक नर्सिंग ऑफिसर के ड्यूटी ज्वाइन करने से लेकर उसके रिटायरमेंट तक का सारा कार्य मेरे विभाग के जिम्मे ही था। अब आप समझ गए होंगे कि मिलिट्री की नर्सिंग सेवा और सिविल अस्पतालों की नर्सिंग सेवा में कितना फर्क है। इस सेवा में भर्ती के लिए छात्रा की टेन-प्लस-टू तक की योग्यता, जीव विज्ञान (बायोलॉजी) विषय के साथ होनी चाहिए।

जालंधर, अंबाला, दिल्ली, लखनऊ, कोलकाता, कोचीन और त्रिवेंद्रम मुख्य परीक्षा केंद्र होते हैं। इस विभाग में जब मेरी तैनाती हुई, उस समय नर्सिंग अधिकारियों के ढाई सौ पदों के लिए लिखित और साक्षात्कार परीक्षा हो चुकी थी और फाइनल मेरिटलिस्ट बन रही थी। मेरी डायरेक्टर ने मेरिटलिस्ट को फाइनल अप्रूवल के लिए सक्षम अधिकारी के पास भेजने से पहले मुझे चेक करने के लिए दिया।

परीक्षण की प्रक्रिया में मुझे एक कैंडिडेट को लेकर कुछ संदेह हुआ। मैंने उसकी उत्तर पुस्तिका निकलवा कर देखी तो संदेह और पुष्ट हो गया। परीक्षक ने सही उत्तरों के हिसाब से जितने अंक देने चाहिए थे उससे अधिक अंक दे दिए थे। उदाहरण के लिए 58 की जगह 85 कर दिया गया था। मजे की बात तो यह थी कि साक्षात्कार

के लिए कटऑफ अंक 80 था और कैंडिडेट ने साक्षात्कार भी दे दिया था। बात यहीं समाप्त नहीं हुई थी। साक्षात्कार में उसका अंक सबसे अधिक था।

परिणाम स्वरुप वह मेरिटलिस्ट में दूसरे स्थान पर आ रही थी। पदों के लिए होने वाली भर्ती की तरह इस पद के लिए भी कुछ खास योग्यताओं के लिए विशेष अंक निर्धारित थे, जैसे यदि किसी के पास फर्स्टऐड चिकित्सा से संबंधित प्रमाण पत्र हो या स्पोर्ट्स में उपलब्धियां हो या एनसीसी से संबंधित प्रमाण पत्र हो आदि। इस पद की भर्ती के लिए भी विशेष अंको का प्रावधान था। कैंडिडेट को इस तरह के प्रमाण पत्र की फोटो प्रतिलिपि आवेदन के समय लगाना होता था और मूल प्रमाण पत्र साक्षात्कार के समय दिखाना होता था।

मैंने जब आवेदन वाले कागजात देखे तो उसमें कोई फोटो प्रतिलिपि नहीं थी लेकिन साक्षात्कार के मूल्यांकन से संबंधित कागजात में जांच करने वाले अधिकारी ने 'सीन ऑल सर्टिफिकेट्स इन ओरिजिनल एंड रिटर्न्ड (सारे प्रमाण पत्र मूल रूप में देखे और लौटा दिए)' लिखते हुए जितने विशेष अंको का प्रावधान था पूरे के पूरे अंक दे दिए थे। मामला गंभीर लग रहा था। मैंने जब स्टाफ से साक्षात्कार के कागजात की जांच करने वाले अधिकारी के संबंध में जानना चाहा तो मेरा संदेह और पक्का हो गया। मैं विभाग में बिल्कुल नया था और इस तरह के कैंडिडेट के बारे में बिना शत प्रतिशत प्रूफ के कुछ कहना उचित नहीं समझा।

लिखित परीक्षा में घपला तो साफ उजागर था लेकिन साक्षात्कार में विशेष अंकों से संबंधित प्रमाण पत्रों की सत्यता को लेकर मैं असमंजस में था। अंततः मैंने उस साक्षात्कार केंद्र के सारे अभ्यार्थियों से विशेष अंकों वाले प्रमाण पत्र की सत्यापित प्रतिलिपियां एक निश्चित अवधि में भेजने को कहा। पत्र में यह भी लिखा था कि यदि निश्चित तिथि तक वे कागजात नहीं आए तो चयन निरस्त कर दिया जाएगा। कहना न होगा कि एक हफ्ते के अंदर संबंधित अभ्यर्थियों के कागजात आ गए- सिर्फ उस कैंडिडेट को छोड़कर।

इस बीच हमारी बड़ी मैडम -हाईएस्ट बॉस- जो मेजर जनरल रैंक की अधिकारी थीं, का स्वभाव मेरे प्रति अचानक बदलने लगा। छोटी-छोटी बातों को लेकर वह झुंझला पड़तीं और "आप अभी नए हैं विषयों को ठीक से समझते ही नहीं" जैसे वाक्य बार-बार दोहरातीं। मैं उनके बदले व्यवहार से चकित था।

मैं एक दिन सुबह कार्यालय आकर अपनी कुर्सी पर बैठा ही था कि एक महिला मेरे पास आई। "आप इस कार्यालय में नए आए हैं?" - उन्होंने पूछा और मैंने हां में जवाब दिया। "मैं आप के बगल वाले कमरे में ही पोस्टेड हूं और आर्मी मेडिकल अफसरों की ट्रांसफर-पोस्टिंग देखती हूं।" उन्होंने बताया। मैंने मुस्कराकर उनका अभिवादन किया। "आपके पास मेरा एक काम रुका हुआ है" कहते हुए उन्होंने आश्चर्यजनक खुलासा किया - "फलां कैंडिडेट मेरी लड़की है और मेरिट में उसका दूसरा पोजीशन आने वाला है। हम लोग उसके चयन की पार्टी भी कर चुके हैं और पार्टी में आपकी बड़ी मैडम भी थी। आप नए हैं, बेहतर है इस सब से दूर रहें। इसी में आपकी भलाई है" और वह चली गईं। दोपहर होते-होते दो मेडिकल अफसरों के फोन भी आ गए।

मैं समझ नहीं पा रहा था कि क्या किया जाए। इसी बीच में बड़ी मैडम का बुलावा आ गया। मैं उनके कमरे में पहुंचा और कुछ बोलता कि वह चीख पड़ीं- 'मिस्टर द्विवेदी! सुना है अभी तक चयनित लड़कियों की फाइल ऊपर अनुमोदन के लिए नहीं गई। क्या हो रहा है यह सब? प्लीज आज शाम तक पुटअप कीजिए।' मैं चुपचाप डायरेक्टर के कमरे में गया और सारी बातें बताते हुए फाइल उनको दे दिया और स्पष्ट कर दिया कि मैं गलत कार्य नहीं कर पाऊंगा और वे अपने स्तर से फाइल को आगे बढ़ाएं। डायरेक्टर केरल की एक निहायत भद्र महिला थीं और चीजों को समझते हुए भी बेबस थीं।

फाइल डायरेक्टर को सौंपने के बाद मैं निश्चिंत हो गया था और दूसरे कार्यों में लग गया था। काफी दिन बीत गए और मैं उपर्युक्त मामले को लगभग भूल चुका था। एक दिन मैं अपने कार्यालय में फाइलें देख रहा था कि स्वागत कार्यालय का एक कर्मचारी एक वृद्ध पुरुष को लेकर मेरे पास आया और सामने रखी कुर्सी पर बैठा दिया। विजिटरस्लिप पर मेरा हस्ताक्षर कराता हुआ बोला- 'सर! ये आपसे मिलना चाहते हैं। स्वागत कार्यालय में आज मैं अकेला हूं और वापस जल्दी पहुंचना है' कह कर चला गया। कुछ क्षणों बाद मैंने फाइल अलग रखी और आगंतुक की ओर मुखातिब हुआ। काले रंग का दुबला-पतला शरीर। आंखें अंदर की ओर धंसी हुई। जीर्ण और थका हुआ सा व्यक्तित्व। उन्होंने मुस्कराने की कोशिश की और कुछ शब्द कहे जिसे मैं बिल्कुल समझ नहीं पाया। इतना जरूर लगा कि कोई दक्षिण भारतीय भाषा थी। मैंने अपने एक मलयाली स्टाफ मेंबर को बुलाया और उनसे बात करने को कहा।

जो बात सामने आई वह इस तरह थी- वह तमिलनाडु के रहने वाले थे। रेलवे में भाप वाला इंजन चलाते थे। तपेदिक हो जाने के कारण सर्विस समय से पहले ही छोड़नी पड़ी थी। चार लड़कियां हैं। सभी कुंवारी हैं। बीमारी में सब कुछ तबाह हो गया। बड़ी लड़की ने नर्सिंग ऑफिसर के लिए आवेदन दिया है। अगर उसकी सर्विस नहीं लगी तो सारी लड़कियां कुंवारी रह जाएंगी। वे बिना टिकट ही दिल्ली आए थे।

मैंने अपने स्टाफ मेंबर से उन्हें समझाने और भर्ती से संबंधित नियम-कानून बताने की बात कही। लंच का समय हो चला था और मैंने स्टाफ को अपने कमरे में ले जाकर मेस से खाना मंगा कर खिलाने को बोला। लंच के बाद वे फिर मेरे पास आए और हाथ जोड़ कर रोने लगे। बूढ़ी और पथराई आंखों से निकलते आंसुओं को देख कर मेरा दिल बैठने लगा। मैंने उन्हें सांत्वना दी और स्टाफ को कुछ रुपए देकर उनके टिकट का इंतजाम करने और स्टेशन छोड़कर आने को कहा। वह चले गए थे पर मेरा मन बेचैन कर गए थे। दूसरे दिन मैंने फाइल से मेरिटलिस्ट निकाली और उनकी लड़की की पोजीशन देखी। उसका नाम लिस्ट में काफी नीचे था।

कुछ हफ्ते और बीते और मैं और मेरा स्टाफ अगले बैच की भर्ती से संबंधित तैयारियों में लग गया - जैसे लिखित परीक्षा के लिए पेपर सेट करना, प्रश्न पत्र एवं उत्तर पुस्तिकाओं की छपाई, देश में लिखित परीक्षा केंद्रों का निर्धारण तथा इन सब पर होने वाले खर्च के लिए बजट तैयार करना और रक्षा मंत्रालय से उसे अनुमोदित करवाना आदि।

इन्हीं व्यस्तता के बीच एक दिन डायरेक्टर साहिबा मेरे कमरे में आई और हम लोग कार्यालय से संबंधित कुछ बातें करने लगे। पिछले बैच की छपने वाली मेरिटलिस्ट के अनुमोदन के बारे में पूछने पर पता चला कि मेरिटलिस्ट आज भी लटकी हुई थी। मैडम ने बताया कि आपके मना कर देने के बाद किसी ने उस फाइल को गलत मेरिटलिस्ट के साथ आगे बढ़ाने की हिम्मत नहीं की थी और फाइल बड़ी मैडम के पास ही पड़ी थी। लड़की की मां एक-दो बार आते-जाते मुझसे मिली थी और एक बार तो ' मेरी लड़की के सलेक्शन को कोई रोक नहीं सकता, आप अपनी फिक्र कीजिए ' कह कर मेरे पास से निकल गई थी। फाइल डायरेक्टर मैडम को दे देने के बाद मेरा उस मामले से कोई लेना-देना नहीं रह गया था इसलिए मैंने उसकी धमकी को गंभीरता से नहीं लिया।

इस बीच मेरिटलिस्ट के सिलेक्शन जोन में आई कई लड़कियां बेहतर एंप्लॉयमेंट मिल जाने के कारण दूसरी जगह चली गई थीं। कई तो सीपीएमटी परीक्षा पास कर डाक्टर के लिए चयनित हो गई थीं। अंततः बड़ी मैडम ने एक दिन बुलाया और थोड़ा प्यार जताते हुए अपना निर्णय सुनाया - "द्विवेदी! यू आर राइट। वी कैन नॉट टॉलरेट करप्शन इन अवर रिक्रूटमेंट प्रोसेस। आप इस फाइल को ले जाइए और नोट बनाकर महानिदेशक, सशस्त्र सेना चिकित्सा सेवा (डी जी एएफएमएस) के अनुमोदन के लिए प्रस्तुत कीजिए।" मैं हल्के से मुस्कराया और फाइल लेकर चला गया। विवादित कैंडिडेट की तरफ से मांगे गए कागजात आज तक नहीं आए थे। जाहिर था उसके पास वे प्रमाणपत्र थे ही नहीं। साक्षात्कार संबंधी कागजातों की जांच करने वाले अधिकारी द्वारा किए गए कुछ और घपलों की खबर मुझे मिल चुकी थी। ऐसे अधिकारी का मेरे कार्यालय में और ठहरना सुरक्षित नहीं था खासकर मेरे द्वारा घपला पकड़ लेने के बाद।

दरअसल इस तरह के करप्शन के मूल में वही अधिकारी था जो कई वर्षो से इसी कार्यालय में कार्यरत था और अपना एक नेटवर्क सा बना रखा था। क्योंकि मुझे वहां 5 वर्षों तक काम करना था, मुझे उसका ट्रांसफर किसी और कार्यालय में कराना पड़ा।

मैंने साफ-सुथरी मेरिटलिस्ट बनाई और सक्षम प्राधिकारी से उसका अनुमोदन कराया। चयनित लड़कियों के अपॉइंटमेंटलेटेर्स जारी किए गए। बीच-बीच में इक्का-दुक्का चयनित कैंडिडेट बेहतर रोजगार के अवसर मिल जाने पर बाहर जाती रहीं और उनकी जगह मेरिटलिस्ट से नाम लेकर मैं अप्वाइंटमेंट लेटर जारी करता रहा। इस प्रक्रिया को लगभग एक महीने से अधिक हो रहे होंगे कि एक दिन मेरा मलयाली स्टाफ फाइल लेकर अगला अपॉइंटमेंट लेटर हस्ताक्षर के लिए ले आया। हस्ताक्षर करने के बाद जैसे ही फाइल मैंने उसे लौटाई वह मुस्कराता हुआ बोला- सर! जानते हैं किस का अपॉइंटमेंट लेटर अभी-अभी आपने साइन किया है? मेरे उत्सुकतावश पूछने पर बोला कि यह उसी लड़की का लेटर है जिसके वृद्ध और बीमार पिता आपसे मिले थे। चूंकि कुछ लड़कियां छोड़ती गईं थीं और मेरिटलिस्ट से हम नाम लेते जा रहे थे, आज वह दिन था जब उस पिता की लड़की का भी नंबर आ गया था। अब वह एक लेफ्टिनेंट के रूप में सेना ज्वाइन करेगी और उसकी बहनें भी कुंवारी नहीं रहेंगी।

यह घटना किसी चमत्कार से कम नहीं थी क्योंकि वेटिंगलिस्ट से जारी किया गया यह अंतिम अपॉइंटमेंट लेटर था --- गॉड इज सिंपली ग्रेट।

इस कार्यालय में मेरे कार्यकाल के बिल्कुल प्रारंभिक चरण में यह घटना घटी थी। मैं वहां पांच वर्षों तक रहा लेकिन मेरे लिए इससे बेहतर कोई घटना फिर नहीं मिली जिसका उल्लेख मैं करूं। आज इस पुस्तक में इसका वर्णन करते समय दक्षिण भारतीय पिता का बेबस आंसुओं से भरा चेहरा एक बार फिर सामने आ गया।

पांच वर्षों की सेवा के बाद मैं रक्षा मंत्रालय के प्रशासनिक विभाग में आ गया। यह वही विभाग था जहां मैंने सिविल सेवा परीक्षा एवं साक्षात्कार में चयनित होने के बाद सरकार की सेवा के लिए रिपोर्ट किया था और लेडीज ब्रांच यानी एजीब्रांच में तैनाती के चक्कर में परेशान हुआ था। इस विभाग के कार्यकलाप और घटनाओं का समन्वयीकरण मेरे कार्यालय के जिम्मे था। रहा तो यहां मैं छह साल और ढेर सारी प्रशासनिक एवं समन्वय संबंधी घटनाओं से पाला पड़ा था पर आपको एक विशिष्ट घटना सुनाता हूं। जम्मू और कश्मीर में उग्रवाद अपने चरम पर था। वहां विधानसभा चुनाव होना था लेकिन वातावरण में इतना भय था कि जम्मू-कश्मीर के कर्मचारियों ने चुनाव में ड्यूटी करने से मना कर दिया। केंद्र सरकार ने अपने बल पर वहां के चुनाव कराने का बीड़ा उठाया। इस कार्य को पूरा करने में रक्षा मंत्रालय का अहम रोल था और रक्षा मंत्रालय में भी मेरे विभाग का। योजना के अनुसार सैकड़ों पोलिंग पार्टी तैयार की जानी थीं। हर पार्टी में एक प्रीसाइडिंग ऑफिसर के मातहत 4 से 5 कर्मचारी होने थे। मेरा कार्यालय दिल्ली में होने वाले चुनावों के लिए पोलिंग पार्टी बनाकर पहले भी भेजता रहा था लेकिन इस बार हालात बिल्कुल अलग थे। उग्रवाद से बुरी तरह त्रस्त राज्य में चुनाव कराने के लिए कोई नहीं जाना चाहता था। वहां जाने का मतलब था सीधे मौत के मुंह में जाना।

हमारी सर्विस से संबंधित लगभग 10,000 अधिकारी और कर्मचारी दिल्ली में ही तैनात थे। रक्षा मंत्रालय का यह असैनिक वर्ग मंत्रालय में एक खास महत्व रखता है। तबादला न चाहने वाले और देश की राजधानी में ही अपना पूरा सेवाकाल गुजार देने वाले लोगों को इससे अच्छी सर्विस कहां मिलेगी। दिल्ली में होने वाले चुनाव की बात होती तो कोई दिक्कत नहीं थी लेकिन यह एक असाधारण चुनाव था। प्रलोभन का जनजीवन में अपना महत्व है पर सरकारी बाबू के लिए इसका आकर्षण और बढ़ जाता है। अंत में, सरकार ने इसी हथियार का प्रयोग किया और चुनाव के लिए जम्मू और कश्मीर जाने वाले कर्मचारियों को एक महीने का अतिरिक्त वेतन दिया वह भी टैक्स फ्री; वहां रहने, खाने-पीने का निशुल्क इंतजाम और फ्री में फौजी एरोप्लेन का सफर आदि की घोषणा की गई। पृथ्वी के स्वर्ग कश्मीर की वादियों का लुत्फ अलग जिसे अभी तक लोगों ने केवल साधना वाली फिल्मों में देखा था।

कहते हैं स्वर्ग और नर्क की दूरी मात्र एक दीवार की होती है। पत्र के अगले पैराग्राफ में कुछ और रियायतें थीं। अगर उग्रवादियों द्वारा मार दिए गए तो परिवार को दस लाख रुपए, एक को नौकरी और सरकारी आवास। चूंकि पोलिंग पार्टी का

जिम्मा मेरे कार्यालय का था और समय सीमा तय थी, हमें देर तक कार्यालय में काम करना पड़ रहा था। कोई कर्मचारी अपना नाम देने को तैयार नहीं था। अंततः कर्मचारियों की लिस्ट निकाल कर कार्यालय को ही पार्टी बनानी पड़ी और कर्मचारी को सूचित करना पड़ा। असली हंगामा तो अब शुरू हुआ। तरह-तरह के बहाने और कारण लेकर लोग हमारे कार्यालय में भीड़ लगाने लगे। कुछ लोग अपना मेडिकल सर्टिफिकेट तो कुछ परिवार के सदस्यों का सर्टिफिकेट लेकर आने लगे। कुछ की शादियां इसी दौरान होनी थीं और वे शादी का कार्ड लेकर हाजिर हो गए थे। योजनानुसार सारी पोलिंग पार्टी निश्चित तिथि को सेना भवन के सामने खड़ीं सेना की बसों में भरकर वायु सेना की पालमएयरपोर्ट टेक्निकलएरिया में पहुंचनी थीं और फिर वहां से विमान से जम्मू-कश्मीर पहुंचना था। पार्टी की जरूरत के हिसाब से अब भी पर्याप्त कर्मचारी नहीं मिल पा रहे थे। दबाव बढ़ाया गया और आदेश न मानने पर कड़ी कार्रवाई की चेतावनी जारी की गई। हालात बेहतर हुए पर कुछ अजीबोगरीब वाकया भी सामने आए। कुछ लोगों के पैर टूट गए थे और कच्चे-पक्के प्लास्टर भी चढ़ गए थे। ऐसे लोगों के लिए मुझे छूट देनी ही थी। मैंने क्लर्क को ऐसे लोगों के लिए नोट बनाने को कहा। इसी बीच एक फोन आया कि -' मिस्टर फलां का प्लास्टर नकली है, कोई टूट-फूट नहीं है'। लैंडलाइन का जमाना था और कौन संदेश दे रहा है, पता करना मुश्किल था। संबंधित कर्मचारी पूरी तरह कराह रहा था। मैं तो नहीं पर मेरा क्लर्क जांच करने पर अड़ गया। पट्टी खोलनी पड़ी। हकीकत सामने थी। फोन करने वाला सही था। कर्मचारी को छूट नहीं मिली और वह क्लर्क को देख लेने की धमकी दे कर चला गया। दो-तीन मामले इस तरह के और पकड़े गए थे।

इस अत्यंत कठिन मिशन का सबसे मुश्किल पहलू अभी भी बाकी था। जम्मू कश्मीर की मतदाता सूची उर्दू में थी। इसलिए हर पोलिंग पार्टी में एक उर्दू जानने वाले का होना जरूरी था। अब इतने उर्दू जानने वाले लाए कहां से जाएं? फिर सरकार ने निर्णय लिया कि पड़ोसी राज्यों उत्तर प्रदेश, हरियाणा और राजस्थान से उर्दू अध्यापक, पटवारी और लेखपाल आदि को बुलाया जाए और हर पोलिंग पार्टी में एक-एक जानकार रखा जाए। इस तरह के कर्मचारी छोटे-छोटे गुटों में आने लगे और उस रात तक आते रहे जिसमें सुबह 4:00 बजे से आर्मी बसों को पालमटेक्निकलएरिया के लिए कूच करना था। ऐसी हालात में एक उर्दू जानने वाले को किसी एक खास पोलिंग पार्टी में ही भेजना निर्धारित समय के अंदर असंभव सा हो गया था। राज्यों से मिली सूची में चार-चार अहमद, तीन-तीन नजीर और चार-चार अब्बास थे। अमुक

नंबर की पोलिंग पार्टी के प्रीसाइडिंग ऑफिसर से मिलाया जाने वाला अब्बास या नजीर या अहमद कौन वाला है, पता लगाना उपलब्ध विवरण के आधार पर संभव ही नहीं था। राज्यों से इस तरह के कर्मचारी अंतिम रात को दो-तीन बजे सुबह तक आ रहे थे। इन कर्मचारियों के इकट्ठा होने व ठहरने के लिए मथुरा रोड डीपीएस के पीछे जंगली इलाके में टेंट लगाए गए थे। रात के दो-तीन बजते-बजते अफरा-तफरी का माहौल बन चुका था। गृह मंत्रालय के एक उच्च अधिकारी भी काफी तनाव में थे। अंततः मैंने हालात को काबू करने के लिए एक राय दी। मेरी राय के अनुसार समयाभाव को देखते हुए हम सारे कर्मचारियों को आर्मी की बसों में बिठाकर और एयर फोर्स के प्लेन से योजनानुसार जम्मू और कश्मीर पहुंचा दें। सबके वहां पहुंच जाने के बाद प्रीसाइडिंग ऑफिसर्स अपनी-अपनी पोलिंग पार्टी के उर्दू जानने वालों से संपर्क कर उन्हें अपनी पार्टी में लेलें। श्रीनगर में पहुंच जाने के बाद दलों को अपने मतदान केंद्रों में पहुंचने के लिए काफी वक्त था। सुझाव सबको पसंद आया और हमने आर्मी बसों से लोगों को एयरपोर्ट भेजना शुरू कर दिया। हमारे कर्मचारियों को सुबह 4:00 बजे सेना भवन के पास एक जगह इकट्ठा होने के लिए कह दिया गया था। रात को जब मैं उर्दू जानने वालों के कैंप से सेना भवन आया तो दृश्य काफी विचलित करने वाला था। आर्मी की बसें कतार में लगी थीं और औरतें और बच्चे रो रहे थे। वो रात भर सोये नहीं थे और पति/पिता को डर से भरे मन से विदा करने आ गए थे। माहौल डरावना था। पत्नियों और बच्चों के सिसकने और रोने के सिवा कोई किसी से बात नहीं कर रहा था। सुबह का धुंधलका था और हम भरे दिल से अपनी ड्यूटी कर रहे थे। फौजी बसों से कर्मचारी पालम एयरपोर्ट पहुंच रहे थे और वहां से फ्लाइट्स श्रीनगर के लिए उड़ रही थीं।

मतदान की तिथि आई और राजधानी से गए बहादुर असैनिक कर्मचारियों ने अपना कार्य पूरा किया। सुरक्षा चाक-चौबंद थी और एक भी कर्मचारी को कोई नुकसान नहीं हुआ। हमारे कार्यालय को भी राहत के साथ-साथ गर्व की अनुभूति हुई। एक कठिन मिशन सफलतापूर्वक संपन्न हो गया था। फूल के साथ कांटों का होना लाजमी था। बाद में एक-दो विचित्र शिकायतें जरूर आई थीं। उन पत्नियों का कहना था कि उन्हें दस लाख का नुकसान हो गया था और इसके लिए मेरा निकम्मापन जिम्मेदार था। इन महिलाओं का कहना था कि मेरी जगह कोई काबिल अधिकारी तैनात किया जाए। मुझे ऐसा लगा कि प्लास्टर बांधकर आए हुए अधिकारी की पोल- खोल कॉल इन्हीं महिलाओं में से किसी एक का था।

कुछ ही महीने बाद इसी राज्य में लोकसभा के चुनाव हुए थे। इस बार हालात बिल्कुल उलटी थी। कर्मचारी पोलिंग पार्टी में अपना नाम डलवाने के लिए झगड़ रहे थे। कुछ तो रक्षा मंत्रालय के उच्च अधिकारियों से इस संबंध में पत्र भी लिखवा लाए थे। यह चुनाव भी सफलतापूर्वक संपन्न किया गया था। इन दो असाधारण अवसरों पर मुझे और मेरे स्टाफ को काफी मेहनत करनी पड़ी थी। कार्यालय में देर तक काम करना तो आम बात थी। जैसे-जैसे चुनाव की तिथियां पास आती जाती थीं, काम बढ़ता जाता था। दोनों अवसरों पर अंतिम दोदिन मुझे रात भर जागना पड़ा था। 9:00 बजे रात को मैं कार्यालय से कस्तूरबा गांधी मार्ग पर स्थित आवास पर आता, थोड़ा आराम करता और खाना खाने के बाद लगभग 11:00 बजे कार्यालय चला जाता जहां उर्दू जानने वाले लोगों से संबंधित कामकाज देखता था। 'जो भी कार्य हो परफेक्शन से हो' की भावना मेहनत तो बढ़ा देती थी लेकिन कार्य मन माफिक पूर्ण हो जाने पर अप्रतिम संतोष का पुरस्कार भी देती थी। चुनाव के दोनों अवसरों पर मुख्य निर्वाचन आयुक्त ने रक्षा मंत्रालय को सफल अभियान के लिए बधाई दी थी और उनके इस संदेश से चुनाव में भाग लेने वाले सभी कर्मचारियों को अवगत कराया गया था। सचमुच रक्षा मंत्रालय और हमारे निदेशालय के लिए शाबाशी के दिन थे।

आज नया जमाना है। प्रसूति गृह में आंख खुलते ही बच्चा मम्मी के साथ ही मोबाइल फोन का दर्शन कर लेता है। लोरी से पहले मोबाइल की रिंगटोन उसके कानों में बज चुकी होती है। वह जमाना और था। फोन या कुकिंग गैस जैसी चीजें विलासिता की चीजें थी और सरकारी अफसरों तक को जल्दी नसीब नहीं होती थी। इन चीजों के लिए लाइन लगती थी और पंजीकरण कर लेने के बाद एक लंबे समय तक अपनी बारी का इंतजार करना पड़ता था। बारी से पहले इन सुविधाओं को पा लेने के लिए कई लोग संसद सदस्यों और मंत्रियों की कोठियों का चक्कर लगाया करते थे। सरकारी आवास की समस्या तो और भी विकट थी। ऐसे उदाहरण भी मेरी जानकारी में आए थे जहां दुर्घटना में पैर टूट जाने पर परिवार दुखी कम और सुखी ज्यादा लग रहा था। पूरी कोशिश होती थी कि पैर ठीक हो जाने और डरावना सा लगने वाला प्लास्टर कटने से पहले एक मेडिकल प्रमाण पत्र बनवा कर बुरी तरह लंगड़ाते हुए संबंधित संसद सदस्य के यहां जाकर अपना पैर और परिवार की बदहाली का रोना रोया जाए और सरकारी आवास जैसी सुविधाओं को बारी से पहले पा लेने की कोशिश की जाए। मेरे जैसे अपनी बारी का चुपचाप इंतजार करने वाले लोग ऐसे मामलों को सुनकर पजामा ऊपर चढ़ा कर अपना पैर देखने लगते थे।

कई कार्यालयों के क्रियाकलापों में समन्वय की जिम्मेदारी होने के कारण मेरे कार्यालय और आवास दोनों जगह दूरभाष की सुविधा प्रदान की गई थी। मंत्रालय के प्रशासनिक विभाग में मेरा कार्यकाल समाप्त होने वाला था। निदेशालय की हाईएस्ट बॉस एक महिला थी। कठोर स्वभाव के लिए जानी जाती थी। कारण जो भी रहा हो, मुझे पसंद करती थी। उनके कार्यकाल में ही जम्मू-कश्मीर वाले चुनाव संपन्न हुए थे जिसके लिए उनको भी शाबाशी मिली थी। मैं और मेरे अधीन अधिकारियों और कर्मचारियों ने दिन-रात मेहनत की थी। हो सकता है इसीलिए उन्होंने मुझे अपना डरावना रूप कभी नहीं दिखाया। निदेशालय के ज्यादातर अधिकारियों की उनके सामने सिट्टी-पिट्टी गुम रहती थी। कई मुझसे बड़े अधिकारियों को जब मैडम फाइल पर उनके पास जाकर बात करने को बोलती तो उनको नानी याद आने लगती और वह अकसर "द्विवेदी! तुम ही जाकर बात कर लो, आई डोंट लाइक हर" कह कर अपना जी छुड़ाते थे। बात लाइक करने या न करने की थी या कोई और आप खुद ही समझ सकते हैं।

वैसे एक वाकया और याद आ रहा है जिसके लिए शायद मैडम मन ही मन मेरा एहसान मानती रही हों। मैडम और उनके पति दोनों भारतीय प्रशासनिक सेवा के अधिकारी थे और उस समय खान मार्केट के पास सरकारी आवास में रहते थे। मेरा आवास इंडिया गेट के पास था। एक दिन शनिवार के दिन लगभग 8:00 बजे मैं नहाने की तैयारी कर रहा था। फोन की घंटी बजी और दूसरी तरफ से मैडम की आवाज आई। मैं थोड़ा परेशान हुआ। यद्यपि अवकाश के दिन भी कार्यालय जाना और काम करना आम बात थी लेकिन उसके लिए मैं नहा-धोकर नाश्ता करके जाया करता था। आज तो अभी तक नहाया भी नहीं था। खैर, मैडम की आवाज में थोड़ी घबराहट थी। उन्होंने फौरन मुझे उनके आवास पर आने को कहा। मैं जैसे-तैसे हाथ-मुंह धोया और अपने स्कूटर से दस मिनट में पहुंच गया। डबलस्टोरी आवास में मैडम का फ्लैट ऊपर का था। मैं सीढ़ियों से चलकर जैसे ही उनके ड्राइंग रूम में पहुंचा, उन दोनों को गहरी चिंता वाली मुद्रा में सोफे पर आमने सामने बैठा पाया। मैडम ने मुझे देखा और अपने साथ आने को कहा। हम गेट से बाहर निकल कर सीढ़ियों से ऊपर छत पर गए। मैडम ने पानी की दो टंकियों में से एक की ओर इशारा किया। मैंने ध्यान से देखा एक टंकी के ऊपर बंदर मरा पड़ा था। ऊपर नजर दौड़ाई तो बिजली के तार नजर आए। लगता यही था कि उछल कूद करते समय बंदर को बिजली का करंट लग गया होगा और वह टंकी के ऊपर गिर कर मर गया होगा। मैडम के घर पर राजस्थान का रहने वाला एक निजी नौकर था। सामान्यावस्था में यह घटना

इतना परेशान करने वाली नहीं थी फिर ये दोनों लोग परेशान क्यों थे। जब मैंने इस संबंध में बात की और नौकर से बंदर को नीचे गिराने या फेंकने की बात कही तो पता चला कि मियां बीवी ने बंदर के मरने की बात उस नौकर से भी छुपाई थी। धीरे-धीरे मैडम की परेशानी सामने आई। उनके अनुसार अगर बाहर पता चल गया कि उनकी टंकी के ऊपर बंदर मरा है तो वन्य जीवन सुरक्षा वाले और बंदरों को केला खिलाने वाले हनुमानजी के भक्त गण जीने नहीं देंगे और भारी बवाल हो जाएगा। मुझे आश्चर्य इस बात का हो रहा था कि दो-दो आईएएस अधिकारी जब एक मरे हुए बंदर का निस्तारण (डिस्पोजल) नहीं कर पा रहे हैं तो देश के गंभीर मामलों का निस्तारण कैसे करते होंगे। एक बात जरूर स्पष्ट हो रही थी कि दोनों लोगों को विश्वास था कि मैं उन्हें इस आफत से छुटकारा जरूर दिला दूंगा और इसलिए छुट्टी के दिन सुबह-सुबह मैं तलब किया गया था। मैंने मैडम से कहा कि उस एरिया के सीपीडब्ल्यूडी के ऑफिस में फोन कर इंजीनियर से बात कर इसका समाधान कर देते हैं। लेकिन वे लोग अपने लैंडलाइन का नंबर इस संबंध में बाहर नहीं जाने देना चाह रहे थे। मैंने परामर्श दिया कि मुझे अपने निवास पर जाने दीजिए और मैं अपने नंबर से कोशिश करूं। मुझे चाय पिलाया गया और इस आग्रह के साथ विदा किया गया कि उन लोगों का नाम और पता प्रकाश में नहीं आना चाहिए।

मैं घर आया और सरकारी फोन का प्रयोग करते हुए उस क्षेत्र के सीपीडब्ल्यूडी का नंबर पूछताछ कार्यालय से लिया। मुहूर्त अच्छा था कि छुट्टी के दिन भी इंजीनियर साहब मिल गए। मैंने सीधे धमकाते और डराते हुए पूछा-"इंजीनियर साहब? आगे नौकरी नहीं करनी है क्या? आपके इलाके में दो-दो आईएएस अधिकारियों के घर की छत पर एक बंदर पता नहीं कब से मरा पड़ा है और आपका विभाग सो रहा है? यह तो गनीमत है कि उन लोगों को अभी इस बात की खबर नहीं है और आप बचे हुए हो। पता नहीं टंकी का पानी भी जहरीला न हो गया हो"। वह हड़बड़ाते हुए बोला- "सर! आप कौन बोल रहे हैं?" मैंने कहा-"इस समय यह जानना जरूरी नहीं है इंजीनियर साहब! पहले जाइए बंदर को हटाइए, फिर मुझसे बात कर लेना"। मैंने फ्लैट का पता दिया और हिदायत दी कि दोनों अफसरों को भनक नहीं लगनी चाहिए, नहीं तो आप का खेल खत्म ही समझिए। लगभग 20 मिनट में ही इंजीनियर साहब ने कार्रवाई की रिपोर्ट मुझे दे दी और मैंने मैडम को। मामले का संपूर्ण निस्तारण हो चुका था। मैडम ने मुझे धन्यवाद दिया और मैं सीधे नहाने चला गया। एक बंदर की मौत ने मन को दूषित कर दिया था।

हां तो उस बात पर वापस आते हैं कि दूसरों की तुलना में मैडम की कृपा मुझ पर ज्यादा थी। दरअसल, दूसरों पर मैडम की तरफ से कृपा जैसी कोई चीज थी ही नहीं और मैं इस दृष्टि से भाग्यशाली था। हो सकता है इसमें कश्मीर चुनाव के साथ-साथ इस बंदर की भी भूमिका रही हो। प्रशासनिक विभाग में हम दोनों की तैनाती की अवधि लगभग एक साथ ही समाप्त हो रही थी। तैनाती करने वाले अधिकारी को मेरे सामने ही मैडम ने बोल दिया था कि द्विवेदी ने बहुत अच्छा काम किया है और जहां कहे उसकी तैनाती कर देना। अधिकारी महोदय मैडम से इतना डरते थे कि वे जब भी मुझसे मिलते बार-बार तैनाती के बारे में ही बात करते। वे जल्दी से जल्दी मैडम का आदेश पूरा कर उन्हें रिपोर्ट देकर प्रसन्न करने की कोशिश में थे। मैंने पहले आप को बताया था कि आपके टेबल पर स्वतंत्र टेलीफोन लाइन का होना उस समय बहुत बड़ी चीज मानी जाती थी। या तो अधिकारियों को इंटरकॉम की सुविधा थी या एक टेलीफोन कई अधिकारी मिलकर साझा करते थे। मैं तो भाग्यशाली था। मुझे कार्यालय के अलावा आवास पर भी सरकारी फोन मिला हुआ था। इस तरह के टेलीफोन सुविधा की आदत मुझे तो पड़ ही गई थी मेरा परिवार भी अब इन सुविधाओं के बिना असहज महसूस करने वाला था। अगर आप प्राइवेट रूप में आवास पर टेलीफोन लगवाने का प्रयत्न करते तो एमटीएनएल ऐसा करने में महीनों लगा देता। इसलिए अब मैं ऐसा कार्यालय ढूंढने लगा जहां स्वतंत्र टेलीफोन हो और आवास पर भी हो। तीनों सेना मुख्यालय में ढूंढ़ते-ढूंढ़ते मुझे एक कार्यालय ऐसा मिला जरूर लेकिन इसके बारे में मैंने कभी सुना नहीं था। खैर, उस समय टेलीफोन सुविधा के आगे सब कुछ गौण था। मैंने तैनाती अधिकारी महोदय को उस कार्यालय का नाम बताया और उन्होंने सारी औपचारिकताएं पूरी करते हुए दूसरे ही दिन मेरा तैनाती पत्र निकाला। मेरा पूरा अंदाजा है कि उन्होंने जोश में जाकर मैडम को उनके आदेश पालन की खबर दी होगी और मैडम मुस्कराई भी नहीं होगी, धन्यवाद कहने की तो बात ही क्या। ऐसी थी हमारी मैडम।

मेरा अगला कार्यकाल फौज की कैंटीन स्टोर डिपार्टमेंट (सीएसडी) से संबंधित था। आपने आर्मी कैंटीन या मिलिट्री कैंटीन शब्द सुने होंगे। इस शब्द से कुछ अर्थ लगाए जाते हैं जैसे यहां मिलने वाले सामान शुद्ध होते हैं, बाहर के बाजारों की तुलना में काफी सस्ते होते हैं आदि। कैंटीन के जरिए मिलने वाले सामान मुख्यतः फौजियों के प्रयोग के लिए होते हैं लेकिन जन सामान्य भी इन सामानों को पाने की लालसा रखते हैं। साबुन से लेकर आधुनिकतम मॉडल की कारें, बिजली के स्विच से लेकर एयरकंडीशनर, बच्चों के रबर बॉल से लेकर गोल्फकिट और रूह अफजा से लेकर महंगी बाइक और स्कॉच तक सब मिलते हैं। इस डिपार्टमेंट का मुख्यालय मुंबई के चर्चगेट स्थित एडेल्फी इमारत में है। मेरा कार्यालय इसी सीएसडी के कार्यकलापों और नीतिगत मामलों से संबंधित कार्यों की देखभाल करता था। रक्षा मंत्रालय की तरफ से अथॉरिटी मिले होने के कारण हम सीएसडी के संगठन एवं उसकी समस्त कार्य विधि पर नियंत्रण भी रखते थे। बड़ी ही रोचक तैनाती थी। मंत्रालयों से लेकर विभागों तक के लोग इज्जत की दृष्टि से देखते थे। सरकारी कर्मचारियों का एक वर्ग, चाहे वह किसी मंत्रालय या संगठन का हो मुझे खास तवज्जो देता था। यह वही वर्ग होता था जो शाम होते-होते किसी और दुनिया की उड़ान पर निकल जाता था और तब तक नीचे नहीं आता था जब तक घरवाली अपनी डांट और धमकियों की डोर से धरातल पर नहीं खींच लेती थी।

मैंने इस कार्यालय में 5 वर्ष का कार्यकाल पूरा किया था। 5 सालों में कुछ एक घटना को छोड़कर अधिकतर समय कार्यालयी गतिविधियों में ही बीता था। अन्य कार्यालयों की अपेक्षा काम की विविधता यहां अधिक थी। सीएसडी एक कमर्शियल लाइन पर काम करने वाला सरकारी विभाग था। कार बनाने वाली कंपनियों जैसे मारुति, हुंडई, टाटा, फोर्ड से लेकर शराब के बड़े बड़े उत्पादक यूनाइटेड ब्रुअरीज, रैडिकोखेतान, हिंदुस्तान डिस्टलरीज, बकार्डी और दिन प्रतिदिन उपभोग की वस्तुएं बनाने वाली हिंदुस्तान लीवर, कैडबरीज, नेस्ले, ब्रिटानिया, वीआईपी, टाटा जैसी राष्ट्रीय अंतरराष्ट्रीय कंपनियों का सीएसडी एक बहुत बड़ा ग्राहक है। इस संगठन के 30 से अधिक बड़े-बड़े डिपो और चार हजार के लगभग कैंटीन देश के कोने-कोने में हमारी फौज को आवश्यक वस्तुएं पहुंचाते हैं। विभाग के कर्मचारी भी हजारों में थे और उनके कैरियर मैनेजमेंट का एक महत्वपूर्ण हिस्सा मेरे कार्यालय के जिम्मे था। डिपार्टमेंट में ढेर सारे कोर्ट केसेस चल रहे थे और उनके निपटारे के लिए रक्षा

मंत्रालय, हाईकोर्ट व सुप्रीम कोर्ट में काफी दौड़-धूप करनी पड़ती थी। इसी तरह के मामलों को लेकर अक्सर मुझे कार्यालय- समय के बाद भी काम करना पड़ता था।

मुंबई हाई कोर्ट में चल रहे एक मामले को लेकर एक दिन मैं कुछ लिख रहा था। दिन के लगभग 4:00 बजे होंगे। अचानक मेरे कमरे के गेट पर खट की आवाज आई। मैंने सर उठाया। एक झुकी हुई महिला छड़ी के सहारे मेरे कमरे में घुस रही थी। पीछे-पीछे मेरा एक चपरासी भी अंदर आ रहा था। महिला ने- जो नीचे फर्श की ओर देख रही थीं, अपना चेहरा ऊपर किया। मैं एक बार तो हतप्रभ रह गया। लगा जैसे मेरी स्वर्गीय मां मेरे सामने आ गई थी। मेरी मां का स्वर्गवास 94 वर्ष की उम्र में हो गया था। वैसे ही गोरा और झुर्रियों भरा चेहरा और चेहरे का स्वरूप भी। मैंने चपरासी की ओर देखा तो उसने बताया कि मां जी पिछले एक घंटे से स्वागत कक्ष में बैठी थीं। इन्हें आप से मिलना है। मैंने तुरंत उन्हें बैठाया और चपरासी से पानी लाने को कहा। पानी पीने के बाद वे एक हताशा भरी मुस्कान के साथ बोलीं - 'बेटा, मैं पिछले कई सालों से यहां आती रही हूं लेकिन कोई सुनता ही नहीं। काम हो जाएगा अम्मा तुम जाओ, कह कर मुझे भेज देते हैं।' स्वागत कक्ष में अम्मा को किसी ने यह कहकर की अम्मा! अब जाओ, बहुत अच्छे अधिकारी आए हुए हैं। मेरे पास भेज दिया था। यह बात अम्मा ने चपरासी को रास्ते में बताया था। अम्माजी धीमी आवाज में रुक-रुक कर बोल रही थी। मैंने अपने पीए को बुलाया और अम्मा की खास-खास बातों को नोट करने को बोला। बातचीत से पता चला कि उनका एक ही बेटा था और पति की काफी समय पहले मौत हो चुकी थी। बेटा सीएसडी में कभी क्लर्क था। बाद में उसे सेवा से मुअत्तल कर दिया गया था। अम्मा जी उसी को सेवा में वापस लेने की प्रार्थना लेकर आती रही थीं। यह घटना सात-आठ साल पुरानी थी। अपनी व्यथा सुनाते हुए अम्माजी रोने लगी थी। मैंने चुप कराया और चपरासी बुलाकर मौसमी का जूस बाहर की दुकान से मंगवाया। कुछ समय बाद मैंने उन्हें मामला देखने की सांत्वना देकर चपरासी को बस स्टैंड तक जाकर उन्हें बस में चढ़ा कर आने को बोला।

मेरा पीए कई वर्षों से उस कार्यालय में काम कर रहा था। मैंने उसे पूरी जानकारी बिना कुछ छिपाए देने को कहा और संबंधित फाइल या कागजात जो भी हो दूसरे दिन लेकर आने को कहा। सब कुछ पढ़ने के बाद पता चला कि लगभग 10 साल पहले लड़का एलडीसी के रूप में सीएसडी में भर्ती हुआ था। वह पुरानी दिल्ली के अंधा मुगल इलाके में रहता था। आज की ही तरह उस समय भी यह इलाका नशेड़ियों

के लिए कुख्यात था। इस लड़के को भी नशे की लत लग गई थी और इससे उसके काम पर असर पड़ने लगा था। लगभग 3 साल की सर्विस के बाद उसे सर्विस से डिसमिस कर दिया गया था। मुख्य कारण बताया गया था कि अनाधिकृत रूप से गैर हाजिरी। फाइल की गहराई से जांच करने पर पता चला कि यद्यपि डिसमिस करने में सभी प्रावधानों का उचित पालन नहीं किया गया था लेकिन बर्खास्तगी का कारण अनुपस्थिति रहना ही बताया गया था। कागजात की और आगे जांच पड़ताल के बाद पता चला कि अपनी बर्खास्तगी के खिलाफ उसने अनुशासन अधिकारी व उसके ऊपर पुनरीक्षण अधिकारी को अपनी अपील भेजी थी लेकिन वह भी अमान्य कर दी गई थी। अब कोर्ट कचहरी जाने की न तो अम्मा की हिम्मत थी और न ही उनके पास पैसा। मुझे भी सरसरी तौर पर कोई खास उम्मीद नहीं थी कि मामले में अम्मा जी के पक्ष में कुछ हो सकता था। फिर भी मैंने एक बार उस लड़के से आमने-सामने बात करने की इच्छा जताई।

पीए ने आवश्यक कार्रवाई की और उसे जो भी कागजात उसके पास हो, लेकर आने को कहा। मैंने ध्यान से सभी कागजात का निरीक्षण किया और अंततः पाया कि मेडिकली फिट घोषित किए जाने के बावजूद उसके पक्ष में कोई कार्यवाही नहीं की गई थी। बाद में यह भी पता चला कि सीएसडी के कार्मिक विभाग में इस तरह के मामलों का हो जाना बिल्कुल आश्चर्यजनक नहीं था। उच्च स्तरों पर एक अलग तरह की दादागिरी थी। मनमाने फैसले ले लिए जाते थे और उन फैसलों को सीधे अपने अहम से जोड़ दिया जाता था। तमाम अधिकारी अपने कमर्शियल इंटरेस्ट में लगे हुए थे और कर्मचारियों के हित से उन्हें खास सरोकार नहीं था। इस खास मामले में मैंने देखा कि दिल्ली के एक प्रतिष्ठित सरकारी अस्पताल द्वारा मेडिकल फिटनेस जारी करने के बावजूद कर्मचारी का आवेदन यह कह कर लौटा दिया गया था कि आर्मी के अस्पताल से फिटनेस लाया जाए। एक अजीब और हास्यास्पद मांग की गई थी।

कर्मचारी एक असैनिक कर्मचारी था और इस संबंध में जारी किए गए अनुदेशों के अंतर्गत आता था। इस तरह के मामलों में सरकारी सिविल अस्पतालों की अनुशंसा ही होनी चाहिए। जब मैंने गहराई से जांच की तो पता चला कि उस समय सीएसडी में बैठे अधिकारी की मंशा साफ नहीं थी और आर्मी हॉस्पिटल में तैनात कुछ अधिकारियों से सांठगांठ कर कर्मचारी को अनफिट घोषित करना चाहता था। यहां भी प्रश्न केवल निजी अहम का ही था। कर्मचारी की माली हालत बहुत ही दयनीय थी और उससे अधिकारियों को कुछ मिलने मिलाने का कोई स्कोप नहीं था।

मैंने कर्मचारी से बातचीत कर पता करना चाहा कि क्या उसके ऊपर ड्रग आदि का कोई प्रभाव परिलक्षित होता है। सात साल से घर बैठे और आर्थिक दयनीयता के कारण उसमें कोई बहुत उत्साह तो नहीं दिखा था लेकिन ऐसा अक्षम भी नहीं लगा था कि एक क्लर्क की जिम्मेदारी न निभा सके। मैंने उसे सलाह दिया कि तुम एक अपील सारे कागजातों के साथ सेना मुख्यालय में अपीलेट अथॉरिटी को भेजो। सीएसडी में जो भी अथॉरिटीज़ थी उन सब के स्तर से मामले की जांच की जा चुकी थी और एक रटा रटाया सा जवाब दे दिया गया था। अपील प्रथमतया मेरे पास ही आनी थी और मुझे संबंधित नियम और अनुदेशों के आधार पर परीक्षण कर अपनी अनुशंसा अपीलेट अथॉरिटी को देनी थी।

कुछ दिनों बाद अपील, अपीलेट अथॉरिटी के कार्यालय से होती हुई मेरे पास आई। जब इसका पता सीएसडी के कुछ अधिकारियों को चला तो उन्हें अच्छा नहीं लगा और अपने विभिन्न कार्यकलापों और भाव भंगिमाओं से इसे प्रकट भी कर दिया था। अपनी आदत के अनुसार उन्होंने अंततः इसे प्रतिष्ठा का प्रश्न बना लिया था।

मुझे मेहनत तो करनी पड़ी पर दो दिनों के परीक्षण के बाद एक तथ्यपरक, निष्पक्ष और संबंधित नियमों व अनुदेशों का उद्धरण देते हुए विस्तृत नोट मैंने अपीलेट अथॉरिटी को भेजा। मेरी अनुशंसा थी कि प्रार्थी को सेवा में वापस लिया जाए और नियमों के अनुसार उसे वे सारे फायदे मुहैया कराए जाएं जिसका वह अधिकारी था। मुझे बताते हुए आज भी बेहद खुशी हो रही है कि मेरी अनुशंसा मान ली गई थी और एक उजड़ा हुआ घर और बर्बाद होने से बच गया था। कर्मचारी को सीएसडी डिपो में सेवा बहाल की गई थी। 7 साल तक निराशा हताशा की मार झेल रहे परिवार की जिंदगी फिर पटरी पर लौटी थी। कुछ दिन बाद अम्मा जी द्वारा लाए गए मिठाई के डिब्बे से मैंने भी एक मिठाई खाई और उनके जीवन में आई नई खुशी में शामिल हुआ। मुझे उन अधिकारियों पर भी बहुत गुस्सा आ रहा था जिन्होंने एक नौजवान बेटे और उसकी वृद्धा मां की जिंदगी को सातसाल अंधेरे में भटकने को मजबूर कर दिया था। जैसा कि मैंने पहले बताया है कि मेरे कार्यालय का लगभग तीन-चौथाई समय कोर्ट के मामलों को निपटाने में लग जाता था। मुंबई, दिल्ली और देश की अन्य अदालतों में ढेर सारे मामलों की सुनवाई चल रही थी। मुझे इन मामलों को देखकर ताज्जुब और दुख इसलिए होता था कि अधिकतर मामलों में कर्मचारियों के साथ न्याय नहीं किया गया था। बिना नियम और अनुदेशों को ध्यानपूर्वक पढ़ें और मात्र अहम की तुष्टि के लिए किए गए गलत निर्णय अब कोर्ट केस बनकर हमारे

सामने थे और अधिकतर मामलों में कोर्ट्स का निर्णय हमारे खिलाफ होने के पूरे-पूरे आसार थे।

कोई कर्मचारी मुअत्तल होने के सात साल बाद फिर सर्विस में ले लिया गया था- इस तरह का समाचार पूरे सीएसडी कर्मचारियों के बीच फैल चुका था। उपर्युक्त घटना के थोड़े दिन ही बाद एक दंपति अपनी फरियाद लेकर फिर मेरे कार्यालय में दाखिल हो गए। जहां तक मुझे याद है परिवार मेरठ के आसपास का था और पत्नी पूरे समय अपने घूंघट में रही थी और बुरी तरह रो रही थी। पति सीएसडी में लेखा विभाग का कर्मचारी था उस पर अनुशासनात्मक कार्रवाई की गई थी और सेवा से डिसमिस कर दिया गया था। महोदय ने डेढ़ लाख रुपए का विभाग का एक चेक अपने भाई के खाते में डलवा दिया था। फाइल में उपलब्ध विवरण के अनुसार चेक एक डीलर ने सीएसडी के खाते में डालने के लिए कर्मचारी को दिया था। कर्मचारी ने अपने भाई के लिए - जिसे बिजनेस में घाटा हो गया था -डीलर से मदद करने को कहा था। डीलर ने दोनों भाइयों के सामने यह कहते हुए कि देख लो इस चेक से अगर तुम्हारा काम हो जाए तो कर लो, चेक दे दिया था। योजना के अनुसार काम हो जाने के बाद डेढ़ लाख रुपए सीएसडी यानी विभाग के खाते में वापस डाल देना था। कर्मचारी, उसका भाई और डीलर तीनों मामले से वाकिफ थे। घपला करते हुए चेक छोटे भाई के खाते में भेज दिया गया था और संबंधित बैंक ने चेक को पास भी कर दिया था। जाहिर है मिलीभगत का मामला था।

कुछ ही दिन बाद मैनेजर को इस घपले का पता लगा और उसने कर्मचारी को सलाह दी कि वह डेढ़ लाख रुपए विभाग में जमा कर दे और मामला समाप्त हो जाएगा। अंततः यही किया गया था और मामला समाप्त हो गया था।

कई महीनों बाद, मैनेजर ने कर्मचारी के खिलाफ अनुशासनात्मक कार्रवाई शुरू कर दी और अंततः उसे सर्विस से डिसमिस कर दिया गया था। कर्मचारी के घर बैठने से परिवार आर्थिक तंगी में आ गया था। छोटे भाई ने इस सब के लिए अपने को जिम्मेदार माना और डिप्रेशन से उसकी मौत हो गई। उसके परिवार की जिम्मेदारी भी बड़े भाई पर आ गई थी। कुछ दिन बाद ही कर्मचारी के पिता की भी मृत्यु हो गई।

मैंने कर्मचारी को अपनी पत्नी को चुप कराने को कहा और चपरासी से पानी लाने को कहा। कर्मचारी का कहना था कि माना कि उसने गलती की थी और विभाग का पैसा डीलर को बताते हुए अपने भाई के खाते में यह सोच कर जमा करा दिया

था कि थोड़े दिन बाद यह रकम विभाग के खाते में वापस कर दिया जाएगा। उसका मुख्य आरोप था कि पैसा वापस जमा कराकर भी मैनेजर ने काफी दिन बाद उसके ऊपर रंजिश के कारण कार्रवाई की और उसे डिसमिस करा दिया। मैंने उन दोनों को घर जाने को कहा और इस आश्वासन के साथ कि संबंधित मामलों की फाइल मंगवा कर देखेंगे और जो संभव होगा करेंगे।

मैंने बाद में फाइल देखी और मामला वहीं था जो कर्मचारी ने बताया था। मैंने सीएसडी के कार्मिक विभाग में इस संबंध में खासकर और अनुशासनात्मक मामलों के निस्तारण में सामान्य रूप में बात की। मुझे यह जानकर बहुत ही आश्चर्य हुआ कि विभाग को अफेंस, पेनाल्टी और पनिशमेंट से संबंधित प्रावधानों से कोई मतलब ही नहीं था। न तो उन्हें इन नियमों व अनुदेशों के प्रावधानों का ज्ञान था और न ही वे इन्हें जानना चाहते थे। उन्होंने हर गलती की सजा डिसमिस्ल या बर्खास्तगी ही मुकर्रर कर रखी थी। फिर कोई चाहे बिना अनुमति के गैर हाजिर हो, हजार रुपए का घपला हो, लाख का हो या करोड़ों का हो, सब की सजा एक ही थी- बर्खास्तगी। मैंने पहले भी एक लड़के के मामले का जिक्र किया है जहां बिना अनुमति के गैर-हाजिर रहने के कारण उसे मुअत्तल कर दिया गया था। मेडिकल फिटनेस के बावजूद उसे सेवा में नहीं लिया गया था और 7 वर्ष तक वह घर बैठा रहा। गनीमत क्या चमत्कार कहिए कि नशे से मुक्ति के बाद बर्खास्त हुआ व्यक्ति इतने लंबे समय में न डिप्रेशन में गया और न ही फिर नशे की ओर लौटा था।

कुछ दिनों के बाद कर्मचारी की अपील, अपीलेट अथॉरिटी से होती हुई मेरे कार्यालय में परीक्षण के लिए आई। मैंने सारे तथ्यों को एकत्रित किया और जांच की। मामला काफी हद तक सीधा था। एक कर्मचारी ने विभाग को धोखा दिया था और विभाग का पैसा निजी हितों के लिए प्रयोग किया था। राशि थी डेढ़ लाख रुपए। यद्यपि पैसा विभाग को बाद में वापस कर दिया गया था फिर भी कर्मचारी के खिलाफ कार्यवाही की गई और उसे डिसमिस कर दिया गया था। गौर करने की बात यह थी कि क्या पैसा वापस कर देने से कर्मचारी का गुनाह माफ कर दिया जाए? शायद नहीं। क्योंकि इस घटना ने कर्मचारी की सत्यनिष्ठा को तो संदेहास्पद बना ही दिया था। दूसरी तरफ पैसा वापस कर देने से विभाग को कोई वित्तीय नुकसान नहीं हुआ था। तीसरी चीज, पैसा वापस कर देने के काफी समय बाद उस पर कार्रवाई शुरू कर दी गई थी क्यों? क्या इसके पीछे किसी की कोई साजिश थी? फिर यदि कर्मचारी के आचरण पर सवाल था तो उसे कैसे और कितनी सजा दी जाए? सरकारी

अनुदेशों में इस संबंध में प्रावधान काफी स्पष्ट हैं। अपराधों की गंभीरता को देखते हुए उन्हें कई श्रेणियों में बांटा गया है। इसी तरह उन अपराधों के लिए माइनर पेनल्टी और मेजर पेनल्टी की एक लंबी लिस्ट है। इस तरह के मामलों की जांच करते समय अत्यंत ही आवश्यक है कि सजा अपराध के अनुरूप हो। सौ रुपए का घपला करने वाले को अगर आप डिसमिस करने की सजा दे देते हैं तो एक लाख और फिर करोड़ों रुपए के घपलेबाज को क्या सजा देंगे? यहां स्मरण रखने लायक तथ्य यह है कि पेनल्टी की लिस्ट में अंतिम और सबसे बड़ी पेनाल्टी डिसमिसल ही है। बिना मंजूरी कुछ दिनों तक गैर-हाजिर रहने वाले को डिसमिस कर देना कहां तक उचित है? अपराध की गंभीरता और उसी के अनुरूप पेनाल्टी का बहुत ही सावधानी से निर्धारण इस तरह के मामलों में अत्यावश्यक है जिससे दोषी सजा से बचे नहीं और बड़े दोष के लिए निर्धारित सजा का भुक्तभोगी भी न बन जाए। यही तो नैसर्गिक न्याय या नेचुरल जस्टिस है।

कई साल पहले बर्खास्त हो जाने वाले के परिवार पर इस दौरान क्या बीती होगी? क्या सारी चीजें अब पहले जैसी हो पाएंगी? धनाभाव में परिवार के बच्चों और उनकी शिक्षा का क्या हुआ होगा आदि बातों का ध्यान क्या हमें किसी अपील के निस्तारण में नहीं रखना चाहिए? कर्मचारी की यह पहली गलती थी या इससे पहले भी उसने और गलतियां की थीं जैसी चीजों की भूमिका भी तो सजा निर्धारण में होनी चाहिए।

इन सभी मानकों को मद्देनजर रखते हुए मैंने मामले का परीक्षण किया और अपनी अनुशंसा में कर्मचारी को सेवा में वापस लेने की बात कही थी। संदेहास्पद सत्यनिष्ठा को ध्यान में रखते हुए मैंने दो अनुशंसाएं और दीं। पहली, उसकी कुछ खास समय के लिए वेतन वृद्धि रोकना और दूसरी, उसे असंवेदनशील कार्यालयों में तैनात करना खासकर वहां जहां वित्तीय लेनदेन के मामलों का निस्तारण न होता हो।

मेरी की हुई अनुशंसा पूरी तरह से मान ली गई थी और सालों से सब तरह से हताश और बदहाली में जी रहे एक और परिवार को नया जीवनदान मिला था। 10 वर्ष की सर्विस दोबारा करने के बाद कर्मचारी सेवानिवृत्त हुआ था।

दोनों घटनाएं मेरे लिए जहां सुकून देने वाली थी वही कुछ अधिकारियों के लिए एक सदमा। मैंने प्रस्ताव रखा कि अनुशासन एवं सतर्कता विषय पर बीच-बीच में कोर्सेस आयोजित किए जाएं और कार्मिक विभाग में कार्यरत कर्मचारियों व

अधिकारियों को इस संबंध में प्रशिक्षण दिए जाएं। एक वर्ष में ही परिणाम सामने था। विभाग में कोर्ट केसेस की संख्या में उल्लेखनीय गिरावट आ गई थी। कर्मचारियों को न्याय मिलने से राहत थी और मेरे कार्यालय को एक कोर्ट से दूसरे कोर्ट में भागने से।

मेरा अगला सेवाकाल रक्षा मंत्रालय के नौसेना मुख्यालय में था। मेरा विभाग नौसेना अधिकारियों के कार्मिक मामलों जैसे- प्रमोशन, स्थानांतरण और प्रशिक्षण आदि से संबंधित विषयों को देखता था। वैसे तो सारा कार्यकाल इन्हीं कार्यालयी विषयों में उलझा रहा, फिर भी आपको सुनाने के लिए एक रोचक वाकया निकाल ही लेता हूं, सुनिए - मुख्यालय में अपनी तरह की एक अनूठी परंपरा थी। नाम था 'पि एल डी' (प्री-लंच-ड्रिंक)। हफ्ते में एक दिन होती थी और हम इस दिन का बेसब्री से इंतजार करते थे। कार्यालय से थोड़ी ही दूर नेवी की एक यूनिट में यह रस्म संपन्न होती थी।

लंच टाइम के प्रारंभ में बियर का दौर होता था साथ में कुछ खाने-पीने की हल्के-फुल्के आइटम भी। अधिकारियों की प्रमोशन, स्थानांतरण की विदाई या किसी और खुशखबरी को इस तरह के आयोजन में शामिल कर लिया जाता था। शुक्रवार का दिन इसके लिए मुकर्रर होता था। ऐसी ही एक पीएलडी चल रही थी। हमारे विभाग के मुखिया सहित सारे अधिकारी मौजूद थे। विभागाध्यक्ष एक दक्षिण भारतीय थे, शायद तमिलियन। जाड़े की ऋतु थी और यूनिट के हरे भरे लॉन में धूप खिली हुई थी। मौसम की मेहरबानी को देखते हुए लॉन की धूप में ठंडी बीयर का लुत्फ चल रहा था। जैसे-जैसे बीयर की घूंट अंदर उतरती, पीने वाले को भी थोड़ी-थोड़ी अपने साथ अंदर कर लेती। तरह-तरह की बातों का शोरगुल धीरे-धीरे शांत होता हुआ हल्के नशे की भेंट चढ़ जाता और चार-पांच की टोलियों में बात करते हुए लोग अंततः दो-दो में सिमट जाते।

उस दिन भी यही हुआ था। धीरे-धीरे तीन-चार ग्लास बियर पीने के बाद मैं और विभागाध्यक्ष आमने-सामने रह गए थे। मैं उस समय संयुक्त निदेशक था और सामने वाला वाइस एडमिरल- नौसेना मुख्यालय के कार्मिक विभाग का चीफ। एक बेहद अच्छे इंसान और विभाग के असैनिक कर्मचारियों के खास चहेते। दो फौजी जब मिलते और आपस में बातचीत करते हैं तो उन्हें एक प्रोटोकॉल के तहत ही ऐसा करने की छूट होती है जो धीरे-धीरे आदत बन जाती है। लेकिन असैनिक अर्थात सिविलियन कर्मचारियों के साथ बात करते समय यह बाध्यता नहीं होती। वे पूरी तरह सहज होते हैं और बातचीत को सचमुच इंजॉय करते हैं। मेरे और वाइस एडमिरल के बीच रैंक या पद में काफी अंतर था लेकिन उनके सहज और प्रसन्नचित्त स्वभाव में मुझे अपना एक संरक्षक जैसा भाव दिखता था। सेना भवन के कॉरिडोर में दो बार ऐसा हुआ था जब मेरे पीछे से आते वे मेरी पीठ या कंधे पर अपना हाथ रखते हुए

आगे बढ़ गए थे और मुझे आत्मीयता से भर गए थे। हां! तो पूरे लॉन में अधिकारी वर्ग दो-दो या तीन-तीन की टोली में बीयर का आनंद ले रहा था। जैसा कि पहले बताया है कि किसी के रिसेप्शन या फेयरवेल भी पीएलडी में शामिल किया जाता था। उस दिन भी ऐसी ही कोई बात थी। मौसम सुहाना था और कोई जल्दी में नहीं दिख रहा था। जीवंत वातावरण धीरे-धीरे हल्की सनसनाहट में गुम सा हो रहा था। कौन क्या कह रहा था इसका पूरा आभास उसी को नहीं था। सुनने वाला क्या सुन रहा था उसे पता नहीं। आखिर तीन-चार ग्लासबियर कम नहीं होती जनाब! वह भी जब बिल्कुल आहिस्ता-आहिस्ता नीचे उतारी गई हो। हम दोनों काफी बातें कर रहे थे। मुझे हो रही नशा का एहसास था। उन्हें था कि नहीं पता नहीं। बात करते-करते उन्होंने पूछा- “मिस्टर द्विवेदी! इज इट बेटर टू हैव एन अकोमोडेशन इन गुड़गांव ऑर नोएडा?” खुमारी थोड़ी दार्शनिकता का रंग ले रही थी। मैंने पूछा- “सर! हैव यू हर्ड अबाउट कबीरदास?” तमिलियन होने के कारण उन्हें पता नहीं होगा ऐसा मेरा विचार था पर वे बोले-“ आई थिंक ही वाज ए पोएट”। मैं खुश होता हुआ बोला- “सर! उनका एक दोहा सुनाता हूं-:

“कहां चिड़ावै मेड़िया, लांबी भीत उसार।

घर तो साढ़े तीन हथ, घना तो पौने चार।”

उनका कुछ भी न समझ पाना स्वाभाविक था। मैंने दोहे का अर्थ अंग्रेजी और हिंदी यानी हिग्लिश में समझाया- हे मनुष्य! कहां बड़ी-बड़ी, लंबी-लंबी दीवारों और उसारों (बरामदों) की चिनाई कराता जा रहा है? जो घर वास्तव में तुम्हें चाहिए वह तो बस साढ़े तीन हाथ का है यानी तीन हाथ और एक बालिश्त। मैं उन्हें और अच्छी तरह से समझाने के लिए नीचे झुका और जमीन से घुटने तक अपने दाहिने हाथ से नापते हुए दिखाया- एक हाथ, फिर घुटने से कमर तक दो हाथ, और कमर से ठुड्ढी तक तीन और ठुड्ढी से कान के ऊपर सर तक एक बालिश्त - यानी कुल साढ़े तीन हाथ। दोहे के अंतिम चरण ‘घना तो पौने चार’ को समझाते हुए मैंने बताया “सर! अगर आप फौजी लोग थोड़े लंबे निकले तो पौने चार”।

मुझे पता नहीं कि बॉस के छोटे से सवाल का इतना लंबा उत्तर वह भी कबीर दास जी जैसे संत की भाषा में मेरी जेहन में कहां से आया था। यह इस बात का

प्रमाण था कि अपने आप से थोड़ा सा भी भटकाव कैसे मनुष्य को वास्तविकता की ओर ले जाने लगता है।

एडमिरल साहब खूब हंसे और फिर थोड़ा गंभीर होकर मेरे कंधे पर हाथ रख कर बोल पड़े- "द्विवेदी! वेरी ट्रू"। मेस के अंदर से सेक्रेटरी साहब आए और सबको अंदर लंच करने के लिए चलने के लिए कहा। हमने लंच किया। नशा लगभग उतर चुका था किंतु एडमिरल साहब का प्यार मेरी तरफ कम नहीं हुआ था। प्रोटोकॉल के हिसाब से हम सब ने सबसे पहले एडमिरल साहब को विदा किया और वापस मेस में आ गए। सारे नौसेना और असैनिक अधिकारी बेहद ताज्जुब में थे कि मैंने और एडमिरल साहब ने इतनी देर क्या बातें की थी। बहुत दिनों तक किसी को भी पता नहीं चला था। एडमिरल साहब का व्यवहार अंत तक मेरे प्रति बहुत ही स्नेह पूर्ण रहा था। उनका प्रमोशन हो गया और वे सह-नौसेनाध्यक्ष बनकर चले गए थे। हम सब ने उन्हें उसी मेस में और फिर कार्यालय में भावभीनी विदाई दी थी। बड़ी कोशिश के बाद भी मैं अपने आंसू नहीं रोक पाया था।

पांच साल का अपना कार्यकाल पूरा कर मैंने रक्षा मंत्रालय की मुख्य प्रशासनिक कार्यालय में रिपोर्ट किया। हमारी सर्विस का सबसे महत्वपूर्ण और पावरफुल कार्यालय होने के कारण हर कर्मचारी कम से कम एक बार अपनी तैनाती इस कार्यालय में चाहता था। आपको एक बार फिर याद दिला दूं यह वही कार्यालय है, जहां रक्षा मंत्रालय में सर्विस के लिए अध्यापन छोड़कर रिपोर्ट किया था और एजीब्रांच इज लेडीजब्रांच वाले चक्कर में फंसा था। इसी कार्यालय में जम्मू कश्मीर में हुए चुनाव के समय कठिन समय गुजारना पड़ा था।

इस बार का मेरा कार्यकाल मात्र दो वर्षों का रहा और आपको बताने लायक कोई रोचक घटना या दुर्घटना की संभावना कम लग रही है। फिर भी देखता हूं शायद कोई मिल जाए क्योंकि मेरी जिंदगी और दुर्घटनाओं का साथ अब तक तो चोली दामन का ही रहा है। इस प्रशासनिक कार्यालय में मेरा ग्रुप वित्तीय मामलों और कुछ सामानों की खरीद-फरोख्त से संबंध रखता था। ऑलपिन, कागज, कलम से लेकर फर्नीचर, एयरकंडीशनर से लेकर रक्षा मंत्रालय से संबंधित इमारतों की सुरक्षा के लिए आवश्यक उपाय एवं उपकरण का इंतजाम भी हमारी जिम्मेदारी में था। इन सब के लिए वित्तीय बजट का प्रावधान करना, इन्हें खरीदना और जरूरतमंद कार्यालयों को मुहैया कराना हमारी ड्यूटी थी। आग से सुरक्षा के लिए मशीनें थी, इंसान से रक्षा के लिए सुरक्षा गार्ड, वेरीकेड, पहचान पत्र और गेट पास जैसे इंतजाम थे।

इस तरह की सुरक्षा करने में हम सक्षम थे और सफल भी हो रहे थे। हालात जिस मोर्चे पर संभल नहीं पा रहा था वह खतरा था हमारे पूर्वजों का उपद्रव। यानी वानर सेना। प्रतिरक्षा मंत्रालय की कोई भी इमारत ऐसी नहीं थी जो उनसे त्रस्त न रही हो। इन से भी ताकतवर इमारतें जैसे राष्ट्रपति भवन और साउथब्लॉक स्थित प्रधानमंत्री कार्यालय भी इनकी गिरफ्त से बाहर नहीं थे। पूरे के पूरे प्रतिरक्षा मुख्यालय जोन की सुरक्षा का जिम्मा भी मेरे कार्यालय और सेना के मुख्य सुरक्षा अधिकारी के जिम्मे था। भूतकाल से ही उत्पाती बंदरों से बचने के तरह-तरह के उपाय उनके वंशजों ने किए थे लेकिन उनकी दादागिरी रुकी नहीं। बंदर पकड़ने वाले, आवाज करने वाली बंदूकें और तरह-तरह के पिंजड़े और जालियां-- क्या-क्या उपाय इन को नियंत्रित करने के लिए नहीं किए गए थे,पर सब बेकार।

सरकारी एजेंसियां बंदर पकड़ने वालों की सहायता से इन्हें ट्रक में भरकर दिल्ली शहर के बाहर जंगलों में छोड़ आतीं। कुछ दिन बीतते ही इन बुजुर्गों को अपने

वंशज बच्चों की याद सताने लगती और उनका हालचाल लेने ये फिर वहीं आ जाते थे। उत्पात इतना था कि कर्मचारियों के बैग और लंचबॉक्स उठा लेने, उन्हें काट खाने और गाड़ी और खिड़कियों के शीशे तोड़ देने जैसी बातें आम थीं। यह बात और थी कि प्रत्यक्ष और परोक्ष रूप में कभी-कभी प्रशासन के हक में भी अपनी जिम्मेदारी निभा देना इनकी करतूतों में शामिल होता था। कुछ लोगों का मानना है कि इन्हें कार्यालयों की सभी फाइलों के बारे में पता होता है, खासकर वे फाइलें जिनमें घपले दबे होते हैं। इस तरह की फाइलों का निस्तारण मुख्यतः दो तरीकों से होता है। एक, शार्टसर्किट के कारण आग लग जाने से और दूसरा तथाकथित आग लगा देने से। ऐसा माना जाता है कि कुछ लोग जो इन फाइलों की वजह से चैन की नींद नहीं सो पाते और सुबह उठते ही इन बंदरों को केला इत्यादि खिलाते हैं और चाहते हैं कि वे कार्यालयी क्षेत्र को छोड़कर न जाएं। बंदर गण इन अहसानों का बदला प्रश्नवाचक फाइलों का निस्तारण अपने ढंग से करके चुकाते हैं। खैर, मेरे और मेरे पहले वाले अधिकारियों की ड्यूटी थी कि इस आफत से छुटकारा पाने के लिए सतत प्रयत्न करते रहें।

इस प्रक्रिया में किसी ने इनसे छुटकारा पाने के लिए इन्हीं के बड़े भाई- बंधु लंगूर जी का सहारा लिया था। कहते हैं काफी सफलता भी मिली थी। मैंने जब कार्यभार संभाला था तो शायद 11 लंगूर अपनी सेवाएं दे रहे थे और उन्हें माहवारी वेतन मिलता था। बंदरों पर अच्छा-खासा नियंत्रण था और मैं मजे से अपना कर्तव्य निर्वहन कर रहा था। आफत तब आई जब किसी ने एक आरटीआई (राइट टू इनफार्मेशन) के अंतर्गत शिकायत डालकर बवाल खड़ा कर दिया था। उसका कहना था कि लंगूर उतने नहीं थे जितने बताए जाते थे और जितनों को तनख्वाह दी जाती थी। उसका तर्क था कि एक ही लंगूर को लंगूरवाला कई इमारतों में घूमाता था और उसे कई लंगूर बताकर अधिक लंगूरों का वेतन लेता था।

मैंने अपने मातहत अधिकारी को बुलाकर इस संबंध में बात की तो पता चला कि कोई जन्मजात असंतुष्ट आत्मा इस सवाल को बार-बार पूछता रहता था और कार्यालय ऐसा न होने की बात उन्हें बताता रहता था। फिर भी वे मानते नहीं थे। कार्यालय को शक था कि एक ही व्यक्ति अलग-अलग नामों से लिखता रहता था अलग-अलग स्थानों का पता देकर। इस तरह के बार-बार आने वाले सवाल एक तो कार्यालय का समय बर्बाद करते थे और दूसरे लोगों के मन में शक पैदा करते थे।

मैंने एक बार फिर जवाब भेजने को कहा। कुछ दिन तक आरटीआई तो नहीं आई पर कुछ लोग इस संबंध में शंका जाहिर करना छोड़े नहीं थे। यही नहीं, कुछ का कहना था कि मेरे कार्यालय के कुछ कर्मचारी इसमें काफी पहले से मिले हुए थे। मैंने समस्या को जड़ से समाप्त करने का निश्चय किया। किसी को भी बिना कुछ बताए मैंने लंगूर वाले को अपने कमरे में बुलाया। उसे भी किसी को कुछ भी बताने से मना कर दिया। कुछ समझाने के बाद उसे वापस भेज दिया।

अगला दिन। लगभग 11:00 बजे होंगे। कार्यालय क्षेत्र में खूब शोरगुल मचा हुआ था। लोग अपने कमरों से बाहर आ गए थे। बाहर बाउंड्री की दीवारों पर जगह-जगह डरावने लंगूर बैठे थे। कोई इधर उछल रहा था कोई उधर। कोई दीवार से फांदकर पेड़ पर चढ़ जाता और फिर बगल वाले दूसरे पेड़ पर और फिर दीवार पर। अधिकारी वर्ग भी चकित था। धीरे-धीरे पता चला कि वित्त विभाग के मुखिया श्री जे पी द्विवेदी ने इन लंगूरों को हाजिरी लेने के लिए बुलाया है। किसी दोस्त ने तंज कसा - 'अब द्विवेदी इस कार्यालय में आ गया है इस तरह की अनहोनी चीजें होती रहेंगी'।

सहसा लंगूर वाला एक लंगूर की रस्सी हाथ में पकड़े मेरे कमरे में दाखिल हुआ और बोला - चलिए सर, सब तैयार हैं। मैं उठा और उसके साथ बाहर आया। पूरा मजमा लगा हुआ था। भीड़ को देखकर सारे लंगूर उछलने और चीखने चिल्लाने लगे। दांत दिखा-दिखा कर अपनी नाराजगी जाहिर करने लगे। लंगूर वाले ने उनकी गिनती शुरू की और मुझे ध्यान से देखने को कहा। एक, दो, तीन, चार, पांच और तब तक दो नंबर वाला लंगूर पांच वाले के आगे उछलता हुआ आ गया और दीवार पर बैठ गया। भीड़ में से एक आदमी चिल्लाया - 'अरे इसको छह मत गिनिए, यह वही दो वाला है'। मैं भी कंफ्यूज्ड था। खैर, फिर गिनती शुरू हुई। फिर कुछ लंगूर इधर से उधर हुए और फिर वही आदमी चिल्लाया। मुझे लगा कहीं बार-बार चिल्लाने वाला बंदा वही तो नहीं है जो आरटीआई डालता रहा है। गिनती फिर शुरू हुई और काफी मेहनत और समय के बाद उन सभी को गिना जा सका। कुल 10 लंगूर निकले। उस दिन मुझे लगा कि लंगूरों की गिनती करना मेंढकों को तराजू में तौलने से कम मुश्किल वाला काम नहीं था।

असंतुष्ट आत्मा फिर चिल्लाया- ग्यारहवां कहां है? हर दर्शक लंगूरों को फिर से गिनने में लग गया- एक.. दो.. तीन... पांच...आठ...नौ और दस। ग्यारहवां कहां है? मैंने लंगूर वाले को पास बुलाया और पूछा ग्यारहवां कहां है? उसने धीरे से मेरे कान

में कहा -'सर! ग्यारहवां राजाजी मार्ग में है' और विस्तार से पूछने पर पता चला कि बंदरों से मात्र रक्षा मंत्रालय ही परेशान नहीं था अपितु मंत्रालय का मुखिया भी परेशान था। ग्यारहवां उनकी सुरक्षा में लगा था। मैंने जो लोग जानना चाह रहे थे, उनको बता दिया। व्यवस्था को और पारदर्शी बनाने के लिए मैंने लंगूरों को एक नंबर अलॉट करने और उनके गले में धातु के एक प्लेट पर उस नंबर को अंकित कर पहनाने का सुझाव दिया। साथ ही हर इमारत के लिए खास नंबर वाले लंगूरों को ड्यूटी कराने को कहा। इस उपाय के कारण एक ही लंगूर को एक से अधिक इमारतों में घुमाने और उसे एक से अधिक लंगूर बताने का आरोप भी समाप्त हो गया। आपको ताज्जुब होगा इस विषय पर फिर कोई आरटीआई नहीं आई।

लंगूरों की कहानी थोड़ी सी और बाकी है और शायद रोचक भी। एक दिन मेरे ऑफिस में लंगूर वाला हाजिर हुआ। हमेशा की तरह उसके हाथ में रस्सी से बंधा एक लंगूर भी था। उसने पहले तो यह बताया कि रक्षा मंत्रालय के किसी भी इमारत या कार्यालय से बंदरों की कोई शिकायत नहीं आ रही थी। फिर उसने लंगूरों को दिए जा रहे अपर्याप्त वेतन के बारे में कहना शुरू किया। उसका कहना था कि इतने पैसे में वह क्या लंगूर को खिलाएं और क्या खुद खाए। फिर बहुत पहले निश्चित किया गया वेतन कभी बढ़ाया नहीं गया जबकि महंगाई लगातार बढ़ती गई थी। मैंने लंगूर की तरफ देखा जो दीन-हीन नजरों से मेरी ओर देख रहा था। उसकी कातर नजरें मानो कह रही हों कि यह झूठ नहीं बोल रहा है। मैंने एक फाइल बनाई और अच्छी-खासी मेहनत के बाद मामले के औचित्य को समझाते हुए मंत्रालय के वित्त विभाग में भेज दिया।

कई बार फाइल इधर से उधर तरह-तरह के स्पष्टीकरणों के लिए घूमती रही और अंततः मामला अनुमोदित हो गया। लंगूर वाला, लंगूर और मैं सब खुश थे। लंगूर वाले ने लंगूर को मेरे पास लाकर रस्सी हिलाकर कुछ संकेत किया। काले घने बादलों के बीच चमकती बिजली की तरह उसने अपने दांत चमकाए और मेरी ओर देखने लगा। लंगूर वाले ने बताया कि वह मेरा शुक्रिया अदा कर रहा था। मैंने मान लिया।

लंबे समय तक यह व्यवस्था चलती रही और बंदरों का उत्पात भी बंद रहा। लंगूरों की हाजिरी लेकर आरटीआई वालों का मुंह बंद कर दिया गया था। इसके लिए मुझे प्रशंसा भी मिली। पर मेरी इस सफल व्यवस्था पर कुठाराघात किया भारत सरकार के ही एक मंत्री ने। एक बार वह मेरे कार्यालय के बगल से गुजर रही थीं।

उन्होंने देखा कि एक पेड़ के नीचे लंगूर वाला एक लंगूर के साथ बैठा है। उन्होंने गाड़ी रोकी, गाड़ी से उतरीं और लंगूर वाले को कई थप्पड़ जड़ने के बाद पुलिस को दे दिया। दूसरे दिन विरोधाभासी बयान आने लगे। लंगूर वाले का कहना था कि वह रोज की तरह पेड़ के नीचे आराम कर रहा था जबकि मंत्री जी का कहना था कि वह लंगूर को प्रताड़ित कर रहा था। कौन सही था भगवान जाने। जैसे स्कूटर और कार की टक्कर में गलती हमेशा स्कूटर वाले की ही मानी जाती है भले ही दुर्घटना में उसकी एक टांग टूट गई हो, उसी प्रकार लंगूर वाले की गलती मान ली गई थी। वाइल्डलाइफएक्ट का हवाला दिया जा चुका था और मुझे तीन वर्ष के लिए जेल जाने के लिए मानसिक रूप से तैयार रहने को कह दिया गया था।

कुछ लोगों का कहना था कि विगत कई वर्षों से मंत्री जी को पब्लिसिटी की बेहद दरकार थी और उसी के लिए यह सब किया गया था। मैं इससे सहमत नहीं था।

मेरी व्यवस्था धराशाही हो गई थी और इसके साथ ही बंदरों का स्वर्णिम युग लौट आया था। फिर वही उत्पात, वहीं तोड़फोड़ और वहीं तमाम इमारतों से बंदर उत्पात की शिकायतें। लंगूरों को तो आजादी मिल गई थी पर लंगूर वाले को कैद। कुछ दिन बाद वह जेल से छूटा और मेरे पास आकर अपनी दुनिया उजड़ने की कहानी सुनाई। कुछ दिन तो यूं ही चलता रहा फिर मेरे मन में एक विचार आया। मैंने लंगूर वाले को बुलाया और लंगूर की आवाज निकाल कर बंदरों को भगाने वाली सुनी हुई बात का जिक्र किया। उसने इस बात को सच बताया और खुद ऐसा करके दिखाने की बात कही। विश्वास तो मुझे नहीं हो रहा था लेकिन उसकी और उसके चार और साथियों की हालत देखकर मैं चिंतित भी था। फिर मैंने बंदरों को भगाने की उनकी क्षमता जांचने के लिए मंत्रालय के मुख्य सुरक्षा अधिकारी एक कर्नल साहब से बात की। तय यह हुआ कि लंगूर वाले को एक खास इमारत के इर्द-गिर्द जिम्मेदारी दी जाए और 10 दिनों तक बंदरों पर निगाह रखी जाए। अगर प्रयोग सफल रहा तो आगे बढ़ा जाएगा। मुख्य सुरक्षा अधिकारी के कार्यालय को 10 दिन बाद मेरे ऑफिस में रिपोर्ट भेजने की बात कही गई। रिपोर्ट आई और मजेदार बात यह थी कि तरीका पूर्णतया सफल रहा। फाइल पर प्रस्ताव बनाया गया और सारे लंगूर वालों को नौकरी दे दी गई। अब वे बंदरों को भगाने के अलावा कार्यालयों का अन्य कार्य भी किया करते थे। मेरा मिशन पूरा हो गया था और संतोष की एक भावना दिल में ठंडक पहुंचा रही थी। लंगूरों की कृपा कहें या लंगूर वालों की या अपने कुछ अधिकारियों की, मेरी

प्रगति रिपोर्ट अति उत्तम श्रेणी में निकली और मेरा प्रमोशन हो गया। प्रशासनिक कार्यालय से मेरा दाना-पानी उठ चुका था और अब मैं जीवन के अगले पड़ाव पर जाने को तैयार था। जिंदगी एक मुसाफिर खाना ही तो है। आइए, कुछ दिन बिताइए और फिर आगे बढ़ जाइए।

अभी तक मेरा सेवाकाल आर्मी और नेवी मुख्यालय में ही रहा था। मंत्रालय के प्रशासनिक विभाग में भी दो बार तैनाती हो चुकी थी। सेवाकाल के अंतिम चरण में मेरी दिली इच्छा थी कि मैं वायु सेना के साथ भी कुछ कार्यकाल बिताऊं। इच्छा पूरी हुई और मैंने प्रोन्नत होकर वायु सेना मुख्यालय, वायु भवन में अपनी कुर्सी संभाली। प्रशासनिक विभाग के दोस्तों ने भावभीनी विदाई दी और मुझसे अपना जी छुड़ाया।

वायु भवन दिल्ली की इमारतों में सबसे खूबसूरत इमारत है। इसी के प्रथम तल पर मेरा कार्यालय था। मेरे सेवाकाल का अंतिम चरण, पर सबसे सुहावना। पूरे देश में फैली वायु सेना में तैनात लगभग 25000 असैनिक कर्मचारियों की जिम्मेदारी मेरे कार्यालय पर थी। साथ में काम करने वाली टीम बहुत ही सक्षम और मेहनती होने के कारण मुझे चौधराहट निभाने में कोई दिक्कत नहीं थी। आर्मी व नेवी की तुलना में एयर फोर्स के लोगों के साथ काम करने का अनुभव ज्यादा अच्छा रहा। वैसे अगर आप ईमानदारी, जिम्मेदारी और अपनी पूरी क्षमता से काम करने के आदी है तो सब जगह कार्य संतुष्टि के साथ-साथ प्रशंसा पाते रहेंगे, इसमें रत्ती भर भी शक नहीं है।

सेवानिवृत्ति से पहले का वायु सेना के साथ मेरा कार्यकाल मात्र डेढ़ साल का था। जाहिर है छोटा कार्यकाल था फिर भी आपके लिए कुछ नहीं है, ऐसा नहीं है। असैनिक कर्मचारियों के सर्वोच्च पद पर आसीन होने के कारण उनके कल्याण और बेहतरी के लिए प्रयत्न करना मेरा दायित्व था। उनकी कार्यक्षमता बढ़ाने से लेकर उन्हें भारतीय वायु सेना में एक सम्मानजनक कर्मचारी के रूप में स्थापित करना मेरी प्राथमिकताओं में था। अधिकारियों, लिपिकों और चतुर्थ श्रेणी के कर्मचारियों से लेकर मजदूरों तक यह एहसास कराना जरूरी था कि वे देश की वायु सेना के साथ काम करते हुए देश की सेवा कर रहे थे और इसमें किसी भी तरह की कोताही नहीं। दूसरी ओर वायु सेना को इन कर्मचारियों को एक सम्मानजनक वातावरण देते हुए अपने साथ लेकर चलने की जरूरत थी।

कुछ यूनिटों का दौरा करने के बाद मुझे ऐसा लगा कि अधिकारियों और क्लर्कों की हालत तो संतोषजनक थी किंतु निम्न स्तरों पर कार्यरत कर्मचारियों में उदासीनता थी। उन्हें लगता था कि भरसक मेहनत करने पर भी उन्हें मान्यता नहीं मिल पा रही थी। डेढ़ वर्ष के छोटे से कार्यकाल में मैं इस दिशा में क्या कर सकता हूं- यह प्रश्न हमेशा मेरे दिमाग में रहा था। जहां तक सैनिक और असैनिक कर्मचारियों के बीच सामंजस्य स्थापित करने की बात थी तो इसके लिए प्रयत्न मुख्यालय, कमांडमुख्यालय और यूनिट स्तर समय-समय पर किए जा रहे थे। फिर भी मैं कुछ ऐसा चाहता था जो निम्न स्तर पर कार्यरत कर्मचारियों के मनोबल को एकदम से उठा दे।

एक बार एयर फोर्स की एक यूनिट में मैं विजिट के लिए गया हुआ था। मैंने देखा एक व्यक्ति फौजी गाड़ी साफ कर रहा था और बीच-बीच में एक दो बार मेरी

ओर देख भी लिया था। लंच का समय था और लंच के बाद असैनिक कर्मचारियों के कार्मिक मामलों से संबंधित एक प्रेजेंटेशन होना था। लंच के बाद भी मैंने उस आदमी को उसी तरह काम करते हुए देखा। सांवले रंग का आदमी काफी हृष्ट-पुष्ट और खुशमिजाज स्वभाव वाला कर्मचारी। प्रेजेंटेशन के बाद चाय पीते समय उस कर्मचारी के बारे में मैं जानना चाहा। पता चला कि कर्मचारी एक गूंगा और बहरा व्यक्ति था। उसकी भर्ती मेस में प्लेट धोने वाले कर्मचारी (वाशरबॉय) के पद पर हुई थी। सुनने और बोलने में अक्षम होने के कारण मेस में वह वाशरबॉय का काम ठीक से नहीं कर पा रहा था। अंततः उसे गाड़ियों की सफाई के काम में लगा दिया गया था। लंच टाइम में भी काम में लगे रहने को उसका स्वभाव बताया गया। सुबह समय से पहले आ जाना, दिन भर बिना रुके काम करना और मुस्कराते रहना। लोग उसके बारे में क्या कह रहे हैं न तो उसको सुनाई पड़ता था और न वह बोलकर कोई प्रतिक्रिया दे सकता था। सब बातों का लब्बोलुआब ये था कि उस जैसा कर्मचारी और कोई नहीं था।

मैं यूनिट से अपने कार्यालय वायु भवन आया और उस कर्मचारी के बारे में सोचने लगा। एक गूंगा-बहरा कर्मचारी जो किसी भी नॉर्मल कर्मचारी से ज्यादा काम कर रहा हो और इस बात को नीचे से ऊपर तक के सारे कर्मचारी और अधिकारी मान भी रहे हों, क्या उसके लिए कुछ और सोचने की जरूरत नहीं थी? मैंने उस यूनिट के एयरऑफिसरइनचार्ज (एओसी) - जो एयरकमोडोर रैंक के अधिकारी थे- से बात कर अपने कार्यालय बुलाया। उससे संकेतों में ही बात की जा सकती थी और इसलिए उसके साथ काम करने वाले दो कर्मचारी भी साथ में आए। मैंने उन कर्मचारियों के जरिए अपनी शाबासी और प्रसन्नता उस तक पहुंचाई। डरे-सहमे उस कर्मचारी को संकेतों से ही आराम से बैठने और चाय पीने को कहा। मैंने एक कागज पर 'तुम्हें क्या चाहिए लिखकर' उसकी ओर बढ़ाया। उसने संकेतों से अपने सहकर्मियों को बताना शुरू किया। इस प्रक्रिया में वह बार-बार अपना हाथ अपने सीने पर रख रहा था। पता चला कि उसे और कुछ नहीं चाहिए, बस केवल सीने पर लगाने के लिए कोई तमगा। उसके अनुसार उसे वैसे ही चाहिए जैसे उसके यूनिट में कुछ फौजी लगाते हैं और अकड़ दिखाते हुए चलते हैं। उसका यह भी कहना था कि उसके लिए यदि और अधिक काम करने की जरूरत हो तो वह तैयार है। सभी लोग हंस पड़े और मैं भी। चलते समय मैंने उससे हाथ मिलाया, शाबाशी दी और अपने काम में लग गया। कर्मचारी का नाम किशन चंद बताया गया था।

वायु भवन में उस समय के वायुसेनाध्यक्ष एयर चीफ मार्शल नायक की सेवानिवृत्ति पर होने वाले विदाई समारोह की तैयारियां चल रही थी। तीन-चार दिन बाद ही वे रिटायर होने वाले थे। रिटायरमेंट से दो दिन पूर्व उन्हें रेसकोर्स स्थित एएफएनडी यूनिट में विदाई दी जानी थी। बड़ी संख्या में सैनिक व असैनिक कर्मचारी और अधिकारी शामिल थे। वायु सेना में असैनिक कर्मचारियों का प्रतिनिधित्व करने के कारण मुझे इन कर्मचारियों की समस्याओं को लेकर वायुसेनाध्यक्ष के पास कभी-कभार जाना पड़ता था।

उस दिन की पार्टी में भी मैं उनके साथ चाय पी रहा था और सिविलियन कर्मचारियों के कल्याण के लिए निर्धारित कुछ योजनाओं पर बात कर रहा था। इसी बीच भीड़ में मुझे किशनचंद दिखा। उसने मुझे भी दूर से देखा और हाथ जोड़कर अभिवादन किया। बात करते-करते मैं नायक साहब को उस दिशा में ले गया जिधर किशनचंद समोसे खा रहा था। मैंने उसे संकेतों से बुलाया और चीफ से उसके बारे में बात करने लगा।

उसके गुणों को बताते हुए मैंने चीफ साहब से उस यूनिट में सबसे जिम्मेदार कर्मचारी होने की बात भी कही। फिर उनके सामने ही मैंने ऊंची आवाज और संकेतों से पूछा "तुम्हें क्या चाहिए"? उसने अपने सीने पर दो बार उंगलियों की थपकी दी। ऐसा उसने दो-तीन बार किया। एयर चीफ मार्शल ने मुझसे कहा- "आई थिंक ही हैज़ सम हार्टप्रॉब्लम"। मैं हंसा और उन्हें बताया कि हार्टप्रॉब्लम कोई मुस्कराते हुए क्यों बताएगा। फिर मैंने उनसे वायुसेनाध्यक्ष द्वारा प्रशस्ति स्वरूप दिए जाने वाले 'चीफ कमेंडेशन कार्ड'की बात कही और साथ ही यह भी जोड़ा कि यदि ऐसे कर्मचारियों को जो अपनी शारीरिक बाध्यताओं के बावजूद अपने कर्तव्यों का निर्वहन सर्वोत्तम ढंग से कर रहे हो, आपका प्रशस्ति पत्र न मिला तो प्रशस्ति पत्र किस काम का।

चीफ के सेवानिवृत्त होने में मात्र दो दिन शेष थे। मैंने यूनिट के एयरऑफिसरइंचार्ज से किशनचंद से संबंधित ब्यौरा मंगाया और एक फाइल बनाकर उसे 'कमेंडेशन कार्ड' के लिए ऊपर भेज दिया। जाहिर है मैंने किशन चंद द्वारा वर्षों से की जा रही मेहनत, लगन और जिम्मेदारी का यथोचित उल्लेख किया था। असमंजस की स्थिति दूसरे दिन भी बनी रही। अंतिम दिन लगभग तीन बजे चीफ को वायु भवन छोड़ देना था और दोपहर के दो बज गए थे। एकाएक मेरे इंटरकॉम की घंटी बजी और चीफ के सचिवालय से एक एयरकमोडोर साहब का फोन आया।

किशनचंद को सीने पर लगाने के लिए तमगा मिल चुका था।

यूनिट में एक समारोह में यह तमगा वहां के वरिष्ठ अधिकारी द्वारा उनके सीने पर लगाया जाना था। वायु सेना के पच्चीस हजार से अधिक कर्मचारियों के लिए एक बड़ा दिन था जहां एक गूंगे बहरे चतुर्थ श्रेणी के कर्मचारी को वायु सेनाध्यक्ष का प्रशस्ति पत्र और मेडल मिला था। किशन चंद जैसे लोग असैनिक वर्ग में और भी होंगे। उतने ही मेहनती और कार्य के प्रति समर्पित। पर गुमनामी की भीड़ में बिना किसी उत्साह के अपना कर्तव्य किए जा रहे होंगे। जरूरत थी किशनचंद जैसे लोगों को पहचानने की और उन्हें शाबाश कहने की। डेढ़ वर्ष के अपने कार्यकाल में मैंने एक कोशिश की थी इस आशा के साथ कि आने वाले समय में किशनचंदों को उनके कार्यों के लिए मान्यता मिलती रहेगी।

वायुसेना मुख्यालय में डेढ़ वर्ष का कार्यकाल वास्तव में मेरी पूरी सर्विस का सबसे महत्वपूर्ण, संतोषदाई और मान्यतापूर्ण रहा था। सेवा काल का समापन इस तरह के माहौल वाले संगठन से होना सचमुच ही एक स्वर्णिम अवसान था जो हमेशा मेरे साथ मेरे जहन में रहेगा।

वायुसेना मुख्यालय जहाँ से रिटायर्ड हुआ।

आज हालात बहुत बदल चुके हैं। पैड़ापुर से लेकर दिल्ली तक। अब पैड़ापुर में कच्चे घर नहीं है। दो आमने-सामने के कच्चे घरों के बीच लंबी चौड़ी साफ सुथरी जगह नहीं रही जहां बुजुर्ग, बच्चे और औरतें शाम का समय बिताया करते थे। हर पक्का घर पक्की बाउंड्री से घिरा है और कोई किसी की बाउंड्री के पार झांक नहीं सकता। किसी परिवार का पड़ोसी परिवार से मतलब नहीं है। सब अपना चबेना अपनी थाली में दूसरों से छिपा कर खा रहे हैं। कोई देख न ले और फिर कहीं मांग न ले। अलग-अलग चहारदिवारियों में कैद परिवार सिसकती जिंदगी जी रहे हैं। चहारदीवारी के अंदर भी सब कुछ ठीक नहीं है और जिंदगियां वहां भी बंटी पड़ी है। दो भाई अगर दो अलग चहारदिवारियां नहीं बना सके तो अंदर ही दो चूल्हे तो बना ही लिए। हर सदस्य अपनी अपनी दुनिया में मस्त कम पस्त ज्यादा है। अब बच्चे खेतों में पिता की मदद नहीं करते। पिता लोग भी जमीन को बटाई पर दे कर कोई और काम करते हैं। मिट्टी में अब पसीने नहीं गिरते।

गड़ैया नाला और महेवा नदी पर अब पुल बन गए हैं। उन्हें तैरकर पार करने के लिए चड्ढी को छोड़ सारे कपड़े नहीं उतारने पड़ते। बच्चों की शादी में दुल्हन से ज्यादा मोटरसाइकिल की दरकार होती है। अब गड़ैया नाला और महेवा नदी इन मोटरसाइकिलों पर फर्राटे से पार किए जाते हैं। बच्चे पहले से धनवान हो गए हैं और माता-पिता गरीब। दूधिया पानी वाला तालाब किनारों पर बने घरों से बह कर आती गंदगी के सूखे ताल में बदल गया है। किनारे पर मंदिर तो अभी भी है पर कोई साधु या संत वहां नहीं दिखता। बुजुर्गों और प्रौढ़ों में पाई जाने वाली चाय की तलब अब युवकों के हाथ में खुमार वाले पाउच में बदल चुकी है। तालाब और गड़ैया के पास बनी दुकानें उनके इस शौक को पूरा करती हैं।

आम के बगीचों में अब भूतों का डर नहीं क्योंकि बगीचों में अब पेड़ ही नहीं है। घरों में गुड़ बाजार से आते हैं क्योंकि खेतों में अब गन्ने नहीं बोए जाते। अब सावां, कोदो, केराव, कांकु, गोचना और गोजई जैसे अनाज बच्चों ही नहीं अपितु सयानो के लिए भी अनजान नाम हैं। अब केवल गेहूं और धान की खेती ही प्रधानता से की जाती है क्योंकि इनका उत्पादन अधिक होता है। आज लोगों को सब कुछ अधिक चाहिए। अधिक और अधिक और बहुत अधिक। कहते हैं लोग धनी हो रहे हैं पर उतने ही असंतुष्ट, मायूस और अंदर से खाली। खातों में पैसा बढ़ रहा है पर अंदर सुकून का खाता खाली होता जा रहा है।

सुनते हैं गांव का स्कूल, कॉलेज और पोस्ट ग्रैजुएट कॉलेज बन चुका है। निहाल जी के पीछे-पीछे भागने वाले मृग शावक उन्हीं के साथ समाप्त हो गए। प्रांगण अब आश्रम नहीं कंकरीट वाली इमारतों का आधा-अधूरा तर-बितर झुंड सा लगता है। जमाने के अनुसार ही अब इस शिक्षा केंद्र पर वंशजों का आधिपत्य है। कहते हैं नियुक्तियों के लिए वेटिंगलिस्ट है। आप कुछ द्रव्य देकर वेटिंग में लग जाइए। जब बारी आएगी नियुक्ति मिल जाएगी। सिलसिला तो मास्टर जी ने ही अपने अंतिम काल में शुरू कर दिया था और उसे बढ़ाया आने वाले लोगों ने। लगता है वंशवाद की तेज बहती धारा में संत गोविंदाश्रम भी टिक न पाए और धीरे-धीरे किनारे लगते गए। अब कॉलेज में खुल रही उसकी नई-नई शाखाओं के नाम में स्वामी की जगह पारिवारिक सदस्यों ने ले ली है।

मास्टरजी, परमानंद जी, संत गोविंदाश्रम के चेले रामानंद आश्रम जी तथा 60 रुपए मासिक पर अध्यापन करने वाले मास्टर लोगों के लिए अब कोई जगह नहीं रही। इस तरह की संस्थाओं में परिवारवाद या वंशवाद का घुस जाना स्वभाविक है। यही तो आज का चलन है। बहती हुई धारा की दिशा में ही बह निकलना सबसे आसान भी तो होता है। धारा के विरुद्ध जाकर संघर्ष करने और टिके रहने के लिए आप को विरला होना पड़ेगा। भेड़ों के झुंड से अलग हो व्याघ्र बनना होगा। जाहिर है अत्यंत कठिन कार्य है, सबसे नहीं होगा।

वंशवाद की इस धारा ने मास्टर जी के प्रारंभिक काल में किए गए त्याग और मेहनत को अतीत में कहीं दफन कर दिया। यद्‌यपि की मास्टरजी ने ही अपने उत्तरार्ध में इस पतनोन्मुख प्रक्रिया को हवा दे दी थी जिसका धीरे-धीरे वेगवती हो जाना स्वाभाविक है। आज इस संस्था में नया कुछ भी नहीं है। रूटीन शिक्षा संस्थानों की तरह बहती गंगा में हाथ धोती चल रही है।

असाधारण परिस्थितियों में ही असाधारण चीजें जन्म लेती हैं। पिछले 50 वर्षों में मेरी जानकारी में इस संस्था ने एक भी विद्‌यार्थी पैदा नहीं किया जिसने देश की सर्वोच्च परीक्षा में भाग लेकर इसके तीनों सोपानों को सफलतापूर्वक पार किया हो। और कई आम संस्थानों की तरह मध्यम दर्जे के विद्‌यार्थी यह संस्था भी उगल रही है। विद्‌यार्थियों के प्राप्तांको के प्रतिशत पर मत जाइए। देश के अन्य संस्थानों की तरह यहां भी आपको 90% से ऊपर के छात्र मिल सकते हैं। पर इंतजार कीजिए और कुछ वर्षों बाद उनकी खबर लीजिए। हालात पर मुझे बेहद आक्रोश होता है।

मैं जब इलाहाबाद और फिर दिल्ली गया था तो एक-दो रात बिताने के लिए मुश्किल से अपने क्षेत्र के लोग इन शहरों में मिलते थे। कुछ वर्ष पूर्व मुझे बताया गया था कि मेरे गांव के ही कई छात्र इलाहाबाद में पढ़ने गए थे और सारे के सारे आईएएस की तैयारी कर रहे थे। मुझे उस समय बेहद खुशी भी हुई थी पर बाद में निराशा ही हाथ लगी। दसवीं और बारहवीं में उच्च प्रतिशत अंक पाने वाले छात्र आज प्राइमरी स्कूल में अध्यापन कर रहे हैं। कुछ तो इलाहाबाद में मौज-मस्ती करने के बाद गांव लौट आए हैं और क्या कर रहे हैं सिर्फ वही बता सकते हैं। आज भी कठिन परिश्रम नहीं करना चाहते। सब कुछ बहुत जल्दी और शॉर्टकट में चाहिए- बिना मेहनत के।

इस संबंध में मुझे एक वाकया याद आ रहा है। मैं इंडिया गेट के पास कस्तूरबा गांधी मार्ग स्थित सरकारी अपार्टमेंट में रहता था। मेरे गांव के विद्यालय से ही पढ़ा-लिखा एक लड़का एक दिन मेरे पास आया। रिश्ते में मुझे मामा बोलता था। वह आने का कारण बताते हुए बोला- “मामा! रक्षा मंत्रालय में धर्मगुरुओं (रिलीजियस टीचर्स) की जगह निकली है। आप उसमें मेरा चयन करा दीजिए”। मैं इस पद की चयन प्रक्रिया से काफी वाकिफ था। मैंने भांजे की पिछली कक्षाओं के प्राप्तांक देखें। काफी प्रभावशाली थे। सेना में पंडित, मौलवी, ग्रंथी और पादरी की भर्ती धर्म के अनुसार होती है। जाहिर है, भांजा पंडित के पद की बात कर रहा था। मैंने पिछली कक्षाओं में प्राप्त काफी अच्छे अंकों के लिए उसकी सराहना की। संस्कृत के कुछ श्लोक और गायत्री मंत्र उससे सुने। बातचीत से जल्दी ही प्रकट हो गया था कि उसके अंक पत्रों और वास्तविक ज्ञान में जमीन आसमान का अंतर था। अच्छे अंक पाने वालों से आशा की जाती है कि किसी भी परीक्षा के लिए वे कड़ी मेहनत करने से कतराएंगे नहीं क्योंकि ऐसा करके ही तो उन्होंने इतने अच्छे अंक प्राप्त किए हैं। मैंने उसे धर्मगुरु की भर्ती से संबंधित प्रक्रिया समझाई और तैयारी करके लिखित परीक्षा देने को कहा। मैंने आश्वासन दिया कि साक्षात्कार के समय जो भी हो सकेगा, मैं सहायता जरूर करूंगा। मैं उस समय आर्मीहैडक्वार्टर्स में ही था। अब उसकी बातों पर गौर कीजिए:-

“अरे मम्मा! अब परीक्षा वरीक्षा के चक्कर में मत डालिए। मेरा सेलेक्शन करा दीजिए और अहमदाबाद कैंट में पोस्टिंग करा दीजिए। मामा! दो साल में काट के रख दूंगा”। काट के रख दूंगा?!!!मैं वास्तव में मतलब ही नहीं समझ पाया। और खुलकर कहने पर बोला- “मैंने अहमदाबाद कैंट में एक बहुत बड़ा मंदिर देखा है। हजारों रुपयों का चढ़ावा चढ़ता है”। मुझे हंसी के साथ-साथ गुस्सा भी आ रहा था। मैंने कहा- “चढ़ावा तो वहां रखे दान पत्र वाले बक्से में डाला जाता होगा। उस में

ताला लगा होता है या तो रोज या कुछ दिनों बाद बक्सा खोला जाता होगा और पैसा सीओ (कमांडिंग ऑफिसर) की निगरानी में यूनिट के खाते में भेज दिया जाता होगा। फिर तुम काटकर कैसे रख दोगे?" जवाब सुनिए- "मामा! आप वहीं के वहीं रह गए। अरे जो औरतें या सीधे-साधे मर्द चढ़ाने आएंगे उनको समझा लूंगा कि चढ़ावा सीधे भगवान के चरणों में डालिए, तभी कल्याण होगा और जो चढ़ावे दान पत्र में न जाकर प्रभु के चरणों में होंगे, उसे भगवान का प्रसाद मानकर मैं रख लूंगा"।

पैड़ापुरकॉलेज के इस विद्यार्थी की बातों को सुनकर मैं दंग रह गया था। मैंने थोड़ा और कुरेदा। जब रात दिन मेहनत से पढ़कर इतने अच्छे नंबर लाए हो तो एक बार और जम जाओ। परीक्षा पास करते ही मैं तुम्हारी मदद करूंगा। अब पता चला कि अच्छे अंक मेहनत से नहीं नकल से आए थे। मेहनत से पढ़ाई करने की आदत नहीं है। माल काट कर रख देना है - जल्दी और बिना कोई मेहनत किए।

तो साहब, यह एक बानगी थी पैड़ापुरकॉलेज से निकल रही नई पौध की। जब किसी संस्था का हर पक्ष स्वार्थ और पैसे की लालसा में ही मशगूल हो चाहे प्रशासक हो, अध्यापक गण हो या मैनेजमेंट हो तो फिर, मेधावी बच्चों की फसल कहां से उगेगी।

इंडिया गेट लॉन जहाँ बच्चे खेल कर बड़े हुए।

दिल्ली में आ जाने के बाद पता चला कि क्षेत्र के और मेरे गांव के भी तमाम छात्र इलाहाबाद जाकर पढ़ने लगे थे। कारण काफी हद तक मैं था। मुझसे पहले या तो लोग मिर्जापुर शहर या बनारस जाने को सोचते थे। उस समय तक बनारस जाकर पढ़ने वाला भी कोई नहीं था। मेरे इलाहाबाद यूनिवर्सिटी में पढ़ने, प्रवक्ता बनने और अंततः सिविल सेवा परीक्षा (गांव में और सामान्य भाषा में आईएएस की परीक्षा) में सफल होने की बात ने लगता है क्षेत्र में असर किया था। बच्चे उच्च शिक्षा और बेहतर भविष्य के लिए इलाहाबाद जाने लगे थे। मैं गांव या क्षेत्र से दिल्ली आने वालों से इस संबंध में सुनता और प्रसन्नता और गर्व दोनों की अनुभूति करता पर जैसे-जैसे समय बीतता गया आशा और विश्वास की पंखुड़ियां बिखरती गईं।

लगता है पढ़ाई और आईएएस बनने इलाहाबाद आए बच्चे इलाहाबाद शहर का लुत्फ उठाने लगे। धीरे-धीरे वे सभी अपने मां बाप की गाढ़ी कमाई खर्च कर फिर गांव वापस चले गए। गांव के हाईस्कूल और इंटरमीडिएट से निकले कुछ बहुत तेज तर्रार कहे जाने वाले बच्चे अंततः इलाहाबाद का सफर पूरा कर आसपास के प्राइमरी स्कूलों में अध्यापक हो गए। कुछ ने इधर-उधर और हाथ मारा और जो भी छोटी या मध्यम स्तर की सर्विस या काम मिला उसी से संतोष कर लिया। अपनी सर्विस के दौरान मैं गांव या क्षेत्र से आने वाले हर व्यक्ति से कुछ खास उपलब्धि वाले बच्चों के बारे में पूछता पर मिलता कोई नहीं था। इसके मूल में उनकी शिक्षा थी जो प्राप्तांक तो उच्च प्रतिशत वाली देती थी लेकिन वास्तविक ज्ञान निम्न स्तर का। प्राप्त किए गए उन उच्च अंकों पर खुद उन्हें ही भरोसा नहीं होता था क्योंकि वे जानते थे कि ये उच्च अंक उन्हें कैसे मिले हैं। उससे भी ज्यादा जिम्मेदार वह मिट्टी थी- वो कॉलेज - जहां उनकी शिक्षा का प्रारंभिक पालन-पोषण हुआ था।

हर बच्चा अभी यही मानकर चलता है कि कोई बड़ी नौकरी पानी है तो या घूस दो या किसी मंत्री की सिफारिश हो या दोनों हो। इनके बिना कुछ नहीं हो सकता। कुछ बच्चे जब कभी मुझसे मिलते हैं और मैं कहता हूं सब कुछ भूल कर एक बार पूरी ताकत लगाकर प्रतियोगिता परीक्षाओं - या जो भी लक्ष्य हो, - के लिए रात-दिन एक क्यों नहीं कर देते? नीचे लटके छोटे-छोटे कच्चे फलों से ही अगर संतुष्ट हो जाओगे तो फुनगी पर लगे लाल पके फल किसके लिए हैं? किनारे तो सिर्फ घोंघे और छोटी मछलियां ही मिलेंगी, मोती पाने के लिए तो गहराई में गोते लगाने ही होंगे? जब तक उम्र सीमा है, जान क्यों नहीं लगा देते? आखिर तुम्हें करना ही क्या है? फॉर्म भरो और यदि हर रविवार को पेपर देने पड़े, देते जाओ। बिना परेशान हुए कि

सफलता मिलेगी या नहीं। इस प्रक्रिया में धीरे-धीरे एकत्रित होने वाले तुम्हारे ज्ञान में एक दिन विस्फोट होगा और वह तुम्हारी सफलता का दिन होगा। आज बच्चों के दिलो जान से मेहनत न करने का एक कारण मुझे और समझ में आता है। वह है अभिभावकों की अपेक्षाकृत बेहतर आर्थिक स्थिति। एक जमाना था कि घर में पैसे तभी दिखते थे जब कुछ बोरे गेहूं, धान, चना, सरसों, अलसी या गुड़ बिकते थे। बच्चों को घर की हालत दिखती रहती थी। अगर मेहनत से पढ़े नहीं और कुछ बने नहीं तो घर का क्या होगा?- का डर सताता रहता था।

सुबह ही बच्चे से पहले मां जग जाती थी और लालटेन जला कर रख देती थी। चार-पांच बजे सुबह पूरे गांव में लगभग दर्जन भर लालटेने जल जाती थीं और बारिश में दादुर-धुन की तरह बच्चों की बोल-बोल कर पढ़ने की आवाजें गूंजने लगती थीं। चिंता नहीं है तो गार्जियन भी अपने में मस्त हैं। मेरे आकलन में कम से कम गांव के तीन बच्चे उस समय ऐसे थे जो चाहते तो कुछ कर गुजरते। उन्होंने गांव से इलाहाबाद जाकर अपना मिशन भी शुरू किया पर कहीं बीच में लड़खड़ा गए।

कुछ ने जो पाया वह उनकी क्षमता से काफी नीचे है और निःसंदेह वे बहुत अच्छा कर सकते थे। कुछ ने थोड़ा उच्च स्तर पर उपलब्धि तो दिखाई पर वह अपने बल पर नहीं। किसी न किसी बैसाखी के सहारे। ऐसी उपलब्धि से क्या फायदा जो किसी व्यक्ति या संसाधन के सहारे मिली हो और जीवन भर रह-रह कर मन को कचोटती रहे। ये आभास दिलाती रहेगी कि मैं जहां हूं अपनी काबिलियत से नहीं अपितु किसी न किसी तरह के अनुचित सोर्स से।

मेरा मानना है कि अपनी क्षमता के बल पर बिना किसी सहारे के प्राप्त की गई छोटी उपलब्धि भी किसी गैर व्यक्ति या धन जैसे संसाधनों के सहारे प्राप्त उपलब्धि से बहुत बेहतर है। पहली उपलब्धि आपकी अपनी मेहनत की कमाई होती है जबकि दूसरी आपकी अक्षमता और अंदर पनप रही भ्रष्ट भावना की घोतक है। यही भावना कालांतर में फलती फूलती है और आपको भ्रष्टतम लोगों की श्रेणी में खड़ा कर देती है।

समाज की प्रार्थना ऐसे लोगों से मात्र यही होती है कि वह इस बात को अपने बच्चों को न जानने दे। हो सकता है बच्चे अपनी मेहनत के बल पर बेहतर समाज के निर्माण में योगदान करें। समाज के प्रति आपका यह एक महत्वपूर्ण योगदान होगा और शायद प्रायश्चित भी।

आज भी गांव व क्षेत्र में आईएएस और पीसीएस की बातें होती हैं। लगभग हर बच्चा और होशियार माता-पिता पढ़ने वाले बच्चों के लिए इसे एक अंतिम लक्ष्य लेकर चलते भी हैं। फिर आखिर बीच में हो क्या जाता है? गांव और क्षेत्र में चल रहे शिक्षा संस्थानों और शिक्षकों का क्या यह दायित्व नहीं बनता कि उनमें शिक्षा के साथ-साथ ऐसी प्रेरणा और उत्साह भरे की उनमें से कुछ तो देश की इस उच्चतम परीक्षा का सफलतापूर्वक सामना करें। शिक्षा संस्थान कक्षा आठ के बाद ही क्यों न होनहार बच्चों का एक अलग ग्रुप बनाएं और उन्हें अलग ढंग से शिक्षित कर प्रतियोगी परीक्षाओं के लिए तैयार करें। गांव का शिक्षा संस्थान जब संसाधनों की दृष्टि से आत्मनिर्भर ही नहीं आर्थिक रूप से संपन्न भी हो चुका हो तो क्या छात्रों के प्रति उसकी कुछ जिम्मेदारी नहीं बनती?

मास्टरजी के जमाने की तरह आज का कॉलेज लीक से हटकर क्यों नहीं चल सकता? संसाधनाभाव होते हुए भी साठ रुपए प्रतिमाह पाने वाले अध्यापक गोविंदाश्रम स्कूल को जिले में सर्वोच्च परीक्षा परिणाम वाला बनाने के लिए अवकाश के दिन और पढ़ाई की नॉर्मलटाइमिंग के बाद भी एक्स्ट्राक्लासेस ले लेकर निर्धारित पाठ्यक्रमों को दो-दो बार या कोई-कोई अध्यापक तो तीन-तीन बार पूरा करवाते थे। आज संसाधनों से परिपूर्ण होने पर भी कॉलेज छात्र-छात्राओं में से कम से कम कुछ को ही सही, मेधावी क्यों नहीं बना पा रहा है? हाईस्कूल और इंटरमीडिएट कक्षाओं में उच्च प्रतिशत नंबर पाकर भी वे आगे मेरिट की लड़ाई में फिसड्डी क्यों हो जाते हैं? कहीं न कहीं गड़बड़ तो जरूर है।

आज 'सुपरथर्टी' की संकल्पना के युग में क्यों न कॉलेज एक 'सुपरट्वेंटी' मिशन शुरू करे जिसमें 20 प्रतिभावान छात्रों/छात्राओं का एक ग्रुप बनाएं। इन के लिए एक्स्ट्राक्लासेस रखें और विभिन्न विषयों के एक्सपर्ट व्याख्याताओं को, जहां भी वो मिलें, गेस्टलेक्चरर के रूप में आमंत्रित करें और उनको समुचित मानदेय अदा करें। पर ध्यान रहे, ये पैसे कॉलेज की तरफ से हो न कि बच्चों से वसूल कर आमदनी का एक और जरिया बना दिया जाए। आज बच्चों के अभिभावक जितना कॉलेज को देते होंगे, कॉलेज इसके बदले में आधा भी नहीं लौटा रहा होगा। चाहे वह शिक्षा के रूप में हो, अनुशासन के रूप में हो या जनमानस में आचरण के रूप में हो।

मेरे इस किताब के लिखने का एक मुख्य उद्देश्य यह भी है कि इससे आज के विद्यार्थियों एवं उनके अभिभावकों को प्रेरणा मिले। अगर इसे पढ़कर एक विद्यार्थी

या अभिभावक भी प्रभावित हुआ और आने वाले जीवन में जी जान से अपनी ईमानदार मेहनत के बल पर आगे बढ़ने का संकल्प ले लिया तो मैं समझूंगा कि मेरा भी संकल्प पूरा हुआ। गोविंदाश्रम कॉलेज या पैड़ापुर गांव में किसी भी नाम से चल रहे शिक्षा केंद्रों के छात्र-छात्राओं और उनके अभिभावकों को ढेर सारी शुभकामनाओं के साथ एक बार फिर दोहराता हूं:-

चले चलिए कि चलना ही,

दलील- ए- कामरानी है।

जो थक कर बैठ जाते हैं

वो मंजिल पा नहीं सकते।।

वर्तमान निवास, ग्रेटर नोएडा

मैं यह किताब राष्ट्रीय राजधानी क्षेत्र ग्रेटर नोएडा में स्थित अपने फ्लैट से लिख रहा हूं। पूरी दुनिया में कोरोना काल चल रहा है। मानव मात्र को छोड़कर पूरी प्रकृति अपनी स्वाभाविक प्रवाह में है। धरती पर मनमोहक हरियाली है। नदियों में कल-कल है। आकाश में उड़ते बादल और धरती पर भागती धूप और छांव। चिड़ियों की चहचहाहट और हवा की सरसराहट बिल्कुल अपने स्वाभाविक रूप में। हमेशा की तरह अडिग पहाड़ और उन से लिपटी चट्टानें। चारागाहों में चरती गायें और गली कूचों में दौड़ते-भागते कुत्ते। सब कुछ नॉर्मल है। बस प्रकृति का एक ही घटक है जो भय और भयंकर बेचैनी के साये में जी रहा है और वह है - मानव जाति। चरण स्पर्श, आलिंगन और चुंबन जैसी आदर-सत्कार की प्रक्रिया में भी अब उसे एक-दूसरे में महामारी के राक्षस का डर सताने लगा है। हर कोई विकल हो एक दूसरे से दूर भाग रहा है।

मनुष्य जिन भौतिक संसाधनों को लेकर अपनी बड़ाई का ढिंढोरा पीटता फिर रहा था, सारे संसाधन निर्जीव और बेमानी हो चुके हैं। हजारों लाखों के आभूषण, गहने, सवारियां और हवेलियां अपना अर्थ खो सी रही हैं। सब अपने-अपने दरबों में सिमट भयंकर वैश्विक आपदा की तांडव लीला बेबस निहार रहे हैं। हजारों होने वाली रोज-रोज की मौतें इंसानों को उन कीट-पतंगों की श्रेणी में ला पटकी हैं जिनके लिए उसने कभी कीटनाशक बना रखे थे और उन्हें थोक में मार-मार कर बेरहम खुशी और संतोष में जीने की कोशिश कर रहा था। प्रकृति का कीटनाशक गुमनाम और अदृश्य है। भंडारों में भरे बम-गोले, बैरकों में खड़े टैंक और तोपें, बाम्बर्स, जेटफाइटर्स, न्यूक्लियरमिसाइल्स सब अर्थहीन होकर रोज-रोज हो रही मानव की इस महाविनाश लीला को मूक दर्शक बन देख रहे हैं क्योंकि विनाशक अदृश्य है:-

दीपक बगैर देखो,
परवाने जल रहे हैं।
कोई नहीं चलाता,
पर तीर चल रहे हैं।।

कहते हैं प्रकृति की कोई चीज या लीला व्यर्थ नहीं होती। प्रकृति का हर कार्यकलाप एक हसीन कायनात में निश्चित नियमों के ताने-बाने में बुना होता है। यदि उसे छेड़ा न जाए तो युग-युगांतर तक चराचर जगत अस्तित्व में रह सकता है और प्रकृति

का आनंद ले सकता है। प्राकृतिक व्यवस्था में निरंतर हस्तक्षेप धीरे-धीरे प्रकृति के अंदर असहजता, असंतोष और एक सीमा के बाद भयंकर प्रकोप को जन्म देता है।

संतुलन स्थापन प्रकृति का नियम है। जैसे ही एक समतल भूखंड पृथ्वी की अंदरुनी शक्तियों के कारण उभरकर एक पहाड़ी बन जाता है और आसपास की जमीन धंस कर घाटी; प्रकृति अपना संतुलन कार्य तुरंत प्रारंभ कर देती है। पहाड़ी पर बारिश होती है और पानी नदियों का स्वरूप लेकर उस पहाड़ी की मिट्टी को काटने के काम में लग जाता है। पहाड़ी कटती रहती है और नीचे की घाटी कटती हुई मिट्टी से पटती रहती है। पहाड़ी छोटी होती जाती है और घाटी भरती मिट्टी से ऊपर उठने लगती है। यह क्रिया तब तक चलती रहती है जब तक पूरे क्षेत्र में समतलीकरण नहीं हो जाता और भूखंड अपनी मूल अवस्था में नहीं आ जाता।

आज सारी दवाइयां और अस्पताल बेकार साबित हो रहे हैं और लोगों को अपनी किचन में रखी अदरक, सोंठ, शहद, नींबू, लौंग, काली मिर्च और दालचीनी में जिंदगी ढूंढनी पड़ रही है। तुलसी, गिलोय और हल्दी जैसी प्राकृतिक जड़ी-बूटियों की कमी होने लगी है। अब तो विश्व भी मानने लगा है कि इस तरह की महामारियों से बचाव और इलाज की कुंजी ढूंढने के लिए भारतवर्ष के आयुर्वेद की ही शरण लेनी पड़ेगी।

अब हवाएं ही करेंगी
रोशनी का फैसला,
जिस दीये में तेल होगा
बस वही बच पाएगा।

और यह जीवन रक्षक तेल (इम्यूनिटी) प्रकृति में ही मिलेगा न कि एलोपैथिक प्रयोगशालाओं में। कुछ तो इन जड़ी-बूटियों और मसालों में जरूर है कि इतनी लापरवाही और तथाकथित आधुनिक मेडिकल संसाधनों की नितांत कमी के बावजूद इस वैश्विक महामारी में देश में रिकवरीरेट विश्व में सबसे बेहतर है। आइए, जागरूकता के साथ-साथ अपनी प्राचीन चिकित्सा व्यवस्था और जड़ी-बूटियों में विश्वास रखते हुए इन्हें अपनी नियमित जीवन शैली में जगह दे और देश को आत्मनिर्भर बनाते हुए अपने जीवन की रक्षा करें।

जैसा कि मैंने पहले जिक्र किया है, देश की सशस्त्र सेना के तीनों अंगों-आर्मी,नेवी और एयर फोर्स के लिए जीवन के 32 वर्ष देने के बाद अब मैं अपनी जीवनसंगिनी के साथ राष्ट्रीय राजधानी क्षेत्र में जीवन के इस नए चरण का अनुभव ले रहा हूं। दो पुत्र रत्न, बहुओं के साथ अपनी पसंद की जीवन यात्रा पर हैं और खुश हैं। जहां एक पुत्र देश में है और दूसरा पुत्र विदेश में। एक पुत्र ने, मुंबई स्थित फिल्म और सीरियल जगत से नाता जोड़ा है वही आर्मी में कैप्टन रह चुकी बहू, अपनी संस्था 'सुरंगमा' के जरिए ऑर्गेनिक डांस, योग और भारतीय ललित कला की विभिन्न विधाओं के प्रचार-प्रसार में लगी है।

बड़े पुत्र रत्न सपरिवार अमेरिका के कैलिफोर्निया निवासी हैं और नई दिल्ली में एक कंपनी के संचालक भी हैं। कोरोनाकाल से पहले तक वे महीने में 2 हफ्ते दिल्ली में तो 2 हफ्ते अमेरिका में बिताया करते थे। बड़ी बहू सिलिकॉनवैली स्थित गूगल हेडक्वार्टर में कार्यरत है। पौत्र-पौत्री के रूप में दो छोटे और शरारती बच्चे भी परिवार में शामिल हैं।

अब आप ही बताइए और क्या चाहिए? कड़ी मेहनत, ईमानदारी, कठिनाइयों से संघर्ष और सफलता-असफलता की पगडंडियों से बिना रुके चलते-चलते ईश्वर ने जो भी जिंदगी सौंपी और मैंने सहर्ष बिना किसी गिले-शिकवे के स्वीकार की, वह बुरी तो नहीं–नॉट बैड। पैड़ापुर से इलाहाबाद, फिर दिल्ली और फिर कैलिफोर्निया- सफर बुरा तो नहीं।

कैलिफ़ोर्निया में बेटे के साथ।

कैलिफ़ोर्निया, यु एस ए

गांव के मिडिल स्कूल में अध्यापक होने की लालसा, फिर इलाहाबाद यूनिवर्सिटी में अध्यापन, फिर देश की सर्वोच्च परीक्षा पास कर भारत सरकार के प्रशासनिक कार्य में योगदान और फिर बच्चों की समुचित शिक्षा और उनका मनचाहा करियर - उपलब्धि बुरी तो नहीं। मिट्टी की गाड़ी, फिर बैलगाड़ी, फिर साइकिल-स्कूटर, फिर गाड़ी और फिर हवाई सफर - यात्रा बुरी तो नहीं।

तो फिर क्यों न ईमानदारी से जी तोड़ मेहनत को गले लगाएं? क्यों सिफारिश और घूस के चक्कर में पड़ें और छोटी-मोटी नौकरी पाकर अपना जमीर बेचे? क्यों न एक बड़ा लक्ष्य रखें उसके लिए जी जान से लड़े, यदि गिर पड़े तो उठें, फिर उठें, और फिर उठे। असफलता से हार नहीं होती, हार होती है प्रयास को छोड़ देने से।

जिन ढूंढ़ा तिन पाइयां गहरे पानी पैठ।

मैं बपुरा डूबन डरा रहा किनारे बैठ।।

जैसा मैंने पहले लिखा है, मैं मिर्जापुर के एक पीजीकॉलेज में या आजमगढ़ के एक डिग्री कॉलेज में व्याख्याता हो सकता था क्योंकि इन दोनों पदों के लिए पक्के इंतजाम किए जा चुके थे। पर यह इंतजाम सिफारिश और घूस जैसे आनैतिक तरीकों पर आधारित था। मुझे नौकरी की सख्त जरूरत थी लेकिन इसे पाने के तरीकों पर बेहद एतराज था। इस तरह के तरीके, यदि अपनाए गए तो यह जिंदगी भर आपके द्वारा की गई मेहनत और आपकी शख्सियत का मखौल उड़ाते रहेंगे।

अब मैं महसूस करता हूं कि यदि मैं इन जगहों पर व्याख्याता हो गया होता तो आज यहां न होता। इसलिए कहता हूं कि कुछ चीजों का न मिल पाना हमेशा घाटे का सौदा नहीं होता। बस जरूरत है आगे बढ़ते रहने की और हिम्मत न हारने की। आज की जनरेशन, हमारी जनरेशन से बहुत होशियार है और उसके ज्ञान का दायरा भी काफी विस्तृत है। अगर प्रतियोगिताओं में प्रतिस्पर्धा ज्यादा है तो ज्ञान के असीमित भंडार भी तो आज खुले पड़े हैं। जरूरत है सिर्फ कमर कसकर जुट जाने की और तब तक लगे रहने की जब तक वह मिल न जाए, जो आपको चाहिए। चलो माना कि पूरी ताकत लगा देने पर भी किस्मत ने आपका शत-प्रतिशत साथ नहीं दिया और आप 100% की जगह 80% या 70% ही पा सके। कोई बात नहीं। यह 80% या 70% उपलब्धि भी आपकी अपने मेहनत की है और इसलिए बेहद अहम है। इसका महत्व आप तब समझ पाएंगे जब देखेंगे कि आपके कई साथी पतवार विहीन नौका की तरह दिशाहीन इधर-उधर घूम रहे हैं या कुछ अनैतिक तरीके अपनाकर अपने को बेच चुके हैं। आपका 70% ऐसे लोगों के 100% पर हमेशा भारी रहेगा और इसका आभास उन्हें भी रहेगा। आगे बढ़ने के लिए उम्र सीमा की कोई गुंजाइश है तो आगे बढ़ें और 80% को 100% में बदलने की पुरजोर कोशिश करें। यदि प्रयास का अंतिम अवसर रहा हो तो कोई बात नहीं। सब कुछ भूल कर जो भी मिला हो इंजॉय कीजिए, लुत्फ उठाइए। 'इफ यू हैव गॉट लेमन, मेक लेमोनेड'। यकीन मानिए जिंदगी मस्त होगी और दूसरों के लिए अनुकरणीय भी।

जिंदगी के 66वें वर्ष में आज जिंदगी की बहु प्रतीक्षित और शायद अंतिम इच्छा पूरी हुई है। मैं अब पैड़ापुर आ गया हूं। पुश्तैनी मकान से अलग गांव से थोड़ी दूर अपने खेत में मैंने एक छोटा सा डाकबंगलानुमा मकान बनवाया है। दो बेडरूम वाला मकान। मकान के चारों तरफ मैंने पत्थर की ईंटे बिछवाई हैं मिट्टी और बारिश में कीचड़ से बचने के लिए। गंगा किनारे बसे छटहा बाजार से मेरे गांव और फिर

मिर्जापुर शहर जाने वाली पक्की सड़क के बिल्कुल किनारे बना है मेरा घर। जब भी जी करता है मैं अपनी जोंगानुमा गाड़ी से मिर्जापुर और बनारस हो आता हूं। घर के चारों तरफ हरियाली है। पानी और हर सुख-सुविधा मकान में है। मेरे मकान के सामने रोड को पार करते ही एक साहुजी का मकान है। वैसे तो वे बगल के गांव मिसिर का पूरा के रहने वाले हैं पर भीड़भाड़ से दूर शांति की खोज में मेरी ही तरह वे अपने खेत में आ गए हैं। बहुत ही अच्छे इंसान हैं। उनके छोटे-छोटे बच्चे मुझे अपने बचपन की ढेर सारी बातें याद दिला देते हैं। साहुजी के बगल में ही खेत और बगीचे के छोर पर कल्लन नट की झोपड़ी है। कल्लन नट के पास कुछ मुर्गे, मुर्गियां और चूजे हैं। सामने वाली सड़क पर दिन-रात पता नहीं क्या चुंगते रहते हैं। मैं अपने बरामदे में आराम चेयर पर बैठकर उनको देखता रहता हूं। कभी-कभी वह चारा चुंगते-चुंगते सड़क पार कर मेरी तरफ भी आ जाते हैं। इस झुंड में एक कलंगी वाला मुर्गा है और अपनी चाल ढाल से बता भी देता है कि झुंड का दादा वही है। प्रातः 4:00 बजे के करीब उसकी कुक्कुड़ूं-कूं की बांग मुझे अब बहुत प्यारी लगती है। आखिर इस कुक्कुड़ूं-कूं ने ही तो मेरी जिंदगी बदल दी। अब इससे डरने की जरूरत नहीं, इंजॉय करने का वक्त है। मैंने जब कभी इसके पास जाने की कोशिश की, वह दौड़ता-उछलता हुआ दूर भाग जाता और कल्लन की झोंपड़ी में घुस जाता। पता नहीं क्या सूझा, एक दिन वह बिल्कुल पास आकर खड़ा हो गया। मैं जल्दी से अंदर जाकर कुछ अनाज के दाने लाया और उसके सामने बिखेर दिया। दाने चुंगते-चुंगते वह मेरे और पास आ गया और मैंने झट से उसे अपनी गोद में उठा लिया। काफी देर बाद सहलाने के बाद उसे नीचे उतारा। अरे यह क्या! उसने अपनी गर्दन उठाई और काफी ऊंचे स्वर में कुक्कुड़ूं-कूं की आवाज लगाई। मैं समझ गया वह आज बहुत खुश है उसने एक बार फिर आवाज लगाई। मुझसे नहीं रहा गया और इधर-उधर झांकने के बाद मैंने भी उसकी नकल करते हुए कुक्कुड़ूं-कूं की आवाज लगाई। अब तो दोनों में जैसे प्रतियोगिता शुरू हो गई थी। वह बोलता और फिर मैं। आज के कुक्कुड़ूं-कूं और स्कूल में मुर्गा बन कर कुक्कुड़ूं-कूं बोलने में बड़ा फर्क था। उस समय बोलते समय आंखों से आंसू बहते थे पर आज मस्ती थी। हम दोनों इस खेल में खोए हुए थे कि अचानक एक आवाज और गूंजी- "क्या बात है, आज झाड़ू-पोंछा मारने कोई और आएगा क्या? और यह कुक्कुड़ूं-कूं कुक्कुड़ूं-कूं क्या लगा रखा है? रिटायरमेंट के बाद दिमाग में मुर्गा घुस गया है क्या?"- मैं हड़बड़ा के उठा और बिस्तर से गिरते-गिरते बचा। अरे! यह तो मैं ग्रेटर नोएडा वाले फ्लैट में ही हूं। फिर भी मैं इधर-उधर कलंगी

वाले मुर्गे को देखने लगा। मुर्गा तो नहीं सामने मेरी धर्मपत्नी खड़ी थी जो शायद मेरे बांग देने से समय से पहले ही उठ गई थीं।

मैं चुपचाप उठा और स्पिनमॉप लेकर पोंछा लगाने निकल पड़ा। दरअसल जबसे कोरोना का प्रकोप हुआ है, कामवाली को छुट्टी दे दी गई है और उसका काम हमने ही संभाल रखा है। चलिए, मेरी अंतिम इच्छा तो फिलहाल स्वप्न बन के रह गई। देखते हैं आगे क्या होता है। तब तक के लिए अलविदा।

सभी को शुभकामनाओं के साथ

जे पी द्विवेदी

राष्ट्रीय राजधानी क्षेत्र,ग्रेटर नोएडा।

www.ingramcontent.com/pod-product-compliance
Lightning Source LLC
LaVergne TN
LVHW090935230826
846093LV00006BA/51

9781638326090